반세기의 신화

동시대인 총서 3

반세기의 신화
휴전선 남·북에는 천사도 악마도 없다

1999년 9월 30일 초판 1쇄 발행
2015년 8월 12일 개정판 9쇄 발행

펴낸곳 (주)도서출판 삼인

지은이 리영희
펴낸이 신길순
부사장 홍승권
편집 김종진 김하얀
미술제작 강미혜
총무 정상희

등록 1996.9.16. 제 10-1338호
주소 120-828 서울시 서대문구 성산로 312 북산빌딩 1층
전화 (02) 322-1845
팩스 (02) 322-1846
전자우편 saminbooks@naver.com

표지디자인 (주)끄레어소시에이츠
제판 문형사
인쇄 대정인쇄
제본 은정제책

© 리영희, 1999

ISBN 89-87519-28-7 04900
ISBN 89-87519-23-6 04800 (세트)

값 18,000원

동시대인총서 3

반세기의 신화
휴전선 남·북에는 천사도 악마도 없다

리영희 비평집

삼인

개정판 서문

『반세기의 신화─휴전선 남·북에는 천사도 악마도 없다』는, 분단된 민족의 남과 북의 동포사회가 서로 원수를 짓지 말고, 상대방의 처지가 되어서 서로를 이해하고, 전쟁이 아니라 평화를 위해서 노력하자는 뜻의 글을 모은 것이다. 그리고 미국이라는 국가가 한(조선)반도 민족에게 과연 어떤 본질의 대상인가를 밝혀서 드러내려고 한 글들이다.

대개의 글이 어쩌면 모래알을 씹는 것같이 무미건조하고 딱딱한 성격일 것임에도 불구하고, 출판과 함께 의외로 따뜻한 호응을 받았다. 독자분들의 그런 공감은, 반세기 동안 그들과 이 나라 국민 전체의 인식능력을 마비시켜 온 광적인 반공주의와 미국 숭배사상, 그리고 냉전적 사고의 자기기만성에 대해 건전한 인식이 싹트고 있다는 증거로 보인다. 그것은 그 본인을 위해서뿐 아니라 이 국가 사회의 건전한 발전을 위해서, 그리고 분단된 남·북 민족의 자주적·평화적·외세 간섭 없는 통일을 위해서 진실로 반가운 현상이 아닐 수 없다. 이제 며칠만 있으면 21세기를 맞는다. 낡은 세기의 마지막 저서이자 새 세기를 향해서 내보낸 책의 저자로서는 독자들의 이성적 공감으로 격려되는 바 크다. 그럴수록 독자들에 대한 깊은 감사와 함께, 책 내용의 부족함을 뉘우치는 마음도 간절하다.

그러던 차에, 책을 내놓은 삼인측에서 『반세기의 신화』를 양장본으로도 간행하겠다 하기에, 이 기회에 글의 내용에 대한 수정·보완 작업을 거쳐서 개정판을 내기로 하였다.

수정된 부분은 대개는 설명이 미흡했거나, 낱말의 사용이 적절치 않았거나, 문장 구성과 표현이 바르지 않았던 것들을 바로잡은 정도이다. 따라서 본문의 내용적 골격이나 주제(主題)의 정신에는 아무런 변화도 차이도 없다. 하지만 지난 몇 해 사이에 발표했던 글을 정밀하게 재검토해 보니 그 같은 결점들이 적지 않게 눈에 띄었고, 많지는 않지만 문장기법상 거친 것들도 발견되어 그런 곳들을 모두 손질하였다. 이상과 같은 전체적 수정·보완으로 개정판은 기존판보다 설명 부분이 훨씬 늘어나고 자료가 보완되었다. 몇 군데에서 예를 들자면 다음과 같다.

제2부「북한-미국 핵과 미사일의 군사정치학—위기의 주요인은 미국에 있다」의 논문을 썼을 때에는 밝혀지지 않았던, 클린턴 미국 대통령 대북한 핵·미사일 문제 협상 특별조정관 페리 전 국방장관이, "1994년 여름 미·북한 핵협상의 막바지 단계에서 북한에 대한 핵폭탄 투하도 고려했다"는 요지의 발언을 추가·보완했다.

제3부「휴전선 남·북에는 천사도 악마도 없다—'인간의 얼굴'을 한 자본주의가 돼야 미래가 있다」에서도 설명이 부족하고 표현상의 오류가 발견된 부분을 새로 써서 바로잡았다.(362쪽) 그 밖에도 사소한 보완은 그 내용을 여기에서 모두 예시하기에는 너무 많아 생략하기로 한다.

또한, 형식상의 보완으로, 본문 하단의 '각주'의 수와 양이 늘었다. 예시하면, 같은 책 안에서 다른 주제의 글에 서로 연관된 사실이 별도로 기술되어 있을 경우, 그것들을 서로 참고하도록 해당 글의 제목과 페이지를 각주에서 명시해 준 것이다. 그 예로, 제3부「학생들에게 남북문제와 통일을 어떻게 가르칠 것인가」에서 미국과 북한 사이의 핵과 미사일 위기의 책임론에 관한 부분을 제2부의 「북한-미국 핵과 미사일 위기의 군사정치학」 중 해당 기술을 지적해 놓은 '참고사항'(299쪽)이라든지, 역시 같은 편의 글에서 '남·북의 이질화' 문제와 관련된 연관성 있는 기술을 다른 편의 글인 「통일의 도덕성—북한의 변화만큼 남한도 변해야 한다」의 페이지를 밝혀 준 것(317쪽)······ 등의 경우이다.

오역을 바로잡은 부분도 있다. 이에 해당하는 글은 한 편뿐으로서 제2부 「동북아지역의 평화질서 구축을 위한 제언」이다. 이 논문은 본래 저자가 국제학술회의에서 영문으로 작성해서 발표했던 것인데, 번역자의 실수에서 비롯된 몇 부분의 사소한 오역 또는 표현 착오가 시간에 쫓긴 편집 과정에서 바로잡혀지지 않은 채 수록되었다.

241쪽 하반부에서, "······ 일본은 반식민지 투쟁을 일으킨 식민지 민족들에게서 직접적으로 식민지를 포기하지 않았다. 그 대신 일본제국은 그 스스로에게도 식민지 제국인 서방 강대국들(미국, 영국, 프랑스 등)에게 자신의 식민지를 넘겨 주었다"는 다음과 같이 바로잡는다. "일본은 태평양전쟁에서 패배했지만 반식민지 투쟁을 벌인 식민지 민족들에게 직접적으로 식민지를 포기·반환하지 않았다. 그 대신 천황군국주의 일본제국은 그들 자신도 식민지 제국인 서방 강대국들(미국, 영국, 프랑스 등)에게 일본의 식민지들을 넘겨 준 것이다."

243쪽의 하단, "······ 미국이 주도하는 서구와 거의 동등하게 된 그런 지도이다"는 "······ 미국과 미국이 주도하는 서구와 일체화된 그런 지도이다"로 바로잡았다.

250쪽의 상단, "······ 동북아시아 지역의 민족들과 국가들의 평화·협력·진보 그리고 행복을 위한 시험장이 될 수 있을 것이다"는 "동북아시아와 널리 전체 아시아 지역의 민족들과 국가들의 평화·협력·진보 그리고 행복을 위해서 관계국가들의 새로운 협력적 지역질서를 구축하는 시험장이 될 수 있을 것이다'로 바로잡는다.

　도서출판 삼인과 저자의 이상과 같은 노력으로 이 개정판이 독자에게 더욱 친근하게 다가가고, 우리 민족의 현상에 대한 정확한 인식과 아울러, 21세기의 내일에 남·북한 민족이 각기의 자리에서 또는 함께 마음과 지혜를 합쳐서 무엇을 어떻게 해야 할 것인가에 대한 방법을 생각하는 데 더욱 많은 도움이 된다면 그 이상의 행복은 없겠다.
　위에서 적은 바와 같이, 책의 내용을 더욱 알차게 하려는 마음으로 많은 애를 썼지만, 그래도 미흡하거나 잘못된 곳이 있으리라고 생각한다. 그에 대해서는, 높은 문제의식과 많은 지식 및 정보를 가진 독자들의 서슴없는 지적과 꾸짖음을 기대하고, 아울러 독자님의 새 세기에서의 건강과 성취를 기원한다.

20세기의 마지막 해,
마지막 달의 며칠을 남기고

리영희

머리말

 이 책의 내용과 성격, 그 글들을 쓴 저자의 의도와 목적, 그리고 이 책을 읽게 될 독자에게 기대하는 저자의 희망을 아울러서 한 마디로 표현하자면, 민족분단 이후 반 세기가 넘도록 남북문제에 관해서 우리들이 '진실'일 것으로 믿어 왔던 온갖 '거짓'들의 정체를 밝혀 보자는 것이다.
 지금 이 책을 손에 들고 이 머리말을 읽고 있는 여러분이나 나, 그리고 모든 남한의 시민들은 그가 받은 공식교육의 수준의 고하와는 관계없이, 분단된 민족의 남과 북 사이에서 일어나는 현상과 문제들에 대해서 한결같이 '신화'를 믿어 왔다. 국가의 권력을 장악한 개인들과 집단은 그 오랜 세월 동안 '국가 이익'이라는 명분으로, '반공주의'의 위장 아래, 거짓을 진실로 교육하고 선전하고 '법'으로 강요해 왔다. 심지어 '민주주의'와 '자유주의'의 이름으로 거짓을 진실로 포장하여 선량한 시민들의 사고능력과 가치관과 신념체계를 마비시켜 온 반 세기였다.
 시대가 1990년대로 넘어오면서, 지구상의 다른 모든 나라에서는 진실을 가장한 허위의 껍질들이 벗겨지고 있음을 우리는 목격하고 있다. 하늘 위에서 실재의 허울을 쓰고 있던 신화들이 땅 위로 끌어내려지고 있음을 본다. 이데올로기적 지배와 제국주의 또는 패권주의가 그 추악한 알몸을 위장했던 절묘한 '우상'들도 그 가면의 신통력을 상실해 가고 있다. 그리고 지금, 거짓과 우상과 신화가 난무했던 20세기는 가고, 바로 21세기의 문이 열리려는 순간에 우리는 서 있다.

세계의 인민은 모든 나라에서, 그리고 각기의 실정에 맞추어서, 초강대국의 국가 이기주의적 이데올로기가 반 세기 동안 그들에게 강요했던 신화에서 깨어나고 우상의 알맹이를 똑바로 들여다보고 있는데, 유독 한반도의 인민만이 강요당한 민족분단이 가져 온 신화와 우상의 거짓을 아직도 신봉하고 있다. 남한의 우리에 관해서 말하자면, 그 거짓을 강요했던 광적인 극우·반공주의·외세의존적 폭력체제가 국민의 힘으로 거부된 뒤에 마땅히 거짓과 진실을 가릴 줄 아는 '인식의 혁명'이 일어나야 했다. 일어날 것으로 믿었었다. 적어도 '문민'의 시대라면, 지난 날 민족분단을 정당화하고 합법화하고, 외세의 이익에 봉사하고, 민족간 대립을 영속화하면서, 그것을 마치 독립이나 평화로 착각해 온 온갖 허위의식도 함께 물리쳐야 한다. 그랬어야 했다.

그러나 반 세기 이상 동안, 바로 그 같은 허위의식의 제도화로 자신들의 정치·경제·사회적 기득권을 부여잡고 확대 재생산해 온 수구세력은 여전히 우리 사회의 도처에서 낡은 신화와 퇴색한 우상의 권위를 국민에게 강요하고 있다. 시민은 시민대로, 중국 현대의 사상가 노신(魯迅)의 표현을 빌자면, 수구적 기득권 세력이 몰아넣은 밀폐된 철의 방 속에서, 진실을 보지도 못하고 듣지도 못한 상태로 질식하여 의식을 잃고 죽음의 길로, 의식이 마비됐기 때문에 죽음의 고통도 느끼지 못하는 상태로, 죽음의 길로 가고 있다고 해도 과언이 아니었다. 적어도 의식적으로 사상적으로는 그러했다.

그러지 않고서야 어떻게, 이 나라의 인구의 절반 이상이 예수의 신자이며 부처의 신도인데, 굶고 있는 북쪽의 동포에게 구원의 손을 뻗치자는 말만 나오면 아직도 '빨갱이'니 '용공'이니 '철부지'니 하는 음흉한 매도의 소리가 그치지 않을까? 오히려 그 매도의 소리가 대세를 이루고 있다. 분단된 민족의 남쪽 사회는 '선'(善)이고 북쪽 사회는 '악'(惡)이라는, 분별없는 '선악설'

의 이분법적 사고에 중독되어 있는 사람들이 아직도 많다. 정말 남쪽 사회는 선이고 북쪽 사회는 악일까? 사회적 선과 악의 정의는 무엇일까? 도덕과 윤리가 파탄 난 남한에서 인간들이 살아가고 있는 일상적 모습들은 과연 '선'의 개념이나 정의에 합당한 것일까? 소름이 끼치는 사회는 아닌가? 우리는 분단민족간의 제반 현상·문제·관계를 판단함에 있어서 자신에 대한 준엄한 반성과 비판 없이 잘못되고 안이한 이분법적 '남·북 선악설'의 오류에 빠져 있지는 않을까?

그와 같은 선악설적 인식이나 신념의 오류는 마찬가지로 북한의 사회와 동포들에게도 적용된다. 북한의 정치체제·사회통제·문화적 생활방식 속에서 집권세력이 제도화한 허위의식에 마비된 북한 주민들이 남한의 사회와 인간생활을 '악'으로 규정한다면, 이 또한 불행한 역방향적 선악설의 이분법적 논리이다. 공개적 정보가 허용되지 않고 '국가'가 '공여'하는 정책적 정보만을 근거로 한 북한 주민들의 남한관 역시 시정되어야 한다.

나는 남과 북의 현실은 남과 북에서 그같이 신화화한 이분법적 선악설로는 설명할 수 없다는 견해를 오랫동안 견지해 왔다. 남들이 민족의 절반인 북한의 연구를 두려워하면서 실리의 보수가 확실한 연구분야에만 관심을 가지던 1960년대부터 나는 미력하나마 체제적 허위의식에 중독되지 않은 가슴과 머리로써 분단된 다른 반쪽의 사회의 진실을 알고자 노력해 왔다. 적어도 세계적 냉전체제가 허물어지고, 국내에서 국가보안법과 반공법의 위협이 다소 멀어지기 시작하는 시대 상황의 징후가 나타나기가 무섭게, 앞을 다투어 '북한연구가'를 자처하고 나선 시대편승적인 지식인들과는 스스로 그 입지와 관점을 달리한다.

그 같은 자세로 일관한 40년간에 걸친 관찰과 연구의 결과로 나는, 북한에는 북한만큼의 '악'이 있고 북한만큼의 '선'이 있다는 사실을 알게 되었다. 마찬가지로, 남한에는 남한만큼의 '선'이 있는 반면, 남한만큼의 '악'이 있다는 사실을 밝히고 지적하는 데도 서슴지 않았다.

　북한 사회가 지니는 선과 악의 성격과 그 질과 양, 남한 사회가 지니는 선과 악의 성격과 그 질과 양, 그것을 등가로 비교해서 가치판단을 할 수 있는 공리나 방정식은 없다. 다만 한 마디로 결론 지어서 말한다면, 남한은 북한에서 규정하는 만큼의 극악한 '악'의 실체가 아닌 것과 마찬가지로 북한 사회도 남한에서 그럴 것으로 믿고 있는 것과 같이 극악한 '악'적 존재가 아니라는 사실이다. 내 나름의 이런 관찰을 기술한 것이 제1부 '남·북한 선악설을 넘어서'이다.

　반 세기 이상이나 오랜 세월 동안 한국 시민을 지배해 온 허위의식의 신화와 우상의 정체를 밝히기 위해서 나는 그때마다 중요한 이슈(문제)를 비판적으로 해부하는 논문이나 평론을 발표해 왔다. 이 책에서는 특히, 바로 1999년 6월에 서해상에서 남·북한 해군의 무력충돌이 발생한 원인인 소위 '북방군사한계선'의 합법성 여부를 다룬 논문을 수록했다. 이 논문은 사건 발생 직후에, 나로서는 정말로 힘겹게 문헌을 수집하고 해석하고 이론화한 것이다. 이 논문이 발표된 『통일시론』이 탄생한 지 일천하고 독자층이 제한된 계간지여서 사회적 공론화가 되지 못한 것은 불행한 일이 아닐 수 없다.

　나는 남·북간에 일어나는 문제에 대해서는 맹목적인 애국심이나 광적인 반공·반북한주의의 발동에 앞서서 진실을 알아야 한다는 학자적 신념으로 일관하고 있다. "진실을 알고 주장을 하자!"는 것이다. 바로 그 정신을 자극한 또 하나의 위기적 사태가 발생했다. 북한의 미사일(인공위성) 개발·발사(1998년 8월)…… 문제를 놓고서 지난 1년 내내 미국의 대응이 이라크형 전쟁 위협의 수준까지 치달았다. 북한의 핵개발을 놓고서 벌어진, 1994년 여름의 미국의 전쟁 위협에 이은 두 번째 군사위기이다. 소위 '북·미 핵·미사일' 대립에는 한국 국민이 모르고 있는 사실과 일면만을 과신하고 있는 요소들이 많다.

이 문제를 종합적으로 이해하려면 미국의 핵·미사일 전략은 물론, 국가적 성격에까지 천착의 범위를 넓혀야 한다. 한국에서는 미국의 세계적 군사정책과 이념 및 전략에 대한 비판적 연구는 반 세기 이상 금기로 되어 왔다. 미국과 한반도(남이건 북이건, 또는 남·북을 합쳐서)의 문제의 본질은 미국이라는 나라의 국가 이기주의를 도외시하고서는 그 이해의 첫발자국도 옮길 수 없다. 「북한-미국 핵과 미사일 위기의 군사정치학」(제2부)이 이 책을 읽는 독자에게 미국에 대한 오랜 우상과 신화를 벗겨 주는 데 도움이 되면 다행이겠다.

제2부에는 나의 이전의 책에 수록된 두 편의 논문을 재수록하였다. 「대한민국은 한반도의 유일 합법정부가 아니다」와 「남·북한 전쟁능력 비교 연구」이다. 이들 글을 여기에 재수록한 까닭은, 제2부가 종합적으로 구상하는 한반도(또는 미국-북한) 정세의 입체적 이해를 위해서 불가결의 요소라고 판단했기 때문이다. 독자의 양해를 바란다. 서술이 상당히 딱딱하고, 본격적인 논문의 형식을 띠고 있기 때문에 주의력을 집중할 필요가 있겠지만, 독자의 인식의 폭을 넓히고 깊게 하는 데 일조가 되리라고 자부한다.

앞에서 나는 남·북한의 동포가 서로 상대방을 규정하는 이분법적 편견과 '선악설'적 독단을 넘어서야 한다고 강조했다. 그렇다면 어떻게 넘어설 수 있는가? 반 세기 이상이나 강요된 결과로 한심하리만큼 왜곡된 우리의 의식을 바로잡는 작업부터 시작해야 한다. 나의 여러 기간의 저서들에서도 이 '왜곡된 의식의 교정'이 언제나 중심적 테마였듯이, 이 책에서도 역시 그것이 중심적 담론이다. 남·북한의 어느 쪽도 절대악도 아니고 절대선도 아니라면, 민족적 화해와 평화와 통일의 목표 달성을 위해서는 각기 자기 사회의 '악'의 요소를 냉엄하게 인식하고, 살을 도려 내는 아픔을 마다하지 않고 그것을 제거해야 한다. 그 작업은 거의 혁명적 개혁을 요구할 것이다. 바람직한 통일을 위해서는 그보다 나은 방법은 없다. 남·북은 '함께' 변해야 한다고 나는 믿고 있다.

우리 나라에는 남북관계의 개선과 통일을 위해서는 북한은 근본적으로 변해야 하지만 남한은 변할 것이 없다는 잘못된 생각이 일반화돼 있다. '선·악' 론적 사고이다. 남한도 북한만큼 변해야 할 까닭을 밝히고 서술한 것이 제3부에 실린 「통일의 도덕성」이다. 한국에서 매일같이 열리고 있는 남북관계·통일문제에 관한 연구발표나 국제회의 등에서 관심 밖에 있고 한 번도 거론되지 않는 낯선 주제이고 시각이다. 이 글 역시 독자들의 의식화와 함께 진지한 비판을 받고 싶다. 한국적 자본주의가 지배하는 남한의 현실을 철저하게 개혁함이 없이, 현재의 남한을 그대로 북한에 들씌우는 방식의 민족통합이 과연, 북한 주민은 물론, 통일민족 전체의 행복일 수 있겠는가에 대한 깊은 회의와 반성을 위해서이다.

올바른 청소년 교육을 실천하다 교직에서 추방됐던 전교조 소속 교사들이, 여러 해 만에 복직한 교단에서 남북관계와 통일문제에 대한 어린 학생들의 구태의연한 반북한적·반통일적 질문을 받고 당황해 한다는 고충을 들었다. 역시 '의식의 문제'라고 생각되었기에, 그 전교조 교사들에게 도움을 주려는 뜻에서 그들의 집회에서 강연한 것이 「학생들에게 남북문제와 통일을 어떻게 가르칠 것인가」이다.

남·북으로 갈라져 살아온 동포 사회가 다시 하나될 시간을 점치기는 어렵다. 하지만 언젠가는 남한이 상대적 우월성을 가지고 북한을 통합하리라는 추세는 불가역적 대세로 믿어진다. 그럴수록 나는 통일한국의 전체 주민이 그 밑에서 살아야 할 단일 경제제도가 될 남한의 자본주의의 반인간성과 범죄성에 생각이 미치면 벌써부터 마음이 우울해진다. 통일과 관련해서의 남한 자본주의 제도 문제를 포함하여 21세기의 세계사적 관점에서 자본주의는 '인간의 얼굴'을 한 제도가 돼야 한다는 나의 평소의 소견을 피력한 것이 「휴전선 남·북에는 천사도 악마도 없다」라는 인터뷰 글이다.

자본주의(주로 미국)는 과거 냉전시대에 사회주의 사상과 국가와 제도를

'악'(evil)으로 단정하면서 '인간의 얼굴'을 한 사회주의가 되라고 매도했었다. 그렇다면 사회주의를 이겼다고 자부하는 오늘의 자본주의는 과연 '인간의 얼굴'을 하고 있는지 묻지 않을 수 없다. 특히 통일국가의 지배적 경제원리와 제도가 될 한국(남한)식 자본주의의 '얼굴'을 똑바로 검증해야 할 필요성은 통일의 시기가 가까워질수록 그만큼 더 심각하고 시급한 문제가 된다. 나의 견해로는, 휴전선 이남의 자본주의적 생활양식과 그 이북의 사회주의적 생활양식에는 각기의 장점과 결점이 병존한다. 남과 북이 분별없이 자기의 제도를 미화하고 상대방의 그것을 매도해 온 것과는 달리, 휴전선 남과 북에는 지옥도 없고 극락도 없다. 이 관점이 이 책을 관철하는 근본사상이다.

이상과 같은 여러 가지 사실들을 종합한 나의 결론은 "휴전선 남·북에는 천사도 악마도 없다"에 귀결된다. 이 책의 이름의 일부로 정해진 까닭이다. 읽는 이의 비판을 바라마지 않는다.

끝으로, 이 책의 발행을 구상하고, 동지적 및 직업적 정성을 다하여 편집에서 출판까지 노고를 아끼지 않은 도서출판 삼인에 깊은 사의를 표한다.

미국과 북한이 미사일 문제에 대한
잠정적 합의를 보았다는 반가운 소식을 들으면서

1999년 9월 15일
산본의 수리산 기슭에서 적다.

리영희

차례

개정판 서문 ··· 5
머리말 ··· 9

제1부 남·북한 선악설을 넘어서

못다 이룬 귀향 ··· 21
다시 '인간'이 되기 위하여 ································ 33
북한동포의 것은 북한동포에게 ···························· 36
'주체사상'의 이데올로그, 황장엽과의 대담 ············· 39
북한의 남한화가 통일인가? ······························· 61
"통미봉남, 통소봉북"(通美封南, 通蘇封北) ············· 64
남파간첩 보내고 북파간첩 받자 ··························· 68
김대중 대통령에 대한 부탁 ································ 77

제2부 우상과 신화의 정체

'북방한계선'은 합법적 군사분계선인가?
　진실을 알고 주장을 하자 ································ 83
북한-미국 핵과 미사일 위기의 군사정치학
　위기의 주요인은 미국에 있다 ·························· 132
대한민국은 한반도의 '유일 합법정부'가 아니다 ······· 173

남·북한 전쟁능력 비교 연구
　한반도 평화 토대의 구축을 위한 모색 ················· 186
미국 군사동맹 체제의 본질 ························· 221
동북아지역의 평화질서 구축을 위한 제언 ················ 236

제3부 '인간의 얼굴'을 한 자본주의—통일의 전제

통일의 도덕성
　북한의 변화만큼 남한도 변해야 한다 ················· 253
학생들에게 남북문제와 통일을 어떻게 가르칠 것인가
　잘못된 북한관을 바로잡아야 한다 ··················· 277
한국 '언론기관(인)'의 평화기피증과 통일공포증 ············ 318
한국의 매카시즘이라는 유령 ························ 334
베트남 인민에게 먼저 사죄를 하자
　바람직한 한·월 관계를 위한 반성적 제언 ·············· 338
휴전선 남·북에는 천사도 악마도 없다
　'인간의 얼굴'을 한 자본주의가 돼야 미래가 있다 ·········· 354

휴머니즘으로서 이데올로기 비판 / 박병기 ··············· 379

제1부
남·북한 선악설을 넘어서

못다 이룬 귀향
다시 '인간'이 되기 위하여
북한동포의 것은 북한동포에게
'주체사상'의 이데올로그, 황장엽과의 대담
북한의 남한화가 통일인가?
"통미봉남, 통소봉북"(通美封南, 通蘇封北)
남파간첩 보내고 북파간첩 받자
김대중 대통령에 대한 부탁

못다 이룬 귀향

나의 북한 방문이 4년만 일찍 이루어졌어도 52년 6개월간을 꿈에도 그리던 순희 누님을 만날 수 있었을 것이다. 나의 꿈속에서는 언제나 헤어졌을 때와 다름없이 예쁘고 갸름한 얼굴로 찾아왔던 누님이 4년만 더 살아주었어도 우리 오누이는 53년 만에 재회의 기쁨을 나눌 수 있었을 것이다. 그러나 이 기쁨은 이뤄지지 않았다.

나는 한겨레신문사·남북어린이어깨동무 대표단과 함께 1998년 11월 9일 서울을 출발하여 일 주일간 평양을 방문하고 17일 돌아왔다. 순희 누님을 만날 수 있으리라는 부푼 마음으로 떠났던 북한 방문은 슬픔의 여행으로 끝났다. 누님보다 손위인 형희 형님에 관해서는 "죽은 것 같다"는 생질(순희 누님의 아들)의 막연한 말밖에는 생사 여부조차 확인하지 못했다. 북위 38도선을 사이에 두고 1946년 봄에 헤어진 혈육은 이제 휴전선을 사이에 두고 이승에서는 영원히 다시 만날 수 없게 되었다.

본래 나는 3남 2녀인 5남매의 넷째였다. 위로 형님과 두 누님이 있었고 아래로 남동생 명희가 있었다. 해방 후 큰누님은 남편 따라 일찍이 월남해

이 글은 『한겨레신문』, 1998년 11월 20일~23일자에 연재되었던 북한 방문기이다.

서울에 살고 있고, 나보다 다섯 살 아래인 명희는 부모님과 함께 북위 38도 선이 아직은 철옹성으로 닫히기 전인 1947년 봄에, 해방 전부터 유학 와서 서울에 있던 나를 찾아 내려왔다가 6·25 전쟁중 열 일곱 살에 병사했다.

이렇게 해서 '해방'이라는 민족의 분단은, 북쪽 땅에서는 형님과 작은누님이 살고, 남쪽 땅에서는 아버지와 어머니 그리고 큰누님과 나와 동생이 살아가는 '이산가족'을 만들어 냈다. 나의 무능력 탓에 1957년에 빈곤 속에서 돌아가신 아버지는 20년 동안 매일 아침 북쪽을 향하여 두 손을 모아 합장한 자세로 이북에 놓고 온 아들과 딸에게 마음을 보냈다. 1974년 겨울, 86살로 세상을 떠난 어머니는 마지막 숨을 거둘 때까지 이북의 아들 딸과의 만남에 대한 희망을 버리지 않았었다.

어느 이산가족의 가정이 그렇지 않으랴마는, 나의 집도 해마다 추석의 밤은 즐거움이나 잔치와 들뜸의 시간이기보다는 침묵과 괴로움의 밤이었다. 가을의 밤하늘이 구름 없이 맑고, 중추의 달이 거울보다도 환히 비치면, 아버지와 어머니는 마당에 나앉아서 몇 시간을 두고 하염없이, 그리고 두 분이 서로 아무 말도 나눔이 없이, 달만 바라보는 것이었다.

그렇게 앉아 있던 두 늙은이는 더 참을 수가 없게 되면 누가 먼저랄 것도 없이 힘없이 일어나 눈물을 닦으면서 방으로 들어가, 이불을 머리 위까지 덮어쓰고 흐느껴 울었다. 아버지의 울음은 보이지 않는 이불 속에서 오열을 억제하려고 신음소리로 변하고, 어머니의 이불은 울음과 함께 몸부림치는 노인의 몸을 싸고 오랫동안 흔들림을 멈추지 않았다.

두 늙은이에게 추석달은 1년에 한 번 17세에 죽은 막내아들(하필이면 추석날 밤에 목숨을 거둔 막내아들) 명희와 북녘땅에 헤어져 있는 아들과 딸의 얼굴을 비쳐 보는 거울이었다. 북한 땅 어딘가에서 살고 있을 아들과 딸도 바로 그 시간 그 달 속에 이남 땅 어딘가에서 살고 계실 아버지와 어머니의 얼굴을 비쳐 보고 있을 것이었다.

　나는 처음 몇 해는 부모님의 보름날의 서러움을 달래 드리려고 여러 가지로 애를 썼다. 하지만 내가 동생과 형과 누이를 생각하는 마음으로는 아버지와 어머니의 서러움을 가볍게 해 드릴 수 없다는 것을 깨닫고부터는, 내가 할 수 있는 일은 다만 추석날 밤이 흐리기를 바라는 것뿐이었다. 달이 구름에 가려지기만 해도 마음은 덜 무거웠다.

　이렇게 살아가던 우리 이산가족은 1950년 6월에 일어난 전쟁으로 다시 찢기게 되었다. 나는 피난길 대구에서 군에 입대하여 그 뒤 휴전협정 체결까지 만 3년 반을 최전방 전선을 전전했다.

　나를 대신하여 노동으로 부모님을 모시던 어린 동생은, 충북 단양의 죽림재 미국 군대의 도로 공사에서 얻은 상처로, 약도 치료도 없이 사망했다. 강원도 최전방 향로봉의 참호에서, 11일이 걸려서 배달된 "명희 위독"이라는 군사 전보를 받고 전선을 떠나 돌아가 보니, 동생은 11일 전에 죽고 없었다. 전선에 돌아가야 할 나 대신 누가 부모님을 부양할 것인가?

　누구도 돌보아 줄 사람 없는 부모님을 놓고 부대로 복귀해야 할 나는 일주일의 휴가가 끝나가는 것이 부모님과의 최후의 이별일 것만 같은 참담한 심정이었다. 두 노인이 어떻게 살아갈 것인가! 막막하고 두렵기만 했다. 그러나 아무런 방법이 없었다.

　바로 이러고 있을 때였다. 북쪽 땅에서 순희 누님과 아들과 함께 살고 있을 줄만 믿고 있던 매부가 표연히 찾아온 것이다. 많은 애를 쓴 끝에 장인과 장모의 피난 거처를 알아냈다는 것이다. 우리 네 사람은 한 순간, 서로 바라볼 뿐 입을 크게 연 채 말을 내지 못하고 서 있었다. 그 순간의 놀라움과 기쁨을 다 적을 수는 없었다.

　작은누님의 남편 최규동은 유엔군이 평양을 철수할 때, 미군이 철수한 뒤에 미국이 평양에 원자폭탄을 투하한다는 소문을 듣고 앞을 다투어 대동강 철교를 타고 넘는 피난민 군중 속에 섞여 월남했다는 것이었다. 광산 기사인 매부는 해방 후에 고향인 평안북도의 직장에서 평양의 정부 산업성으로 전출되어 광산 관계 업무에 종사했다고 했다.

내가 부대로 복귀한 뒤부터 매부는 아내와 아들을 놓고 온 자책감과 괴로움으로 나날을 보내면서도 강원도 상동광산(텅스텐광)에서 기술자로 얻는 수입으로 장인과 장모님을 정성껏 부양했다. 매부는 어떻게 구했는지 그 당시에는 금값 같은 목재를 트럭으로 싣고 와서 단양군 장림리의 한 구석에 두 칸짜리 작은 집을 지어 드렸다. 아버지와 어머니는 딸 생각으로 가슴 아파 하면서도 혼자 내려온 사위의 지극정성으로 6·25 전쟁을 무사히 넘길 수 있었다.

매부는 나의 아버지와 어머니에게 전쟁의 굶주림 속에 홀연히 나타난 구세주였다. 무력한 나를 대신한 효자였다. 그 후부터 우리는 생각하면 슬픔이 앞서는 이북에 남은 누이의 이야기는 애써 입에 올리지 않고 여러 해를 지냈다. 나의 마음은 매부에 대한 우정으로 변했다.

매부는 십여 년의 홀아비 생활 끝에 1960년대 초에 재혼할 뜻을 장인과 장모에게 비쳤다. 부모님은 승낙했다. 사위의 재혼에 동의하고 집으로 돌아온 부모님은 말없이 오랫동안 눈물을 흘렸다. 결혼식 날, 부모님과 나는 하객으로 참석하여 매부의 새 가정에 행복이 있기를 빌었다.

월남한 남녀 이산가족 제1세대 중에는 이북에서 결혼하고 자식들을 둔 분들이 많다. 나의 작은매부처럼 이남에서 새장가를 들면서 장인·장모와 성장한 처남의 축복을 받는 재혼일 수도 있고, 정을 끊고 남남이 되는 지경을 넘어서 불구대천의 원수처럼 되는 경우도 있다.

그러기에 새로 짝지어진 이산가족 제1세대 남자와 여자의 새 가정에는 비밀도 많고 풍파도 많다. 그들은 결코 속을 열어 보이지 않으려 하고, 죽는 날까지 적어도 몇 가지 비밀을 간직하곤 한다. 이북에 관한 이야기만 나오면 애써 귀를 돌리는 이도 있고, 통일에 관한 이야기만 나오면 겁을 집어먹는 사람들도 적지 않다. 이들 중 어떤 이는 일제 시대에 부끄러운 직업에 종사했거나, 하지 못할 짓으로 지역 주민의 원수가 되었거나, 해방 직후 숙청되어 내려온 사람들이다. 이런 사람들이 대부분 극렬한 대북 강경론자가 되고, 남북간의 평화보다는 적대 관계의 지속을 바란다. 그들은 남북간 긴장의 격화 속에 전쟁의 희망을 보기도 한다. 전쟁은 그런 이들의 재산도 찾고 '원수'도 갚는 기회일 것이기 때문이다. 이것이 그들이 역대 독재정권 시대에 문민독재건 군부독재건 그것이 반공주의이기만 하면 무조건 지지해 온 이유이다.

'월남인 이상심리'이다. 일종의 '파라노이아'적 기피증세적 인생이다. 민족 분단이 안겨 준 운명적 불행이다. 나도 예외일 수가 없고 피해자의 한 사람이다.

나의 저서들 중에, 출생에서부터 청년 시대까지를 다룬 자전적 에세이로 『역정』(歷程)이라는 책이 있다. 1988년 3월에 발행된 이 자전 에세이 속에, 이남에 내려와 6·25 전쟁시 나 대신 부모님을 노동으로 부양하다가 병사한 어린 동생의 이야기는 나오지만, 다른 네 사람의 형과 누이 이야기는 나오지 않는다.

오랫동안 나는 공식적으로 이남 이북 어디에도 동기가 없는 혈혈단신이었다. 왜 그랬는가? 내가 반공법으로 기소되어 처음으로 형무소 경험을 한 것은 1964년 가을, 그해의 아시아-아프리카(AA) 국가외상회의에서 남북한 대표를 다 같이 유엔 총회의 '코리아 문제' 토의에 초청한다는 취재 기사가 필화 사건으로 확대된 『조선일보』 정치부 기자 때이다. 외교 담당 기자로 한창 물이 오른 서른 넷이었다.

그때가 얼마나 무서운 시대였던가! 박정희 육군 소장이 "반공을 국시의 제일로 삼는다!"를 내걸고 탱크를 앞세워 타고 앉은 쿠데타 정권이 반공 군부독재를 시작한 해였다. 한밤중에 영문도 모른 채 끌려가, 다짜고짜로 쓰라고 내 앞에 내밀어진 것이 신문조사서였다.

기입해야 할 많은 항목 가운데 "북한에 있는 친척"이라는 칸이 있었다. 순간, 나의 뇌리에, 남북 이산가족 친척이 얽힌 간첩, 공작원, 고지죄, 불고지죄…… 등등 요란한 사건 기사들이 스쳐 갔다. 이 칸에 무엇인가를 써 넣는다는 것은 공연한 의심과 주목을 자초할 위험성이 있다. 미운털이 박힌 놈에게는 어떤 흉계도 불사하는 잔인한 군인 집단인데, 어떻게 할 것인가?

나는 순간의 망설임 끝에 "없음"을 써 넣었다. 정직을 존중하지 않는 상대에게 이 쪽이 정직으로 대하는 것은 재난을 자초할 뿐이라고 판단했기 때문이다. 이 사건 이후 30년간, 수없이 거듭된 구속과 체포와 재판의 과정에서 그 때마다 나는 조사·신문조서의 같은 난에 "없음"으로 일관했다. 이 과정을 되풀이하는 매번 과정에서 당하는 마음의 불안은 형용할 수 없었다. 조사관들은 나의 비밀을 알면서도 나의 태도를 시험하기 위해 모르는 척하고 지켜보고 있는 것이 아닐까?

이번 이산가족 찾기 북한 방문으로, 40년 가까이 품어 왔던 이 비밀과 불안과 두려움을 활짝 털어 버렸다. 통일부에 제출한 '제3국에서의 이산가족 접촉 허가 신청서'에서 40년 만에 처음으로 나는 이북에 형님도 있고 누님도 있는 몸이 되었다. 그뿐 아니다. 서울에서 50년 이상 살고 있는 큰누님도 공식적으로는 이것으로 다시 살아났다.

마찬가지 이유로 월남한 제1세대들 중 많은 사람은 두 가지 또는 세 가지 이름을 가지고 있다. 하나는 물론 대한민국 국민으로서의 현재의 이름이고, 다른 하나는 월남하기 전 이북에서 쓰던 이름이다. 만약 일제 시대에 친일 내지 반민족적 행위를 한 사람이면 해방 직후에 또 다른 지방으로 가서 다른 이름으로 행세했을 가능성도 있다.

월남한 제1세대들, 즉 지금 나이가 60대 말에서 70대 이상인 사람들의 이남에서의 삶은 이중 인격자, 심지어 정신분열증적 삼중 인격자일 경우가 드물지 않다. 가슴에 깊이 품은 비밀로 괴로워하기도 하고, 잊어버리려 해도 머리에서 지워지지 않는 기억 때문에 흘리는 눈물과 한숨도 많다.

어쨌든 제3국에서의 이산가족 재회가 아니라 막바로 북한을 방문할 수 있는 정부의 허가가 났다. 이북에 가면 누님뿐만 아니라 형님 소식도 확인할 수도 있으리라 희망을 가졌다. 형님은 여든 셋쯤 되었을 터여서 돌아가셨을 확률이 높아 보였다.

사실은 형님이 사망한 것이 거의 확실하다는 소식을 오래 전 전해 들은 적이 있다. 1960년대에 서울 주재 특파원 근무를 마치고 돌아가는 친밀한 일본인 기자에게 사람 찾기 자료를 주었다. 북한 취재를 갈 계획이 있다고 해서였다.

한 십 년이 지났을까? 1970년대 초의 어느 날, 다시 서울을 방문한 그는 나에게 형님이 전쟁 후 1957년 봄에 장질부사로 사망했다는 소식을 전해 주었다. 조카가 둘 있었는데, 김일성대학과 무슨 교원대학을 나와서 괜찮게 살고 있다는 말도 곁들여 주었다. 나는 형님의 사망 소식을 어머니가 살아계시는 여러 해 동안 말하지 않고 지냈다. 아버지는 이미 돌아가신 뒤였다. 맏아들의 죽음을 알린다는 것은 가뜩이나 서러움 많은 늙은 어머니에게 너무나 가혹한 채찍질이 아닐 수 없었기 때문이다. 어머니는 86세로 돌아가실 때까지 이북의 큰아들이 살아 있으리라는 믿음을 버리지 않았다.

이번에 형님의 생사를 확인하려는 시도는 실패했다. 북한 당국은 내가 제공한 몇 줄의 자료로는 찾을 수 없다는 답변이었다. 고향 평안북도의 대관에 가 보고 싶다는 요청은 실현되지 않았다. 북쪽의 교통 사정이나 제반의 어려운 실정을 고려하면 나의 요청이 무리한 것임을 현지에서 깨달았다. 그 목적이 이루어지는 날은 언제일까?

북경에서 1박한 뒤인 11월 10일 낮, 공항을 이륙한 북한의 고려항공기는 90분이면 착륙할 평양을 향해서 고도를 높였다. 1만 미터 높이에서 수평 비행이 시작되자 기내 확성기를 통해서 평안하고 즐거운 여행을 빈다는 기장의 인사가 있었다.

나는 두 눈을 감았다. 53년 전 헤어졌을 때 스물 세 살이었던 순희 누님의 얼굴이 망막에 영상처럼 떠올랐다. 갸름하고 깨끗한 얼굴, 소학교의 같은 반을 세 살 위의 언니와 함께 다니면서 공부를 더 잘했던 반짝반짝 빛나는 총명한 눈빛, 다섯 살 아래인 내가 짓궂게 약을 올리면 나와 맞붙어 싸우다가, 어린 동생과 싸운다고 부엌에서 밥짓다 말고 뛰어 올라온 어머니에게 빗자루로 매를 맞은 누이, 일제 말기에 경성(서울)에 유학중인 동생이 먹을 것이 없다고 미숫가루와 소금덩어리처럼 짜게 한 쇠고기 장조림을 소포로 보내 주던 시집 간 누님⋯⋯ 아득한 반 세기 이전의 기억들이 현실처럼 재생되어 망막을 지나갔다. 이제 곧 그 누님을 만나게 된다! 일흔 여섯 살이 된 순희 누님을.

기쁨에 설레던 마음은, 누이의 나이가 일흔 여섯 살이라는 생각이 이는 순간 두려움으로 변했다. 궂은일 알지 못하고 산 누님이 6·25 전쟁으로 폐허가 된 북한에서, 그것도 남편도 없이 홀몸으로, 온갖 노동에 시달렸을 것을 생각하니 불안해지기 시작했다. 더구나 지난 몇 해의 대홍수와 극심한 식량난의 첫 희생자가 어린이들과 노인들이라는 그 많은 음산한 소식들이 가슴을 무겁게 하였다.

비행기는 하강 비행을 시작하더니 허술한 순안비행장에 가볍게 내렸다. 평양에 도착한 지 나흘째 되는 11월 13일 아침, 우리 일행의 여행 안내를 맡은 북쪽 대표가 말을 전해 왔다. "가족을 찾은 것 같습니다." 그는 누님을 찾았다고 말하지 않고 '가족'을 찾았다고 말했다. 그것도 "찾았다"가 아니라 "……것 같다"는 것이었다.

그날 저녁, 북쪽 당국자가 다시 찾아왔다. "기뻐하십시오. 방금 호텔에 리 선생님의 조카가 도착했습니다." 나는 불안해졌다. '누님은 왜 안 오고 조카가 왔나?' '누님이 못 올 만큼 중병에 걸리기라도 한 걸까?'

마련된 방에 들어가서 앉아 있으니 안내원의 뒤를 따라 여든 살은 족히 돼 보이는 노인이 들어왔다. 쉰 다섯이어야 할 조카라고 했는데, 웬 노인을? 나는 한 순간 머뭇거리다가 물었다.

"네가 누구냐?"

"조카 최수당입니다."

그는 '길 장(長)' 자를 이북식으로 '당'이라고 발음했다. 나는 다그쳐 물었다.

"그래? 왜 혼자 왔니?"

"어머니는 어디 계시는가?"

두 살 난 것을 마지막으로 보았던 조카는, 나에게 혈육이라는 아무런 감정도 느낌도 없는 듯한 표정이었다. 그는 마치 사무적인 보고를 하듯이 대답하는 것이었다.

"4년 전에 돌아갔디요."

무덤덤한 이 한 마디로 50년간 품어 왔던 나의 간절한 그리움은 산산조각이 나 버렸다.

"아! 그래? 4년 전까지 살아계셨단 말인가! 바로 4년 전까지, 아!"

그 뒤에 교환된 말들은 사실 무의미할 수밖에 없었다. 4년 전 나에게는 공식적으로 이북의 누님이 존재하지 않았으니 정부당국에 방북 신청을 낼 수도 없고, 신청한들 될 일이 아니었다. 누님이 4년을 더 살고 못 살고는 하늘의 뜻이다. 여든 노인처럼 늙은 조카의 용모가 모든 것을 설명해 주었다. 나는 그처럼 섬세하고 가냘펐던 순희 누님이 6 · 25 전쟁으로 홀로 된 뒤 50여 년을 어떤 인생을 살다 갔겠는가를 물을 필요도 없이 짐작할 수 있었다.

한참 동안 걷잡을 수 없이 흐르던 눈물을 닦으며 얼굴을 들었다.

누님은 전쟁 뒤, 광산 기사의 아내에서 시골 산간 밭농사의 협동농장 농부가 되어, 처음 만지는 흙을 파고, 돌을 이어 나르고, 밭갈고 돼지를 키우는 생활로 일흔 다섯의 생을 마쳤다.

나는 그 50여 년간의 누님의 고된 삶에 관한 모든 설명을 한 마디로 확인하고 싶은 마음으로, 모든 질문들을 일괄해서 물었다.

"어머니가 많은 고생을 하다 돌아가셨구나?"

이런 경우에 누구나 으레 그러했을 긍정적인 설명을 기대했던 나는 놀랐다.

조카의 대답은 예상과는 전혀 다르게 그야말로 간단명료했다.

"아니에요. 경애하는 장군님과 당이 먹을 것 입을 것, 모두 보내 주어서 고생은 전혀 없었시요. 우리는 부족을 모르고 살았시요. 요 몇 해는 조금 어렵디만……"

나는 조카의 얼굴을 한참 들여다보았다.

"그래? 그랬어? 다행이다."

북쪽의 당국자들이 방 안에서 우리를 바라보고 있었다. 나는 이런 때에 어떻게 나의 감정을 처리해야 할지 당황했다. 이런 답변은 내가 어떻게 대응해야 할지, 미처 훈련을 받아 본 일이 없는 대화 형식이었기 때문이다.

나는 다시 인간적인 연민의 정을 기대하면서, 말투를 바꾸어서 물었다.

"그런데, 너도 장가 가서 아들 딸 낳고 키운 어른이니까 알겠지만, 어머니가 스물 일곱 살의 나이에 남편과 이별해서 50년간 혼자 고된 삶을 살려니 얼마나 외로웠겠냐?"

돌아온 대답은 역시 간단명료했다.

"외로운 일 없었시요. 수령님과 공화국이 다 보살펴 주고, 이웃이 떡도 나누어 주고 먹을 것도 나누어 주니까요."

나는 또 뭐라고 말해야 할지 몰라서 한참 동안 망설였다.

"…… 그랬니? 참 다행이다."

그는 어머니가 남편이 사라진 첫 몇 해 동안은 야속해 하기도 했지만, 그 후에는 한 마디도 말하지 않았다고 했다. 대동강가에서 폭격맞아 죽은 것으로 잊어버렸다고 했다. "어떻게 잊을 수가 있었겠냐!"라는 말이 나의 입에서 나오려는 것을 억지로 참았다.

조카는 아버지가 남쪽에서 살아 있다는 말에 놀라는 것 같았다. 그러나 아버지의 생존을 50여 년 만에 알게 된 늙은 자식의 입에서 나온 첫마디에 이번에는 내가 놀랐다.

"미제 앞잡이가 되지 않았나요?"

대머리가 된 넓은 이마가 깊은 골의 주름으로 꽉 찬, 햇볕에 그은, 여윈 얼굴에는 남한에 살아 있다는 아버지에 대한 비웃음과 증오가 섞인 야릇한 표정이 스쳐 갔다. 나는, "너의 아버지는 정직하게, 트럭 운수 사업과 시멘트 블록 제조업으로 남에게 도움을 주면서 성실하게 살아왔다"고 안심시키려 했다. 서울에서 가지고 갔던 아버지의 사진을 주려고 하자, 그는 "일 없수다. 안 받갔시요!"라고 손을 저었다.

떠나기 전날, 나는 북쪽 당국자에게 그날의 일정으로 예정된 묘향산 대신 누님의 무덤을 찾아 성묘를 하고 싶다고 청했다. 하지만 같은 평안남도인데도 거리도 멀고, 대홍수로 다리가 떠내려가고, 길도 복구가 안 되어서 자동차가 갈 수 없다는 것이었다. 남북 관계가 더 좋아지는 날 다시 오면 안내할 테니 그때로 미루자는 말에 나는 나의 제의를 철회했다.

생활에 필요한 모든 것은 부족이 없다고 거듭 받기를 거절하는 조카에게, 이제는 영원히 못 만날 누님 무덤 앞에 향이라도 사서 나 대신 피워 달라는 향값이라고 말을 바꾸어, 서울서 가져 갔던 얼마 안 되는 달러를 넘겨 주었다.

누님은 우리 가족 사이에서 부르던 이름인 '리순희'가 아닌 '리형선'으로 되어 있었다. 북쪽 당국에 보낸 나의 이산가족 찾기 자료에 누님의 이름을 잘못 적었던 까닭에, 북쪽 당국이 사람을 찾기 위해서 겪었던 노고는 눈물겨울 만큼 정성 어린 것이었다. 서울에 돌아와서 큰누이에게 그 이름의 차이를 말했더니, '순희'는 가족 사이에서 부른 아명이고, 본래 호적상의 정식 이름은 '형선'이었다는 대답이었다. 어렸을 때 불렀던 이름을 법적 이름인 줄 내가 착각했던 탓에 북한당국은 없는 이름을 가지고 누님을 찾느라고 얼마나 고생을 했는지 모른다고 그간에 겪었던 일들을 털어 놓았다. 그러면서도 나의 착각을 나무라는 기색은 추호도 없고, 나를 위해서 그만큼이라도 할 수 있었던 것을 기쁘게 여기는 것이었다. 이 글을 맺으면서 북한 당국에게 다시 진심으로 감사한다.

다시 '인간'이 되기 위하여

당신은 굶어 본 적이 있습니까? 배탈이 나서, 또는 몸무게를 줄이려거나 병의 치료를 위해서가 아니라, 먹을 것이 없어서 말입니다.

나는 굶은 적이 있습니다. 굶었다기보다는 네 끼를 못 먹었어요. 6·25 전쟁 당시, 북한 땅에 진격했다가 중공군에 포위되어, 동해전선 산악의 한겨울 눈 속에서 식량이 떨어져서 네 끼를 못 먹은 경험이 있습니다.

겨우 네 끼를 걸렀을 뿐인데, 육체는 늘어지고 마음은 절망적이 되어 죽음의 공포에 시달렸습니다. 먹을 것만 있으면 목숨과도 바꿀 것 같은 심정이었습니다. 46년 전의 이 작은 경험 때문에 나는 인간에게 있어서 굶는다는 것이 무엇을 뜻하는가를 알게 되었습니다. 처참합니다.

지금 이북 동포의 상태는 나의 경험의 백 배, 천 배로 처절하다고 합니다. 인간에게는 여러 가지 어려움과 설움이 있지만, 생사람이 먹을 것이 없어서 굶는 것보다 더 큰 고통은 없을 겁니다. 그 상태에서는 인간은 모든 인간성을 상실하고 오로지 식욕만이 남는 동물이 되는 것입니다. 동물이 되어 버린 인간! 상상만 해도 불쌍하고 처절합니다. 우리는 그 상태를 아프

이 글은 『통일샘』, 1997년 4월호에 실렸던 글이다.

리카의 여러 나라에서 보았습니다. 그리고 괴로워했었지요.

그런데 그것이 이제 먼 곳의 일이 아니라, 우리의 혈육들, 바로 지척에 있는 이북 동포들이 여러 해의 굶주림으로 동물처럼 되어 가고 있는 것을 봅니다. 남도 아닌 혈육들이 말입니다. 이남의 우리가 무엇을 해야 할 것인가를 놓고 갑론을박할 단계는 지났습니다. 행동할 때입니다. 도와야 합니다. 무조건입니다.

옆사람이 굶고 있는데 혼자서 먹는다는 것은 두 사람이 다 비인간화된 상태입니다. 굶는 사람만이 동물화한 것이 아니라, 그것을 보면서 나누지 않는 사람도 동물이 된 것입니다. 텔레비전 상영물「동물의 왕국」에서 보듯이, 야수들은 먹이를 나눌 줄을 모릅니다. 그러나 그런 짐승도 피붙이끼리는 먹이를 나누어 먹습니다. 이남의 우리들은 그 동안 정권과 지배집단의 전쟁 선동가들 때문에 모두가 광적 극우·반공주의의 동물화를 강요당해 왔습니다. 한 민족의 총체적 '비인간화' 입니다.

당장에 먹을 것을 나누어야 하고 입을 것을 도와야 하는 이유는 여러 가지입니다. 이북 동포가 굶주림으로 죽어가는 것을 모르는 척함으로써 동물이 되었던 나 자신이 다시 '인간' 이 되기 위해서입니다. 그 동안 인간 소외 상태에 빠졌던 나 자신이 다시 '인간성' 을 회복하기 위해서입니다. 이웃의 굶주림을 보면서 모르는 척할 수 있었던 잔인성을 나의 마음에서 쫓아내고 '이웃과 함께' 기뻐할 줄 알고 괴로워할 줄 아는 '인간 본성' 을 되찾기 위해서입니다. 결투에서 승패의 판결이 난 뒤에, 패자에 대해서 승자가 보여야 할 신사도 정신과 관용의 미덕이기도 합니다.

그것은 바로 부처님의 '자비심' 이고 맹자의 '인' (仁)의 마음이고, 예수의 '사랑' 의 정신입니다. 나 자신이, 그리고 이남의 우리들 모두가 구원을 받기 위함입니다. 이북 동포를 돕는 일은 '남' 을 위해서이기에 앞서 '나' 를 위해서임을 깨달아야 합니다. 종교적 실천입니다.

이웃이 굶고 있을 때 태연하게 배불리 먹을 수 있다는 것은 죄악입니다. 그것은 인간적으로 범죄이고, 도덕적으로 타락이며, 윤리적으로 악(惡)입니다. 우리 정권과 지배집단은 냉혈적인 반공주의 정치논리를 앞세워 국민 모두를 범죄와 타락과 악의 구렁텅이로 밀어 넣었습니다. 그러기에 굶주리는 북한동포를 돕는 일은 남한 국민이 그 동안 상실했던 도덕성과 윤리성을 회복하고 억눌렸던 죄의식에서 해방되는 길입니다.

어떤 누구를 위한 일이라기보다는 나와 우리 자신을 위한 일입니다. 반인간적인, 광적 반공주의 정치논리의 족쇄를 거부하고 스스로를 해방하는 이성적 시민의 저항이고 자기 회복이기도 합니다.

북한동포의 것은 북한동포에게

남북 정상회담 전망과 김일성 주석 사망에 관한 기사들로 꽉 메워진 신문 지면의 한 구석에 보일까 말까 끼어들어 있는 작은 기사가 눈에 띈다.

"정부, 통일 대비 '재산특례법' 마련."

내용인즉, 법무부가 "남북통일 뒤에 예상되는 북한 내의 부동산 소유권 분쟁과 이산가족 재결합에 따르는 상속 문제 등의 해결·처리를 위한 특례법"의 시안을 만들었다는 것이다. 말투가 사뭇 까다롭다.

하필이면 초상이 나서 집안이 온통 울음바다가 돼 있는 이웃집의 재산을 넘보는 것 같은 인상을 주는 법률이다. 세상에 알려지는 시기 또한 심히 적절치 못하다. 이웃집 어른이 사망했는데 문상은 안 갈망정(김일성 주석의 사망에 조의라도 표하는 게 타당하다는 의견에 대해 정권과 극우·반공 세력은 '용공분자'로 비난하고 매도했었다) 상가의 재물을 노리면서 군침을 삼키는 것은 '동방예의지국'이 아니더라도 이 겨레의 예절이 아니기 때문이다.

이 글은 『한겨레신문』, 1994년 7월 16일자 '한겨레논단'에 실렸던 글이다.

나도 이 법에서 정한 데 따르면, 어쩌면 선친이 지어서 살다가 북쪽에 두고 내려온, 제법 큰 집 한 채의 재산에 대한 '권리'가 있을 성도 싶다. 하지만 나는 그 집에 대해서 '재산권'을 행사하리라는 생각 따위는 상상해 본 적도 없다. 그런데도 이런 법률 초안이 제정되는 것을 보면, 이른바 이산가족들 중에는 그야말로 '호시탐탐' 국토수복보다 '재산수복'을 노리는 분들이 적지 않은 것 같다. 분열된 민족의 통일보다는, 놓고 온 재산의 회수가 통일을 기다리는 본심인 것 같아 보인다.

그런 법률을 제정한 전례가 있기는 하다. 남베트남과 대만, 그리고 독일이다. 베트남에서는 1954년 6월, 프랑스 군이 호치민 영도하의 베트남민족해방군에 대패하여 북위 17도선으로 휴전선이 그어진 뒤, 휴전선 이북의 북베트남에서 거주하던 베트남인 중 86만 명이 백인 식민·제국주의 프랑스 군을 따라서 남으로 이주했다.(협정에 따라서 자유롭게.) 그 중 60만 명은 가톨릭 신자였고, 20만 명 가량은 프랑스 식민지시대에 행정기관·군대·경찰 및 그 밖의 연관된 직무에 종사하던 '바람직하지 못한' 사람과 가족들이었다.(버스나드 휠, 『두 개의 베트남』) 이들이 베트남판 '월남'인들이다. 프랑스와 일본의 식민지배에 봉사했던 이들이 주로 북베트남에 '재산'을 두고 왔다는 사람들이었다. 결국 북베트남에 두고 왔거나 "묻어 놓고" 왔다는 돈과 부동산에 대해 그들의 재산청구권은 행사할 기회를 갖지 못한 채 폐기되고 말았다.

대만에서는 1948~1949년, 중국 본토가 모택동의 농민 혁명세력의 지배하에 들어간 '국·공 내전' 말기에 대만으로 도피한 과거의 지주·은행가·상인·군대·고급 지식인·정부 관리·기독교 신자 등, 국민당계 약 10만 명이 본토 수복과 그들의 옛 재산 회수를 연결시켰다. 그러나 아뿔사! 그들의 재산권은 백지화되고 말았다.

독일의 경우는 다르다. 제2차 세계대전 패망으로 독일이 동서로 분단될 당시, 동독 지역 주민 중 약 400만 명이 서독으로 이주했다. 1992년의 통합 과정에서 흡수통일을 하게 된 우월한 지위의 서독에 의해서 부동산권협약이 강요되어 옛 소유자들에게 반환하게 되었다. 그러나 수십 년간 생사를 몰랐던 '부재 지주', '부재 건물주' 들이 어느 날 갑자기 나타나 재산권을 요구하고 나서는 바람에 지금 통일독일은 온통 벌집을 쑤셔 놓은 상태이다. 현재 소송이 제기된 재산 반환 분쟁이 자그만치 200만 건에 이른다고 한다.

지난 (1994년) 1월, 독일 통합 때에 동독의 마지막 총리로서 그 재산권 협정에 서명했던 로타어 드 메지에르(뒷날 통일 집권 기민련 부총재 역임)가 얼마 전 한국을 방문했다. 어느 신문과의 회견에서 그는, 통일 직전의 마지막 동독 총리로서 통일 과정에서 가장 잘못한 결정이 바로 그 재산권 회복 문제라고 술회한 것을 읽었다.

참고해야 할 것은 그뿐이 아니다. 3년 2개월 동안의 6·25 전쟁중, 미국 공군의 융단 폭격으로 북한 땅에는 "서 있었던 것은 남김없이 쓰러졌다. 탈 수 있는 것은 남김 없이 타 버렸다. 남은 것은 바위와 돌뿐이다. 초가집 한 채 남지 않았다. 북한은 이제 석기시대로 돌아갔다(North Korea has now returned to the stone age)"라고 당시 미국 태평양지역사령관 르메이 대장이 선언했었다. 이것이 르메이 제독의 유명한, 북한에 대한 추도사이다. '완전 무' 상태가 된 것이다.

'석기시대'로 돌아갔던 휴전선 이북 지역에 오늘과 같은 물질적 복구·건설을 한 것은 북한동포의 피눈물 나는 노동의 결과이다. '완전무'에서 그들이 갖게 된 것은 통일 뒤에 그들의 재산으로 인정돼야 마땅하지 않을까? 이런 생각도 '친북적이다'라고 길길이 뛸 사람이 있을지 모르겠다. 이 나라는 맑은 정신과 정서를 가지고는 살기 어려운 사회이다.

'주체사상'의 이데올로그, 황장엽과의 대담

황장엽 우선 『한겨레』 창간 10돌을 축하합니다. 사실은 지난해 우리가 오면서부터 만나고 싶었던 몇 안 되는 분 가운데 하나가 리영희 선생님이오. 늦게 만나게 됐습니다. 며칠 전에 통일원 출입기자들과의 간담회에서 제가 그렇게 말했어요. 우리가 단시간 내에 인터뷰 등 형식에 치우치다 보니 하고 싶은 말 다 하지 못하고 오해만 불러일으켜요. 그래서 오늘도 리영희 선생님과 단독으로 만나자고 했는데, 들어보니 『한겨레』 창간 10돌이라고 해서 그럼 공개 대담을 하자고 했습니다. 우리는 북한 동포를 해방시키기 위해 넘어온 사람이지, 편안하게 살고자 하는 사람이 아니야. 절대 오해하면

남한으로 망명한 전 북한 김일성대학 총장, 중앙 당 국제담당비서, 북한 국가 이념인 '주체사상'의 창제자로 알려진 황장엽(黃長燁) 씨와의 이 대담은, 황씨에 대한 정보당국의 조사·보호 기간이 끝나서 남한의 공개 사회와의 접촉이 허가된 뒤, 한겨레신문사와 정보당국의 협의로, 공개적 보도를 전제로 남한의 지식인과 대담 형식으로 갖게 된 황씨의 최초의 심중 토로이다. '대담'의 사이사이에 끼어들어 황장엽 씨를 대신해서 발언한 김덕홍 씨는 황씨와 함께 망명해 온, 북한 정부 대외 무역 분야의 간부였던 인물이다. 본래 안기부와 『한겨레신문』의 합의로는 리영희와 황장엽 두 사람만의 자유로운 대담으로 돼 있었으나, 안기부가 지정한 대담 장소에 가 보니 김씨가 황씨 옆에 앉아 있었고, 델리케이트한 화제에서는 황씨를 젖히고 김씨가 발언하곤 했다. 이 대담은 1998년 5월 11일에 이루어졌으며, 『한겨레신문』, 1998년 5월 14일자에 '한겨레 창간 10돌 특별대담'이라는 제목으로 실렸다.

안 된다. 그래서 난 망명이 아니다. 그래서 『한겨레』를 만나자고 했어. 『한겨레』를 생각하면 말이 통할 것이다. 또 엄청난 정보를 제공해서 한국 정부의 대북정책이 달라질까 했더니 하나도 달라지지 않아. 우린 다 이야기했어. 난 김일성의 이론 서기로 7년 이상 일했어. 당 중앙의 비서로서도 7년 이상 일했어요. 40년 동안 그 중추부에서 일했어. 우리는 나름대로 북한의 저 비참한 상태를 어떻게 끝내겠는가, 여기에 대한 전략을 이야기했어요. 이 전략이 실시되지 않는 것은 정부가 아닌 언론기관의 책임이다. 가장 큰 발언권은 언론이 가지고 있는 것 아닙니까? 전략 문제를 이야기하면 비밀을 보장해 달라고 요청했으나, 여기 와서 보니까 그걸 비밀로 할 필요가 없다는 생각을 했어요.(황씨는 자신이 1년여 만에 상당히 변했다는 『한겨레』 사설의 지적에 대한 불만, 북한이 곧 무너질 것이라는 자신의 주장을 남에서 믿지 않는 것에 대한 불편한 심기, 노동당 농업담당비서 서관히〔희〕를 북한에서 총살한 것에 대한 소감 등에 대해 길게 말을 이었다. 그는 이런 얘기를 하면서 때로는 상기된 표정을 짓기도 하고 흥분하기도 했다.)

리영희 잠깐, 저는 기자회견이 아니라 대화로 알고 왔는데요. 대화란 것은 혼자 오래 말하는 것이 아니고 좀 짧게 이야기가 오고 가는 것으로 압니다. 서로 짧게 많은 일에 관해서 이야기를 주고받읍시다.

황장엽 아니, 기자회견이고 뭐고 만나서 대화를 못하겠어요.

리영희 대화는 얘기가 많이 오고 가는 것을 대화라고 하는 거죠.

황장엽 아니, 난 대화를 그렇게 하자는 거요.

리영희 저를 신문사 사람으로 대우하지 말고, 황 선생과 처음으로 뵙는 사이에 많은 이야깃거리가 있으니까 이야기가 오고 가야 독자들도 많은 것을 새로 알게 되고 의구심을 풀 수 있지 않겠습니까?

황장엽 내 얘기 좀더 듣고 말씀하시오. 그래서 전략 문제도, 보니까 우리가 제기해서 정책화되는 게 아니라 국민이 지지해야 되는데, 지지를 위해선 언론기관의 힘이 커요. 그러니까 이건 서론이에요. 무엇을 쓰는가는 신문사 쪽에 달려 있지만, 답변하기 싫은 것은 안해도, 나는 거짓말은 안합니다. 내 이야기를 쓰면서 내가 하지 않은 말은 쓰지 마시오.

리영희 난 이걸 대화로 알고 왔는데…… 그리고 쓰고 안 쓰고, 또 어떻게 쓰는가는 신문기자가 할 일이고.

황장엽 (상당히 흥분해 책상을 치며) 대화고 뭐고 내가 이야기하는데 왜 자꾸 끼어드냐 말이에요. 처음에 조금 이야기하고 하자는 것인데. 아 글쎄, 내가 다 이야기하겠다니까. 우리가 목숨을 버리고 왔다는 거 압니까? 우리가 안기부의 말을 듣는 사람이냐?

리영희 (흥분이 가라앉기를 기다렸다가, 대화의 분위기를 부드럽게 하기 위해서 가라앉은 목소리로) 먼저 사적인 얘기를 하지요. 제가 태어난 것은 1929년이니까 올 칠십이고, 제가 알기로 황 선생은 1923년생으로 알고 있는데……?

황장엽 난 원래 음력으로 하면 12월 7일 임술생이라고. 양력으로 하면 1월 20일께.

리영희 그래서 저에게는 다섯, 여섯 살 위의 형님이신데, 오늘은 제가 공인의 소임을 받고 왔으므로 호칭은 황 선생으로 하겠습니다. 제 호칭은 리 교수로 해도 좋고. 개인적으로는 형님 같다는 심정입니다. 제가 알기로 안기부가 그 동안 황 선생 오신 뒤 일 년 동안 보호하고 협의하는 시간을 보냈는데, 이제 남한 사회의 한 자유 시민으로서 안기부의 테두리를 벗어나서 자유롭게 발언하고 활동하시는 것으로 생각합니다. 잘 아시겠지만 민주주의가 제대로 돼 있진 않지만, 그래도 남한에서는 일정한 지위와 권위를 지닌 개인은, 사유 재산만 공개하는 것이 아니라 그 사상과 인격과 행동거지를 국민 앞에 공개하고 선택받는 것 아닙니까? 하물며 세계의 이목을 끌면서 오신 황 선생께서는 말할 것도 없겠죠. 지난 일 년 동안 남한의 많은 사람들에게서 여러 가지 평가가 나오고 있습니다. 거부 반응도 있고 우호적인 반응도 있죠. 개인으로서는 나는 황 선생에 대해 특별히 우호적인 것도 아니고, 선입관을 가지고 거부적인 것도 아닙니다. 아주 냉정하게 지식인으로서 어려운 결단을 내리고 내려온 그 지식인의 모든 이야기를 듣고 내 의견도 이야기하고 싶습니다.

황장엽 좋아. 뭐든지 물어 보시죠.

리영희 물어 보는 것도 있고 의견을 얘기할 수도 있겠죠. 간단히 제 소개부터 하지요. 본래 평안도 출신이면서 해방 전에 내려와 중학교 마치고 전쟁을 치르며 육군 보병으로 7년 동안 복무했습니다. 나온 뒤에는 언론계에 있다가 한양대에 갔습니다. 주로 국제·외신 관계를 담당해서 조금이나마 공부를 했습니다. 그 동안 황 선생께서 쓰셨거나 발표한 내용을 대부분 진지하게 읽었습니다. 이 내용에는 많은 이야기하고 싶은 사항과 문제, 해결해야 할 제안이 있지만, 동시에 남한에서 많은 사람들이 이 글의 주인공인 과거 북한 주체사상의 철학적 입안자에 대한 회의도 있습니다. 그런 문제를 이 기회에 말씀해 주시면 좋겠습니다.

황장엽 근데 무얼 읽었습니까? 파일이라는 걸 읽었습니까?

리영희 내가 가지고 있는 것은 국내에서 발표된 것인데, 1997년 2월 12일 중국 주재 한국대사관에서 쓰셨다는 자필 진술서와 서울 도착 인사와 국민에게 드리는 말씀으로 1997년 7월 10일에 말씀하신 것과, 1997년 9월 24일 『조선일보』에 난 「주체 연호로써 북을 구원할 수 없다」와 1997년 10월 20일의 「김정일 계승비판」과, 마지막으로 내려오시기 전인 1996년 8월에 북한에서 작성해서 외부로 유출된 「조선문제」란 장문의 논문입니다.

국내에 보도된 것 가운데 나머지는 모두 국민들이 진지하게 받아들였지만, 유독 「조선문제」란 논문에 대해서는 나머지 글들을 읽은 대부분의 사람들이 뭔가 석연치 않아 하는 부분이 있습니다. 심지어는, 진지하고 솔직하고 정확하게 얘기를 하기 위해서입니다만, 이것이 과연 황 선생 자신의 글인가, 남한 정보부의 작품인가, 의문을 느끼고 있습니다. 이 자료의 진위를 규명하고 넘어갔으면 좋겠습니다.

황장엽 그 「조선문제」는 내가 썼습니다. 거기(북한)서 그게 노출되면 총살됩니다. 그땐 내가 목숨을 내놓자고 생각한 겁니다. 난 99%까지 2년 내로 (북한이) 전쟁한다고 생각했어요. 근데 남한의 실정은 아주 달랐거든요. 그래서 빨리 나가서 이야기해야겠다고 생각했습니다. 내가 아는 사람은 지금은 남한 사정이 복잡하니 대선(대통령 선거) 끝나고 와 달라고 이야기했습니다. 그래서 내가 욕했어요. 무슨 대선 끝나고 오라고 하겠는가. 내가 책임 지겠다고 했어요. 그래서 내가 (글을) 보냈어.

리영희 용어가 다른 것과 좀 차이가 나고……

김덕홍 (옆에서 듣고만 있다가 답답하다는 듯) 북한 사람들이 보면 우리 형님이 쓴 거라고 단박에 알아. 그거 의심하지 않습니다.

리영희 고맙습니다. 귀중한 사실입니다. 남한에서는 황 선생 오시기 전에 벌써 중국에 왔다는 이야기 나올 때부터 직접 입국하시게 될 때까지 반응이 참 많았습니다. 이를테면 남한의 극우 반공 개인이나 세력은 쌍수 들어서 영웅으로 모셨고, 그러면서도 같은 극우 반공 집단 등이 과거 박정희 시대에 위장해 내려왔던 이수근을 알고 있기 때문에 회의적이기도 했죠. 하지만 대체로는 많은 분들이 높은 지위에서 누리던 모든 것을 버리고 내려오니 '민족 사랑의 화신'이라는 좋은 반응도 있었습니다. 민주적 결단을 한 지식인이라는 반응도 있었고. 다른 한쪽으로는, 말에 가식할 필요없으니 그대로 표현한다면……

황장엽 그런 전제 놓지 말고, 그냥 이야기해. 나도 책상 두드리며 이야기하는데……

리영희 변절자가 아니냐, 여태까지 북한의 주체사상과 그에 입각한 국가이념을 수립한 그 사람이 저런다는 것은 책임 회피가 아니냐, 위장적 평화주의자 아니냐. 그리고 그렇게 열성적이라면 북한에 남아 개혁을 해야지 여기 나와 어떤 영향력 미칠까 하는 등의 회의론도 있었습니다. 또 다른 일부는 이것은 민족 평화를 찾기 위해서가 아니라 적대감을 조장하려는 위험한 인간이라는 평도 있었습니다. 혹시 보셨는지 모르겠지만, 한국 사회에서 존경받는 인간 집단인 천주교정의구현사제단은 황씨가 전쟁과 남북간 적대감을 부추기려는 의혹이 있으니 북으로 돌아가라는 성명을 내기도 했습니다. 저는 오늘 황 선생을 백지 상태로 대하지만……

황장엽 그런 이야기 많이 들었습니다. 물론 상상 외라고 생각했지만, 그건 여기 사람들이 너무도 북한의 실정을 모르고 하는 이야기입니다. 이러한 추측에 대해서는 조금도 개의치 않습니다. 어떤 사람들은 나치 독일의 헤스와 비슷하다고 이야기하는 사람도 있는데, 난 그 사람과 상종하지 않습니다. 난 (북한에서) 책도 맘대로 못 쓰고 강의도 내 맘대로 못하고, 군대에 가서 했어요. 내 이름으로 나간 것은 대부분이 위작이고, 초벌을 한 것을 가필한 것도 있습니다. 내 사상이 조금이라도 반영된 것은 모두 김정일, 김일성의 이름으로 나간 것들입니다.

리영희 그 사실은 남한에서는 잘 모르는 사실인데요. 알겠습니다. 권력자가 학자의 이론과 사상을 도용하는 것은 어느 나라나 그러므로 이해가 갑니다.

황장엽 우선 여기 오니까 묘한 말들이 다 있어요. 김정일하고 우리 집과는 직접적인 관계는 없습니다. 1958년부터 김일성의 이론서기 네 명 가운데 세 명은 경제학을 했고, 나는 철학을 하면서 글 써 줬지. 통일을 염원하고 동포의 비참한 상태를 구원한다는 정신을 가지고 글을 써 주었지요.

리영희 저 개인적으로도 비슷한 생각을 안한 것은 아닙니다. (1930~40년대 일본의 중국 침략 전쟁시) 일본과의 화해를 통해 중국 인민의 참상을 자기 나름으로 구제하고자 한다면서 항일전쟁의 무익성을 호소하기 위해 일본으로 탈출, 일본의 괴뢰가 된 장개석 정부의 부총통 왕정웨이(汪精衛), 유럽의 평화와 안전을 위해 전쟁 협상을 하자고 히틀러에 대항해 단신 영국으로 갔던 루돌프 헤스 부총통의 전례가 머리에 퍼뜩 떠오릅니다. 전적으로 옳은 비유라고 생각하지는 않지만, 역사적 전례가 생각 납니다. 선생이 여기서 남한 동포를 설득하고 남한 동포들의 이해를 바탕으로 북한 해방이라는 민족 사업을 하기 위해서는 남한 사람들이 가지고 있는 여러 가지 의문이 일단 풀려야 하는 것이 전제입니다. 일반적으로 말하면 망명의 동기는, 첫째는 이념 차이이고, 둘째는 정책 차이입니다. 선생은 주체사상을 창립하셨는데, 권력자들에게 악용된 것으로 이해합니다. 통일은 또한 평화적 통일이어야 하는데, 그쪽에서는 무력 통일을 주장했습니다. 셋째는 세대 차이입니다. 제1대 김 주석과 가깝고 지금도 심정적으로 그런 마음을 가지고 계시는 분들이 김정일 세대에 와 2, 3세대에 의해 교체되는 과정입니다. 선생의 글 가운데서 김 주석에 대한 비판은 없고 김정일에 대해서는 극렬한 비판이 절절한 것으로 미루어 보건대, 새 권력자에게 무슨 이유에선가 애총에서 벗어난 개인 관계가 있는 것 아닌가 추측해 봅니다. 넷째로는 권력 투쟁입니다. 강경 수구 세력과 온건 국제파 등의 권력 관계입니다. 마지막으로 오랜 기간 동안 북한에서 「조선문제」 같은 논문을 쓸 때부터 남한에 올 것을 구상했고 메모가 미국 동포를 통해 나간 것으로 봐서, 안기부의 회유 공작이 성공한 것으로 짐작이 가기도 합니다.

황장엽 김정일하고는 사사로운 대립은 없어요. 1994년 김 주석 장례식 때는 제일 먼저 나에게 전화했어요. 이거 못된 놈이지만 아버지가 죽었다고 먼저 전화하는 거 보고 봐 줘야겠다고 생각했습니다. 그러나 두고 보니 안 되겠어요. 권력 투쟁은 해본 적 없지만, 그가 나를 기술자로서 이용했지 정치가로서 이용한 것이 아닙니다. 그래서 난 하고 싶은 말을 좀 했지요.

리영희 남한에서 북한을 공부하거나 연구하는 사람들 사이에 정치적으로 통용되는 것이 북한 내의 정책집행 과정과 사상노선에서 온건파·국제파, 수구 세력·유격대 세대 등인데 이런 구분이 적절합니까?

황장엽 사람들을 서로 만나질 못하게 하니까 파를 형성할 순 없어. 생각에 있어 온건한 사람, 맹종하는 사람을 가를 수 있지만, 거기선 매일 충성을 맹세하지 않으면 못 견뎌.

리영희 남한에 온 북한 사람들을 가리키는 표현이 귀순자, 탈북자, 망명자, 투항자 등 여러 가진데, 선생께서는 망명이라는 용어를 쓰고 싶지 않다고 했습니다.

황장엽 처음에 망명이라고 쓰지 말라고 했어요. 자기 조국에 왔는데 무엇 때문에 망명인가. 여기서 안착할 생각은 없어요. 북한에다 남한 실정을, 남한에다 북한 실정을 알려 주고 있다가, 투쟁하다가, 김정일의 탄환에 맞아 죽어도 좋고. 그저 집 안에 앉아서 죽지는 않을 것이오.

리영희 남한에 그대로 머물러 있지 않을 것이라는 말씀에서 생각 났는데, 장승길 이집트 주재 대사처럼 왜 미국을 택하지 않았나 하는 생각도 있습니다.

황장엽 여기가 우리 조국인데 뭐.

김덕홍 장승길 대사가 미국에 간 건 조국을 배반한 것이에요. 통일이 돼도 북한이나 남한 사람 모두 그 사람 대접하지 말아야 해. 그 사람은 자기만 잘 살자고 간 것이에요. 북한도 남한도 조국인데.

리영희 굉장히 신선한 각도의 해석입니다. 통일 남북한 어디에 대해서도 배반자가 아니냐는 시각이군요. 그런데 한국 사람들이 어떻게 불러 줘야 하는지?

황장엽 관계없어요. 망명자도 좋고 투항자도 좋아. 우리는 자기가 할 일을 한다 그거예요.

리영희 내려와서 정부에 많은 이야기를 했는데도 대북정책에 큰 변화가 없다고 실망하시는데, 실례되는 말씀이지만, 황 선생께서 지금껏 강조한 대로 대한민국 정부가 정책을 변화하리라 기대하셨다면, 한국 정치권력의 구조, 정치논리에 미흡하신 것이라고 생각하는데요.

황장엽 그럴 수 있어. 거기서 생각한 것에 비해 남한 사람들이 북한 실정을 정말 모르고, 김정일, 마르크스주의, 주체사상에 대해 잘 모르고, 어느 지경인지도 잘 모르고, 정확한 통계를 내놓아도 잘 믿지 않는 상태니까.

리영희 그것만이 아닙니다. 북한뿐만 아니라 소련, 중국, 동유럽 등 공산주의·사회주의 환경 속에서 오래 살면, 남한의 정치가 민주주의와는 한참 먼 한심스러운 것이기는 하지만, 그래도 어떤 한 인물의 이론으로 정부가 이리저리로 끌려가거나 돌아서기에는, 해방 50년 동안 축적한 의회민주주의 여론의 기능과 원리가 작용하고 있습니다. 북한 같았으면 김일성, 김정일이 하자면 하루아침에 바꿀 수 있지만, 아무리 황 선생이 좋은 권고와 정책 변화 제안을 해도 남한 정부가, 훌륭한 민주주의는 아니지만, 다양한 모양새와 정당 정치를 하고 있으므로 예상했던 것처럼 쉽게 되지 않을 것입니다.

황장엽 우리는 우리대로 할 일이 있으니까.

리영희 우리는 북한 김정일 그 사람 개인이 위태로운 성격이거나 북한 정권의 무책임성, 작태를 충분히 이해는 합니다. 강조하시는 부분에 동조하면서도, 북한만이 평화와 남한과의 공존·통일을 거부하고 오로지 군사력으로 전쟁 통일 방식만 추구하며 남한은 정반대로 시종일관 평화·우호·전쟁 반대를 견지해 오고 있는 양 생각한다고 느껴지는데. 실제로 북한이 그런 것은 이해가 간다 하더라도 남한이 북한과 정반대로 오로지 평화와 민족적 통일과 외세에 의존하지 않는다고 혹시 알고 계신 것 아닌가. 북한만 일방적으로 비판하니까 이런 의문이 생깁니다.

김덕홍 남한의 경우 전쟁의 방법으로 통일하지 말자는 건 명백하지 않습니까? 우린 그 정도로 알고 있습니다. 통일은 목적입니다.

리영희 쌍방 정권이 전쟁으로 통일을 하지 않겠는다는 것은 말로써 글로써 같다고 보지만, 남한 정권을 구성하는 권력집단의 전략이 끝까지 이런 것인가에 대해서는 그렇게 자신이……

김덕홍 김정일 자신이 북한 정권을 혁명 정권, 계급 해방의 수단이라며 남한을 해방시켜야겠다고 공공연히 지적하고 있고, 노동당 강령·규약에도 다 있어요. 현실적으로 1960년대 초까지 공업화를 완성한 다음엔 전쟁 준비만 하고 있습니다. 독재 유지를 위한 것을 통일을 위한 것으로 대의명분을 세우고, 무력에 의한 적화통일을 내부에서 교육시키고 있고요.

리영희 재미난 일은, 잘 아시겠지만, 이승만, 박정희 30여 년에 걸쳐 남북한 통일정책을 보면, 6·25는 북이 도발한 것이지만 6·25 이후 국가적 잠재력이 큰 쪽이 약한 쪽보다 언제나 평화와 통일을 먼저 여유있게 제창합니다. 1950~70년대는 남한이 북한보다 열악해서 평화통일을 주장하기만 하면 사형에 처하고, 통일 주장하면 반공법, 국가보안법으로 처벌했어요. (그래서) 비참히 삶을 끝맺은 사람이 많아요. 그때 북한은 우월하니까 평화통일을 주장했고. 위장이었겠지만 표면적으로는 그랬죠. 지금은 남한이 북한 경제력의 스무 배이고 (군사·정치·외교 어느 모로나) 우월해지니까 평화를 내걸 수 있게 되었어요. 거꾸로 남한이 유연한 정책으로 역전하고, 북한은 반대로…… 진의가 있냐 없냐가 아니라 능력이 우월해지면 (평화를 내세우고), 열세이면 자기보호 차원에서 거부하고. 1974년을 분수령으로 남북한 입장이 역전된 것으로 봅니다.

김덕홍 북한은 통일 대남정책에서 일관성을 가지고 있습니다. 1960년대나 지금이나 같습니다. 달라진 게 하나도 없습니다.

리영희 남·북한 사이에 총체적 국력 차이가 날 때, 상대방을 군사적·경제적으로 궁지에 몰아넣는 것은 결국은 상대방에게 살아 남기 위해서 핵무기 같은 군사력밖에 의지할 것이 없지 않느냐는 생각을 갖게 하기 쉽죠. 1970년대 초에 남한의 박정희 정권이 그랬고, 지금은 북한의 김정일 정권이 그렇고요. 이중의 기준을 적용하는 것은 옳지 않다고 생각합니다.

황장엽 여기서 토론할 문제가 많겠지만, 역사적인 문제를 가지고 논의할 시간은 없어요. 한 가지만 이야기하면 지금 현재 남북이 대립해 있는데 우리 민족의 적지 않은 부분이, 백여만 명이 죽는 곳은 북한이야. 테러 국가로 우리 민족을 망신시키는 곳도 북한입니다. 문제를 상대적으로 볼 때 북한이 나쁘다는 건 명백해. 이런 조건에서 북한을 계속 지지하는 것은 반역자다. 남북 대립에서 북한이 나쁘다는 것, 북한이 우리 민족을 망하게 하는 데도 긍정·부정이 다 있다고 해서 화해하겠다는 것은 잘못된 것이오. 그런 문제들을 더 토론하자면 오후에 합시다.

리영희 역사적인 이야기는 좋지 않다고 하는 것에 이의가 있습니다. 역사는 과거로서 완결된 것이 아니라, 오늘을 보고 내일의 방향을 잡기 위한 것이므로 과거는 과거사가 아닙니다.

황장엽 근데 우리는 지금 당장 급해. 북한동포들이 매년 백여만 명씩 죽는데 그걸 어떻게 구할 것인가? 나는 선생을 만나자고 한 게 한겨레 정신을 가지고 북한 문제도 함께 걱정하자는 취지요. 북한에 대한 실정을 잘 모르는 것 같아. 임수경이 왔을 때, 황석영이 왔을 때 만나서 이야기하고 싶었어. 그때 황씨에게 제일 우수한 제자를 뽑아서 보냈어. 도청장치가 돼 있는 상황에서 한계가 있어. 나중에 황석영 씨를 만나 소감을 물어 봤어요. 여기 와서도 그랬어요. 제일 먼저 이야기해 주고 싶어. 그러나 북한에 대해 관심을 가지는 것은 좋아. 와서 보니 관심이 없어. 고등학생 60%, 대학생 30%가 관심이 없어요.

리영희 사실입니다.

황장엽 북한에 대해 좋게 말하는 사람들, 그런 사람들은 관심이 있으니 바로 세워 주면 우리하고 의견을 같이할 사람이오. 그래서 같이 만나자고 한 것입니다.

리영희 잘 알겠습니다.

황장엽 내가 이 나이 될 때까지 많은 사람들 만나 봤어. 내가 선생을 오해할 사람이 아니야. 한 마디 한 마디 뭘 이야기하자는 건지 알아요. 그런데 당장 급하단 말이야. 우리가 그걸 직접 보지 않고는 모릅니다. 어지간히 비참하면 우리가 오겠습니까? 거기서 투쟁할 만한 조건이 되면 왜 오겠습니까? 그래도 저는 김정일과 관계가 있었는데 다른 사람들은 이해 못합니다. 우리는 유물론자요, 밥이나 먹고 계속하죠.

(점심 식사 뒤 다시 만나자, 김덕홍 씨가 봉투를 내 놨다.)

김덕홍 북 동포 돕기 성금으로 형님하고 나하고 백만 원씩 준비했습니다.

리영희 한겨레신문사 사장에게 전달하겠습니다. 감사합니다.

황장엽 오후에는 시간도 있고 한데 오손도손 잘 합시다.

리영희 황 선생의 통일문제 전략과 관련해 남한 국민들이 오해하고 있는 문제를 이야기하겠습니다. 황 선생이 쓴 글들에 들어 있는 통일전략에서 한 마디로 북을 말려 죽이는 전략으로 표현되는 내용이 많습니다. 한 예로 이런 것이 있어요. "북을 쇄국정책 그대로 지속토록 하라. 개혁하면 북이 강화되니까, 쇄국정책을 조장해 주라. 고립화를 지속토록 해야 한다. 경제 생산력을 계속 약화시켜야 한다. 남한은 군사비를 계속 투입해서 북한을 소모케 해야 한다. 경제 봉쇄를 계속 강화하는 것이 좋다. 농업 개혁을 원조하는 노력 하지 말고 지연시키는 것이 좋다. 그래서 북한의 남한에 대한 식량 의존도를 계속 높이도록 하라." 이것이 통일의 방법으로 기술돼 있습니다. 오해의 여지가 있을 것 같은데요?

황장엽 제가 요구하는 것은 개혁·개방입니다. 그런데 김정일이 개혁·개방을 절대 받아들이지 않아요. 그 글은 개별적인 사람에게 참고로 전술로서 준 것일 뿐입니다. 북한의 강점은 두 가지, 군사와 사상입니다. 우리는 경제적 우월성과 국제적 우월성이 있지. 전략은 적의 약한 고리를 우리 강점을 가지고 때리는 것입니다. 지금 식량 문제가 보통 문제가 아니야. 매년 백만 명이 죽는 것보다는 빨리 붕괴시키는 게 나아요. 이건 정부로서는 내놓고 얘기할 수 있는 문제가 아니야. 화해한다고 이야기해야지 김정일을 타도하자고 대놓고 이야기할 수는 없지 않은가? 빨리 망하게 하는 방법은 식량이오. 식량을 우리에게 의존하게 만드는 거지. 동포적인 견지에서도 응당 우리가 해결해 줘야 해요. 동포애나 정치적으로나 옳아요. 남한동포들이 자기를 잊지 않고 원조해 준다는 것을 알면 그 (북쪽) 사람들이 전쟁하겠는가? 15만 톤 주고도 욕먹었다고 하는 사람도 있는데, 200만 톤은 주어야지. 세계에다 선포하고. 그걸 왜 적십자를 통해서 줍니까? 웬 인도주의인가? 동포애적인 견지에서 우리가 책임 져야지. 둘째는 거기 사업이 다 망해서 1995년에 군수공업은 당에서 관리하는데 군수공업 담당비서가 하는 말이 노동자가 50만 되는데, 아주 기술 수준도 높은데, 그 중 2천 명이 굶어죽었다고 그래요. 조금만 더 가면 군수 상태가 마비됩니다. 아직은 군수공장만은 남아 있지만. 내 글을 발표했을 때는 너무 화가 났어. 우리가 한국에 오는 걸 반대하는 사람이 이렇게 했을 거라고 생각했지. 전쟁을 전혀 못하게 하고 사상 문제라면 그렇게 하자는 의미에서 (그런 방식을) 제기했는데. 다 발표해 버렸어. 학자라는데 왜 이랬다 저랬다 하느냐는데, 내 이야기는 개혁·개방하자는 것이에요. 개혁·개방만 되면 80%는 통일한 거요. 이젠 개혁·개방으로 이끄는 방법을 바로 생각해야지. 그때 우리 타산(계산)은 이렇게만 하면 2년이면 (북한이) 망한다고 생각해서 그렇게 제기했는데, 지금은 이렇게는 안 되겠다, 다른 방법으로 해야겠단 말이야.

리영희 그렇다면 여기에서 이제 말씀한 논리와 전략하고, 거기서 떠나오기 전에 미리 써서 밖으로 반출한 논문에서 모든 면에서 약화시켜 북한 붕괴를 촉진시켜야지 쌀 주고 하는 것은 결국 뱀을 키워 주는 것이다라고 주장한 것과는 내용적으로 모순입니다. 지금 남한에 온 뒤에 생각이 달라진 것이 아니라 본래 그렇다고 하셨지만, 밖으로 사람들에게 활자 등으로 알려진 것은 모순이거나 생각이 달라진 것 아니냐 싶군요.

황장엽 생각이 달라진 건 없어요. 빨리 해방시키기 위해 무슨 방법이 적합한 것인가, 고통스럽지만 처음에는 이 방법을 택하면 좋을 것이라고 생각했지만, (남한) 국민들이 지지 안하기 때문에 어렵지, 전략이 틀렸다고 생각하지는 않아.

리영희 남한의 국민이 안해 준다는 것은 그런 논리에 동의하지 않는 사람도 많다는 것을 말해 주는 것이죠.

황장엽 근데 충분히 토론한 일이 없어요. 여기 와서 그 누구하고도 이런 문제를 갖고 하루종일 토론한 적이 없어. 그것은 1996년 8월에 쓴 것인데, 그땐 내가 이젠 안 되겠다, 남한과 협의해 빨리 붕괴시켜야겠다고 생각했어요.

리영희 그걸 쓰실 때인 1996년 8월 남한 상태는, 국회에서 국가보안법, 노동법 등 군사정권하에서 강행됐던 모순된 법률들을 고칠 때였습니다. 그래서 데모도 일어나고 노조 파업도 제법 있었죠. 그런 때 황 선생이 쓰신 글에서 "남한 내부에서 정부 반대해 투쟁하는 세력은 적이다. 타협이나 조정이 안 될 '적'"으로 표현했고, 학생운동도 '내부의 적'이라고 했습니다. "남한 곳곳에 공작원이 배치돼 장기적으로 활동하고 있다. 학생운동이나 노조운동이 북한 지령받고 조종되는 것이고, 혁명 지하조직이 파고들어 활동하고 있다든지, 군대·경찰·정보기관에 고정간첩들이 있는 것이 문제다. 이것을 방임하고 있다는 것은 정권의 직무유기 정도가 아니라 범죄 활동이다." 남한 내부 상황을 이렇게 판단하셨습니다. 안기부가 주장하는 그대로의 각도이고 상황 판단이며, 개개인의 양심, 민주 의식, 정권에 맞서 개인도 집단도 권리 행사할 수 있다는 초보적 이념에 찬물을 끼얹은 견해여서 오해를 많이 받을 수 있었습니다.

황장엽 거기에 대해 조금 이야기하죠. 난 아까도 얘기했지만, 남북이 대립되고 있다, 우리 민족의 운명을 망치고 있는 게 북이라고 봐요. 현단계에서 난 자본주의 이상을 지지하지는 않아요. 내가 무슨 부르주아 민주주의를 모르는 사람이야? 지금으로서는 일 년에 백만 명씩 사람을 죽어 나가게 하는 것은 저쪽이오. 그것에 반대해서 투쟁하는 것이 선차적인 문제지. (북한의) 대남사업이라는 걸 어지간히 알고 있을 거 아닌가? 방대한 부서가 있어. 지하조직만 있느냐, 작전부가 있어. 해외조사부는 제3국에 나가 대남사업을 해요. 대한항공 폭파 사건은 거기서 한 것이에요. 대남사업 부서만 이렇게 있고, 그 외에 외화벌이하는 기관이 230개 있어요. 그 중에 가장 중요한 것은 모두 대남부서가 장악하고 있어요. 다 첩보사업이지. 그 외에 국가보위부가 있고, 군대정찰국도 있어요. 자연발생적으로 나오는 운동은 없다. 다 지도해서 나온다.(남한 반정부 운동과 관련한 언급.) 만나서 북한의 실정을 이야기해 주는데도 북한을 지지한다면 그거 반역자요. 그런 의미에서 내가 이야기했는데, 내가 옆사람에게 속삭이듯이 이야기한 걸 (남한에서) 발표해 버려서 오해를 샀지만 겁날 것은 없어.

리영희 예, 그렇습니다. 다만 지금도 남한의 민주화운동, 학생운동은 북한 여러 가지 부서에서 파견된 고정간첩에 의해서 조작되고 있다고 생각하시는지?

황장엽 나는 학자로서 보지 못한 건 이렇다 저렇다 하고 싶지 않아요.

리영희 남한의 어떤 대학총장이 황 선생의 글을 미리 읽었는지, 남한의 모든 민간운동이 그런 지령하에 있다고 해서 사람들이 겁을 집어먹고 움츠렸죠. 이런 견해나 관찰은 남한 사회를 상당히 오해할 소지가 있어요.

황장엽 그래서 우선「조선문제」, 그거 내 개인 견해를 이야기한 건데, 그걸 발표한 것 자체가 난 왜 이렇게 하는지 모르겠어.

리영희 남한 상황에 대한 평가와 분석에 관해서는, 김정일이가 있는 한은 전쟁이다, 고칠 수 없는 당연이다라고 결론을 내고 계시지요? 남한에서 황 선생의 이런 상황판단에 대해 좀 불안하게 생각하는 사람들이 없지 않아 있어요. 특히 군사 문제에 대해서, 그렇게 황 선생 주장·판단처럼 남한에 비해 북한이 압도적으로 강하고 남한은 허약한 상태인가, 힘의 우열과 제반 국력 비교에서 많은 사람은 남한에서 황 선생 의견에 동조하길 꺼려요. 사실 전쟁이라는 것은 어느 경우나 여섯 가지 기본 요소가 있잖습니까? 현재 쌍방 군사력 비교, 총동원할 수 있는 전쟁수행 총능력, 전쟁수행에 있어서 국민과 정부간의 충성 관계, 국제적 동맹 관계, 전쟁이 아무리 숭고한 목적을 위해서라도 전쟁 결과 잃을 것이 얻을 수 있는 것과 비교할 때 '남는 장사' 냐 아니냐, 마지막으로 지도자의 의지죠. 김정일의 전쟁 의지를 강조하지만 나머지 모든 조건이 남한보다 떨어진다면, 아무리 미친 놈이라도 의지만 가지고 전쟁을 결정하겠느냐는 것입니다.

황장엽 그가 전쟁과 뗄 수 없는 것은 사실이지만, 마음대로 전쟁을 일으킬 수는 없어요. 그가 전쟁의 의지만큼은 확고부동하다고 이야기했지요.

리영희 황 선생의 많은 글 전체를 통해서 보자면, 남한에 대해 권장한 골자는 요컨대 남한 정부가 내부의 이러한 정부 비판 세력을 제거하고, 군사력·공안력을 강화해야 한다…… 이런 것이 주취지로 요약돼 나옵니다.

황장엽 내가 무슨 뭐 이견을 이야기했는가?

리영희 했지요. 전쟁할 모든 조건이 자기에게 불리할 때도 전쟁을 할 수 있겠는가 하는 겁니다. 전쟁의 공포를 남한 국민에게 주어 온 역대 30년 동안의 군사정권과 황 선생이 권고하는 방식이 같다는 것이죠.

황장엽 그건 이 다음에 이야기합시다.

리영희 재미나는 것은, 1993년 현재 남한의 국민총생산이 약 4천억 달러, 군사비가 연간 130억 달러인데, 북한은 국민총생산이 그해 고작 220억 달러입니다. 아무리 군사비를 짜낸다 해도 20~30억 달러가 한계겠지요. 지금 남한 군사비가 계속 늘어났고, 1995년에 남한 군대가 미국에서 무기와 장비를 도입한 액수만 해도 43억 달러를 넘어요. 북한 총군사비보다 월등하죠. 신무기 들여 오는 액수만 해도 북한 총군사비보다 많은 겁니다. 홍수 난 뒤에는 더 말할 것도 없겠고.

황장엽 그렇다면 미국 군대가 나가도 아무 일 없지 않은가?

리영희 거기까지의 판단은 어렵지만, 정부는 미군의 필요는 있다고 보는 거죠. 북한 군사력을 과대평가해서 남한 국민에게 공포감을 주는 것은 군사정권과 비슷하다는 인식을 줄 수 있습니다.

황장엽 거부감 가진 사람은 그렇게 생각하도록 해요. 우린 전쟁 문제에 대해서 심각하게 생각해야 되겠어요.

리영희 언제나 심각하게는 생각해야 하지만, 구체적으로 어떻게 얼마나 생각해야 하는가를 중시해야죠.

황장엽 그건 전쟁 전문가, 군사 전문가 들이 할 일이고, 우리가 인식하고 있는 것을 다 털어놓을 순 없잖아요.

리영희 황 선생 말씀하신 거 떠나서 지난 일 년 동안 남한 사회를 돌아보셨는데, 글에서나 도착하면서나 대한민국을 극구 찬양했던 것만큼 남한 사회의 도덕, 문화 등등이 찬양할 만하다고 생각 드십니까?

황장엽 난 극구 찬양한 일은 없어. 인사야 그 정도로 해야지. 북한과 대비하면 천지 차이니까.

리영희 저는 황 선생이 이 사회의 자유인이 됐을 때 따뜻하게 받아들여지고, 지식인의 고뇌에 찬 결단을 한 것에 대한 오해가 풀어지기를 바라는 마음으로 이야기한 것입니다.

황장엽 감사합니다. 그러나 바라지 않아요. 오해하고 있는 사람은 계속 오해하라고 해요.

리영희 그런데 북한을 개혁·개방을 하지 않도록 고립화해야 한다는 말씀을 했기 때문에……

황장엽 김정일이 독재하는 상황에서 진정한 개혁·개방은 못합니다. 여기서 사람들이 연방제가 어떻고 해서 내가 성을 냈어요. 연방제 할 시간이 있는가? 편지 거래, 이산가족 만나는 것도 못하는데 그건 다 거짓말이야.

리영희 실제로 동독 붕괴에서 보듯이 북한의 내일에 대한 예측은 누구도

하기 어렵지만, 큰 흐름으로서는 고립 봉쇄를 계속하면 머지않아 붕괴되겠죠. 그랬을 때 걱정되는 일이 있어요. 북한의 기아 상태를 분석한 '국경 없는 의사회'의 보고를 보면 3년 전 한 살 아이들부터 적어도 40살까지 살아남는다 해도 앞으로 60여 년 동안 영양실조의 여파로 기형아가 많을 것이라고 합니다. 남한 주도하에서 통일됐을 때 이 세대들이 공백을 어떻게 감당할 수 있겠는가? 남한 주도하 통일에서도 식량 문제는 해결돼야 하는데…… 식량 지원 문제가 발생했던 3년 전부터 지원을 반대하는 개인이나 세력이 사실상 90%가 넘어요. 교회에서 이 운동을 제기할 때 추진 인구수가 남한 전체 인구의 5~6% 정도에 불과했어요.

황장엽 지금 다 굶어죽는데, 보고 가만 있다가, 개혁·개방으로 나아가면 (북한에서) 자기들끼리 하겠다고 할 겁니다. 우리 굶어죽을 때 도와 주지 않았다고. 어쨌든 우리가 동포애적 견지에서 식량만은 대 주고 기형아가 나오지 않도록 하면서 전쟁을 막으면 되지 않아요? 그러나 전략 물자는 줘서는 안 돼요.

리영희 김영삼 정부가 3만~5만 톤을 보냈다고 극우 보수·반공 세력이 김영삼 정부를 곤혹스럽게 해, 지방선거에서 참패했습니다. 그래서 다음 해 총선 때는 보내 주기로 한 쌀을 안 줬습니다. 이렇게 쌀 보내고 안 보내고 하는 것이 남한 내 현실 정치의 이해관계, 누가 국회의원 되느냐 안 되느냐에 좌우됐어요.

김덕홍 그 사람들은 민족의 통일을 왜 하자고 하는 거요? 민족이 다 죽고 기형아만 남아 통일하면 뭐하냐고. 15만 톤 보낸 것 아는 북한 사람은 감사했어요.

리영희 황 선생이 북한을 떠나기로 했던 지난 해 초를 기준으로 할 때, 3년 전 홍수가 들기 전 상태, 즉 정상적 국가 운영 상태라 하더라도 경제를 유지하기 위해 필요한 물적 기반이 남한과 북한이 20 대 1이고, 물적 기반뿐 아니라 다른 기반이 감히 전쟁은 상상도 못할 것인데, 물론 북쪽에서 보신 그대로 말씀하셨겠지만, 과연 가능한 것인가요?

황장엽 여기서 전쟁 한번 걸어 보죠. (북한은) 꼭 (한판) 합니다.

리영희 남북의 국가의 힘을 비교할 때 북한 인민이 남한에 비해 정권 세뇌 정도가 심할 테니까, 위조된 정신력은 앞서겠지만, 이를 빼면 앞설 게 하나도 없어요. 앞으로 많은 남한 시민들을 접촉하면서 이런 궁금증을 풀어 주시길 바랍니다. 오불관언이라고 말씀하셨으니까 할 수 없지만, 남한 사회는 사람들의 의견이나 여론이 작용하는 사회라 그렇습니다.

황장엽 그걸 언론기관에서 해야지.

리영희 이런 사실들이 충실히 보도되는 것이 많은 도움이 됩니다.

황장엽 우리가 기대를 걸었던 건 『한겨레』가 그래도 자주적으로 사고를 하고 통일을 생각하는 사람이라고 생각해서 만났는데 의견 차이가 많아요. 전쟁 문제 가지고 이야기도 하는데 미국 군대 나가면 안 돼. 전쟁 문제는 이제 그만두고, 현재 개혁·개방을 어떻게 이끌 것인가에 대해 내가 처음에는 전략적인 것을 이야기했지만 귀를 기울이는 사람도 없어요. 영국 왕세자비가 죽었을 때 신문들이 대단하게 썼지만, 통일에 대해서 쓰는 사람은 없어요.

리영희 그 대신 통일원에서 지원하는 예산 3천억 원이 대학 세미나, 외국 석학 불러들여 쓸데없는 소리 시키고 하죠. 연구 용역비 몇백만 원씩 쓰는 것만 모아 놓으면 큰 도서관 하나 나올 겁니다.

황장엽 그 돈 가져다가 쌀이나 약품 사서 보내지.

리영희 저도 그렇게 생각합니다. 추상론만 하고 앉아 있어요. 이론적으로 연구된 것은 더 이상 필요없을 정도로 많아요.

황장엽 여하튼 남한 국민들에게 북한의 실정을 알려 줘야 해요. 북한을 스탈린식 사회주의와 동일시하면 안 돼요. 동유럽하고도 달라. 중국은 개혁·개방으로 나아갈 수도 있어요. 하지만 이 사람들이 민주주의와 시장경제로 문호를 개방하면 비밀이 다 드러날 텐데, 원한에 사무친 사람들이 가만 있겠는가?

리영희 상당히 시간이 걸릴 겁니다. 왜냐하면 남한에서도 40년 동안 오로지 북한에 대한 적대감, 증오감을 심어 주는 것으로 정권을 유지했어요. 교과서도 그런 얘기로 가득 차고, 라디오·신문·텔레비전의 전쟁주의가 40년 이상 지속돼서 국민들 의식에 어려움이 많습니다. 참 힘들고 힘든 얘기입니다.

황장엽 북한 사람들은 여기 실정 전혀 몰라요. 외화벌이, 대외사업하는 사람들은 좀 알지. 여기와서 보니까 잘못 생각한 게 많아요. 하물며 거기 있는 사람들이야. 북한동포들이 남한동포를 알기만 해도 큰 변화가 올 텐데, 『한겨레』가 선두에서 그런 이야기들을 반복해서 해야 돼요. 그저 때때로 해서는 효과가 없어요. 국민이 이해하려면 이야기한 것을 형태를 달리해서 또 선전을 해야 해요.

리영희 좋은 말씀인데 이 문제는 아셔야 합니다. 남한 자본주의 신문은 자본 극대화를 위해 매일 화제를 새로운 것으로 바꾸어 놓고 결과적으로 천박한 신문을 만들어 내는 해독이 있습니다. 같은 주제를 가지고 되풀이하는 것은 자본주의적 신문 방식으로는 독자를 잃어버린다고 생각합니다.

황장엽 사람을 달리해서 자꾸 쓰면 되지 않는가? 정부 당국자들이 하는 건 내놓고 민간 차원에서 그렇게 하자는 소립니다. 우린 그걸 위해 노력하자는 거죠.

리영희 앞으로 나올 저서에는 대충 오늘 말씀한 것과 같은 철학과 방향이 들어가겠습니까?

황장엽 제목이 『북한의 진실과 허위』요. 너무 허위가 많아서 그렇게 쓴 거지. 그런데 앞으로도 다시 만날 생각이 있습니까?

리영희 만나는 것은 좋습니다. 다만 다른 것은 많이 통하는데, 한 가지 남한 민주 운동에 대한 견해는 많이 다르군요. 이제 공식 대담은 이 정도에서 끝내시죠.

북한의 남한화가 통일인가?

며칠 전 또 통일문제에 관한 대규모의 국제 학술회의에 초청되어 발언할 기회가 있었다. '또'라고 말하는 것은, 지난 몇 해 사이에는 이런 기회가 한 달에도 몇 차례나 되었기 때문이다. 분단 독일이 서독의 흡수 형식으로 통일된 뒤부터 정부의 지원을 받은 이른바 '통일에 관한 국제 학술회의'라는 것이 하루가 멀다 하고 서울에서 열리고 있다. 회의장은 한결같이 호화찬란하다. 그러나 며칠씩 계속된 뒤의 인상은 '말의 잔치'와 돈의 낭비라는 허무감이다.

이번 '발표회'도 그랬지만 요란하게 벌이는 통일문제에 관한 어떤 국제 회의에서건 한국 쪽 발표자와 토론자 들이 서 있는 일치된 기본 자세가 있다. "통일을 위해서는 북한이 변해야 한다"가 그것이다. 정부 관료는 물론, 교수·전문가·아마추어 등 너나 할 것 없이 한결같이 입을 열면 "북한이 변해야 한다"는 것이다. 이것이 민족 통일의 절대적 전제 조건이라고 한다.

북한의 국가 이념, 정치체제, 혁명 전통, 경제·사회 제도, 생활관습, 가치관, 개인 행동양식 등 모두가 바뀌어야 한다는 이론(?)과 주장이다. 표현

이 글은 『한겨레신문』, 1994년 10월 8일자 '한겨레논단'에 실렸던 글이다.

은 각기 다르지만, 한 마디로 요약하면 "북한이 남한과 같은 모습이 돼야 한다"는 것이다. 그리고 그 주장의 근거로서 장황하게 내세우는 것이 동·서독의 경우이다.

마치 레코드를 튼 듯 반복되는 한국 쪽 발언자들의 천편일률적인 주장이 판을 치는 곳에서 나는 외롭다. 먹혀 들지 않는 발언을 해야 하기 때문이다.

50년 동안 각기 다른 방식의 삶을 살아온 두 개의 사회가 다시 하나가 되자는데, 어떻게 한쪽만 변하고 다른 한쪽은 변하지 말아야 하는가? 현실세계에서 어떤 사회는 절대 선(善)이고 어떤 사회는 절대 악(惡)일 수 있는가?

이렇다 할 이유도 없이 무고한 이웃들을 살해하고 토막 내고 생매장한 잔학성으로, 마침 남한 사회의 일그러진 모습을 전세계에 과시(?)한 '지존파' 사건과, 국가 운영의 총체적 부정과 타락을 증명한, 위로는 전두환과 노태우라는 '대통령'의 파렴치한 작태에서부터 인천시 세무 비리 사건 등이 한창이었다. 북한 사회도 이렇게 '남한화' 해야 하는 것일까? 어째서 통일을 하자면서 자기의 국가·사회·체제·제도·관습·가치관·행동양식에 대해서는 한 마디의 반성도 없을까? 북한을 온통 범죄 사회로 만들고 난 뒤에 이루어지는 통일이란 생각만 해도 소름 끼치는 민족의 불행이 아니겠는가? 사람살이는 온통 '양키화' 하고, 이것이 한국인지 미국인지 분간하기 어려울 때가 한두 번이 아니다.

우리는 통일을 논할 때, 북한이 우리처럼 되기를 요구하는 남한의 얼굴을 한 번쯤 거울에 비추어 보자. 대통령이 되면 인민을 속여서 집무실의 대형 금고에 돈 챙겨 넣을 생각만 하다가, 두 손 묶여서 징역이나 가야 하는 추악한 정치의 알몸뚱어리! 여자들은 밤길을 두려워해야 하고, 택시를 타면 끔찍한 변을 당하지나 않을까 무서워하고, 돈 몇 푼 때문에 부모와 자식이 서로 죽이는 일이 다반사가 되고, 모든 사람이 모든 사람을 강도나 사기

꾼으로 경계해야 하고, 공무원들은 부정과 부패를 일삼고…… 이런 사회를 북한에도 강요하는 통일 논리가 상대방에 어떻게 비칠까?

'북한의 동독화'론에 대해서도 외로운 반론을 제기해야 하는 나의 입장은 언제나 편하지 않다. 통일된 독일을 방문한 남한의 대통령이라는 사람이 그 독일 수상에게, "북한이 동독 같으면 남·북한 관계의 평화가 가능할 텐데……"라며 북한을 비방했다. 그러자 통일독일의 수상이 된 구서독 수상이 "그러면 남한은 서독만 한가?"라고 반문을 했다는 이야기를 생각한다. 북한이 동독만큼 되기를 요구하려면 남한은 서독만큼 돼야 하지 않을까? 서독은 언제나 정부 예산에서 국민의 보건과 사회복지 및 보장을 위한 지출이 군사비의 거의 두 배가 됐다. 사회주의 동독보다도 더 사회주의적이었던 것이다. 남한은 그 동안 거꾸로 군사비가 국민의 보건 사회보장 및 복지를 위한 지출의 세 배를 넘었다. 무슨 자격으로 북한한테만 동독처럼 되기를 요구할 수 있을까? 생각(사상)의 자유가 있나, 말 한 마디 자유롭게 할 수가 있나? 부정과 속임수는 치부의 지름길이고, 정직과 준법은 바보의 대명사인 사회를 가지고, 다른 사회를 흡수해 보겠다는 생각부터가 뭔가 잘못된 것 같다.

심지어 남한과 제반 정세·조건이 흡사한(했던) 중화민국(대만)조차 지난(1994년) 8월, 처음으로 공산당을 법적으로 허용할 만큼 성숙했다. 거의 '질(質)'적 변화'이다. 세계가 변하고, 대만조차 변하고, 북한도 변하고 있다. 그런데 남한만이 변화를 거부하면서 지금과 같은 남한 중심의 통일과 민족의 평화를 기대할 수 있다는 것일까?

내가 이른바 '통일문제 국제 학술대회'에 참석할 때마다 우울해지는 까닭이다.

"통미봉남, 통소봉북"(通美封南, 通蘇封北)

　전직 대학교수에, 국무총리에, 현 집권당 국회의원인 노재봉 씨가 국회에서 발언했다는 내용을 여러 신문에서 곰곰이 읽어 보니, 아직도 색바랜 냉전시대의 환상을 좇고 있는 사람이 적지 않구나 하는 생각이 든다.
　노 의원의 발언은 그 자신만의 주장이 아니라고 한다. 지난 50년간 이 나라를 좌지우지했던 극우·반공·냉전·독재체제의 타락한 기득권 집단과 개인들의 '울분'을 대표한 것이라고도 한다. 많은 신문들의 해설은 그의 발언이 '위기감'에 몰린 수구세력의 몸부림이라는 데 일치해 있다.
　민주주의를 신봉하는 사람으로서는 국민의 어느 일부라도 위기감에 몰리는 상태가 되는 것은 바람직한 일이 아니다. 설사 그들이 왕년의 군부독재 잔당이나 거기에 기대어 영화를 누렸던 기득권자들이라 해도 그런 신념에는 다름이 없다. 그러기에 노 의원의 발언은 이 나라의 안정과 평화를 위해서 심히 불행한 일이 아닐 수 없다.
　그는 문제의 국회 발언을 결론 지으면서, "지금이 한국전쟁 이래 최대의 위기"라고 단정하고, "우리에게 선택은 전쟁이냐, 항복이냐, 또는 공세적

이 글은 『한겨레신문』, 1994년 11월 5일자 '한겨레논단'에 실렸던 글이다.

방어냐의 세 가지뿐"이라고 역설했다고 한다. 지금이 한국전쟁 이래 최대의 위기라고 생각하는 사람이 몇이나 될까?

북한과 미국의 핵 협상 과정에서 한판 '전쟁'이 일어나기를 바라고, 그렇게 선동했던 세력이 평화의 가능성 앞에서 참담해진 그들의 심경을 잘 드러내고 있다. 지금은 아득히 먼 옛날, 리승만 정권 시대에, 분수도 가리지 못하고 "북진통일 아니면 죽음을 달라!"고 외쳤던 낡은 망령을 다시 만나는 느낌이다. 색바랜 정치 희화를 보는 것 같아 가슴 써늘해지기도 하고, 연민의 쓴웃음이 절로 나기도 한다.

왕년의 쟁쟁한(?) 정치학 이론가로 알려졌던 학자·지식인이 어쩌다 이처럼 위험천만한 냉전적 흑백논리와 이분법적 단순논리에 빠지게 됐는지! 이 사회의 한 아까운 인재를 위해서도 가슴 아픈 일이다. 자기와 같은 생각을 하지 않는 사람은 모두가 '적'으로 비치는 사상·이념적 '색맹'의 전형적 표출이다. 어째서 4천 4백만 국민이 노재봉 씨와 같은 생각을 해야 하는가?

노재봉 의원의 발언이 그와 가족관계에 있는 어떤 재벌급 자본과 기업의 이해를 토대로 하는 철학과 사상이 아니기를 바란다. 혹시라도 그렇다면, 그 발언은 그가 말끝마다 '계급적'이라고 매도한 소위 진보적 인사들과 대칭적인 또 다른 계급적 편견에서 출발한 것이기 때문이다. 그것은 전자보다도 더 비판받아야 할 편견이다.

그는 미국과 김영삼 정부의 대북한 핵 협정과 평화적 조처를 격렬히 비난했다고 한다. 그런데 『한겨레신문』 사설(1994년 11월 3일자)이 적절히 지적했듯이, 먼 옛날도 아닌 바로 몇 해 전, 노태우 정권이 국민 몰래 남북 정상회담을 추진하고 북한과의 화해를 촉구하는 '7·7 선언'이니 한민족 공동체 통일방안'이니 하는 것을 천명했을 때, 그는 바로 그 정권의 최고

"통미봉남, 통소봉북"(通美封南, 通蘇封北)

위 행정 책임자가 아니었던가? 어째서 자신이 대통령특보나 국무총리일 때의 대북한 정책은 옳고, 다음 정부가 같은 노선을 답습할 때는 매도해야 하는 것일까? 내 머리의 지능지수와 생활감각으로는 미처 이해하기 어려운 논리이다.

북·미 핵협정에 대한 정부의 찬동이 북한의 '통미봉남'(通美封南) 전략에 찬성하는 것이라고 비난했다고도 한다. 노재봉 씨가 봉사한 노태우 정권은 북한 봉쇄 목적으로 당시 소련과 통하기 위해서, 실제로는 정권 사이의 뇌물이나 다름없는 30여 억 달러를 소련에 제공한 것이 그 역방향의 '통소봉북'(通蘇封北) 전략이었다. 외교의 고전적 수법이고 상식이다. 뭐 그렇게 대단한 일인가? 나도 하고 너도 하는 국제 외교의 상식일 뿐이다. 왕년의 이름 난 국제정치학 교수가 갑자기 놀라고 화내는 꼴이 아무래도 이상하다.

북·미간 핵협상에서 남한(한국)이 무시되고 소외된 것을 정부의 무능에 돌렸다고도 한다. 대한민국이 소외되고 무시당한 것은 사실이고 불쾌한 일이다. 하지만 그 근본 원인은 노 의원 및 그와 사상의 궤를 같이하는 친미·숭미주의자들에 있지 않을까? 미국에 대한 대한민국의 군사적 무주권(無主權) 상태를 '친미정책'이니 '혈맹관계'니 하는 논리로 미화하고 절대시하는 노 의원과 그를 포함한 수구적 미국 사대주의자들이 이 나라를 지배하고 있기 때문임을 노 의원은 왜 모르는가? 북한과의 전쟁 위기나 군사적 적대관계를 강화하려는 생각에서 벗어나지 않는 한 필연적으로 미국에 대한 군사적 예속은 심화하게 마련이다. 이것은 나처럼 아이큐가 아주 낮은 머리에도 자명한 상황논리이다. 북한과 미국에게서 무시당하고 싶지 않거든 북한과의 적대관계를 평화관계로 전환해야 함은 너무나 당연한 이치이다. 그러면 미국에 대한 예속 상태도 감소하게 된다. 이 단순명료한 삼단

논법을 저명한 국제정치학자, 이론가, 수구적 냉전세력의 이데올로그, 대통령 국제관계 특별보좌관, 대한민국 국회의원, 전 국무총리께서는 왜 알지 못할까?

남파간첩 보내고 북파간첩 받자

지난 해 리영희 교수가 북한을 방문하고 돌아온 후 기자는 그에게 "북한 사람들이 교수님 오셨다고 굉장히 반가워했겠습니다" 하고 인사했다. 리 교수의 답변은 "북쪽에서 그래야 할 이유도 없지만, 혹시 있었다면 앞으로는 안 그럴 걸?"이었다. 남한에서와 마찬가지로 비판과 싫은 소리를 많이 했기 때문이라 했다. 나중에 들으니 "왜 간첩을 보내 놓고 시인도 안하고 그들을 책임 지지 않는가?"라고 공박까지 했다는 것이다.

1999년 2월 법무장관이 장기수 송환을 거론한 바로 다음날 북측이 남파 공작원 17인을 비롯한 20명의 송환을 요구하고 나서면서 장기수 송환이 현안으로 떠올랐을 때 기자의 뇌리에는 리 교수가 떠올랐다. 그의 '쓴소리'가 일단 성과를 거둔 것 아닌가? 이 시점에서 그가 남·북에 보냄직한 또 한번의 '쓴소리'를 듣고자 4월 2일 경기도 산본 리 교수 자택을 방문했다.

그런데 인터뷰의 취지를 설명하자 리 교수는 거꾸로 기자에게 묻기 시작했다.

"이번에 나온 17명 외에 이미 나와 있는 사람들도 많은데, 간첩이나 공

이 인터뷰는 『월간 말』의 신준영 기자와 한 것으로, 『월간 말』 1999년 5월호에 실렸다.

작원으로 나와서 비전향으로 출소한 사람이 모두 몇 명이나 되지요?"

"사회안전법 출소자를 포함하면 생존자는 대략 80~90명 될 겁니다."

"그러면 이미 나와 있는 분들 중에서 송환을 원하는 사람이 없나요?"

"단 한 분이 공개적으로 의사 표시를 한 적이 있는데, 다른 분들은 돌아가고는 싶지만 스스로 가겠다고 나서는 것은 옳지 않은 태도라고 생각하시는 듯합니다."

"그래요? 놀라운 일이구만. 상당히 의외인데…… 그런데 기자는 비전향으로 나온 80~90명의 법적 성격을 어떻게 규정하는가요?"

인터뷰하러 왔다가 답변만 하게 된 기자가 대답했다.

"모두가 똑같지는 않습니다. 인민군 포로, 빨치산 출신, 남파공작원 등……"

"남쪽 출신 빨치산을 빼면 대부분이 북쪽 국가기관에서 내려 보낸 사람들이죠? 이들이 휴전협정 체결 전에 나왔는가 후에 나왔는가, 또 군복을 입고 견장 달고 총을 들고 나왔는가, 민간복 입고 표식 없이 위장하고 잠입했는가 등등의 차이에 따라 신분이 달라집니다. 이 80~90명 중 남쪽 출신 빨치산을 제외하면 대다수가 휴전협정 후에 남파된 사람들이죠?"

"그렇습니다만, 6·25 전쟁 기간중에 남파된 분들도 20~30명쯤 될 겁니다."

"그렇더라도 군 편제에 소속하고, 제복 입고, 소속 부대의 표식을 지니지 않았으면, 국제법에 따른 포로 대우를 받을 수는 없습니다. 그들이 군속도 아니었잖아요? 결국 휴전협정 체결 후 남파된 사람들은, 그들이 상부로부터 부여받은 임무의 주관적 해석이야 어쨌든, 법적으로는 동등한 주권·독립국가인 남과 북이 각기의 국가보안법이나 형법상 규정을 비롯하여 '휴전' 상태에서의 여러 가지 전쟁법규와 관례를 규정한 전쟁에 관한 국제조

남파간첩 보내고 북파간첩 받자 69

약들에 의해서, 법적 신분은 군인 포로가 아니라 '간첩'이 됩니다. 국제법상 간첩은 잡힌 나라의 법률, 재판에 따라 처벌받게 되어 있습니다."

간첩? 왠지 떨떠름했다.

"그렇지만 남·북이 분단되어 있는 우리 현실에서 간첩이란 용어만으로 비전향 장기수들을 설명하기는 어렵지 않을까요?"

"물론 그렇지요. 나도 심정적으로는 마찬가지입니다. 남·북간 특수 상황을 고려한 '정치적 의미 부여'와 그에 따르는 명칭도 가능합니다. 그러나 국제법적 신분상으로는 간첩(spy)이라는 명칭을 씁니다. 이런 주제의 해석이나 분석에서 나는 감정을 배제하고 사실적 서술을 하는 겁니다. 여기서 간첩이란 용어를 쓸 때는 그 사람의 임무·기능을 토대로 한, 어디까지나 법적 신분의 개념이지 정치적 선악이나 도덕적 가치판단을 하는 것은 아닙니다. 오해하지 말아야 하는데, 자신의 국가를 위한 스파이나 공작원은 결코 불명예스러운 기능이나 명칭이 아닙니다."

비로소 기자는 질문자의 위치로 돌아올 수 있었다.

—1998년 교수님께서는 방북하셨을 때 공작원 파견을 부인하는 북측 태도에 대해 문제제기하셨다고 들었는데요.

"했지요. 함께 간 『한겨레』 대표단이 안병수 조평통 부위원장과 회견할 때였어요. 『한겨레』 정치부장이 '남북관계의 개선을 위해서 남한 정부에 대한 북의 첫 번째 요구는 무엇인가'라고 물었는데, 안 부위원장은 '비전향 장기수의 무조건 송환이 제1조건이다'라면서 남한 정권의 비인도적 행위를 맹비난했어요. 끝날 무렵 북측이 굳이 나보고 뭔가 한 마디 하라고 청하더군요. 나의 방북 목적이 남·북 정부에게 엄격히 '이산가족 생사 확인과 재회'라고 했었기에, 나는 정치적 문답은 될수록 자제했던 겁니다. 굳이 나의 발언을 요청하기에 말을 했지요."

리영희 교수의 상당히 장황한 '대북 발언'을 요약하면 다음과 같다.

"당신들이 비전향 장기수들을 수십 년간 억류하고 고문한 남한 정부를 맹렬히 비난했는데, 내가 보기에 절반의 책임은 북한 당국에도 있다. 남한 정부가 그 사람들(남파간첩·공작원) 문제로 국제 무대에서 당신들(북한 당국)을 비난할 때마다, 그들을 사지에 보낸 북쪽 공화국 정부는 '우리는 모른다. 남쪽의 조작이다'라고 일관되게 주장하지 않았소? 그럼으로써 남한의 감옥에서 20~30년간 또는 40년 가까이 동물적 처우를 견딘 당신들의 영웅적인 혁명가들은 공화국 공민도, 남한 국민도 아닌 무국적의 인간이 되어 버렸다. 남한 당국이 북송을 거부하고 가혹행위를 할 수 있는 근거를 준 셈이다. 오히려 남한 사람들 중, 민주화·인권 운동가들은 그들에게 집을 마련해 주고 밥을 나누어 먹고, 명절이면 위로하고 함께 관광여행도 한다. 나도 많은 민주화 운동가들과 함께 교도소 안에서 당신들이 보낸 간첩과 공작원들과 함께 수용된 까닭에 그들과 친하게 지내고, 남한의 민주 학생들과 함께 싸워서 그들에 대한 교도소 당국의 처사를 우리들과 같은 수준으로 개선시키는 데 힘썼다. 나와서도 변변치는 않지만 겨울이면 내의나 돈을 몇 번 보냈다. 그런 정도의 일도 남한에선 쉬운 일이 아니다. 그런데 당신들은 당신들이 임무를 주어서 사지로 내려 보낸 그들을 위해서 무엇을 했기에 남한 당국만 비난하고 자신은 책임이 없다고 할 수 있는가?'

— 답변은 어떠했습니까?

"분위기가 굉장히 심각해졌습니다. 모두들 무거운 표정이 되고 침묵이 흘렀어요. 그러다 '검토하겠습니다' 하는 한 마디가 떨어졌고, 자리가 끝났어요. 나오면서 북측의 한 인사가 내게 말하더군요. '우리의 혁명을 위해 목숨 바친 사람들의 운명에 대해 이처럼 심각한 비판은 처음으로 제기되었습니다. 우리가 대남 적화통일을 추구하는 것이 아니라는 명분을 내세우기 위해 그 동안 간첩과 공작원의 남파를 부인할 수밖에 없었습니다. 그러기에 오늘 제기해 준 문제는 상당히 진지하게 검토될 것입니다.'"

―사실 남·북이 치열한 명분전을 펼쳐 온 냉전 상황에서 북측이 간첩 남파를 인정하기란 쉬운 일이 아니지 않습니까?

"전혀 그렇지가 않아요. 그것은 남·북한 각기의 폐쇄적이고 편향적 사고 방식입니다. 간첩이란 적대 국가간에는 당연히 존재하는 것이고, 태고의 부족 시대부터 있어 왔던 활동이에요. 그래서 간첩 처우에 대한 국제법과 규범과 관습이 많이 형성돼 있습니다. 간첩 사업을 인정한다고 아무런 도덕적·정치적 흠도 되지 않습니다. 특이하게도 민족 앞에 결백을 주장하려는 북한식 양면성이 지난 1960~70년대에 '적화통일'을 추구하지 않는다는 명분 때문에 자신들이 내려 보낸 간첩의 처리를 가로막은 일면도 있습니다."

―50년 동안 냉전 사고에 젖어 온 우리 국민들이 교수님 말씀처럼 간첩이란 존재를 아무 감정 없이 당연히 존재하는 것으로 받아들일 수 있을지 의문입니다.

"그건 상식이 아닌가? 첩보 영화니 007도 많이 보고, 요즘 그 뭐야,「쉬리」라는 남·북한 간첩 작전을 그린 국산 영화를 몇백만이 보았다는데, 적대 국가간에 간첩이 오간다는 것쯤은 남한의 어린이들까지도 일상사로 알고 있지 않나?"

―1997년 대통령선거 때 이른바 북풍사건에서 활약했던 흑금성이라는 안기부 공작원이 있었습니다. 그 사람은 사업가로 위장하고 북한을 드나들었는데,『시사저널』보도에 의하면, 실제로 은행에는 금융거래 불량자로 되어 있었답니다. 혹시 그가 붙들리게 돼 북측이 안기부가 간첩 보냈다고 공격할 때 이 쪽에서는 '그 사람은 사업에 실패해서 북한으로 도망 간 사람'

이라고 오리발을 내밀기 위해서였다는 거지요. 안기부가 간첩 파견 사실을 은폐하기 위해 철저하게 대비한 거죠. 그만큼 남·북 모두가 간첩 파견을 공식 인정하기는 어려운 토양 위에 서 있다고 봐야 하지 않을까요?

"어느 나라의 경우건 간첩 또는 공작원 사업은 그 사업의 성격상 처음부터 인정하기 어려운 것은 당연한 사실이지요. 이상할 것 없지요. 거짓말을 하는 거예요. 그래서 나는 이 문제에 관한 한 남·북한 권력 집단이 다 같이 옹졸하고 또 비인도적이라고 생각해요. 그 동안 남쪽의 첩보 공작 기관들도 특수 훈련 간첩·공작원, 사형수, 흉악범 등 수천 명을 북파간첩으로 보내지 않았습니까? 그들이 가다가 죽었는지, 가서 잡혔는지, 살아 있는지 죽었는지, 관심도 없지 않아요? 남한 정권이 아마 더할지 모르지요."

— 또 한 가지 문제가 있습니다. 비전향 장기수 자신들의 입장입니다. 그들은 자신들이 남한에서 통일을 위해 일하라는 임무를 받은 혁명가이므로 비록 지금 아무것도 할 수는 없지만 자기 지역을 떠나는 것은 변절이라고 보고 있습니다. 그래서 돌아가고 싶은 마음은 간절하면서도 가겠다고 나서는 것은 옳지 않은 행위라고 생각합니다. 간첩 교환 문제에서 이 같은 개인의 신념은 어떻게 평가돼야 하겠습니까?

"우선 그분들이 자신의 신념과 자신에게 부여된 임무에 끝까지 충실하려는 정신은 굉장히 숭고한 삶의 자세입니다. 그러나 신념은 역사적·상황적인 것이죠. '혁명·통일'을 위해서 40년 징역을 살고 온갖 고생을 한 뒤에 이제는 '연방제 통일'을 위해 남한에 남아서 공작해야 하기 때문에 가족의 품으로 돌아가지 않겠다는 주장은 어색할 뿐더러, 그 같은 자세로는 남한 사람들을 설득하지 못합니다. 지금이 가족과 계급 중 양자택일해야 하는 19세기 말이나 20세기 초기의 혁명 전야 같은 상황은 아니지 않습니까? 심지어 그분들이 내려왔던 40년 전 상황도 아니지 않습니까? 그들은 자기 조국의 명령에 따라 사지에 왔고, 부여된 임무의 수행을 위해서 그들의 능력이 미치는 모든 일을 충실하게 다했습니다. 체포된 후에도 동료를 밀고하지 않기 위해, 또는 그들의 상부기관이나 김일성 주석을 배신하지 않기 위해서 전향을 거부하고 모진 고문을 당했습니다. 그처럼 자기 임무와 사명을 다한 충용스러운 '전사'에게는 살아서 그들의 조국에 돌아가고 혈육을 만날 떳떳한 자격과 권리가 있습니다. 그들이 북에 있는 처자에 대한 사랑과 그리움을 표현할 때 비로소 공산주의자로서 견지하려는 투철하고 냉철한 역사 의식만이 아니라 따뜻한 인간의 정과 혈육에 대한 사랑도 지닌 인간으로서 남한 사람들의 공감을 얻고, 이 사회의 변화를 촉진할 수 있을 겁니다. 그들이 몇십 년 전에 남기고 온 가족을 만나고 싶다는 심정은 결코 배반이나 변절, 부끄러움이 아니라 명예로운 선택입니다. 완수한 임무만이 명예가 아닙니다. 실패했더라도 임무를 위해서 사력을 다한 행위는 명예입니다. 안 그렇게 생각해요?"

— 남·북한 당국이 비전향 장기수들의 문제를 어떻게 처리해야 한다고 보십니까?

"남한 정부는 쓸데없는 반공, 법리론을 버리고 남한 당국에 의해서 혹독한 박해를 받은 이들을 무조건 송환해야 하고, 북한 정부는 '조국이 당신들의 수고를 잊어버리지 않았다' 하는 표시로 이들 모두를 따뜻하게 받아들여야 합니다. 받아들인 뒤에는, 그들을 정치 행사의 재료로 이용하지 말고, 적지에서 조국을 위해 목숨까지 버리면서 신념과 지조를 지킨 그분들에게 진정으로 국가적 감사를 표시하고 따뜻한 노후를 보장해야 합니다. 그리고 그 대응적 조치로서 북쪽에 이들처럼 간첩죄라든지 혹 다른 이유로 의사에 반하여 억류되어 있는 남쪽 사람들이 있으면 돌려보내야 합니다. 그래야만 쓸데없이 남한의 반공주의를 자극하지 않으면서 극우 반공주의 개인과 세력 들에게 북한 정권의 이성적인 사고와 행동을 새롭게 인식시키는 효과를 낳습니다.

나는 일찍이 1989년 초에 남한의 노태우 대통령과 북한의 김일성 주석에게 남·북의 간첩·공작원 등의 무조건 상호 석방·교환을 제의한 글을 발표한 일이 있습니다. 그해 신년사에서 남·북의 두 지도자는 한결같이 '민족의 화해'를 제창하였어요. 훌륭한 신년사였습니다. 그러나 두 지도자의 '민족 화해' 제안의 바닥에는 상대방의 성실성에 대한 짙은 의혹이 깔려 있었어요. 그래서 나는 바로 1월 5일자 『한겨레신문』의 '한겨레논단'에 「두 지도자에게 하고 싶은 이야기」라는 제목의 글을 써서 이렇게 말했어요. 쌍방의 체제적 이익에 금이 가지 않으면서 상대방의 성실성을 확인할 수 있는 조그마한 디딤돌이 있다, 지극히 작은 제스추어이면서도 오랫동안 얼어붙어 있는 국민 감정을 녹이기 위한 지혜와 의지의 표시로서 서로가 억류하고 있는 간첩과 공작원을 석방·교환하는 것보다 더 뜻깊고 효과적인 것이 없다, 하고 제안했어요. 그러고 나서 나는 외국의 사례를 몇 가지 들었어요. 1960년, 소련 영공에서 격추된 미국의 간첩 비행기 U-2기의 조종사 게리 파워즈가 1962년에 미국 내에서 체포된 소련 첩보기관 KGB의 거물 간첩 르돌프 아벨이 미·소 양국 당국에 의해서 석방·교환된 예를 들었지요. 미국의 아이젠하워 대통령도 게리 파워즈를 체포했다는 소련의 발표에 대해서, 남·북한 정권 지도자들과 마찬가지로, 처음에는 U-2 스파이기 사업이 세계에 폭로될 것이 두려워서 간첩 비행 사실을 부인했었어요. 그러나 결국 그런 일은 세상이 다 아는 상식인데, 거짓말의 효과가 없다고 생각한 미·소 쌍방이 두 사람을 교환했지요. 그 결과 미·소 관계는 크게 개선됐어요. 심지어 미국은 소련에서 체포된 자기 첩보기관원을 돌려받기 위해서, 제3국에 체포되어 있는 소련 간첩을 돈을 주고 사 가지고 와서 교환한 일도 있습니다. 다른 나라들, 남북한처럼 분단되고 적대적 관계이던 동·서독 사이에서는, 체포된 간첩 교환이 하나의 상례로 되다시피 했었습니다.

이 같은 예를 들어 주면서 노태우 대통령과 김일성 주석에게 보내는 글을 통해 1989년 정초에 간첩 교환을 촉구했던 것입니다. 꼭 10년 전이군요. 그 당시 누구도 감히 생각할 수 없던 제안이지만, 나는 그것이 남·북 지도자의 상호 불신을 푸는 의미 있는 첫출발이라고 확신했던 것입니다. 그런 과정이 되풀이되면 남북 화해가 이루어지는 것입니다."

김대중 대통령에 대한 부탁

존경하는 김대중 대통령님,

오늘 여기, 여러 날의 망설임과 많은 생각 끝에 경애하는 김 대통령에게 글월을 드리려 결심하게 된 사람은, 지난 오랜 군부독재 아래서 김 대통령께서 정치적 견해를 달리한다는 이유로 온갖 박해의 수난을 겪던 시절, 때로는 같은 형무소의 감방에서 때로는 폭력이 난무하는 공포의 현장에서 미약하나마 동지적 길을 함께 걸어왔던 대학 재직의 한 지식인입니다.

정권교체를 이룬 뒤 지난 1년 동안, 재정이 파탄 난 국가를 바로잡으려고 당선의 기쁨도 누리지 못한 채 밤낮으로 노심초사하는 김 대통령의 건강을 멀리서 염려하고, 민족사에 길이 빛날 번영과 민주화의 대업을 이룩할 수 있기를 진심으로 기원하는 사람입니다. 예나 지금이나 그와 같은 동지적 심정인 까닭에 본인은 아무런 사심 없이 김 대통령에게 한 가지 간곡한 부탁을 드리려 합니다.

그것은 '세계인권선언'이 규정한 '시민적 권리와 정치적 권리'를 주장하고 행사하다가 투옥되어 있는 이 나라의 수많은 선량한 시민들의 운명에

이 글은 『한겨레신문』, 1999년 2월 10일자에 실렸던 글이다.

관해서입니다. 들리는 바로는 민족의 영광인 3·1절 80돌 축하로 정부는 큰 사면조처를 실시하려는 것으로 알고 있습니다. 반가운 일입니다. 그러나 이번 사면조처에서도 지난 해와 같이 이른바 '준법서약서' 라는 것을 사면의 조건으로 요구하고 있는 것으로 듣고 있습니다.

경애하는 김대중 대통령님,

소위 '준법서약서' 라는 것은 불법·부당합니다. 지난 날 바로 그 악법에 의해서 수없이 죽음의 고비를 넘어온 김 대통령의 특단의 결심이 있어야 합니다. '김대중' 이라는 대통령이 포악·무지한 역대의 전임자들과 다르다는 것을 국민 앞에 입증하고 역사에 그렇게 기록되고 남겨지기 위해서라도 그들에 대한 조건 없는 사면이 집행돼야 합니다. 그 이유는 다음과 같습니다.

첫째로, 조약이니 법규니 법이론의 시비에 앞서서, 가장 평범하고 초보적인 도리에 어긋나고 상식에 어긋납니다. 국가의 기본 질서를 파괴하고 국가의 안전을 위태롭게 했을 뿐만 아니라, 오늘의 사회·경제적 파탄을 초래한 최고 책임자요 파렴치범인 전두환·노태우 전 대통령과 그 추종 집단들은 '준법서약서' 같은 것을 쓰지 않고 전원이 사면되어 천하를 활보하고 있습니다.

둘째로, 김 대통령의 이념이고 정책 목표인 '자유시장과 민주주의' 에도 어긋납니다. 경제적 자유시장도 정치·사회적 민주주의도, 사회 구성원의 사상의 다양성과 의사 표시의 자유를 토대로 하고 전제로 해서만 가능하다는 것은 문명 사회의 철칙입니다.

셋째로, 국가보안법 그 자체는 두말 할 것도 없거니와 그 악법으로 투옥된 인사들에 대한 소위 '준법서약서' 도 '세계인권선언 II 3', 즉 '시민적 및 정치적 권리에 관한 국제규약' 제18조(사상·양심·종교의 자유)와 제19조

(표현의 자유)를 비롯한 많은 조항에 위반하는 것으로, 유엔과 민주·문명 사회의 비난과 멸시의 대상이 되고 있습니다. 올해는 세계인권선언 발표 제51돌이 되는 해입니다. 대한민국은 이 이상 언제까지 더 문명세계의 규탄과 멸시의 대상이 되어야 합니까?

넷째로, 정부는 '준법서약서'의 국제법적 근거로 '세계인권선언 II 3 제19조의 단서 b'(나라의 안전·공공질서·공중건강 또는 도덕의 보호)를 내세우는 것으로 알고 있습니다. 이 '단서 b'는 항구적 규정이 아니라 50년 전 선언 발포 당시의 '잠정적' 성격인 것입니다. 또 대한민국의 안전과 공공질서와 사회의 건강과 국민적 도덕을 여지없이 파괴하고 유린한 전직 대통령들과 그 권력집단과 정치인을 비롯한 '힘있는 자'들은 앞서 지적했듯이 아무것도 쓰지 않고 석방되고 사면되었습니다. 이것을 국민이 납득하지 못합니다.

다섯째로, 지금 국가보안법으로 수감중인 사람들은 김 대통령 자신이 지난 날의 민주화·인권·양심·자유를 위한 운동과 수난의 과정에서 확인했듯이, 진실로 이 나라와 사회의 정의로운 발전을 희구하고 행동하는 선량한 분자입니다. 나라와 사회의 꼴을 외면·방관할 뿐 괴로워할 줄 몰랐던 사람들보다 몇십 배 애국자들입니다.

여섯째로, 남한(한국)의 정치 도덕이 북한보다 우월하다는 증거를 '구체적'으로 보여야 합니다. '햇볕' 정책이나 '포용' 정책으로 북한의 공산주의자들과의 화해를 모색하는 정황이라면, (국가보안법은 잠시 미루는 한이 있더라도) 그 악법의 희생자들의 조건 없는 석방과 사면이 지극히 당연한 논리가 아니겠습니까?

일곱째로, 혹시라도 김 대통령께서 아직도 냉전시대의 몽매 상태에 있는 소수의 극우·반동·수구 세력에 배려해서 '준법서약'이라는 구차스러운 절차를 허가하셨다 하더라도 이제는 상황이 웬만큼 달라졌다고 평가됩니다. 취임 이후 1년간의 제반 정책집행을 통해서 김 대통령에 대한 그들의 근거 없는 곡해는 '준법서약' 없는 사면을 수용할 만큼 바뀌었다고 믿어집니다. 이제는 집행할 때입니다.

이상과 같은 이유로 해서(사실은 더 많은 이유가 있지만) 본인은 지금도 옥중에 있는 수많은 '인권사범'들에게 '준법서약'이라는 굴욕을 강요하지 말고 3·1절 사면의 은전으로 김 대통령님의 역사적인 '제2의 건국' 사업에 동참할 수 있도록 스테이츠맨다운 일대 영단을 내리시기를 부탁합니다.

제2부
우상과 신화의 정체

'북방한계선'은 합법적 군사분계선인가?
진실을 알고 주장을 하자

북한-미국 핵과 미사일 위기의 군사정치학
위기의 주요인은 미국에 있다

대한민국은 한반도의 '유일 합법정부'가 아니다

남북한 전쟁능력 비교 연구
한반도 평화 토대의 구축을 위한 모색

미국 군사동맹 체제의 본질

동북아지역의 평화질서 구축을 위한 제언

'북방한계선'은 합법적 군사분계선인가?
—진실을 알고 주장을 하자

서문: 상황적 배경의 이해

　1999년 6월 11일과 15일 사이에, 한반도 서해상 연평도 서북방 옹진반도 남단 구월봉 남방 해상에서 발생한 남북한 해군의 무력충돌은 1953년 7월 27일 한국전쟁 정전협정 체결 이후 실제로 남·북한간에 행동화된 군사 충돌 중 최대 규모의 불상사이다. 이번의 해군 교전은 우발적 행위의 결과가 아니라, 쌍방의 치밀한 계산과 준비를 거친 군사력의 행사였다는 사실 때문에 더욱 중대한 사건이다. 정전협정 발효 후 46년 뒤에 일어난 이번 해군 충돌의 순수 군사적 결과는 북한 해군 함정 침몰 1척, 대파 3척(북측 공식 발표), 남한 해군 함정 경미한 손상 3척(남측 공식 발표)인 것으로 알려졌다. 불과 몇 분 사이에 침몰한 북한 함정 1척과 그 승무원 20~30명이 배와 함께 사망한 것으로 남측 군당국의 비공식 발표가 있었다. 북측의 공식 발표에는 병력 손실에 대한 언급이 없어서 확정할 수 없다.(1999년 7월 20일 현재)

이 논문은 『통일시론』 통권 3호(1989년 봄)에 발표됐던 것이다.

정전협정 발효 이후에 발생한 쌍방간 주요 군사충돌은 이번을 합쳐서 일곱 번이며 그 각 상황은 다음과 같다.

- 1967. 1. 19: 남한 해군 구축함 제56호, 동해안 휴전선 부근 북측 육지 근접 지점에서 북쪽 해안포와 교전, 침몰. 승무원 사망 11명, 부상 30명.
- 1968. 1. 23: 미국 전파 통신 수집용 최첨단 첩보함 푸에블로(Pueblo)호, 북한 원산(元山)앞 영해(12마일) 침해, 나포됨. 영해 침해 시인 후 12월 23일, 승무원 82명 석방. 스파이함은 불반환.
- 1968. 11. 2: 남한 동해안 울진·삼척에 북한 무장 게릴라 부대 침투, 서울 청와대 지근거리까지 접근 성공, 교전('김신조 부대 서울 침투 사건'). 체포 5명, 자수 2명, 사살 1백여 명, 남측 군인 사상 70명이라고 발표됨.
- 1969. 4. 15: 미국 공군 고공 첩보정찰기 EC-121기, 북한 함경도 영공 침공(?)으로 북한 공군기에 의해 격추.
- 1969. 8. 17: 미국 육군 헬리콥터 중부 휴전선 월경, 영공 침공으로 격추됨. 미국측의 영공 침공 사실 시인 후 승무원 2명의 시체 인도.
- 1976. 8. 18: 비무장지대상의 판문점 공동경비 구역 내에서 미군-북한군 충돌, 미군 장교 2명 사망. 공동경비 구역 내에 있는 미루나무를 미군측이 사계청소를 위해서 도끼로 자르다가, 그것을 말리는 북한군과 충돌한 사건.
- 1999. 6. 15: 연평도 북서방 해상에서 남·북 해군 교전.

이상의 주요 군사적 충돌 7건 중, 북한-미국간 사건 4건, 남-북한간 사건 3건이며, 지상 2건, 공중 2건, 해상 3건으로 분류된다. 무력충돌 발생의 시기적 상황의 특성으로 분류하면, 한국 구축함(1967), 미국 푸에블로호(1968), 북한 특공대 청와대 기습(1968), 미국 EC-121첩보기(1969), 미국 육군 헬리콥터(1969) 등의 사건들은 미국의 베트남전쟁 최절정기와 남한 군대의 베트남전쟁 개입 및 참전 기간(1966~1975)에 한반도 주변 및 남·북한 사이에 조성된 미국·북한·남한간 일촉즉발의 위기를 반영한 것이다. 판문점 공동경비 구역 내에서의 소위 '미루나무 살인' 사건은 그 후유증이라 할 수 있다.

  1976년까지의 사건들의 직·간접적 원인이 미국의 베트남전쟁과 한국군 '월남파병'이었던 것과는 달리, 1999년 6월의 남·북한 서해상 해군 교전은 그 원인이 46년 전으로 거슬러 올라가, 1953년(7월 27일)에 조인·발효한 정전협정의 불확실성과 협정의 합의조문에 대한 남·북한의 해석차(또는 일방적 왜곡)에 기인한다. 그런 까닭에 이번 해상 교전은 그 정전협정의 원천으로 돌아가서 엄정한 사실 규명을 해야만 시비를 가릴 수 있다. 그리고 분쟁점을 바로잡아야만 앞으로 이 같은 군사충돌의 재발을 예방할 수 있다. 남·북한 각기의 주장은 전면적으로 대립하는 데서 끝나는 것이 아니다. 이 불행한 사태의 원인·과정·결과에 관해서 쌍방은 전적으로 자기 합리화를 고집하고 있다. 우리 남쪽의 경우 심지어 일부 몰지각하고 선동적인 신문·방송·기자·평론가 들이 아무런 사실 인식의 근거도 없이, 북한 해군 함대의 "한국(남한) 영해 침범"이라고까지 외치면서 흥분했다. 정부(군사) 당국조차 '영해 침범'이라고는 주장하지 않는데, 문제의 전체적 맥락이나 구조에 대해서 무지한 신문인들과 소위 '전문가'를 자처하는 지식인·교수 들이 오히려 "한국 영해 침공"이라고 대서특필하고 방송·텔레비전에서 국민 감정을 선동하고 있다. 이 같은 한국의 소위 '언론(인)'의 작태는 지난 냉전·반공주의·반평화 군사독재 시대의 무책임성과 어용성과 경박성을 조금도 청산하지 못한 '반공 선동주의'를 그대로 드러내고 있다.

  이 글의 본론에서 전체상을 상세히 분석하고 서술하겠지만, 이번 해상에서의 남·북 함대간 교전의 성격은 "북한의 계획된 도발" 또는 "영해침범"

이라는 한 마디로 단정하여 모든 위법과 책임을 한쪽에 돌려 씌우고 끝나는, 그런 단순·명료한 사건 구조가 아니다. 비무장지대의 어디에서 총성이 울리거나 충돌의 소식이 들리면, 우리 정부(군부)와 '언론'은, 그리고 그들의 말을 맹목적으로 따르는 대부분의 국민은, 50년간 길들여진 대로, 거의 조건반사적으로 "또 북한 공산도당이 저지른 악랄한 휴전협정 위반 행위!"로 단정하고 흥분하고 규탄해 왔다. 이번 서해상 해군 충돌의 전체 과정을 통해서도 그러했다. 이 같은 국민 정서는 언제나 사건과 사태의 진상규명을 스스로 거부하는 위험한 고정관념이다.

전문적·객관적 관점과 남·북 어느 쪽에도 편들지 않는 독립(중립)적 관점에서 보면, 남·북한간의 행위는 거의 예외 없이 서로 원인을 주고받는 인과관계와 상호작용의 연쇄적 성격임을 알 수 있다. 휴전선 비무장지대에서의 충돌이 가장 적합한 실례이다. 사태의 전모를 철두철미하게 검증해 보면 어느 한쪽도 책임을 회피할 수 없다. 남·북한의 어느 한쪽은 전적으로 결백하고 다른 쪽은 전적으로 위법자라는 식의 간편하고도 행복한 도식은 성립되지 않는다. 이 사실은 선량한 남한 시민들에게는 심정적으로 불편할지 모르지만, 사실은 사실이다. 북한에 대해서 언제나 자기 국가의 행위의 결백성이나 도덕적 우월성을 믿고 싶고, 또 억지라도 그렇게 생각해야 마음이 편한 '광신적 극우·반공주의자'들도 많을 것이다.

이번 서해상 남·북 해군 교전의 단순명료한 일방적 위법성과 책임을 주장하고 싶거나 그렇게 믿고 싶은 사람들에게는 마음의 눈에 낀 안개를 벗겨 줄 좋은 통계적 근거가 있다. 정전협정이 발효한 1953년 7월 27일 오후 10시부터 지금(정확하게는 1998년 6월 말까지)까지 군사정전위원회에 등재된 남·북 각기의 '정전(휴전) 위반 현황'을 알면 남·북간에 일어나는 문제의 가려진 진실을 이해하는 데 조금은 도움이 될 것이다.

표 1 북한의 휴전협정 위반 현황

구분	계	지상	해상	공중
휴전 이후~1960	628	538	11	79
1961~1970	7,544	7,476	57	11
1971~1980	49,414	49,371	26	17
1981~1990	359,669	329,659	7	3
1991~1997	36,867	36,865	2	0
1998~6월 말	234	233	1	0
합계	424,356	424,142	104	110

출처: 박헌옥, 「북한의 휴전협정 위반 반세기」, 한국군사학회, 『군사논단』, 통권 제16호, 1998년 가을호, 24쪽.

통계를 보면 북한측 위반 건(件)수는 총 42만 4,356건이다.(「표 1」참조) 한국(남한)측의 결백성과 대조적으로 북한측의 상시적 협정 위반 습성을 강조하기 위해서 연구자 박헌옥은 남쪽(미국+한국=유엔군)의 위반 현황에 관해서 다음과 같이 기술하고 있다.

"한편, 북한측이 인정한 협정 위반 건수는 단 2건에 불과한 반면, 1991년까지 유엔군측의 휴전협정 위반이 454,605건이라고 주장하고 있으나, 유엔군측 실제 위반 건수는 16건으로 알려졌다."[1]

간추려 말하자면, 북과 남이 시인한 위반 건수는 각기 2건과 16건이지만, 서로가 상대방이 위반했다고 제기한 정전협정 위반 건수는 각기 40여만 건으로 '막상막하'임을 알 수 있다. 그럼에도 불구하고 이 연구자는,

---

[1] 박헌옥, 「북한의 휴전협정 위반 반세기」, 한국군사학회, 『군사논단』 통권 제16호, 1998년 가을호, 24쪽.

"······ 결국 북한이 한국전쟁을 도발했고, 패전으로 체결된 휴전협정도 제대로 지키지 않은 채 상습적이고도 의도적인 크고 작은 도발을 계속해 온 점은 한국 안보에 위협을 가중시킨 것 외에도 한반도의 평화정책과 민족통일을 지연시킨 데 대한 책임을 민족사 앞에 지지 않을 수 없다고 하겠다"[2]고 단정하고 있다.

남·북 쌍방의 엄청난 정전협정 위반 사실의 상세한 내역을 눈앞에 놓고도 이 같은 일방적 결론을 도출하는 것이 한국의 정부(국방부), 소위 '전문가'들과 맹목적 '애국자'들의 경향성이다. 하물며 아무런 정보도 갖지 않은 일반 지식인들, 오로지 정부 당국들의 발표만을 곧이 곧대로 믿는 데 길들여진, 또는 심지어 그렇게 믿고 싶어하는 이 나라의 남녀노소들이야 더 말할 나위가 없겠다. 서해상 해군 충돌에 있어서도 마찬가지다.

이상에서 검토한 약간의 사전 지식 또는 '진실'을 알고자 하는 객관적 문제 의식을 가지고 본론에 들어가자.

정전협정의 합법적인 '분계선'과 관할 '구역'

정전협정은 남·북의 교전 당사자(군대)를 분리하여 "무력 행위의 완전한 정지"(서문)를 보장하는 '분계선'과 '지역'(공간) 설정을 4개 항목으로 나누어 규정하고 있다.

1. '쌍방'이 승인한 구역 또는 수역의 해석 및 이해

(1) 지상(地上)의 군사분계선(線) 및 비무장지대(地帶)(서해안에서 동해안까지의 육지 공간, DMZ)에 대하여: 제1조 "군사분계선과 비무장지대"의

---

2) 같은 글, 24~25쪽.

그림 1 정전협정 첨부지도 제2도

정전협정 제1조 군사분계선과 비무장지대 제5항 한강 하구의 수역

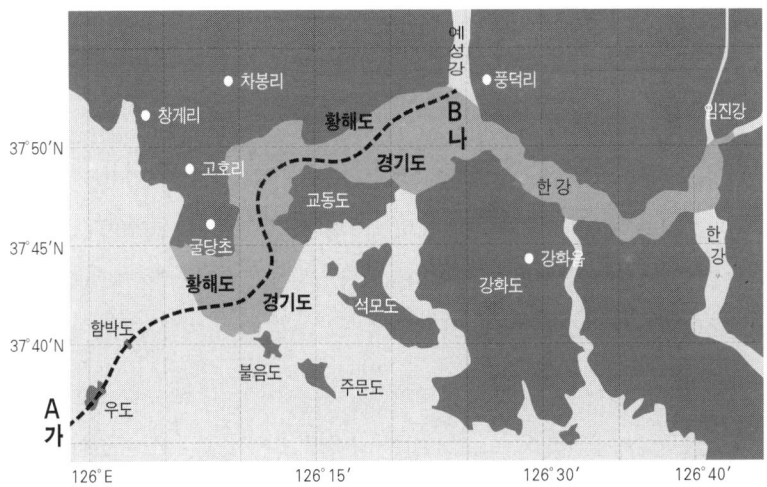

1, 2, 3, 4항은, 동해안에서 서해안까지의 지상 약 250km 길이의 "휴전선"과 그 남·북에 협정상 각기 2km의 폭을 가지고 설정된 비무장지대(DMZ)라는 "완충지대"에 관해서 상세하게 규정하고 있다.(그러나 이들 지상의 규정들은 이번의 서해상 해군 교전과는 무관하므로 본론에서는 생략한다.) 지상에서의 이 분계선과 비무장지대가 정전협정에서 "쌍방"이 합의한 선(線)과 지대(地帶)이다. 이 "쌍방"이라는 개념이 중요하다. "쌍방"이 합의한 것이냐 아니면 "일방"적인 주장이나 결정이냐가, 이번 해상 교전과 이른바 그것이 일어나는 동기·이유인 "북방한계선"의 성격 규정에 핵심적인 결정 요인이기 때문이다.

(2) "한강하구수역"이라는 남·북 공용의 특수구역: 한강이 서해에 유입하는 "한강하구(漢江河口)수역"은 정전협정의 "제1조 군사분계선과 비무장지대"의 제5항에 의해서 남·북한 쌍방의 민간 선박(주로 어선)에게

그 이용이 개방되어 있다. 이 규정의 성격은 육지상의 비무장지대가 남·북의 민간 이용을 금지하고 있는 것과는 대조적이다. 그 협정 규정은 다음과 같다.

제1조 제5항: 한강 하구의 수역으로서 그 한쪽 강안(강기슭)이 다른 일방의 통제하에 있는 곳은 쌍방의 민간 선박의 항해에 이를 개방한다. 첨부한 지도(제2도를 보라)에 표시한 부분의 한강 하구의 항행규칙은 군사정전위원회가 이를 규정한다. 쌍방 민간 선박이 항해함에 있어 자기측의 군사통제하에 있는 육지에 배를 대는 것은 제한받지 않는다.

「그림 1」에서 보듯이, 남·북 민간 선박이 자유 항행·이용할 수 있는 이 특수 구역은, 한강과 임진강이 합류하는 지점(동쪽)에서부터 다시 한강이 되어, 강화도(江華島) 북변과 북한측의 황해도의 예성강이 만나서 넓은 한강 하류 수역을 형성하여 넓어지면서, 북쪽의 굴당초 끝과 남쪽의 작은 섬 불음도를 남북으로 연결하는 선으로 둘러싸인 구불구불한 모양의 남북간 수역이다.

이 규정은 별도의 어떤 용어나 표현으로 명시하지는 않았지만, 협정 조문의 내용으로 미루어 한강 하류에서 황해에 접하는 남·북한 사이의 수역은 일종의 '국제수로'(international water ways) 성격으로 규정하였다. 이 서해안 "한강하구수역" 내에서 남·북한의 민간 배들은 일종의 '자유통행권'(right of free passage) 또는 '무해통행권'(right of innocent passage)을 인정받고 있다. ■로 표시된 구역은 정전협정 조인 당사자 "쌍방이 공인"하고, 또 "쌍방이 관리하는 구역"으로 규정되었다. 하지만 정전협정에서 규정한 대로 민간 어선의 자유로운 이용이 허용되어 왔는지는 의심스럽다.

이 "쌍방"이라는 용어가 중요하다. 육지상에서의 군사분계선과 비무장지대를 제외하면, 서해바다에서 이 "한강하류수역"만이 북한과 유엔군 총사령관 "쌍방"이 인정·합의하고 "쌍방"이 "함께" 관리해 온 수역이기 때문이다. 이번 남·북한 해군 충돌 후에 우리 정부(국방부) 당국자들이나 언론계의 어떤 식자들은 이른바 "북방한계선"과 그 선을 따라서 남쪽에 한국측이 설정한 "완충구역"이나 "어로한계선"을 북한측이 1991년 12월 13일에 조인한 「남북 사이의 화해와 불가침 및 교류·협력에 관한 합의서」(「남북합의서」)의 「부속합의서」 제3장의 "불가침 경계선 및 구역" 제9조와 제10조에서 인정했다고 주장하였다. 그러나 이런 해석은 옳지 않다고 보아야 한다. 왜냐하면, 「남북합의서」「부속합의서」에서는 정전협정에 관하여 다시 명시적으로 규정하였는바, 어느 "한쪽"의 행위나 결정을 적시할 때는 그 상황의 경우에 따라서 "일방", "자기측", "상대측(또는 상대방)"으로 표기하고, 협정 당사자 또는 남·북이 "함께" 인정했거나 함께 관할했거나 하는(해 온) 일을 적시할 때는 반드시 "쌍방"이라는 용어를 쓰고 있기 때문이다. 이 용어의 엄격한 구분은 「남북합의서」의 「부속합의서」를 작성하는 협의과정에서, 북한 쪽이 정전협정상의 쌍방(유엔군 총사령관과 북한·중공군 사령관)이 "함께" 인정하고 합의하여 조문화한 결정 사항으로 "함께", 즉 "공동"으로 "관리"해 온 일만을 "쌍방이 지금까지 관리하여 온" 선 또는 구역으로 엄격히 구분하고 있다. "한쪽"과 "양쪽"을 엄격히 구분한 이 용어의 뜻을 한국(남한)측 대표들이 인식하지 못한 결과가 아닌가 추측된다. 북측은 "서해북방한계선"은 남한이 "자기측" 또는 "일방"으로 설정한 선이지 정전협정상의 "쌍방"의 개념에 해당하지 않은 선 또는 구역으로 주장하지 않는다. 이 협정 용어의 분별적 사용은 이번 해군 충돌과 "서해북방한계선"

의 협정상 효과를 가르는 핵심적 기준이 된다. 그런데도 이번 사건 후의 발언들에서 바로 이 중대한 사실을 많은 논자들이 간과하고 있다. 어느 쪽 해석이 옳은가? 의당 남한(한국) 쪽의 편을 들어야 할 것으로 여겨지는 유엔군 총사령관(미국)은 남·북 해군 충돌 이후 남한 쪽에 유리한 성명이나 공식 발언을 하지 않고 있다. 미국(유엔군 총사령관)의 이런 태도는 무엇을 말하는 것인가? 심각하게 음미해 볼 일이다.(「남북합의서」의 해석 및 유엔군〔미국 정부〕와 남·북간 해상의 "선", "지대"에 관해서는 뒤에서 다시 개별 항목으로 상술한다.)

2. 분계선의 성격

정전협정에서 한국의 서해안 하면에 "쌍방"이 합의하여 그은 "분계선"과 쌍방이 "함께" 관리해 온 선(線)은 정전협정 "제2조 정화(停火) 및 정전의 구체적 조치들"의 제12항 (b)에 의해서 그어진 "A·가―B·나"선이다.

이 선은, 위의 1부에서 검토된 서해안의 '한강하구수역'의 남·북한 사이의 대체로 중앙선을 따라서, 강화도, 석모도의 서쪽 약 30km의 거리에 있는 우도(隅島)까지를 연결하는 선이다.(「그림 2: 정전협정 첨부지도 제3도」를 보라.) 정전협정 첨부지도의 유엔(미국)측 지도상에는 "A―B"로, 조선인민군측 지도상에는 "가―나"로 표시돼 있는 이 선은 육지의 군사분계선(DMZ)과 같은 규정이나 성격을 가지는 서해상의 군사적 해상분계선이 아니다. 이 차이를 명확히 이해해야 한다.

이 "A·가―B·나"선은, 정전협정 제12항 (b)에서 서해안 "한강하류공용수역"에 산재하는 수없이 많은 작은 섬들에 대한 통제권을 유엔군과 북한 쪽으로 구분하는 기준선으로 설정된 것이다. 위의 1항에서 검토했듯이, 한강하구공용수역(■) 안에서 이 선은 남·북의 민간배의 자유항행이 인정되기 때문에, 육지의 군사분계선과 같은 분리(分離)의 기능을 하지 않는다. 우도에서 한강하구수역의 끝인 황해도(북쪽)의 마항동과 남한 쪽의 불음도를 연결하는 직선부까지의 "하구수역" 밖의 길이는 약 13km이다.

이 A·가—B·나 중 약 13km에 해당하는 선은 (북한) 황해도와 (남한) 경기도의 도(道) 경계선으로서, 그 선의 남쪽과 북쪽에 있는 수많은 작은 섬들의 관할권을 표시하는 선일 뿐, 아무런 해상에서의 "군사적 분계선"의 기능이 없다.(정전협정 첨부지도 제3도에서 A·가—B·나선의 성격과 기능을 명시한 단서)

이 황해도-경기도 도 분계선과 한강 하류 민간 선박 자유항행 구역이 정전협정상 서해안과 서해 해면에 "쌍방"이 설정하고 "함께" 관리해 온 유일한 "선"(線)과 "구역"(區域)이다.

서해 5도 "북방한계선"과 "군사완충지대"의 법적 성격 및 지위 문제

1999년 6월에 발생한 남·북한 해군의 서해상 전투에 대해서 남·북한의 주장은 정반대로 다르다. 남한(한국) 당국의 공식 또는 비공식 주장은 다음과 같이 요약된다.

(1) 우도-연평도-소청도-대청도-백령도를 연결하는 해상의 선(線)은 "북방한계선"(NLL)이다. 이 선은 북한 함정 또는 어선이 넘어올 수 없는 "군사분계선"이다.
(2) 그리고 그 남쪽으로 평균 약 12km 폭의 해역은 남북간 "군사완충지대"이다.
(3) "북방한계선"은 6·25 전쟁중에 유엔군이 설정한 군사분계선인 "클라크 라인"을 그대로 따른 선이다.

(4) 북한은 그 동안 "묵시적"으로 북방한계선을 인정해 왔다.
(5) 북한은 1992년에 체결된 「남북기본합의서」에서도 쌍방이 관할하는 "지역"을 인정한다고 했다.
(6) "북방한계선"은 지난 40여 년간 사실상의 남북간 서해 해상분계선의 효력과 기능을 하고 있다.
(7) 국제법적으로 "실효성"의 원칙과 "응고"의 원칙에 의해서 수용되고 있다. 따라서 북방한계선과 완충지대를 넘는 행위는 불법적 침범행위이다.
(8) 따라서 이번 연평도 서북방 해상에서의 한국 해군의 행위는 정당방위이며 합법적 자위권의 발동이다.

이상의 내용이 이번 사건에서 대체로 한국 정부(국방부)를 대표하는 국방부 대변인의 공식 견해[3]이자 기타 정부 당국들의 주장이다.

이에 대해 북한은, 해군 충돌이 있은 해상 부근을 "우리의 영해"라고 주장하고, 남한측의 주장들을 전면적으로 부정하면서, "우리 함선들을 상대로 한 무장도발이며 군사적 도전"이라고 규정하였다.(사건 발생 직후의 평양방송보도, 판문점 조·미 군사장성급회담, 북경에서의 남북정부차관급회담 등에서의 성명.)

이처럼 남·북의 주장은 어느 한 항목에서의 합치점도 없이 전면적으로 상치하고 대립하고 있다. 북한측은 남한측 국방부 대변인 성명으로 대표되는 한국(남한) 정부의 주장들을 전적으로 부인할 뿐만 아니라, 남한측이 주장하는 이른바 "북방한계선"과 "서해해상 군사완충지대"가 중대한 정전협정 위반이며 남한의 일방적 결정이라고 비난한다. 그리고 그 분쟁 해역은

---

3) 『한겨레』, 1999년 6월 16일자.

북한의 "정당한 영해"(국제법상의)임을 내세우고, 북한 어선과 함정의 그곳에서의 작업을 방해·공격한 남한 해군의 행동을 "용서할 수 없는 무장도발"이라고 규탄했다.(사건 후 거듭된 북한 방송, 북경에서의 남북한 차관회담, 그 후의 판문점 정전협정회의 등) 따라서 이같이 정면 대립하는 주장과 해석들의 정당성 여부가 우선 밝혀져야 한다. 그리고 그 사실 인식을 바탕으로 해서 남·북의 정치·군사적 태도 수정이 있어야 한다. 이런 전향적 사고와 이성적 노력이 없이 서로 자기 쪽의 해석과 주장만을 고집한다면, 남·북한 사이에는 앞으로도 1999년 6월과 같은 군사 위기가 거듭될 것이 분명하다. 그 같은 무력충돌이 연속될 경우 "전쟁"으로 확전되지 않는다는 보장은 없다.

정전협정상 유일한 "분계선"과 "수역"

이번 무력충돌은 서해상의 도서·선(線)·구역(區域) 등의 개념에 관한 해석의 차와 주장의 대립이 빚은 결과적 불상사이다. 앞에서 골자만을 요약해서 기술한 바와 같이 정전협정에서 이 쟁점들에 관한 조문은 제2조 정화 및 정전의 구체적 조치, A. 총칙, 13항 (b), 15항 및 13항 (b)의 첨부지도(「그림 2」)에 기재된 추가적 합의 내용의 세 가지 규정들이다.(한강하구도 분계선과 개방수역에 관해서는 위에서 검토하였다.) 정전협정 규정의 전체 구조와 규정 내용을 정확히 이해하려면 13항 (b)의 문장의 구성대로 전문을 알아야 하지만, 여기서는 편의상 13항 (b)의 협정 문장을 내용별로 항목화하여 세분해 본다.

(1) 정전협정 발효 후 10일 내에 쌍방은 상대방의 후방 연해도서 및 해변으로부

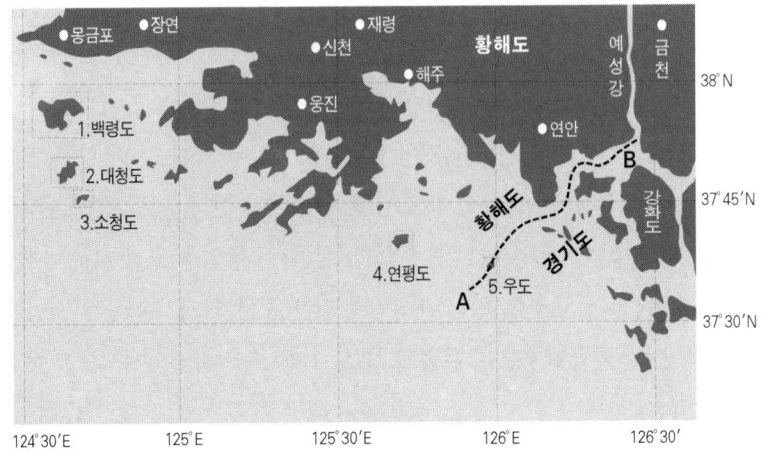

그림 2 정전협정 첨부 지도 제3도

정전협정 제2조 제13항 (b)에서 규정된 서해 5도

터 병력 · 장비 · 물자를 철수한다.

(2) 이를 이행치 않을 때는 상대방은 그 영역에 대한 치안유지에 필요한 조치를 취할 권리를 보유한다.

(3) "연해도서"의 정의는 정전협정의 발효시에 어느 쪽이 점령하고 있었느냐와는 관계없이 (전쟁 발생 전날인) 1950년 6월 24일에 각기가 통제하고 있던 섬들을 말한다.

(4) 다만, 황해도와 경기도의 도(道) 경계선의 서 · 북쪽에 있는 모든 섬들 중에서 백령도 · 대청도 · 소청도 · 연평도 · 우도의 다섯 섬은 유엔군 총사령관의 군사통제하에 남겨 둔다. 그 해역에서 그 밖의 모든 섬들은 조선인민군과 중국인민지원군 총사령관의 군사통제하에 둔다.

(5) 서해안에서 위에서 말한 분계선 남쪽에 있는 섬들은 유엔군 총사령관의 군사통제하에 둔다.(「그림 2」)

위의 다섯 가지의 합의된 조치 사항을 알기 쉽게 설명하면 이렇다. 3년 1개월간의 전쟁이 끝났을 때, 서해상의 웬만한 섬들은 압도적인 제공권과

제해권을 장악한 유엔군의 점령 또는 관제하에 있었다. 그러나 정전협정에서는 협상 과정에서의 치열한 논란 끝에 해상의 섬들의 통제권은 (1) 정전 발효 당일(1953년 7월 27일)의 실제적 점령 또는 관제 상태로 귀속되지 않고, (2) 3년 1개월 전의 전쟁 발생 전날(1950년 6월 24일)을 기준으로 하고, (3) 그 분계선은 원칙적으로 그 과거 시점에서의 황해도-경기도 도(道) 분계선(「그림 2」의 "A · 가—B · 나"선)으로 하되, (4) 다만 북한의 황해도 해안에 가까운 도서들은 유엔군이 포기하지만, 그 중에서 큰 섬 백령도 · 대청도 · 소청도 · 연평도 · 우도의 5도서만을 그대로 유엔군 통제하에 두기로 합의하고, (5) 그 밖에 황해도-경기도 도 분계선("A · 가—B · 나" 선)을 기준으로 남한의 육지에서 가까운 서해안 한강하구에 산재하는 섬들은 유엔 통제하에, 그 선의 북쪽에 있는 섬들은 북한 통제하에 두기로 한 것이다.(지도를 세밀히 참고해 보아야 이해가 간다.) 이 부분의 정전협정 합의 규정을 이해하는 데 가장 중요한 사실은 이 서해안 수역의 분계선이 황해도와 경기도의 도 경계선이라는 사실이다. 그 도 경계선은 한강하구수역(■) 끝에서 우도(북위 37° 36′, 동경 125° 58′)까지이며, 우도(A · 가)에서 끝난다는 사실이다. 이 경계선의 길이는 강화도에서 직선거리로는 약 36km에 불과하다. 우도에서 끝나는 도 경계선 이외에는 정전협정상 "쌍방이 인정하고 쌍방의 합의로 설치된 선"이 없다. "북방한계선"의 문제를 이해하려면 이 사실을 토대로 해야 한다.

서해 5도의 정전협정상 성격 및 법적 지위

이 문제와 관련해서는 먼저, 현재 한국 해군(유엔군)의 통제하에 있는 서해 5도의 지리학적 위치 · 크기 · 북한과의 인접거리를 알 필요가 있다. 연

표 2 북한 영토와 서해 5도의 거리

섬	위치	면적	육지와의 거리
백령도	37°58′ N, 124°40′ E	47km²	장산곶에서 17km
			월내도에서 12km
대청도	37°50′ N, 124°42′ E	25km²	하련도에서 19km
소청도	37°46′ N, 124°46′ E	6km²	하련도에서 15km
연평도	37°38′ N, 125°40′ E	7.4km²	옹진반도에서 12.6km
			미력리도에서 4km
우도	37°36′ N, 125°58′ E	0.2km²	하련도에서 9.8km

평도의 경우는 가장 가까운 북한 영토의 섬에서 불과 4km의 거리에 자리하고 있고, 황해도 옹진반도의 끝에서부터도 국제 해양법상 영해거리인 12마일(약 20km)의 절반밖에 안 되는 지근거리에 자리하고 있다. 참고로 인천항에서 백령도까지의 거리는 직선거리로도 180km가 넘는다. 이처럼 서해 5도는 그 전부가 북한의 황해도의 해안선을 남서(南西)에서 완전히 포위한 위치에서 국제 해양법 규정의 북한 영해 안에 놓여 있다.

1. "서해 5도"의 정전협정상의 특이한 성격

기하학의 초보적 공리의 하나인 점(點)은 "위치는 있으나 크기는 없다"로 정의할 수 있는데, 바로 서해 5도에 해당된다. 정전협정 제2조 13항 (b)에서 그 군사적 통제권의 소유가 규정된 이 섬들에게는 별도 규정으로 특수한 성격적 제한이 가해져 있다.

미군(유엔군) · 북한인민군 · 중공지원군의 총사령관은 이 섬들의 소속 통제권을 규정한 뒤에, 지도상의 확정 작업 과정에서 다음과 같이 "주"(註)의 형식으로 엄격한 별도의 단서를 붙였다.(조선인민군측 한글 조문과 유엔군사령부측 영문을 병기한다.)

첨부한 지도 제3도
조선 서부 연해섬들의 통제
(제13항 ㄴ목을 보라)

황해도와 경기도의 도계선(가-나선) 북쪽과 서쪽에 있는 모든 섬 중에서 하기한 다섯(5) 도서군들을 제외한 기타 모든 섬들은 조선인민군 최고사령관과 중국인민지원군사령원의 군사통제하에 둔다.(5개 섬의 위치: 동경, 북위, 도분 표시) 상기 다섯(5) 도서군들은 국제련합군 총사령관의 군사통제하에 남겨 둔다. 한국 서부 해안에 있어서 상기 경계선 이남에 있는 모든 섬들은 국제련합군 총사령관의 군사통제하에 남겨 둔다.

(주 1) 상기계선(가-나선)의 목적은 다만 조선 서부 연해섬들의 통제를 표시하는 것이다. 이 선은 아무런 다른 의의가 없으며 또한 이에 다른 의의를 첨부하지도 못한다.(The purpose of the line A-B is solely to indicate the control of coastal islands on the west coast of Korea. This line has no other significance and none shall be attached thereto.)

(주 2) 각 도서군들을 둘러싼 장방형의 구획의 목적은 다만 국제련합군 총사령관의 군사통제하에 남겨 두는 각 도서군들을 표시하는 것이다. 이러한 장방형의 구획은 아무런 다른 의의가 없으며 또한 이에 다른 의의를 첨부하지도 못한다.(The rectangles which inclose island groups are for the sole purpose of indicating island groups which shall remain under the military control of the Commander-in-Chief, United Nations Command. These rectangles have no other significance and none shall be attached thereto.)

(주 1)에서 가(A)—나(B)선의 성격은 앞에서 이미 검토했듯이, 경기도-황해도 도 경계선으로 육지에 가까운 서해 연안의 많은 섬들의 남·북 통제권을 명시하는 선일 뿐, 그 선을 연장해서 또는 접속시켜서 다른 "선"이나 "구역" 일부로 이용할 수 없다는 규정으로 해석된다.

(주 2)에는 「그림 2」(정전협정 첨부지도 제3도를 보라)에서 보듯이 다섯(5)개의 섬의 둘레에 섬의 위치를 시각적으로 뚜렷하게 보이도록 점선으로 된 4각형을 그려 놓았다. 이 섬 둘레의 지도상 점선 사각형은 (1) 섬의 위치를 명시하는 시각적 목적일 뿐, (2) 그 섬들의 밖으로, 섬에 속하는 공간의 면적을 의미하지 않으며, (3) 그 4각형 점선 안의 공간이 어떤 "수역", "구역", "지대", 또는 "구획" 같은 것을 형성하지도 않으며, (4) 그 점선 4각형을 서로 연결하여 어떤 목적의 "선"(線)을 긋는 것도 허용되지 않는다는 뜻으로 해석된다.

2. 선으로 연결될 수 없는 서해 5도

여기서 가장 중요한 사실은, "서해 5도"는 각기가 따로따로 하나의 기하학적 "점"으로서 유엔군 통제하에 놓일 뿐, 군사 목적으로나 어업·산업적, 또는 정치적 목적의 선으로 연결될 수 없다는 것이다. 따라서 백령도·대청도·소청도의 각기의 거리 6km와 4km의 바다 공간은 물론, 근 100km나 되는 연평도와의 해상 공간은 어떤 목적이나 명분의 선으로 연결될 수 없다. 이 부분의 서해 해역 공간은 정전협정 발효 후 3개월 이내에 참전 국가들의 정부급 정치회담(협정 제4조 제60항)에서 체결될 예정이었던 "평화(강화)협정"으로 성격이 결정되거나 국제 해양법의 해석에 넘겨진

그림 3 남한측 주장의 "북방한계선"과 "서해 해상군사완충지대"

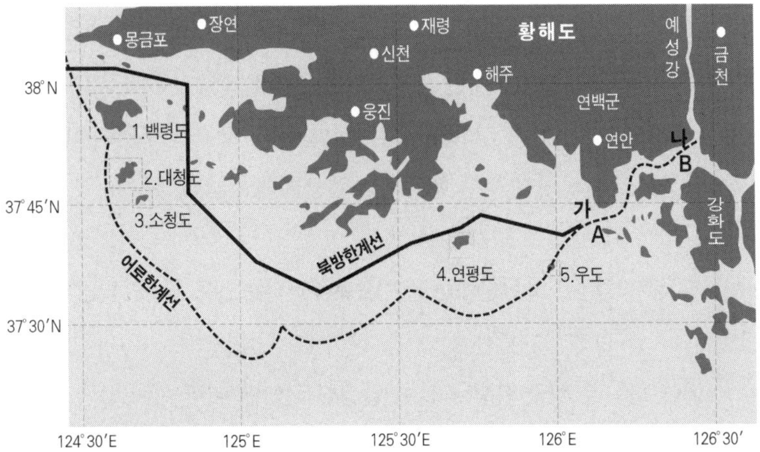

* 정전협정 첨부 지도 제3도의 일부에 국방부가 발표한 신문 보도용 "북방한계선" 등을 추가한 것임

것이다.

한국전쟁 참전국들의 정부급 정치회담은 끝내 결렬되어 아무런 결론도 내리지 못했다. 제3차 국제해양법회의에서 조인(1982년)되고 1994년에 정식 발효된 해양법의 영해(領海)를 비롯한 어업전관수역, 경제수역 등에 관해서도 남·북한간에는 아무런 합의가 없는 것이 오늘까지의 현실이다. 따라서 이 해역에서의 남·북간 권리·의무 관계는 그간에는 정전협정의 결정과 해석에, 그리고 1992년 이후는 휴전협정과 함께 「남북기본합의서」(1991년 12월 13일)의 결정·합의·해석에 따라야 할 것으로 해석된다. (「남북기본합의서」에서의 이 해석에 관한 부분에 대해서는 위에서 따로 검토했다.)

결론적으로 말하면, "한강하구수역"의 황해도-경기도 도 경계선 "A·가―B·나선"을 제외하면, 유엔군(미국)을 포함한 남·북한 사이에 합의된 독점적 "수역(水域·區域)"이나 "분계선(線)"은 존재하지 않는다. 따라서 북한이 1977년에 선포한 50마일 "군사경계수역"이나 남한이 주장하는 이른바 "서해 군사북방한계선"도 다 같이 일방적 선언 및 주장일 뿐이다. 이런 "선"이나 "수역"은 앞으로 정전협정을 대체할 강화조약(평화협정)과 국교정상화의 과정에서 서로 합의되고 결정될 문제들로 남는다.

"서해 군사북방한계선"의 전신(또는 근거)으로 주장되는 소위 "클라크 라인"의 실상

 이번에 남·북 해군 함정 충돌이 발생한 원인에 대한 한국(남한)측 주장은 북한 어선과 해군 함정이 거듭 "서해 북방한계선"을 침범하고 철수 요구·경고에 불응했기 때문이라고 발표되었다.(국방부 대변인 성명) 북쪽은 군사적 목적의 그런 경계선은 존재하지 않는다는 주장과 함께, "남조선 괴뢰들"이 황해도의 강령군 쌍고리 남동쪽 "우리 영해"에서 북쪽 해군 함정들에 대해 무모한 "군사적 도발행위"를 감행하여 북쪽 함정을 침몰·파괴시켰다고 주장했다.(사건 직후의 평양방송 보도)
 남쪽이 존재한다고 주장하고 북쪽이 존재하지 않는다고 주장하는 이른바 남쪽 주장의 군사적 "북방한계선"과 "남북완충구역"의 법적인 존재 여부가 이번의 해군 무력충돌에 국한하지 않고 앞으로도 서해 해역의 문제에 관한 시비를 가리는 핵심 문제로 제기된다. 남쪽의 또 하나의 주장은, 현재의 "북방한계선"이 한국전쟁 시기에 선포된 해상 군사분계선인 이른바 "클라크 라인"의 선과 그 법적 효과를 그대로 계승했다는 것이다.
 그러면 소위 "클라크 라인"이란 어떤 것인가? 그것은 우리측의 주장과는 전혀 다르다.

1. 클라크 라인의 생성 과정, 그 목적과 효과, 그리고 폐기

클라크 라인(Clark Line, 1952년 9월 27일 설치, 1953년 8월 27일 철폐)은 한국전쟁 기간중, 1952년 4월 28일부터 1953년 9월 10일까지 미군 총사령관 겸 유엔연합군 총사령관의 직위에 있었던 마크 W. 클라크(Mark W. Clark) 미국 육군대장의 이름을 딴 것이다. 1951년 7월 10일, 개성에서 정식회담이 시작된 정전협상이 지지부진하고, 새로 참전한 중국인민지원군(중공군)의 대공세로 수세에 몰린 미국(미군·유엔군)은, 중공(군)과 북한(인민군)에 대한 외부로부터의 압력을 강화해야 할 필요가 더욱 커졌다. 외부(외국) 무기·물자의 보급·지원·교역을 전면 차단함으로써 적(북한·중공)으로 하여금 미국의 정전 조건을 최단 시일 내에 수락하도록 압력을 가하는 수단으로서 중공과 북한에 대한 해안봉쇄(Embargo 또는 Blockade)를 실시하고 유엔총회에 그 승인을 요청하였다.

미국 정부(군)의 중공·북한 해안봉쇄안은, 유엔으로 하여금 모든 회원국가에게 통신·전자 제품 자재, 비행장 및 도로 건설 자재, 각종 화학 물자 및 화학 기재, 발전기 및 발전 관련 기재, 철·금속재 및 그것들의 제조용 기재, 석유(유류) 관련 장비, 정밀 제작 기계류, 그 밖에 (품목을 명시하지 않은 채) 전반적 공업용 장비 일체의 대중공·북한 수출 및 중공과 북한으로부터의 모든 직접 또는 간접적 수출·재수출 및 중계적 방법의 수송 등을 완전 금지케 하려는 목적이었다. 이는 미국 해군 함정이 이 해안봉쇄선 안에 들어오거나 나가는 외국 선박들에 대해 경고·정지·승선·임검·수색·나포 등을 할 수 있는 권한을 부여하는 유엔의 결의를 채택케 하려는 것이었다.

원문은 다음과 같다.[4]

RECOMMENDATIONS FOR EXTENSION OF UNITED NATIONS SELECTIVE EMBARGO

The General Assembly might recommend that every state prohibit all direct or indirect exports, re-exports and trans-shipments to Communist China and North Korea of communications and electronics equipment, airfield and road construction equipment, chemicals and chemical equipment, electrical and power-generating equipment, metals, minerals and their manufactures, metal-working machinery, petroleum equipment, precision instruments, and general industrial equipment.

사실은 유엔에 대한 중국·북한 해상봉쇄 조치 요청에 1주일 앞서(1952년 9월 27일) 클라크 유엔군 총사령관은 위의 목적과 기능을 위한 실제적인 봉쇄 조치를 취했었다. 이것이 "클라크 라인"이다. 하지만 미국 정부(군)는 중국 본토 해안에 대해서는 러시아를 비롯한 많은 나라들의 반대로 실효 있는 해상봉쇄의 가능성이 희박했기 때문에, 북한 해안만 미군 해군의 실력 행사로 봉쇄되는 상태가 계속되었다.

2. 클라크 라인의 성격 및 기능

클라크 장군(유엔연합군 총사령관)의 전략으로 표현된 미국 정부의 대북한 해상봉쇄는 본래 다음과 같은 구체적 조치들을 포함했었다.

---

4) 한국전쟁에 관한 미국 정부 극비문서: 795 00/10-252, 1952년 10월 2일; *Foreign Relations of The United States 1952~1954*, Volume XV, KOREA, pp. 551~553.

1. 어떤 국가의 선적 또는 국적에 등재된 선박이나 항공기도, 자국의 금수 종목의 산물이나 그 물자의 원산지 국가에 의한 금수물자를 막론하고, 어떤 출발점으로부터도 그것들의 공산 중국과 북한에 대한 수송을 금한다.
2. 중국 정권이나 북한 당국에게 직접 또는 간접적으로 그들 국가의 국민이나 그들 정권 또는 당국의 대행 역할을 하는 어떠한 법인이나 행위자에 대해서도, 선박 및 항공기의 판매 또는 임대를 금지한다.
3. 중국인 또는 북한인의 소유 또는 지배하에 있는 선박들에 대해서는 물론, 자국에 의해서 금수 조치되었거나 그 물자의 원산지 국가에 의해서 금수 조치된 일체의 종류의 물자를 적재하고 있다고 믿어지는 모든 선박에 대해서 정박 또는 항만 시설 설비의 편의 제공을 금지한다.
4. 제3항에 포함되는 선박과 제1항에 포함되는 물자·상품에 대한 영해·영공 관할 영역 내에서의 모든 보험 또는 재보험 제공을 금한다.

원문은 다음과 같다.[5]

1. Prohibit vessels or aircraft of its registry from any point to Communist China or North Korea any types of goods embargoed by itself or by the country of origin of the goods.
2. Prohibit the sale or charter of vessels and aircraft to the Chinese Communist regime or to the North Korean authorities, or to their nationals, or to any person or entity acting for them.
3. Deny bunkering and port facilities to vessels owned or controlled by the Chinese Communists or North Koreans, and to vessels of any nationality believed to be carrying to Communist China or North

---

5) 같은 문서, p. 551.

Korea types of goods embargoed by itself or by the country of origin of the goods.

4. Prohibit the insurance or reinsurance within its territorial jurisdiction of vessels included in paragraph 3 and of cargoes included in paragraph 1.

즉 "클라크 라인"은 6 · 25 전쟁중, 남 · 북한 사이의 해상 전투 행위의 어떤 분계 "선", 완충 "선", 또는 완충 "지대" 등을 목적으로 설치됐던 선이 아니라 제3국들의 선박과 항공기의 북한 지원 · 교역 · 출입 등을 저지하여 공산군의 전력 약화를 기하고 상대방에 대해 미국의 조건대로 정전협정을 수락하도록 압력을 가하기 위한 "해상봉쇄선"이었던 것이다.

3. 정전협정 제2조 14항 규정과 "클라크 라인"의 폐지

북한을 정전협상에서 굴복시키기 위해서 정전협상 도중(1952년 9월 27일)에 일방적으로 선포된 소위 "클라크 라인"이라는 대중공 · 북한 해상봉쇄안은 유엔총회에서 채택되지 않았다. 유엔안전보장이사회가 전쟁 발생 당일(1950년 6월 25일) 북한에 대해서, 그리고 1950년 11월에 북한에 진격한 중공군의 한국전 참전 후 1951년 2월 1일에 유엔총회가 채택한 중공에 대한 "침략자 결의"에서, "침략자"에 대한 직접적 지원의 자제를 권고하는 일반 원칙의 권고안을 채택한 바 있었기 때문이다.

"클라크 라인" 봉쇄선의 존재 여부와 관계 없이, 북한에 대한 제3국의 해상 또는 공중 지원 행위는 미국의 압도적인 제공권과 제해권하에서는 실제 문제로서 불가능했다. 미국 정부는 그같이 이미 실제적으로 단행하고 있던 대북한 해상봉쇄선(클라크 라인)에 대해서 유엔총회 결의라는 국제적 합법성의 명분을 첨가하려 했던 것이다. 해상이나 공중으로 그런 위험을 무릅쓰려는 국가나 개인 또는 법인은 없었다고 해도 과언이 아니다.

문제는 또 하나 있다. 이 문제와 관련된 사실과 사태 진전에 대해서 우리 국내에서 알고 있거나 지적하려는 전문가는 한 사람도 없다.

"클라크 라인"이 일방적으로 집행되기 시작한 지 10개월 후에 정전협상이 끝나고 정전협정이 체결되었다. 그 협정의 "제2조 정화 및 정전의 구체적 조치, A. 총칙, 15항"으로 미국(유엔군)과 중공·북한은 다음과 같이 합의하였다.

제2조 15항: 본 정전협정은 적대중의 일체의 해상 군사력에 적용되며, 이러한 해상 군사력은 비무장지대(육지)와 상대방의 군사통제하에 있는 조선의 육지에 인접한 해면(海面)을 존중하여, 조선에 대하여 어떠한 종류의 봉쇄도 하지 못한다.

제2조 16항: 공역(空域)에 관한 15항과 동일한 규정(생략)

북한은 정전협정 조인(1953년 7월 27일) 그 날까지도 북한의 전체 해안을 실제적으로 봉쇄하고 있던 미국에게 협정 발표 후의 그 해안봉쇄의 불법부당성을 지적했다. 미국은 그에 동의한 것이다. 이것이 휴전협정 제2조 15항의 합의이다.(16항은 공중 영역에 관한 같은 합의 규정)

이 합의 규정에 따라서 클라크 유엔(미군) 총사령관은 정확히 협정 발효 1개월(30일) 뒤인 1953년 8월 27일, 11개월 전에 자신의 권위로 설치를 발표했던 "클라크 라인"의 철폐를 발표했다. 이것으로 북한 "해상봉쇄선"으로서의 이른바 "클라크 라인"은 1952년 9월 27일 발표일부터 정전협정 발효 1개월 뒤인 1953년 8월 27일까지 11개월간의 존재를 마감하고 소멸되었다. 이로써 6 · 25 전쟁중 남 · 북한 사이의 바다에 그어졌던 경계선 또는 분계선은 정전협정 제2조, A. 총칙, 15항의 규정으로 사라진 것이다.

"북방한계선"의 생성 과정, 그 동기 · 목적 · 성격 · 효과

1. 리승만 대통령의 정전협정 파기 및 한국전쟁 재발 위협

리승만 대통령이 두만강-압록강선까지 전쟁 확대를 고집하면서 미국(유엔군)의 휴전 협상 노력을 끈질기게 방해한 정책과 행위는 잘 알려진 사실이다. 트루만 대통령의 후임인 아이젠하워 대통령후보는 한국전쟁의 "조속한 정전"과 미군의 대폭 철수, 대체로 38도선에 해당하는 전투선에서의 정전을 선거공약으로 내걸고 당선되었다. 대통령선거 당시 미국민의 66%가 당장 휴전, 미군철수에 찬성하고 있었다. 미국 정부로서는 온갖 고난 끝에 정전을 이루고 정전협정을 성립시킨 마당에, 협정 발효 뒤에도 계속 '북진통일'을 외치고, '두만강-압록강' 선까지의 전쟁 재개를 요구 · 위협하는 리승만 대통령을 회유 · 무마 · 협박하는 데 형용할 수 없는 어려움을 겪었다.

리승만 대통령은 공식적 · 비공식적으로, 공개적 · 비공개적으로, "한국(남한)군에 의한 단독적 휴전선 돌파, 대북한 · 중공군 공격, 북한 공산정권 및 국가의 군사적 타도, 두만강-압록강선의 실지 회복, 통일 달성"을 언명하고 계획했다. 리승만 대통령의 심사와 계산은, 아무리 미국 국민과 정부가 다시는 한반도에서의 전투나 군사적 개입을 원치 않는다 하더라도, 자신의 명령하에 한국군이 지상에서 휴전선을, 또는 해상에서 황해도 해안을 공격 · 상륙 · 진격하면, 미국은 결국 자신이 일으킨 새 한반도 전쟁에 다시 개입해 들어올 수밖에 다른 선택의 여지가 없다고 계산했던 것이다.

　아이젠하워 신임 대통령은 정전협정 제4조 60항 합의에 따라, 협정 발효 후 90일 내에 정치회담을 열어서 통일문제를 논할 때까지만이라도 협정 파괴와 전쟁 도발 행위를 삼가 달라고, 때로는 애원조로 때로는 협박조로 요청했다. 하지만 그와 같이 거듭되는 미국 정부의 호소는 리승만 대통령에게는 오히려 미국의 약점으로 비쳤다. 정전 협상 기간에 노골화된 리 대통령의 휴전 반대, 군사적 도발 위협, 정전협정 조인 전·후에 이를 저지 또는 파괴하려는 한국군의 북한군 공격 계획, 협정 발효 후 정치회담 개시와 그 회의 기간중의 그의 군사적·도발적 발언과 행위는 2년간이나 계속되었다. 한국 정부와 한국군의 정전협정 파괴 행위는 아이젠하워 대통령과 미국 군부·정부를 격노케 하였다. 그런 한·미간 긴장 사태는 드디어 리승만 대통령과 한국 정부 및 군에 대한 아이젠하워 미국 대통령 자신의 일종의 '최후통첩' 격인 노골적인 협박으로 잠시 무마되었다.

아이젠하워 대통령이 리승만 대통령에게 보낸 극비 친서

워싱톤,
1953년 11월 4일.

극비(Top Secret)
　……(자신이 한국에 있는 미국과 유엔 참전국들의 군인의 생명과 안전을 보장해야 할 중대한 책임, 공산주의자들이 정전협정 위반시는 자신은 당연히 그들을 응징하는 군사행동을 취할 것이라는 등의 결의를 표명한 다음)…… 그러나 만약 귀하가 독단으로 (북한에 대한) 군사적 공격 행위를 결심한다면 나는

귀하에게 대한민국 군대는 참담하고 괴멸적인 패배를 당할 뿐만 아니라 기능할 수 있는 군사 집단으로서는 영원히 파멸되고 말 것이라는 본인의 확신을 전달한다. 그렇기 때문에 본인은 우리의 군사 지도자들이 (정전 발효 후의) 적절한 계획들을 수립할 수 있도록 귀하가 본인과 뜻을 함께할 용의가 있는지 없는지를 알고자 한다.

정전협정을 서명함에 있어서 미국은 한국(반도)에서 어떤 군사적 분쟁의 재발도 원치 않음을 서약하였다. 우리는 그 협정 의무를 전폭적으로 이행할 결심이다. 더구나 여기서 강조하고자 하는 사실은, 대한민국 군대(부대들)에 의한 어떠한 군사적 도발 행위의 재발에 대해서건, 미국은 어떤 형태와 방식으로건 그것을 돕는 행위로써 정전협정의 규정과 의무를 직접적으로건 간접적으로건, 위반하거나 회피하지 않을 것임을 분명히 밝힌다. 만약에, 상대방 공산군 쪽에서는 정전을 성실히 이행하는데 귀하가 군사적 행동을 계획한다면, 본인으로서는 주한 미국 군대와 유엔 참전국들의 군사력으로 하여금 그런 사태에 말려 들어가게 되는 것을 저지하고, 그 군인들의 생명과 안전을 보장하기 위해서 요구되는 가장 적절한 방법과 수단을 강구할 수밖에 없는 입장에 있다는 사실을 알아 주기 바란다.

원문은 다음과 같다.[6)]

…… But if you should decide to attack alone, I am convinced that you would expose the ROK forces to a disastrous defeat and they might well be permanently destroyed as an effective military force. Therefore, I must know whether or not we are to stand united so that our military leaders may make appropriate plans.

---

6) 『한국전쟁에 관한 미국 정부 극비문서집』, 1590~1592쪽, SIS-NSC files lot 63 D 351.

In signing the armistice, the United States has pledged itself not to renew hostilities in Korea. We mean to carry out that commitment fully. Moreover, we will not directly or indirectly violate or evade that commitment by assistance in any form to any renewal of such hostilities by ROK forces. If you were to plan to initiate military action while the Communist forces are complying with the Armistice, my obligation as to both United States forces and other United Nations forces would be to plan how best to prevent their becoming involved and to assure their security.

미국 정부와 아이젠하워 대통령은 정전 협상 과정에서 이미 리승만 대통령과 한국 정부 또는 그의 명령하에 한국의 육·해·공군이 휴전선 넘어 북한을 침범하여, 정전협정이 깨질 위험을 심각하게 두려워하고 있었다. 미국 정부와 유엔군 사령관은 이 가능성과 위험성에 대비해서 리 대통령과 한국에 대한 단호한 조치를 수립해 놓고 있었다. 미국(유엔군 총사령부)은 2년 반에 걸친 정전협정 협상을 통해서, 정전협정을 준수하려는 공산국(중공·북한)측의 성실성을 확신한 것 같다. 그와는 반대로 미국은, 정전협정의 이행과 한반도에서의 평화가 남한에 의한 대북한 군사도발로 깨어질 것이라고 두려워했다. 정전 수립 후에 남한군이 지상의 비무장지대를 넘거나 서해에서 서해 5도를 기점으로 북한 서해 연안을 공격하지 못하도록 남한 해군의 군사행동의 한계선을 그어야 할 위급한 상황이었다.

미국 정부와 유엔군총사령관이 한국 정부(리승만)와 한국 군대에 의한 휴전협정·휴전상태의 파기 행동을 저지하기 위해서 사전에 결정했던 여러 가지 조치들은 다음과 같은 기본계획에 따른 것이었다.

발신: 행정비서실장

수신: 국무장관

극비   워싱톤 1953년 10월 28일

(리승만 대통령과 한국군의 휴전협정 파괴 및 휴전상태 교란계획에 관한 가능성, 그 위험성들 평가……생략)

1. 대한민국 참모총장에게 UN의 대책 결정방침을 이행하도록 명령할 것.
2. (유엔 방침에) 불응하는 한국군 지휘관들을 해임할 것.
3. 한국군에 대한 일체의 병참지원 철회 및 한국군 확장계획 정지.
4. (한국군에 대한) 공군 지원 중단. 한국 공군기의 이륙·비행 금지. 한국군 탄약 보급기지 중 지정된 기지에 대한 폭격.
5. 명령불복종 군 및 민간 지도자들의 체포·구속.
6. 한국내 수송기관, 수송수단 및 전력관계 시설의 점령·통제.

주한미군 제8군 사령관(리지웨이 장군)은 동시에 유엔군 총사령관(헐 장군)에게 다음의 조치들을 상신할 수 있다.

1. 리(승만)에게 유엔군총사령부의 제반 정책 결정과 포고에 복종하도록 강요하고 그 결정을 전체 한국군에 포고하게 할 것.
2. 군사원조 및 경제원조의 감축.
3. 리(승만)정권에 대한 승인 철회 및 유엔군사령부로부터의 대한민국 육·해·공군의 추방.
4. (한국에 대한) 해안봉쇄(망) 선포.

5. 대한민국의 금·달러 거래 봉쇄·동결
6. 리승만 타도를 위한 공공 선전활동 전개.
7. 계엄령 선포.

참고로, 원문은 다음과 같다.[7]

Subject: Revised Plan EVER READY

Top Secret   (Washington) October 28, 1953

1. Instruct the ROK Army Chief of Staff to enforce UN counter-measures.
2. Relieve disloyal ROK commanders.
3. Withdraw all logistical support and delay ROK Army expansion.
4. Withdraw air support, ground the ROK Air Force, and bomb designated ROK ammunition-supply points.
5. Secure custody of dissident military and civilian leaders.
6. Secure control of Korean transportation and electric power facilities.

The Eighth Army Commander may also recommend to CINCUNC (General Hull) the following:

1. Demand that Rhee comply with the UNC declaration of policies and disseminate this decision to the ROK Army, *et al.*

---

7) 『한국전쟁에 관한 미국 정부 극비문서집 1952~1954』, 제XIV권, 1968~1969쪽.

2. Reduce military and economic aid.

3. Withdraw recognition of the Rhee government and expel ROK forces from the UNC.

4. Establish a naval blockade.

5. Block the ROK dollar-sterling accounts.

6. Initiate an anti-Rhee publicity campaign.

7. Proclaim martial law.

s/s-NSC files, lot 63 D 351, NSC 167 series

이 같은 사실들은 훗날의 서해 5도의 법적 지위와 남한이 주장하게 되는 "북방한계선"이라는 "선"의 생성 과정과 성격 및 목적을 정확히 이해하는 결정적 근거가 된다. 『한국전쟁에 관한 미국정부내 극비문서집』에는 거의 200쪽에 걸쳐서, 남한 군대의 북한 공격과 위기 조성을 경계하고, 대책을 수립하고 협의하기 위해서 교환된 수많은 최고 기밀문서가 들어 있다. 그 요점은 다음과 같은 평가였다.

특별평가보고서와 SF-48

워싱톤,
1953년 10월 16일,

리(승만)는 현상태에서 자기가 공산군에 대한 일방적 군사행동을 개시하더라도 미국으로서는 자신의 행동을 저지할 만한 능력이 없다고 확신하고 있음이 분명하다. 그뿐이 아니다. 더 고약한 사실은, 리(승만)는 자신의 군사공격으로 공산측의 대규모의 군사적 대응 행동이 발생하더라도 미국으로서는 한국군에 대한 군사적 지원을 하지 않을 수 없을 것이라고 내다보고 있음이 분명하다.……미국이 별 수 없이 전쟁에 끌려 들어올 것이라는 가능성이 몇천분지 일이라도 있어 보인다고 생각하기만 하면, 리(승만)는 미국이 울며 겨자 먹기식으로라도 자기를 전면적으로 지원하게 될 것이라는 희망으로 그런 행동을 감행할 것으로 확신한다. 그 반대로, 만약 자기가 시작한 한국에서의 전쟁 재발에 미국을 끌여들일 수 없으리라고 깨닫게 되면 그때는 공산측에 대한 일방적 군사공격을 단념하리라고 믿어진다. 군사공격 개시의 희망이 사라지면 그는 (정전협상에서 합의한) 앞으로의 정치회의에서 한국에 불리한 결의들이 나오지 못하도록 하기 위해서, 그럼으로써 미국의 보호 군대가 남한에 계속 주둔할 수 있도록 하기 위해서, 이번에는 정치회의의 진전을 방해하는 데 전력할 것으로 믿어진다.(원문생략)[8]

거듭 언급하지만, 서해상에서의 전쟁 재발 가능성에 관한 한, 미국(유엔군 총사령관)은 북한 공산국(북한·중공) 쪽의 도발보다는 리승만(남한) 쪽의 계획적 군사도발을 훨씬 더 두려워했음을 알 수 있다. 이 사실을 모르면 "서해 5도" 또는 서해 "북방한계선" 등의 문제의 본질을 이해할 수 없다. 미국은 여러 가지 방법과 계통으로 한국군 수뇌들에게 여러 번 그 사실과 미국의 단호한 결의를 알아들을 수 있을 만큼 강력하게 시사했었다. 그 결의는 다음과 같다.(수십 가지의 유사한 계획 중의 한 예.)

국방성과 국무성 및 중앙정보부 공동으로 안전보장회의에 보낸 문서 (대 리승만 응징계획안)

---

8) 『한국전쟁에 관한 미국 정부 극비 문서집, 1952~1954』, XV권, 1534쪽, 「한국전쟁에 대한 대한민국의 행동 능력과 방향 평가」.

워싱톤,
1953년 11월 2일.

극비
NSC 167/1

한국 불안의 적절한 정치적 해결이 불가능할 경우, 미국의 한국에서의 행동 구상

1. 남한이 정전협정이 정한 비무장지대 안의 또는 그 북쪽에 있는 중국군이나 북한군에 대해서 일방적 군사공격 행위를 감행할 경우에는 리(승만)와 그 밖의 한국군 지휘관들에게 즉각 다음의 사실을 통고할 것.

   a. 미국의 육군·해군·공군은 그런 행동을 직접적이건 간접적이건 일체 지지하지 않는다.

   b. 미국은 그런 군사행동에 대해서는 일체의 군사적 또는 물자적 지원을 제공하지 않는다.

   c. 미국의 일체의 경제원조가 즉각 중단된다.

   d. 모든 유엔군 산하 부대 지휘관들은, 휘하 장병들이 그 같은 교전 상태의 재발에 말려들지 않도록 함과 동시에 그들의 안전을 확보하기 위해서 필요하다고 인정되는 일체의 조치를 취한다.

2. 이런 조치와 동시에, 미국은 리승만으로부터 비무장지대 안의 또는 그 북쪽에 있는 공산군에 대해서 앞으로 절대로 일방적인 군사행동을 감행하지 않겠다는 뜻을 문서로 기술한 서약서를 받아 낸다.[9] (이하 대략 같은 내용의 구체안들은 생략)

---

9) 『한국전쟁에 관한 미국 정부 극비 문서집, 1952~1954』, XV권, 1583~1584쪽.

다른 비밀문서들에 의하면, 한국군이 북한을 공격할 경우에 리승만 대통령에 대한 쿠데타와 체포, 한국 정부 해체, 한국 임시정부 수립, 미군의 철수 등을 치밀하게 계획해 놓고 있었다.

2. 미국의 대응조치—"북방한계선"의 실체

리승만 대통령의 북한 침공 작전과 정전 파괴 계획에 대한 미국의 대응은 네 가지로 표현되었다.

(1) 한 · 미 방위조약의 체결: 이 조약으로써 미국은 만약 북한의 군사공격이 있을 경우 "제한적" 범위의 군사적 지원과 보호를 약속했다.(한미방위조약 인준: 1954년 1월 19일)

(2) 평화협정 협상의 기한 설정과 협상 실패시의 한국군증강종합계획 실시: 제네바에서의 정치회담은 쌍방의 주장 대립으로 실패했다. 미국 육군대장 벤 프리트를 사절단장으로 하는 한국군증강종합계획이 실시됐다.(1954년 5월 6일부터)

(3) 남한 전후 복구 · 부흥을 위한 경제원조, 지원 계획의 실시

(4) 서해에서의 한국 해군 행동규제: 한국(남한) 군대의 육지에서 비무장지대와 서해에서 북한 해안에 대한 군사적 침투 · 공격 등 일방적인 군사행동을 방지하는 조치로서 유엔군사령부는 서해에서의 한국 해군 행동의 북방한계를 대체로 이전의 대북한 "해상봉쇄선"(클라크 라인)으로 제한한 것으로 믿어진다. "북방"한계선이라는 명칭 자체가 그 목적을 시사한다. 그 어휘와 개념은 남쪽 군사력의 행동범위의 북쪽 한계를 뜻한다. 만약 북한 해군의 남방향 행동권의 한계선이라면 "북방"한계선이 아니라 북한 해군에 대한 "남방"한계선이라고 이름했어야 할 것이다.

이 선이 그 후 한국 정부와 해군에 의해서 이른바 "북방한계선"이라는

이름으로 통용된 것으로 보인다. 이 선이 정전협정 위반이라고까지 할 수 있느냐의 문제는 필자로서는 단정하려 하지 않지만, 적어도 정전협정에는 전혀 합의된 바 없는 일방적 선임은 확실하다.

정전협정의 수정 또는 증보에 관한 규정

정전협정 규정의 어떤 수정이나 보탬(增補)을 원할 때에는, 첫째, 그 의사와 내용을 상대방에게 정식으로 통고하고, 둘째, 상대방의 동의를 얻어, 셋째, 그 변경 사항을 쌍방이 공동으로 관리 및 집행해야 한다. 여기서 중요한 요소는 ① 정식 통고, ② 상대방의 동의, ③ 그에 대한 공동관리 및 집행이다.

"북방한계선"도 이 규정에 적용해서 검토되어야 한다. 정전협정 제5조 부칙은 다음과 같이 규정하고 있다.

정전협정 제5조 부칙
61. 본 정전협정에 대한 수정이나 증보는 반드시 조인 쌍방 사령관들의 상호 합의를 거쳐야 한다.

정전협정 제2조 15항 합의로 폐지된 대북한 봉쇄선(클라크 라인)의 자리에 그 어떤 새로운 "선"이나 "수역"을 설정하려면 동의를 얻어야 한다. 이것이 협정 규정이다. 일부 학자들은 유엔군 총사령관의 통보가 있은 것처럼 추정 내지 주장하고 있으나 확인된 바 없고, 유엔군사령부는 이를 부인하고 있다. 북방한계선의 합법성이나 정당성을 한국측 입장에 서서 주장하고 있는 연구자 김현기 씨(한국군사학회 연구위원, 국방대학원 교수, 국제정

치학 박사)도 이 점을 시인하고 있다.[10]

참고로, 리승만 대통령이 한반도 주변 해역(동·남·서해)에 전쟁중인 1952년 1월 18일에 선포한 소위 "리승만 라인" 또는 "평화선"(Peace Line)의 서해 부분이, 연평도-대청도-소청도의 연결선 밖으로 올라가 한·만 국경의 압록강 하구 서단과 접하는 직선으로 북한의 서해안을 포위하고 있었다. 미국 정부는 정전협정이 발효된 뒤에 북한 해안봉쇄선(클라크 라인)을 철폐한 데 이어, "리승만 라인"도 일방적 조치이기 때문에 불법으로 규정했다. 그리고 리 대통령(한국 정부)에게 그 법적 무효성을 주장하여 그것을 철폐시켰다.(1953년 11월 2일) 이것은 미국(유엔군)이 소위 클라크 라인을 철폐한 직후이다. 마찬가지 근거에서 북한의 일방적 선포인 서해의 "군사경비선·구역"도 남쪽으로서는 존재하지 않는 것이며 불법으로 간주된다. 한국이 주장하는 "북방한계선" 역시 동일한 기준에서 존재하지 않으며 불법이라고 보는 게 타당하다.

한국측(국방부) 견해와 주장의 문제점들

이상에서 모든 가능한 방향과 근거로 검토한 결과로서 다음과 같은 문제점들이 떠오른다.

(1) 북방한계선의 법적 성격: "클라크 라인"의 후신이라고 주장되는 "북방한계선"은 정전협정 합의 규정에 근거하지 않은 일방적 조치이다. 한국군 작전통제권을 장악하고 있던(있는) 유엔군사령관 휘하의 내부적 해군 작전 운용 규정의 성격이라 함이 옳다.

---

[10] 김현기, 「한반도 해상경계선 확정경위 및 유지실태」, 한국군사학회, 『군사논단』, 통권 제16호, 1998년 가을호, 48쪽.

(2) "북방"한계선이라는 명칭: "북쪽으로 이 이상 못 간다"는 함의(含意)의 Northern Limit Line의 명칭부터가 북한 해군의 한국 쪽에 대한 남(南) 방향 행동의 저지선 또는 한계선이기보다는, 한국(남한) 해군의 북방향 도발 행위를 예방하기 위해서 규정·운영된 내부적 한계선으로 봄이 옳을 것 같다.

(3) 서해 5도를 연결하는 군사적 목적의 선 또는 구역의 문제: 서해 5도는 위에서 상세히 검토했듯이, 정전협정에서 단순히 유엔군측 통제하에 각각(이것이 중요하다) 그 위치에 존재할 뿐이지 그 섬들을 연결하는 어떤 "선"을 설정하거나 그 선의 어떤 부분에 "구역"을 설정할 수 없는 "각개산재"(各個散在)하는 "개별적 존재"이다. 따라서 소위 "북방한계선"과 그 남쪽으로 평균 10km의 폭을 가지는 "완충구역"이라는 것은 정전협정에 위배된다고 보아야 할 것이다.

(4) 그 법적 효과의 의문성: 정전협정의 어느 일부에 대한 수정이나 증보는 협정 조인 쌍방 당사자간의 공식 통보와 합의가 있어야 한다. 유엔군사령부가 북방한계선 설치의 통고나 합의를 시인하지 않고 있다. 유엔군사령부는 이번 남·북 해군 충돌 사건 이후에도 판문점 정전위원회에서나 미국 정부의 입장에서나 "북방한계선"이 합법적이라는 공개적 발표를 한 적이 한 번도 없다.

(5) 북한은 40년간 북방한계선을 묵시적으로 인정해 왔다는 주장: 한국 정부를 대표한 국방부 대변인(차영구)의 이 주장은 사실과 다르며 진실의 왜곡으로 해석된다. 그 증거로서 국방부가 언론기관에 제공한 「서해 5도 주변 해역 북한 주요 도발일지」를 보면, 북한은 1956년 이래 매년 정기적으로 수없이 많은 "북방한계선 침범"을 했다. 북한의 북방한계선에 대한 "도발"의 측면을 강조하려는 목적으로 국방부가 제시한 앞의 표는 결과적

표 3 국방부 발표의 서해 5도 주변해역 북한 주요 도발일지(소규모 충돌은 생략)

일시	내용
1956. 11. 7	서해 상공서 아군기 2대 습격
1957. 5. 16	북한 선박, 연평도서 어선 납북
1958. 4. 24	연평도서 어선 1척 납치
1960. 8. 24	연평도 근해에 북한 무장선 침입, 우리 함정이 포격전 끝에 격침
1962. 12. 23	연평도 근해에서 북한 함정과 교전, 우리 장병 6명 사상
1964. 3. 20	백령도 근해에서 어선 2척 납북
1965. 10. 29	강화 앞바다서 북한 함정, 어부 109명 납치
1968. 6. 17	연평도 근해에서 어선 5척(어부 44명)납북
1970. 6. 5	연평도 서북방서 해군 방송선 납북(승무원 20명)
1970. 7. 9	백령도 근해서 어선 5척(어부 29명) 납북
1971. 1. 6	서해안서 북한 경비정, 어선에 포격 1척 피침
1972. 2. 4	대청도 서쪽 해상서 북한 함정 우리 어선 1척 격침, 5척은 납북
1973.12.1~12.7	연평, 대청, 백령 근해에서 북한 함정 경비정 11차례 10여 척 침범
1974. 2. 15	백령도 서쪽 공해상에서 북한 함정, 우리 어선 2척 납북
1975. 2. 26	북한 선박 10척, 백령도 서남해상 침범. 북한 함정 미그기도 월경
1975. 3. 24	북한기 30대 백령도 주변 상공 침입
1975. 6. 9	미그 21기 2대 백령도 상공 침범
1976. 1. 23	북한기 2대 백령도 상공 침범
1981. 8. 12	북한 미그 21기 백령도 상공 침범
1981. 8. 26	북한,미군 정찰기 SR-71기에 미사일 공격
1983. 1. 31	북한 IL-28기 백령도 상공 비행 도주
1985. 2. 5	백령도 공해상에서 어선 2척 납북
1991. 4. 13	북한 경비정 1척 백령도 근해 북방한계선 침범
1993. 6. 21	북한 경비정 1척 백령도 동북방 약 2.5마일 월선 침범
1996.4.19~8.27	북한 어뢰정, 경비정 등 1996년 한 해 동안 서해 NLL 13차례 침범
1997. 5. 29	북한 경비정 1척 백령도 서북방 5.6km NLL 침범
1997. 6. 5	북한 경비정 1척 백령도 서쪽 해상 12.9km NLL 침범(북 함포 3발 발사)
1997. 7. 2	북한 경비정 1척 백령도 서쪽 해상 12.9km NLL 침범
1997. 7. 4	북한 경비정 1척 백령도 서쪽 해상 12.9km NLL 침범
1998. 11. 24	강화 간첩선 출몰도주 등 30여 회 출몰
1999. 6. 7	북한 경비정 9척 백령도 NLL 침범
(1999. 6. 15	연평도 서북방 해역에서 남북 해군 포격전)

출처:『한겨레』, 1999년 6월 16일자.

으로 국방부의 의도와는 반대로 북쪽이 행동으로써 "북방한계선"의 존재에 이의제기를 거듭해 온 실적을 반증해 준다. 북한의 이 같은 거듭된 행위는 법률적으로는 남한의 실제적 무력으로서의 "권리 취득 시효" 주장에 대항해서 자신의 권리를 법적으로 주장하는 "소멸 시효의 중단" 또는 "그 중지", 또는 남한의 권리 주장에 대한 자신의 계속적인 권리 행사 또는 "최고"(催告) 행위의 연속으로 보는 것이 옳다.

(6) "북방한계선"의 "점유의 사실 상태의 보호"에 해당하느냐의 문제: 법률적으로 점유(占有)의 사실 상태가 권리로서 부분적 보호를 받는 경우는 (5)의 경우 이외에도 그 점유가 "폭력"이나 "은비"(隱秘)에 의하지 않은 것이어야 한다. 또 그 점유에 대한 권리 주장의 최고가 없이 그 상태가 일정 기간 계속된 경우이다.

"클라크 라인"(북한 해안봉쇄선)이 공개적으로 철폐된 이후에, 다시 그와 유사한 선을 공개적으로 선포하고, 그 사실을 정식으로 적법한 경로를 통해서(즉 정전협정의 군사정전위원회 등) 상대방에게 통고하고, 그 통고 내용에 대한 상대방의 동의와 쌍방의 합의가 있었으면 정전협정상 합법적이다. 즉 "은비"하지 않게 점유했으면 그 행위는 합법화된다. 위에서 보았듯이 그 사실은 없었다. 또 "폭력에 의하지 않은" 경우도 점유권 보호의 한 사유가 된다. 그런데 「표 3」에서 입증되듯이, 지난 40년간 수없이, 거의 정기적으로 북한 함정이 "북방한계선"을 무시하고 월경해 온 "최고"나 "소멸 시효의 중단" 행위를 그때마다 남한 해군이 군사력으로 구축했다면, "폭력에 의하지 않은 행위"로서의 "점유의 사실 상태의 보호"라고 해석할 수 있을까? 한국 해군이 북한 어선이나 함정의 남향 항행을 무력으로 격퇴해 왔다면 이 사실도 문제가 된다.

(7) 실효성의 원칙과 응고의 원칙에 의해서 수용되고 있느냐의 문제: 국

방부 최영구 대변인은 두 원칙에 의해서 수용되고 있다고 주장하였다. 일정 기간 사실상의 점유 상태가 지속되었을 때는 점유의 법적 합법성 여부를 묻지 않고 "일정한" 법률적 보호를 향유할 수 있다. 그런 상태가 일정 기간 지속되었다고 주장하면서 점유의 실효성이 "응고"(solidify), 즉 굳어졌다고 한다. 위에서 살펴본 (1), (3), (4), (5)의 실제적 법적 대항들이 분명함에도 불구하고 점유의 실효성이 "응고"됐다고 단정할 수 있을지 단정하기 어렵고, 많은 의문이 남는다.

"북방한계선"의 남한(한국) "영해선" 주장

6·25 전쟁의 정전협정 조인 주체인 북한·중국과 유엔군(미국·한국) 간에는 평화협정이 체결되지 않은 까닭에, 각기의 영해에 관한 합의도 승인도 없는 현실이다. 그런데도 이번 서해상 해군 포격전이 일어나자, 대개의 신문들과 많은 남북 문제 "전문가"들, 그리고 국제정치·법 교수들이 "북방한계선"을 한국(남한)의 "영해선"이라고 주장하였다. 그러면서 북한 해군 함정의 "악랄한 대한민국 영해 침범"이라고까지 경솔하게 주장하고 나서는 풍경이 연출되기도 했다. 한국의 신문·방송 등 대중매체들의 상투적인 선정주의는 낡은 극우·반공·반북한적 편견을 극도로 부채질하였다. 이런 맹목적 애국주의와 비학문적이고 감정적인 선입관적 독단론이 이번의 남·북간 위기 사태의 핵심과 진실과 전모를 이성적으로 밝혀 내려는 소수의 견해를 묵살한 감이 있다. 이 같은 소위 언론기관(언론인)의 작태는 어제 오늘에 시작된 것이 아닌 극우·반공주의적 고질병이다. 그 정신적·사상적 고질병이 학문과 이론을 전업으로 한다는 학자·교수 들의 대부분 사람들의 두뇌까지 치명적으로 병들게 하였음을 이번 사건이 다시 확인해

주었다. 이 실상은 서해상의 분쟁점들뿐만 아니라 남북관계의 전반적 개선과 통일 노력에 심각한 저해 요인으로 작용했다.

「남북기본합의서」 제11조와 그 「부속합의서」 제9조 및 제10조의 해석차

정부 당국과 소위 전문가·학자 들은 남·북한이 1991년 12월 13일에 조인한 「남북 사이의 화해와 불가침 및 교류·협력에 관한 합의서」(「기본합의서」)에서 북쪽이 "서해 북방군사한계선"의 존재를 시인하였다고 주장하고 있다.

「남북기본합의서」에서 이번 서해 해군 교전 사태와 관련될 수 있는 합의는 제11조의 경계선 및 구역에 관한 내용이다.

제11조: 남과 북의 경계선과 구역은 1953년 7월 27일자 군사정전에 관한 협정에 규정된 군사분계선과 지금까지 쌍방이 관할하여 온 구역으로 한다.

이 조문의 "군사분계선"과 "지금까지 쌍방이 관할하여 온 구역"의 해석에는 치밀하고 세심한 협정 용어의 성격 분석이 필요하다. 육지의 "군사분계선"과 그 남·북을 포함한 "비무장지대"에 대해서는 쌍방 정부와 민간학자 전문가 들 사이에서도 이견이 없다. 이 "선"과 "수역"의 개념과 그것이 정전협정에서 지칭하는 대상은 엄격하게 지정되어 있기 때문이다. 남·북이 각기 마음대로 그은 어떤 선을 "군사적 경계선"이라고 하지 못하며, 한국전쟁 발생 전날인 1950년 6월 24일 현재로 점유하고 있던 섬들을 연결하거나 그런 선의 주변에 일방적으로 그은(설치한) 구역을 군사적 성격과 기능의 "구역"이라고 하는 것이 아니다. 이 개념의 비정밀성(또는 의도적 혼용)이 남·북간 주장의 차이의 원인이고 핵심이다.

한국의 많은 식자들과 국방부(대변인)는 이 「기본합의서」 제11조의 "선"과 "구역"을 남한이 주장하는 "서해 북방한계선"을 "선"으로, 그 남쪽으로 평균 10km 폭으로 제정한 "완충구역"을 "구역"으로 이해 또는 주장하고 있다. 그러나 「남북기본합의서」는 그 「부속합의서」에서 이 문제에 대해서 (1) 육지와 바다를 나누어서 따로 (2) 아주 명확한 용어의 차별과 조문의 표현으로 밝히고 있다.

남북기본합의서의 제2장 남북불가침의 이행과 준수를 위한 부속합의서
제3장 불가침 경계선 및 구역

제9조: 남과 북의 지상불가침 경계선과 구역은 군사정전에 관한 협정에 규정한 군사분계선과 지금까지 쌍방이 관할하여 온 구역으로 한다.

「남북기본합의서」의 이 조문의 해석에서 핵심은, 어느 "일방"이 설정하고 일방이 관할해 온 것이 아니라 남·북(유엔군과 북한군)의 "쌍방"이 합의하고 관할하여 온 것이라는 뜻이다.

이 9조는 분명히 지상(地上)에 관한 규정이다. 즉 우리가 흔히 DMZ라고 부르는 "휴전선"과 그 남·북으로 원칙적으로 각기 2km의 폭으로 설정된 비무장지대를 말하고 있다. 이것이 여기서 말하는 "선"과 "지대" 또는 "구역"이다. 한반도의 동서를 연결하는 지상분계선과 비무장지대에 관한 이 규정에 대해서는 국방당국과 학자들도 큰 이견이 없어 보인다. 문제는 해상에 관해서이다. 바다에 관해서는 제10조의 규정이 있다.

제10조: 남과 북의 해상불가침 경계선은 앞으로 계속 협의한다. 해상불가침 구역은 해상불가침 경계선이 확정될 때까지 쌍방이 지금까지 관할하여 온 구역으로 한다.

이 규정은 2개 내용으로 구성돼 있다. 즉 전반은 경계 "선"에 관해서이고, 후반은 "구역"에 관해서이다. 앞부분의 합의는, 서해 바다에는 DMZ처럼 군사분계선으로 확정된 "선"이 없다는 사실과, 따라서 그 문제는 "앞으로 계속 협의할 문제로 남겨 둔" 것이다.

정전 당사자의 어느 "일방"의 조치와 "쌍방"의 조치의 해석과 의미에 관해서는 이미 앞에서 상세하게 검토한 바 있으므로 여기서는 간략하게 논한다.

제10조의 둘째 사항은 해상의 군사적 분계선은 확정된 것이 없다는 전제하에 "경계선이 확정될 때까지" 그런 선에 따라서 설정돼야 할 (육상의 비무장지대 같은) "구역"의 문제는 "쌍방"이 지금까지 관할하여 온 구역으로 하자고 합의한 것이다.

해상에서의 군사적 분계선 형식은, 동해의 경우는 육지 휴전선이 동해와 접하는 지점에서 정동(正東)으로 연장한 선이 정전협정 발효 이후 사실상 45년 이상 쌍방간에 수용돼 왔다. 다만 해안으로부터의 그 선의 길이(또는 그 속에 내포되는 영해 "구역"의 폭)에 관해서는 국제해양법으로 12마일 영해 제도가 확정되기까지는 이견과 충돌이 있었다. 1967년 1월 19일 남한 해군 구축함 제56호가 동해 군사분계선의 북쪽, 북한 해안에 접근했을 때 북한의 해안포 사격으로 침몰한 사건이 바로 그 예이다. 1968년 1월의 미국 첨단 전파탐지 첩보선 푸에블로 호의 피납 사건도 이에 속한다. 남쪽은 미국에 따라서 3마일 공해설을 주장했고, 북쪽은 당시의 제3세계 국가들의 주장인 12마일설에 따라, 한국 구축함 56호가 동해 해상분계선을 넘어 북한 영해 안에 침입했다는 주장으로 대립했다.

서해는 동해상 분계선이 사실상 40여 년간 쌍방에 수용된 상태와는 대조적이다. 서해상에는 남·북이 서로 인정한 상태로 "쌍방"이 공동으로 "지금까지 관할하여 온 구역"은 없다. 본론에서 이미 상세히 검토했듯이 "쌍방"이 함께 설정하고 함께 관리해 온 선과 구역은 "한강하구 도계선"(협정지도상 A·가—B·나 선)과, 그 선으로 구분된 해안수역, 북쪽과 남쪽의 섬을 포함하는 "구역", 즉 남·북에 그 사용이 개방된 "서해 한강하구수역"이 이에 해당하는 것으로 보아야 할 것이다.

다른 점에 있어서는 거의 전적으로 우리 국방부 대변인과 주장을 함께하는 국방·군사 전문 연구자의 경우도 이 점에 관해서는 솔직히 국방부의 해석에 대한 회의를 피력하고 있다.

"…… 이러한 서해에서의 사실상의 상황을 종합해 보건대 동해의 경우와는 달리, NLL("북방한계선"—필자 주)은 남·북한 양측이 사실상 관할해 온 해상 구역의 경계로 기능해 왔다고 간단히 판정하기는 어렵다고 보아야 할 것이다. 다만 경계가 북한이 주장하는 황해도와 경기도의 도계선 연장선도 아닌 것만은 분명하다. 동해와는 달리 서해의 남북한 경계는 남북한 쌍방이 협의를 통해 지금까지의 상황과 휴전협정의 규정들을 검토하여 확정시키는 것이 온당하다고 생각한다."[11]

---

11) 같은 논문, 50쪽.

잠정적 결론 종합

본인의 이 연구가 완벽무결하다고 주장할 생각은 없다. 하지만 위에서 검토한 근거들에 서서 본 연구자는 다음과 같은 잠정적 결론에 도달한다.

(1) 클라크 라인은 존재하지 않는다. 존재했을 당시에도 국제법이나 유엔의 승인을 받지 못한 불법적 일방적 선이었다. 뿐만 아니라 클라크 라인은 군사작전 및 점유의 경계선이 아니라 해상봉쇄를 위한 선이었다.(1999년 4월~6월에 미국[NATO]군이 코소보전쟁중 유고 해상봉쇄를 시도했다가 불법이라는 이유로 포기한 것과 같은 경우이다.)

(2) 남·북 어느 쪽에 대한 것이건 해상봉쇄적 성격의 해상포위선은 정전협정 위반이다.(정전협정 제2조 15항 및 16항) "북방한계선"이 이에 속한다.

(3) 서해안과 서해상에 "쌍방"이 설치하여 공동으로 관할하여 온 "구역"은 "한강하구 A·가—B·나 수역"뿐이다.

(4) 직선거리로서도 80~100km가 되는 두 섬 집단(연평도와 소청도·대청도·백령도) 사이의 해상은 "일방적" 군사행동을 정당화하는 어떤 의미의 국가 주권 행사의 기준으로 삼을 수 없다. 국제 해양법상 영해의 연결 기준 거리를 초과한다.

(5) 서해 "북방한계선"이라는 명분의 선이 있다면, 그것은 북한 해군에 대한 남방향 한계선이기보다는 오히려 한국군 작전지휘권자인 유엔군 총사령관이 한국 해군의 서해상에서의 북방 행동한계를 규정한 유엔(한국)군의 내부 규정적 성격이라고 해야 할 것이다.

(6) 유엔(미국)군 총사령관의 서해에서의 남·북한 군사적 분리의 필요성은 북한군의 군사적 도발이나 정전협정 위반 가능성 때문이 아니라(또는 그것보다는) 정전협정 조인 후에 있을 남한 정부와 군부의 북한 공격 군사

도발 행위를 예방·저지할 긴급한 필요 때문에 발생된 것이다.

(7) 북한이 "북방한계선"이나 어떤 "수역"에 대해서도 정전위원회에서 유엔군측에 항의하고, 서해 해상에서 "북방한계선"을 무시하거나 선을 "침범"한 40년간의 실제 행동은, 그 무효성을 주장하는 "최고"적 행위로 해석되어야 한다. 따라서 "북방한계선"을 "묵시적"으로나 "실제적"(de facto)으로나 인정했다고 보기 어렵다.

(8) 지난 40여 년간 거듭된 북쪽 해군의 주기적 "침범" 행위와 1999년 6월 15일 전후의 연평도 서북 북한 영토의 7~8km 지근거리에서 발생한 북쪽 해군의 실력으로서의 공개적 부인(challenge)을 미루어서도 국제법적으로 "북방한계선"의 실효성이 "응고"됐다고 볼 수 없다.

(9) 유엔군총사령부(총사령관)가 "북방한계선"의 설정에 관해 정전협정 당사자인 북한과 중국측에 정식 통고했다는 근거가 없다. 이번 서해 해군 충돌 이후에도 유엔군 총사령관(미국 정부)은 그 선의 정당성이나 합법성을 주장하는 한국 정부·군을 지원하는 공식 발언을 한 적이 없다.

(10) 1991년 12월 13일 조인된 「남북기본합의서」와 불가침 경계선 및 구역에 관한 별도 「부속합의서」(1992년 9월 17일)도, 서해의 "선"과 "구역"에 대해서는 "쌍방"이 공동으로 설치하고 공동으로 관리해 온 것(한강하구 수역과 A·가—B·나 선) 이외에는 어떤 존재도 인정하지 않고 앞으로 협의하기로 규정하고 있다.

(11) 일부 언론기관(인)들이 이번 북쪽 함정의 진항(進航)을 대한민국 영해의 "침범"이라고 단정하거나 그렇게 선동한 행위는 진실을 오인했거나 고의적으로 왜곡한 무책임하고 오히려 위험한 도발적 언설이다. 서해 5도의 도서간 거리는 국제 해양법상의 영해 조항으로 연결할 수 있는 거리를 훨씬 초과하므로 영해선으로 연결할 수 없다.

(12) 서해 5도는 각기 별개로 존재하며, 섬과 섬 사이의 해역은 앞으로 현행 정전협정을 대치할 평화협정 체결이나 「남북합의서」에 따라서, 또는 국제 해양법으로 남·북이 그 법적·경제적 용도를 합의할 때까지는 누구에게도 배타적 권리를 인정할 수 없는 공개적 해역 공간으로 보아야 할 것이다.

결론과 제안

남·북 사이의 서해 수역은 어느 쪽도 합법적으로 관할권의 배타적 권리를 주장할 수 없는, 정전협정상 공백으로 남겨져 있는 수역이다. 따라서 남북한(유엔군 포함)은 이 수역에 대한 성격 규정을 새로 정립할 필요가 있다. 이것만이 1999년 6월 서해상 남·북의 해군 충돌과 같은 불상사가 재발하는 것을 방지할 수 있는 유일한 조치이다.

따라서 쌍방은 서해 해역에 대한 군사충돌 방지를 목적으로 하는 잠정적 분계선 내지는 관할선을 협의해야 할 것이다. 서해상에서의 남·북의 민간 어업·어로 행위를 조절 또는 규제하는 새로운 잠정적 어업협정 내지 유사한 조치를 협의해야 할 것이다. 이 해역에 대한 영해, 대륙붕, 배타적 경제수역…… 등에 관해서도 「남북합의서」의 정신에 따르는 협의를 개시할 필요가 있다.(최종적 결정은 결국 정전협정의 제한을 받으므로 평화협정의 체결이나 현행 한반도 문제 4개국 회담 등의 정치적 타결을 서둘러야 할 것이다.)

무엇보다도 중요한 결정(또는 결단)은, 남한(대한민국)이 정전협정으로 유엔군 총사령관이 그 군사적 관할권을 인정받은 "서해 5도"를 연결하는 "북방한계선"에 대한 합법성이나 국제법 또는 관행상의 점유 효과 내지 점유 권리 주장을 철회하는 것이다.

　이상의 조치들을 실행하기 위해서 한국 정부와 군 당국은 소위 "북방한계선"의 성격에 대한 진지하고 솔직한 대국민 계몽 사업을 실시하여 오도된 국민(대중)적 인식과 감정을 바로잡도록 정책적 노력을 전개할 필요가 있다.

북한-미국 핵과 미사일 위기의 군사정치학
―위기의 주요인은 미국에 있다

북한과 미국의 새로운 미사일 대결 위기

　1999년 초반에 들어서부터 핵무기와 미사일 문제를 놓고서 한반도의 위기가 1994년 초반과 같은 수준으로 가열되고 있다. 1994년의 위기는, 미국이 북한으로 하여금 미국의 조건대로 핵시설 해체를 수락하게 하기 위해서, 소위 '북·미 핵협상'의 막바지 단계에서 1991년 초의 대(對) 이라크 전쟁과 같은 규모의 군사공격을 북한에 대해서 개시하려 했던 전쟁 준비 상태이다. 새로운 '한반도 전쟁' 순간의 위기 상황이었다.[1] 현재의 조선-미국간 군사 위기의 중심적 쟁점은, 5년 전의 쟁점이 핵 문제였던 것과는 달리 주로 미사일 문제이다.
　여러 해 동안 국가적 존립의 위기에 몰린 북한이 그 군사적 위기 상황을 '정면돌파' 하기 위해서 선택한 핵 대항력 구상과 계획은 유일한 핵 초강대국으로서 세계적 핵무기 질서를 지배하려는 미국의 노여움을 샀다. 결과는 북한의 군사적·정치적 후퇴로 끝났다. 북한이 제2의 선택, 그리고 어쩌면

이 글은 『당대비평』 제8호(1999년 가을)에 실렸던 「한반도 핵·미사일 위기의 군사정치학」을 일부 보완한 것이다.

마지막이 될 선택인 미사일 발전 계획에 대해서 미국은 역시 세계의 미사일 무기 질서의 단독 심판관으로서 북한의 굴복을 요구하고 나섰다. 북한은 북·미 핵협상(1991~1994)의 전과정 동안 세계 최강의 핵 군사 국가에 의해 제2의 이라크 또는 '제2의 후세인'이 될 뻔했다.

모든 불길한 징후들로 미루어 이제 다시 북한은 미국이 지구상에서 끈질기게 찾고 있는 미국 군사력의 실험 대상인 제2, 제3의 이라크가 될지도 모르는 전쟁 위협에 직면한 듯이 보인다. 북한이 1994년의 핵위기에서 미국에 굴복한 형식으로, 이번에도 미국이 내미는 약간의 물질적 보상의 약속을 믿고 미사일 무기 보유의 주권적 권리를 포기할 것인지, 아니면 결과적 귀결을 상상하기만 해도 소름 끼치는 군사적 대결을 선택할 것인지 예측불허의 상황이다. 그만큼 위급한 정황이 급속히 진전되고 있다.[2] 20세기 100년의 마지막 몇 달을 넘어가는 현재의 한반도의 전쟁 위기가 5년 전의 북·미 핵위기 때보다도 위급해 보이는 까닭은 그간의 몇 가지 중요한 정세 변화 때문이다. 그것들은 다음과 같다.

1. 미국의 세계 미사일 무기 질서의 단독적 통제권 강화

미국은 1997년, 세계의 많은 국가들의 반대와 비난을 억누르고, 미국에게 압도적으로 유리하고 미국의 세계적 핵무기 질서의 사실상의 단독적 결정권을 확립하는 이른바 '포괄적 핵실험금지조약'을 실현시키는 데 성공

---

1) 클린턴 미국 대통령 특별조정관 자격으로 1999년 여름 북한을 방문하여 미사일문제를 협상한 페리 전 국방장관은 대통령에게 제출한 최종 보고서에서, 자신이 국방장관이던 1994년의 대북한 공격에는 핵폭탄 투하도 고려했다고 밝혔다.
2) 북한과 미국은 1999년 9월, 여러 차례의 고위급 회담을 통해서 북한의 미사일 발사 보류와 그 대가로 미국의 식량 원조, 각종 경제 재제 조치 해제, 교역 및 금융 문제의 일부 제한 완화, 양국 국가 관계의 정상화 노력…… 등에 합의한다.

하였다. 그 다음 단계가 세계 미사일 통제체제의 완전한 장악인데, 이것이 미국의 압력으로 수립된 '유도무기기술이전금지조약' 체제이다. 이 체제가 자체적 미사일 보유의 권리를 주장하는 보잘것없는 '5등 국가' 북한의 도전을 받고 있다고 미국은 판단하고 있다.

2. 북한 미사일 무기의 대일본·남한 미사일 무기 경쟁 촉발 위험성

5년 전이나 지금이나 유일 초강대국 미국의 논리는 북한의 핵무기화의 가능성이 일본·한국의 독자적 핵무기 개발로 연결되고, 중국과 대만 관계의 핵 대결 상황까지 확대된다는 것이다. 이제 미국이 내세우는 주장은 동북아시아 지역의 핵 불안정성에 미사일 무기 경쟁이 추가·중복될 위험성이다. 김대중 대통령의 한국군 500km 사정 미사일 보유 권리 주장은 그 초보적 대응이며, 일본의 기존 기상·통신용 위성 이외에 군사용 스파이위성 2기를 2~3년 내에 북한을 포함한 동북아 궤도에 올려놓으려는 계획의 확정이 그것이다.

3. 미국의 핵 및 미사일 보호 체제로부터의 일본과 한국의 이탈

북한의 핵 및 미사일 개발에 대한 일본과 남한의 독자적 대응은 필연적으로 일본과 남한에 대한 미국의 핵·미사일 '보호 우산'의 무력화를 초래한다. 그것은 일본과 한국에 대한 미국의 거의 영구적인 군사적(내지 정치적) 지배권의 자동적 붕괴를 뜻한다. 21세기에 과거의 소련과 맞먹을 만한 정치·경제·공업·군사 초강대국이 될 중국과의 필연적인 대결을 예상하는 미국은, 일본과 남한에 대한 군사(정치)적 지배권을 확고히 유지하려는 장기 전략을 세워 놓고 있다. 그 목적을 위해 북한의 독자적 미사일은 중대한 장애물이 된다(라고 미국은 주장한다).

4. 미·일 동북아 지역 전쟁 협력체제의 완결

미국이, 단기적으로는 대북한 군사공격시의 필요성과, 장기적으로는 중국과 러시아에 대한 군사적 압력체제의 일환으로 오랫동안 추진해 온 미·일 합동 전쟁 시나리오로 알려진 이른바 '미·일(일·미) 방위협력지침' 또는 '뉴 가이드라인'이 마침내 금년(1999년) 5월 일본 국회를 통과했다. 이 지침은 주로 북한을 대상으로 한 미국의 군사행동에 일본 군사력이 거의 전면적으로 협동할 뿐만 아니라, 미국이 북한과의 교전 상태에 들어가면, 심지어 그 준비 단계에서 일본은 사실상의 국가 총동원령을 발동하여 일본 군대는 물론 일본의 국가 사회 기능과 국민 생활을 미국 군사작전 지원체제로 개편·가동시키는 전쟁 수행 행동계획이다.

전쟁권 포기와 군사력 보유를 금지한 세계 최초의 '평화헌법'의 개헌도 미·일 양국의 다음 수순에 올라 있다. 일·미 두 나라 사이에서 다년간 준비돼 온 순서대로, 1999년 8월 초에는 천황주의와 제국주의·군국주의의 상징이었던 애국가 '기미가요'의 국가(國歌)화, 그 시각적 상징인 일장기 '히노마루'의 국기(國旗)화가 일본 국회에서 법제화되었다. 이와 때를 같이하여 일본 육·해·공군의 군사비의 비약적 증가와, 여태까지의 '방어'적 군사체제 및 무기의 공격형으로의 재편·증강 계획이 급속도로 추진중에 있다. 앞서 지적한 바와 같이, 일본은 이미 몇 개의 고성능 로케트 발사에 성공했고, '인공위성'을 가탁한 막강한 탄도로케트 미사일의 본격적 개발 및 발사 계획이 총력적으로 추진되고 있다.

패전 이후 일본의 군사대국화에 가해져 온 정치적·헌법적·법적·국민감정적·행정적 및 재정(국가 예산)적 제약들이 금년 6, 7월을 기해서 일제히 배제되었다. 일본은 미국·러시아에 이어 중국·영국과 함께 350~370억 달러의 군사비로 이미 세계 제3, 4위의 현대적 군사 국가가 되었다.

그처럼 막강한 일본 군대가 마침내 미국의 대북한 및 동북아지역 전쟁 계획에 제한 없는 동반자로 등장한 것이다. 반공 · 강경 우익 · 대국주의 · 천황주의 · 군사대국 · 유엔상임이사국을 목표로 하는 세력이 틀어쥔 일본은, 여태까지 '평화헌법' 규정 때문에 마지못해서 그들이 뿔 달린 '가부도'(사무라이의 투구)와 '요로이'(사무라이의 갑옷) 위에 걸치고 있던 '하오리'(일본 남자의 전통 옷저고리)를 벗어 던지고, 일본도를 빼어들고, 두 발을 탕탕 내딛고 나선 것이다. 미국은 이제 세계 제4위의 막강한 일본 군사력을 직접으로 그 통제하에 거느리게 된 것이다. 미국의 대북한 정책과 군사전략은 1991~1994년의 핵협상 시기와는 비교도 할 수 없을 만큼 입지가 강화되었다. 미국(그리고 일본)은 아시아 국가들과 일본 국내의 온갖 반대와 난관을 물리치고 이룩한 제한 없는 이 '미 · 일 전쟁협력체제'의 효율성을 바로 2개월 전에 미국의 신무기 체계를 주력으로 감행한 유럽에서의 코소보 공격 전쟁을 북한에 대해서 시험해 보고 싶은 강한 유혹을 받고 있다.

5. 미국 정치권력의 강경 보수화의 압력

공화당이 지배하는 미국 의회와 미국 내의 군부를 비롯한 강경 우익 · 반공 세력은 1991년의 제1차 및 1998년의 제2차 대 이라크 전쟁 이후, '제2의 이라크'로서 다음의 전쟁 목표를 노스 코리아에 맞추어 왔다. 미국은 북한의 국가와 당과 권력이 북 · 미 핵협정에 따르는 국제적 압력과 핵무장의 좌절로 쉽게 굴복할 것으로 예상했었다. 설상가상으로 닥친 1995년 이래의 거듭된 대홍수 피해 및 식량난으로 단시일 내에 붕괴할 것으로 예상하고 또 그렇게 기대했었다. 공화당 지배하의 의회는 민주당 클린턴 정권의 북 · 미 핵협정 이행을 방해하고자 협정상 합의사항의 집행을 지연시키거나 가로막는 수없이 많은 조건과 제한을 입법화하였다. 연락사무소 설치, 연간 50만 톤의 대체 에너지 공급, 경제·무역 봉쇄 조치의 해제 내지 완화, 동결된 북한 자산의 해제, 경제 교류의 확대, 상호 국가 승인, 외교관계 수립, 대사관 개설 등 합의사항은 주로 이같이 미국측의 거부로 계속 지연되었다. 냉전시대 미국의 대 소련 주전론(主戰論)의 핵심이었던 이 세력은 지금도 북한에 대한 '이라크식' 전쟁을 집요하게 요구하고 있다.

  북·미 핵협정을 협상하고 조인한 클린턴 민주당 정부 내의 민·군·정보 관련 최고위 수뇌부들 자신도 크게 다를 바 없었다. 그들은 온갖 구실을 만들어서 협정 합의사항의 이행을 끌다 보면 북한은 제풀에 지쳐서 붕괴할 것으로 예상하고 기대했었다.[3] 그렇게 되면, 미국은 북한의 핵시설 철거와 교환으로 약속했던 아무런 대가도 보상도 지불할 필요없이, 미국의 군부와 정치적 강경파들이 멸시적으로 일컫는 "마지막 남은 불한당" 국가를 지구상에서 쓸어 버리게 되는 것이었다. 그런데 그들의 예상과 기대는 빗나갔다. 적어도 현재로서는 실현되지 않았다. 1994년에 체결한 타협적 북·미 핵협정을 폐기하기 위한 절호의 구실로 만들어 냈던 것이 이른바 '금창리 핵 지하시설' 설(說)이다. 금년 초 일단의 미국 전문가단에 의한 금창리 '핵 의혹 지하시설' 현지사찰(북한측은 '현지방문'이라고 표현) 결과는 "핵시설 의혹 없음!"으로 밝혀졌다. 그 결과, '금창리'를 가지고 북한을 굴복시키려고 벼르던 미국 내 강경·보수 권력의 체면만 손상하고 말았다. 그들은 이제 북한의 미사일(또는 인공위성, 1998년 8월 31일 발사·실패?)에 새로운 희망을 찾으려고 대북한 압력을 군사적 위기의 수준까지 몰고 가고 있다.(미국 군부는 이미 1991년 3월, 이라크에 대한 미국의 전쟁 '사막의 폭풍 작

---

[3] 이에 관해서는 당시의 미국 의회와 정부 내부의 생각과 언동을 소상하게 묘사한 돈 오바도휘의 *The Two Koreas: A Contemporary History*(1997)의 12절, 13절을 보라.

전'을 개시한 직후, 대이라크 전쟁은 바로 대북한 전쟁의 예행연습임을 강력히 내비쳤다. '사막의 폭풍 작전'에는 각별히 지적돼야 할 중요한 측면이 있다.……미국과 유엔의 이번의 강력한 의지의 과시를 김일성이 간과했을 리가 없다.[4])

6. 미국 대통령선거와 국회의원 선거의 대북한 함의

서기 2000년은 대통령선거와 의회의 부분적 선거의 해이다. 미국의 대통령선거에서 전쟁은 언제나 집권정당과 여당 대통령후보에게 더할 수 없이 유리한 당선 보증서 구실을 해 왔다. 1991년 이라크를 공격한 부시 대통령의 국민적 인기는 단숨에 97%까지 치솟았다. 대이라크 전쟁의 사령관이었던 슈와스티코프 대장은 마치 제2차 세계대전 당시 유럽지역 연합군 최고사령관이었던 드와이트 D. 아이젠하워 원수와 비길 만한 영웅으로 떠받들어졌다. 그리고 유권자들과 양당으로부터 대통령후보의 물망에 오르기까지 하였다. 제2차 대이라크 공격으로 클린턴 대통령은 성추문 사건으로 의회의 탄핵 국면에 몰렸던 개인적 및 정치적 위기를 극복하였고, 금년 4월의 유고슬라비아 코소보 공격 전쟁은 의회의 탄핵안으로 실추됐던 클린턴의 개인적·공적(정치적) 위신을 감쪽같이 원상으로 복구해 주었다. 역사적으로도 현대에서 일본의 진주만 공격으로 시작한 태평양전쟁과 제2차 세계대전은 1939년 이래의 대금융공황과 경제위기에 처했던 민주당 정권을 구출했고, 제2차 세계대전 종결로 인한 탈전시 경기·경제 위축·군비축소의 위협은 한반도 전쟁의 발생으로 구제받았다. 1960년~1975년 사이의 미국의 베트남전쟁도 같은 효과를 발휘했다. 전쟁 또는 군사적 침

---

4) 주한 미국군사령관 겸 유엔군통합(최고)사령관 겸 미·한 연합군 최고사령관 로버트 W. 리스카시 대장이 본국 상원군사위원회에 제출한 정세 보고서, 1991년 3월 1일, 19쪽.

공과 정당의 선거 승패 사이의 직접적 함수관계는 두드러진 미국적 현상이다. 이 사실의 인식이 없으면 북한-미국간의 핵 또는 미사일 문제 대결의 의미는 이해하기 어렵다.

미국 국민은 전쟁 영웅을 좋아한다. 그것이 장군이건 제독이건 대통령이건 마찬가지다. 미국 군대가 공격한 전쟁의 상대가 멀리 아랍세계의 인구 2천 1백만의 중급 군사 강국 이라크이건, 미국의 소도시보다도 작고 가난한 중미의 인구 8만 6천 명의 그레나다(1983~1985)이건 그 효과는 마찬가지다. '미국의 뒤뜰'인 라틴아메리카(중남미)에서 카스트로의 쿠바, 아옌데의 칠레, 노리에가의 파나마, 산디니스타의 니카라구아를 비롯해서 크고 작은 10여 개의 나라들이 번갈아서 미국의 대통령선거에서 갖는 이 신묘한 효능의 비참한 증인이 되기를 강요당해 왔다.

클린턴 대통령이나 민주·공화당과 그 대통령 입후보자, 그리고 상하의원 입후보자들에게, 동북아시아의 한 구석에 있는 노스 코리아와 그 미사일(또는 인공위성)은 그들의 당선을 보증하는 군사행동을 일으키는 데 최적의 제물로 비치고 있다. 북한의 자기 주장이 정당하고 빳빳할수록 그것은 용납될 수 없다. 미국 정부의 국무장관, 국방장관, 대통령 북한문제조정관(페리 전 국방장관)이 워싱턴에서 북한에 대한 대이라크 침공전쟁 가능성을 위협하고도 부족해서 번갈아 서울과 일본에 들러 군사적 위기설을 강조하였다. 그 뒤를 이어서 주한미군사령관(존 틸럴리 육군대장)은 전쟁의 예비적 최고 지휘관답게 서울에서 기자회견을 자청하여 "한·미 양국은 북한의 위협이 어떤 방식으로 닥쳐오더라도 이에 대처할 계획과 태세를 갖추어 놓고 있다"고 으름장을 놓았다.(1999년 8월 10일) 미국은 선거의 해를 맞아 새로운 전쟁과 전쟁 영웅의 탄생이 필요해진 것 같다.

7. 미국 군사예산(군사적 소비)의 지속적 증대를 위해서 필수적인 무기 · 장비의 소모와 전쟁 분위기 조성

미국은 압도적으로 군사적 성격의 국가이다. 세계 180여 개 국가의 군사비 비교에서도 그렇고, 국민 세금의 용도별 쓰임새(지출)의 비중에서도 그렇다. 1990년을 고비로 한 소련과 공산진영의 붕괴로 과거 미국의 진상 또는 가상 '적국'들과 그 밖의 세계의 국가들의 군사예산은 모두 급격하게 그리고 대폭적으로 감축되는 추세와는 대조적으로 미국의 군사비 지출은 증가하고 있다. 고르바초프의 소련이 일방적으로 군비축소 · 군비삭감을 선언한 1985년 이후 세계의 군사비 지출은 1997년에 8,040억 달러까지 감소되었다. 그러나 러시아 · 중국을 포함한 38개 주요 국가들의 총군사비 지출에서 미국 한 국가가 차지하는 비율은 30%에서 34%로 증대했다.(8,040억 달러 중 2,810억 달러)

미국 정부는 2000~2005년간의 군사 예산으로 약 1조 9,000억 달러, 연평균 약 3,000억 달러(2005년도분 3,314억 달러)를 의회에 요청하고 있다. 그 밖에도 우리는 아래의 표에서 다음과 같은 사실을 알게 된다.

· 미국 1국 군사비는 러시아와 중국의 군사비 합계의 약 3배이다.(러시아의 약 4.6배, 중국의 약 8배)
· 미국과 그 동맹국(한국 포함)의 군사비 합계는 러시아와 중국의 군사비 합계의 약 5배이다.
· 미국의 군사비는 미국의 앞으로의 제1차적 공격 대상국인 북한의 56배이다.(많은 군사연구소와 군사전문가들이 북한 군사예산을 22~30억 달러선으로 계산하고 있어서 사실은 100:1의 비교가 가능하다.)
· 미국이 '불한당 국가(정권)'로 간주하여 군사 침공의 대상으로 삼고 있는 5개

미국과 대비한 세계의 국가별 군사비 비교 (1998년도)

금액 단위: 10억 달러

국가	군사비	국가	군사비
미국	281	이란	6
러시아	64	북한	5
중국	37	그리스	4
영국	37	쿠웨이트	4
일본	35	폴란드	3
프랑스	30	파키스탄	3
독일	26	벨기에	3
사우디 아라비아	18	노르웨이	3
이탈리아	17	덴마크	3
남한	15	이집트	3
대만	14	시리아	2
브라질	14	포르투갈	2
인도	10	리비아	1
터키	8	이라크	1
오스트레일리아	7	베트남	1
네덜란드	7	체코	1
이스라엘	7	쿠바	0.7
스페인	6	헝가리	0.6
캐나다	6	수단	0.3

출처: *The Defense Monitor*, 1999, Center for Information, Washington D.C.

국(북한, 쿠바, 리비아, 이라크, 수단)의 군사비 합계 80억 달러는 미국 1국의 35분의 1에 못 미친다.(미국 대 쿠바[카스트로]=400:1, 미국 대 리비아[카다피]=281:1, 미국 대 이라크[후세인]=281:1, 미국 대 수단=997:1)

이 같은 가공할 군사력과 군사비인데도 공화당 의회와 주전론(主戰論) 세력의 연합전선은 (클린턴) 행정부가 요청한 군사예산에 신무기(한 예로 F-22 전투기, 전국미사일방어망: NMD) 개발·제작 계획으로 5년간 해마다 평균 100억 달러의 군사비를 자진해서 예산 책정하고, 법안을 만들고, 여론을 조성하고, 지지표를 동원, 가결하여 추가로 얹어 주기까지 하고 있다. 미국 의회 의원이 출신구의 군수 및 군대 관련산업 유치와 육성을 유권자 지지의 중요한 요인으로 여기고 있는 것은 주지의 사실이다. 미국은 낡은 무기와 장비를 지속적으로 소모함으로써 신무기와 신장비의 질적 · 양적인 발전 · 보충을 끊임없이 확대 재생산해야 하는 체제이다.

이같이 해서 연구 · 개발 · 제조 · 대량생산 · 실전배치된 신무기들은 그 성능이 입증되어야 한다. 신무기 성능 검증을 위한 최고의 시험장은 미국 국내 네바다사막 등의 모의 시험장이 아니라, 지구상 어느 나라엔가에 대한 전쟁이다. 전쟁장에서의 실전 실험의 성공은 미국의 군비증강과 무기개발을 주장한 강경 우익 · 주전 세력(소련 붕괴 이전에는 극우 반공)의 주장과 입지를 강화해 준다. 그 작용은 다시 새로운 무기의 개발, 그에 필요한 예산 증대 결의안에 권위와 설득력을 부여한다. 그것은 그들 상 · 하 의회 의원의 재당선을 보장한다. 이런 개인과 세력이 노려 온 것이 다름 아닌 동북아시아의 소국 노스 코리아이다.

8. 미국의 세계적 군사 패권주의의 국내 사회 성격화 현상

미국이 단독으로 '세계의 헌병' 또는 '국제적 경찰'로 군림하려는 국가적 의지는 미국의 국민 생활과 사회 성격에도 그 그림자를 드리우고 있다. 국민이 낸 세금이 어디에 어떻게 쓰이는가를 알면 그 국가의 성격과 의지, 그리고 사회의 특징을 짐작할 수 있다. 인간(시민)의 물질적 생활과 정신 · 문화적 행복(생활의 질)을 중요시하는 국가냐, 아니면 결과적으로는 그 같은 인간 복지와 역행할 수밖에 없는 '힘의 조직' 또는 군대를 중요시하는 사회냐를 알려면, 통치집단 또는 통치권력(행정부, 국회 등)이 국민이 납부한 세금을 배분하는 방식, 즉 정부 예산구조를 먼저 살펴보면 된다.

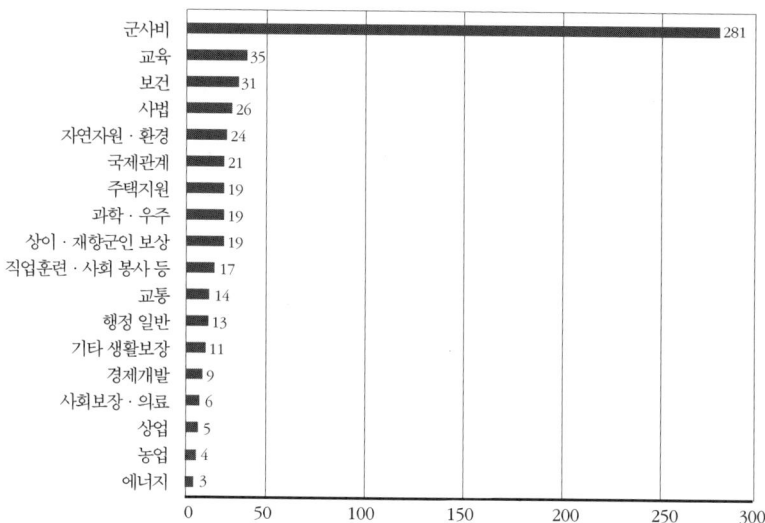

출처: *The Defense Monitor*, Volum XXVIII, Number, 1999

    클린턴 대통령 정부가 의회에 제출한 21세기를 여는 2000회계년도의 정부 지출구성은 위의 표와 같다. 국민 생활의 각 분야에 배분된 인간·사회복지 예산들이 필연적으로 소모적이고 폭력숭배적 집단인 군대의 유지에 쓰이는 비용에 비해 얼마나 미미한지 알 수 있다. 관점을 바꾸면 미국의 군대와 군사력과 군사적 패권주의가 얼마나 미국 시민의 인간적 행복을 희생으로 해서 유지되고 있는지 알 수 있다.

    전체 예산 5,550억 달러 중 2,810억 달러가 군대를 유지하기 위해서 쓰인다. 예산의 51%가 군사비이다. 이것은 진정으로 세계의 평화를 희구하고 사랑하는 문명국가들에서는 볼 수 없는 예산 유형이다. 예산의 배분표의 밑바닥에 깔려 있는 상업, 사회보장 및 의료지원, 경제개발, 기타 생활보장 등의 예산 항목은 군사비에 눌려서 질식할 것만 같아 보인다. 물론 그 같은 국민 생활의 가치(價値) 서열에서는 군사적 패권주의가 나올 수밖에 없다.

미국의 안전과 세계적 패권 경쟁에 도전했던 소련과 세계 공산주의 동맹세력이 소멸한 탈냉전시대에, 감히 미국의 안보를 넘나볼 국가나 정권은 지구상에 존재하지 않는다. 그럼에도 상상을 초월하는 이 같은 미국 군사예산은 미국의 방위적 안전보장을 위해서가 아니다. 소련과 공산세계가 소멸한 직후인 1991년, 이라크전쟁으로 미국의 의도를 선언했던(부시 대통령) 미국의 '신세계 질서', 즉 미국 단독의 세계 지배체제 'Pax-Americana'의 확립과 항구화를 목적으로 하는 것이다. 이 같은 '유일 초강대국' 미국의 뜻에 유일하게 저항하는 존재가 보잘것없는 노스 코리아인 것이다.

9. "미국의 무기 판매는 전쟁의 불길을 부채질한다"

미국은 1994~2000년 기간의 세계 무기시장에서의 계약액 총 1,065억 달러의 63%를 독차지하였다. 미계약분은 포함되지 않은 숫자이다. 클린턴 대통령은 무기 판매는 미국의 중요한 '국가적 정책사업'이라고 선언하고, 미국 내 무기 제조 관련산업의 이익에 맞추어서 해외 무기·장비 판매 정책을 결정해야 한다고 강조했다. 미국 의회는 심지어 1996년의 경우, 무기 판매 수출을 용이하게 하기 위해서 외국 무기 수입자들에게 제공할 150억 달러의 정부 보증 무기 수출차관을 행정부의 요청도 없는데 자진 승인했다. 이런 조치들에는 물론 핵부속품·장비와 미사일도 포함된다. 미국은 핵 관련 장비나 미사일 또는 미사일 구성 부분 장비를 판매·수출할 수 있지만 다른 약소국이나 북한은 그럴 권리가 없다! 미국의 그 수출 판매는 '세계 평화를 위한 것'이고, 다른 나라들과 북한의 미사일 또는 부속 장비의 수출은 '세계 평화를 파괴하는 범죄행위'인 것이다! 누가 미국에게 그런 권리를 부여했는가?

미국의 세계정책연구소(World Policy Institute)는 1995년도 보고에서 다음과 같이 미국의 무기 판매를 표현하였다.[5]

미국의 무기 장사―전쟁의 불길을 부채질한다.

· 지난 10년간 발생한 45개의 분쟁 대결의 적대적 당사자들이 420억 달러 이상의 미국제 무기를 제공받았다.
· 1993~1994년간에 있었던 50개의 상당한 규모의 분쟁 중 45개의 경우에 분쟁의 어느 한쪽 또는 양쪽이 전투개시 이전에 미국산 무기나 관련기술을 입수했다.
· 미국은 50개의 무력충돌 중 26개의 분쟁 당사자들에게 5년 이상에 걸쳐서 적어도 5%의 무기를 제공하였다.
· 미국은 50개의 무력분쟁 중 18개의 분쟁에서 최근 5년간 한쪽의 당사자가 수입한 무기의 25% 이상을 제공했다.

이상의 사실은 수많은 무기상인 국가들 중에서 미국 하나가 차지하는 비율과 분량이 그렇다는 점을 말해 줄 뿐만이 아니다. 국가를 대표하는 대통령 자신이, 무기 장사가 국가의 '주요정책'이라고 선언하는 미국에게는 전쟁과 무력분쟁이 없는 세계는 불안한 세계임을 말해 주는 것이다. 이 사실의 현재의 제1목표가 북한이고 한반도이다. 그것이 한반도의 핵문제이고 미국이 말하는 '북한 핵'과 '북한 미사일 문제'의 본질이다.

---

5) *The Defense Monitor*, Center for Defense Information, Washington, D.C., December 1995.

10. 미국 재래식 무기 · 장비의 해외 판매 정책의 목적과 효과

미국 군산복합 권력을 대표하는 대기업가 출신이며 베트남전쟁의 주도자였던 맥나마라 국방장관과 상원의원 조셉 클라크의 다음과 같은 공식성명은, 바로 한반도에서 미국의 그와 같은 목적과 상황이 현실화하는 것을 두려워하고 거부해 온 북한에 대한 미국의 정책과 전략을 이해하는 데 도움이 된다. 미국의 '정치 · 군사 · 자본 · 산업 · 두뇌' 복합체의 이 이념은, 나의 이 책의 다른 글에도 인용한 바 있지만, 현재의 미국-북한 위기의 본질을 이해하는 데도 필수적인 지식이기에 중복을 무릅쓰고 다시 인용한다.

"……미국은 라틴아메리카나 극동 및 유럽의 군대에게 미국 무기를 증여하거나 판매함으로써 그들을 미국 국방성에 비끄러매었다."

"미국은 6억 이상의 인구를 갖는 1,500만 평방 마일의 영토에 걸친 40개 이상의 국가에 대한 '보호권'을 장악한 것이다. 이 '보호령'들의 위성 군대(satellite army)를 조종함으로써 미국 체제에 비우호적인 정부를 타도할 수 있다."

"이들 '보호국'들을 세력권에 매어 두기 위해서는 예외적 경우를 제외하고는 '점령'을 할 필요가 없다. 대외 원조, 차관 공여, 군사 및 무기 원조를 통해서, 그리고 '위성 군대'를 조종함으로써 같은 결과를 달성할 수 있다."

"이들 국가를 지배하에 두기 위해서 미국 군대를 파견한다면 미국인 병사 1명당 연간 4,500달러의 비용이 필요하다. 하지만 미국의 전초 군사 기지망의 유지 전략에 결정적으로 필요한 500만 명의 동맹국 군대는 병사 1인당 연 540달러로 유지할 수 있다.…… 우리는 미국인 병사 1인분 비용으로 '보호국'의 '위성 군대' 병사 8명을 고용하고 있는 셈이다."[6)]

그러기에 냉전 위기의 퇴조로 세계적으로 무기 구입의 열기가 식어가는 데 대해 미국 정부와 무기(군수)산업 이권 집단은 초조해 하고 있다. 어떤 학자들은, 북한의 핵개발과 원시적·초보적 미사일의 생산이 미국의 국제적 무기 판매시장에 미칠 불리한 작용을 염려하기 때문이라고 풀이하기도 한다. 미국 내 무기 생산기업과 판매상 들이 미국 정부에 압력을 가해서 북한을 핵·미사일 개발 저지의 모델로 삼아, 다른 잠재적 핵·미사일 개발 계획 국가들에 경고하기 위한 본보기를 만들려는 것이라고 해석한다.

잠재적 분쟁 요소를 지닌 민족이나 국가가 북한의 본을 따라서 독자적 미사일을 개발하거나 북한제 미사일을 공급받으면 재래식 무기·장비의 구입에 대한 필요성이 그만큼 감소한다. 핵이나 미사일의 개발은 기초 내지 중간 단계까지의 개발·제작 비용이 크지만 일단 개발하고 나면, 하나에 수천만 또는 수억 달러씩 하는 수백 가지의 선진국의 첨단 재래식 무기를, 모델이 바뀔 때마다 새로 구입해야 하는 장기적 비용보다 훨씬 경제적이라는 계산이다. 미국의 무기·장비 생산업자와 상인들이 세계의 이 같은 재래식 무기시장의 지속적 축소를 막기 위해서 그 본보기로 북한의 미사일을 표적으로 삼았다는 견해이다.

11. 미국의 새 '별의 전쟁' 계획과 북한의 미사일과 핵

평화를 두려워하는 미국 군부와 주로 공화당을 중심으로 하는 주전론 세력은 1980년대의 미·소 대결의 절정 시기에 구상했던 이른바 '별의 전쟁'(star wars) 또는 '우주 무기전쟁'의 꿈을 버리지 않고 있다. 수천억 달러의 돈을 들여도 실효성이 의심스럽다는 유력한 과학자들의 비판과 전략가들

---

6) *The Military-Industrial Complex* (Sydney Lens, 1970), 제2장, 「미국 군산복합체의 기원과 목적」.

의 반대 때문에, 그리고 탈냉전시대의 도래로 그들의 망상은 일단 퇴색한 감이 있었다. 그러나 탈냉전과 '소련제국'의 붕괴로 부득이 포기해야 했던 레이건 대통령의 낡은 '우주전쟁'의 꿈은 되살아나고 있다. 1990년대 초의 몇 해 동안, 당시 군사예산의 감축 경향에 겁을 먹은 군부와 공화당 의원들, 그리고 무기 생산자본과 그들에 협력하는 교수·학자·과학자 들의 집단에 의해서 되살아났다. 그들의 주장은 미국이 새로운 미사일 공격의 목표가 되고 있다는 것이다. 군사예산의 지속적인 증액으로 지위를 누리고 이익을 얻는 이 '군부-무기산업 자본-반공 우익 정치가-무기 개발 두뇌(이론가, 과학자)' 집단은 '미국 본토'를 미사일로 위협하는 '새로운 적'을 찾아내야 한다.

전략미사일을 보유한 영국과 프랑스는 미국의 동맹국이다. 일본의 '비군용' 로케트 세력은 미국의 통제하에 있다. 구소련의 퇴색한 러시아는 그 전략무기(핵과 미사일)의 해체 계획을 미국의 예산과 미국 핵·미사일 전문가·군 감시관 들의 지휘하에 진행해 왔다. 미·소 전략무기 감축 계획과 미·소간 대륙간탄도미사일요격망협정(ABM) 등으로 소련은 다량의 장거리 폭격기와 핵탄두, 그 핵탄두가 장착된 전략탄도미사일, 그리고 사용된 핵물질의 해체와 그 수송 및 안전 저장에 필요한 자금(비용)을 미국 정부 예산에서 제공받고 있다. 즉 러시아의 핵·미사일 전략무기는 미국의 통제하에 있다 해도 과언이 아니다. 이 목적의 예산 지출을 그 법안 공동 제출자인 리처드 루거 상원의원(공화당)과 샘 넌 상원의원(민주당)의 이름을 따서 'Nunn-Lugar 계획'으로 약칭하는 그 정식 법안명은 '미·러 협동 위기감소계획'(The Cooperative Threat Reduction Program)이라고 한다.

1991년부터 시작된 러시아와, 지금은 독립한 구소련 공화국들의 전략무기 해체 작업비용으로 미국 정부는 1991~1999년 기간에 약 31억 달러를 지출했다. 클린턴 정부는 이 사업의 2000~2005년간 후속 계획 예산으로 금년에 새로이 42억 달러를 요청하고 있는 상태이다.(합계 73억 달러의 미국 정부 돈으로 러시아의 핵무기·탄도미사일 군사력이 실제적으로 미국 관리하에 들어간 것이나 다름없다.)

중국이 미국 본토를 핵미사일로 공격할 이유도 조건도 없다. 50~100년 후라면 모르지만, 지금으로서는 중국이 직접 미국과의 전쟁을 구상할 이유도 없고 능력도 없다. 지구상에는 감히 미국 본토를 핵미사일로 공격할(또는 할 수 있는) '적'은 존재하지 않음이 분명하다. 그럴수록 미국의 '군부-무기 개발·생산자본-군수산업 지원 정치인-무기 개발 이론가·과학자·기술자'들의 이익 연합집단은 기어이 잠재적 또는 심지어 현재적 적대자를 어딘가에서 찾아내야 한다. 그렇게 해서 그들의 눈은 동북아시아의 조그만 반도의 북쪽 절반에서 'North Korea'라는 '괴물' 또는 '불한당' 국가를 찾아낸 것이다. 미국의 연간 군사예산과 이 동북아의 작은 나라의 군사예산은 실제로 거의 100대 1이다. 그리고 이 나라는 생명을 유지하기조차 급급한 실정이다. 됐다! 미국의 이 집단은 돈을 챙길 수 있는 기회와 권력과 지위를 계속 누리고 높일 수 있는 구실을 찾아내는 데 성공한 것이다. "노스 코리아가 대포동미사일로 미국 본토를 공격하려 한다!" 바로 그러고 있을 때에 북한은 인공위성 로케트(미사일)를 발사한 것이다. 그 2단계가 일본을 넘어가서 떨어졌다. 이것을 구실로 30년간 억제되어 왔던 일본의 군사대국화의 꿈을 단숨에 실천할 '북한 미사일 위기론'이 동북아시아의 공기를 진동하기 시작했다.

그들의 계획은 2중 구조의 미사일 요격망 구축이다. 하나는 북한을 상대로 한 일본·남한·대만·오끼나와……가 가입하고, 그 땅을 기지로 하는 이른바 '지역미사일방위망체제'(TMD, Theater Missile Defense)이고, 미국 본토에 설치하려는 것이 '전국미사일방위망체제'(NMD, National Missile Defense)이다. 이들 미국의 세력은 의회에서 금년 초에 제1차적 목적을 달성했다. 한반도 주변에서와 미국 본토에 설치할 그 두 '환상적' 계획을 추진할 예산안을 통과시키는 데 성공한 것이다. 2000회계년도 1년간의 예산으로 NMD 비용 12억 8,660만 달러, TMD 개발착수비로 29억 6,250만 달러, 합계 42억 4,910만 달러. 이뿐이 아니다. 그들은 ① 해군용 광역 및 지역용 ② 육군 지대공 ③ 공군 및 우주궤도 정착용 등과 같은 미사일 요격망 개발비로 합계 22억 80만 달러를 예산에서 따내는 데 성공하였다. 사실, 이 같은 새로운 '우주전쟁' 계획은 1972년에 체결된 미·소간 '탄도미사일요격협정'(ABM)이나 그 후의 '전략무기제한협정'(SALT)이나, '전략무기감축협정'(START) I 및 II의 국제적 합의에도 위반되는 것이다. 그러나 '노스 코리아'라는 나라는 이런 모든 우주전쟁 군사계획을 정당화할 만큼 미국의 운명에 '치명적' 타격을 줄 수 있는 미사일 위협이라는 것이다!

이상이 한반도 핵·미사일의 군사 정치학의 절반의 진실이고 진상이다.

한반도에서의 핵·미사일 위협의 역사적 전개

1. 남한의 핵·미사일 무장화 계획

북한은 1965년에 소규모의 기술자 연구 및 훈련용 원자로 1기를 도입하고, 1986년에는 시험용 원자로(5MW급)를 소련으로부터 제공받아 건설·운영해 왔다. 그 후 원자로 운영 과학자 및 기술자 집단의 양성에 따라서 발전용 원자력발전소(50MW급)를 1980년대 말에 건설중에 있었고, 1990년대 말에 준공 예정으로 건설을 시작한 발전소(200MW급)가 착공단계에 있었다. 그 밖에 1970년대에 소련 과학기술자들의 도움으로 5MW급 원자로를 건설한 노하우의 축적으로 1987년에는 자체 기술로 30MW급 흑연감속형 원자로를 준공시킨 것으로 알려져 있다. 한국에서는 현재 12기의 원자력발전소가 가동중이며, 건설중인 것이 6기나 있다. 1980년대에 장차 16기 또는 19기의 원자로 증설을 계획했었으나, 계획의 수정이 있어서 확실치 않다.

국제원자력기구(IAEA)의 사찰 조건을 전제로 핵확산금지조약에 가입한 것은 남한(한국)이 1975년, 북한이 1985년이다. 한국의 조약 가입년도가 1975년인 데는 이 글의 내용과 관련이 있다. 뒤에서 상술하겠지만, 박정희 대통령은 미국이 베트남전쟁에서 핵무기를 사용하지 못한 채 '참패' 하여 휴전협정에 조인하고 미군철수를 시작한 1972년 경부터, 미국의 핵무기 사용을 포함한 확고한 한국 보호의 능력과 의지를 의심하게 되었다. '닉슨 독트린' 으로 미국 정부는 앞으로의 한반도 군사분쟁에 6·25 전쟁식으로 직접 군사개입을 할 의사가 없음을 천명하였다. 이것은 한국의 의혹을 더욱 확고하게 했다.

미국의 베트남 패전, 앞으로의 아시아 군사분쟁에 대한 닉슨 독트린의 불개입 정책(1991년), 그에 따른 주한미군 1개 사단 철수, 북한의 종합적 국력과 국가적 위상에 비해서 거의 비교할 수도 없이 허약한 한국(남한)의 극단적인 열세와 패배의식 등…… 요인이 복합적으로 작용해서, 박정희 대통령의 정치적 '유신' 체제(1인 영구 군사독재)와 군사적 '자주국방' 정책이 발동했다.(1992년 10월) '자주국방' 의 핵심은 남한 독자적으로 핵무기와 미사일을 개발하여 압도적으로 우월한 북한에 대항하려는 전략이었다.

그러기 위해서 박정희와 군부는 급히 무기 개발 연구기관들을 설립하고, 1972년에는 프랑스로부터 2,300만 달러 가격의 우라늄 재처리시설 도입

계약을 비밀리에 체결했다. 1978년 8월 15일까지 사거리 350km의 유도탄 제조 및 작전 배치 1980년 8월 15일 핵폭탄 실험 및 완성을 목표로 진행되었다.[7] 이 구상과 계획은 미국 정부가 프랑스와의 비밀 계약을 탐지하고 박정희에게 핵·미사일화 계획의 폐기를 강요함으로써 일단 백지화되었다. 그러나 그는 그 후에도 여러 가지 민간 연구기관의 이름으로 설치한 핵무기·미사일 개발계획을 계속하였다. 그 결과로서, 1978년 9월 박 대통령이 "국방과학연구소가 추진중인 핵개발이 95% 진전됐다는 보고를 받았다"고도 알려져 있다.[8]

그 밖에도 박 대통령은 1981년의 국군의 날 행사에서 핵폭탄과 미사일의 독자적 생산에 성공했다는 사실을 전세계에 공표하고, 동시에 대통령직에서 물러나겠다는 말을 1979년 1월에 측근에게 했다.[9] 박정희는 그 꿈을 실현하지 못하고 그의 측근 중앙정보부장(CIA)의 손에 사살되었다. 역시 쿠데타로 집권한 그의 후임자인 군인 출신 대통령 전두환 대장도 캐나다와의 비밀협정으로 독자적 핵·미사일 군대의 창설을 시도했다. 그러나 이 역시 미국의 압력으로 백지화되었다.

한국의 군부와 통치자가 1970년대에 독자적 핵·미사일 군사력 확보를 서두른 이유는 다음과 같다.

· 베트남전쟁은 하위 동맹국을 위해서 미국이 핵무기 사용(보호)을 할 수 없다는 사실이 입증되었다. 남베트남의 운명이 이를 입증했다.

---

7) 박정희 대통령의 당시 비서실장, 그 후 외무장관 이동원, 『대통령을 그리며』(고려원, 1992), 356~357쪽.
8) 1993년, 국방과학연구소에 대한 국회 국정감사에서 당시 민주당 의원·전 보안사령관의 발언.
9) 당시 청와대 공보비서관 선우 연의 말. 조재길, 『한반도 핵문제와 통일』, 66쪽에서 재인용.

· 남한의 경제력과 물적 생산력이 북한보다 크게 열악했다.
· 물적 생산력·공업·과학·기술면에서 북한보다 열등했다.
· 따라서 남한의 재래식 군사력은 북한의 그것보다 취약하여, 재래식 무기의 생산·강화로 북한 군사력을 따라잡기에는 오랜 시간이 걸린다.
· 국민의 정치적 결속과 사회적 응집력이 취약하다. 독자적으로 전쟁에 대처할 만한 정치·사회적 기반이 약했다.
· 북한에 비하여 국제사회에서의 지원세력이 약했다. 북한은 당시의 국제 정치세력이었던 제3세계와 비동맹국가 진영의 한 영도적 국가였고, 그 세력의 강력한 지지를 받고 있다. 그에 반해 남한은 미국에 반예속적이어서, 그렇기 때문에 국제적 위상이 허약했고, 국제적으로 고립 상태에 있었다.
· 그 모든 요소들의 종합적 차이로 북한에 의한 남한의 흡수통일의 위험이 컸다.

이상의 모든 사실을 종합하면 다음과 같은 중요한 결론이 논리적 귀결로 도출된다. 즉 한반도의 남·북은 그 어느 쪽이건, 배후적 강대국에 버림받고, 국제사회에서 고립되고, 그런데다가 국내적 제반 생명력이 쇠퇴하면 상대방에 대해서 흡수통합의 위협을 느끼게 된다. 압도적 열세의 상태에 몰린 한쪽은 국가적 존립의 위기를 타개하거나 극복하기 위해서 최후의 '자위적' 선택을 하게 된다. 핵무기와 미사일이 그것이다. 남한의 박정희 정권이 1970년대에 놓였던 내외적 조건과 상황이 그랬고, "죽지 않기 위해서" 손을 댄 것이 핵무기와 미사일이었다. 그것은 남한이 자기보존을 위해서 취할 수밖에 없었던 당연하고 정당하고 합법적인 선택이었다.

2. 북한의 국가적 실정과 생존전략

1990년대에 북한이 처한 국내외적 처지는 한 마디로 요약해서 1960~1970년대에 남한이 놓여 있던 비참한 상황과 같다. 정확하게 반대의 입장에서 똑같은 정도의 위기, 아니 20여 년 전에 남한이 놓였던 위기 상황보다 몇 배 내지 몇십 배 더 심각한 위기 상황에 놓여 있다. 북한의 군부와 국가 통치집단은 20년 전에 박정희 남한 통치자가 두려워했던 바로 그 위기 상황에 처했고, 위기에서 살아 남기 위한 최후의 자위적 선택을, 남한의 상대방이 취했던 바로 그 선택을 하게 된 것이다. 역시 핵무기와 미사일이다.

남·북한은 그 대치적 조건·환경이 너무나 흡사하기 때문에 문제해결을 위한 사고·행동·선택의 체계가 거의 일치한다.

이에 관해서는 이미 충분히 많은 정보와 사실들이 공개되었다. 북한에 대한 극단적 적대심을 품은 광적인 극우·반공주의자도 이제는 북한의 위기 상황에 대해서는 거의 정확한 인식을 하고 있다고 믿어진다.

그 인식을 이성적으로 일보 전진시키면 다음의 상황판단에 도달한다. 즉 ① 남·북한은 동일한 상황 조건에 대해서 동일한 대응을 한다. ② 남·북한은 어느 쪽이건 국가의 존망이 위태로워진 조건에서는 자위의 최종수단으로 핵무기와 미사일 개발에 착수한다. ③ 남한, 박정희 대통령 정권은 1970년대의 그 같은 조건에서 핵과 미사일 무장 계획을 추진했다. ④ 박 대통령의 자체적 핵·미사일 군사 계획은 그 국가적 위기 환경에서 남한 국민으로서는 유일하고 정당할 뿐 아니라 합법적인 주권 행사였다. ⑤ 당시에 만약 소련이나 중공이 남한 핵·미사일 보유화 계획에 전쟁으로 협박했다면 남한 정권 역시 당연히 저항했을 것이다. ⑥ 북한은 20여 년 전 남한이 직면한 것보다 몇 배 심각한 국가 존립의 위기 상황에 처해 있다. ⑦ 북한의 김일성 주석이나 통치집단은 20년 전 남한의 통치집단이 선택했던 핵·미사일 군사력으로 위기를 정면돌파하려 하고 있다. ⑧ 1970년대 초의 위기 상황에서 남한의 핵무장 계획이 정당한 주권 발동이었다면, 1990년대의 상황에서 북한의 핵무장 계획도 정당한 주권 행사이다. ⑨ 1970년대 상황에서 소련이나 중공이 남한의 핵·미사일 계획에 군사공격을 가해 온다면 불법·부당하듯이, 1990년대의 북한 계획에 대해서 미국이 전쟁으로 위협하는 행위 역시 불법·부당하다.

3. 한·미 방위동맹과 조·소, 조·중 군사동맹의 특징과 성격차

북한은 1961년 7월 6일 소련과, 그리고 일 주일 뒤인 7월 11일에는 중공(중국)과의 '우호협력 및 상호원조에 관한 조약'을 체결했다. 북한의 그 배후 강대 동맹국들과의 군사동맹 협정의 날짜가 지니는 특별한 의미에 주목해야 한다. 남한(한국)은 1954년 10월에 미국과 '상호방위조약'(한미방위조약)을 체결했으나 북한 정권은 1961년 중반까지 소련과 중공과의 군사동맹 체결을 거부해 왔다. 소련은 북한의 항구를 소련 극동함대의 기지로 제공할 것을 북한 정권에 끈질기게 요구했지만, 북한은 이를 역시 끈질기게 거부했었다. 북한 지도자와 정권의 철학 때문이다. 즉 약소국이 강대국의 (그것이 아무리 이데올로기적 우방이라 하더라도) 군사적 예속 또는 주종관계에 들어가면 국가적 자주성, 즉 국가의 정치적 주권을 상실하게 된다는 생각과 두려움에서였다. 북한 정권은, 소련이 1970년대에 세계의 소련의 하위 동맹국가들에 대한 합법적 지배권을 강화하기 위해서, 브레즈네프 당서기장이 제창한 약소 동맹국가들의 '제한주권론'(制限主權論)의 패권주의적 의도를 경계하고 배격했다. '제한주권론'은 미·소 초강대국이 각기 그 지배하의 하위 동맹국들의 주권 행사를 미·소에 제한적으로 위탁케 하려는(사실상 해 온) 것으로, 동유럽 공산국가들은 이를 수락했다.

그런 강한 주권의식을 고집했던 북한 지도자가, 소련과 중공과의 군사동맹 조약을 일 주일의 간격을 두고 서둘러 체결하기로 정책을 바꾼 까닭은, 그 직전에 남한에서 일어난 중대한 사태 변화 때문이다. 그해 5월 16일 남한의 군부가 "확고한 반공을 국시의 제1로 삼는다"는 구호를 내걸고 쿠데타로 문민정부를 타도하고 군부독재 정권을 수립했다. 북한 정권은 5·16 군부 쿠데타와 강경 반공주의 군사독재 정권의 수립이 북한에 대한 군사공격을 준비하는 미국과 남한의 협동적 의사표시로 해석했다.

한미방위조약은 그 제4조에서 다음과 같이 규정하고 있다.

"체약 쌍방은 합의에 의하여 대한민국은 그 영토 내와 주변 해·공역에 미합중국이 그 육군·해군·공군을 주둔·배치하는 권리를 허여(grant)하고 미합중국은 이를 수락(accept)한다."

이 조약으로 대한민국의 영토·영해·영공은 어떤 단서나 제한이나 조건 없이, 미국(군대)의 뜻대로 이용할 수 있는 군사적 예속국가가 되었다. 게다가 한국군 작전통제권(작전지휘권)은 6·25 전쟁 첫 단계(1950)부터 주한미군 사령관의 손에 위양되어 있다. 미국 연방정부가 주(州)에 연방군 부대를 이동·배치할 때에는 주 정부와의 협의와 동의가 필요하다. 대한민국의 영토·영해·영공은 미국 군대의 사용에 관한 한, 미국의 주(州)보다도 하위의 위상이고 무권력이다.

이런 '한미방위조약' 군사동맹의 특성에서 5·16 반공 군부독재 정권의 수립이 북한 정권에 주었을 충격은 상상하기 어렵지 않다. 김일성은 즉각 모스크바와 북경을 일 주일 간격으로 달려갔다. 그는 초강대국과의 군사 동맹관계는 약소국의 정치적 주권을 대가로 해서만 유지된다는 평소의 신념을 접고서 두 강대국과의 군사조약을 체결했다. 그렇지만 조·소, 조·중 상호원조조약과 한미방위조약과의 사이에는 중요한 차이가 있다. 그들 조약에서는 소련이나 중공이 당연한 권리로서 북한(조선민주주의인민공화국)의 영토·영해·영공에 군사기지를 마음대로 설치하거나 군대를 배치하는 권리가 인정되지 않은 사실이다. 북한의 군대가 소련군 사령관이나 중공군 사령관에게 그 작전지휘권을 반영구적으로 넘겨 버리는 조항도 없다.

한국전쟁에 참전했던 중공군은 전쟁이 끝난 5년 뒤인 1958년 10월 1일까지 사이에 완전히 철수했다. 북한은 군사동맹의 존재와는 무관하게 양 강대국에 대해서 국가의 군사적 및 정치적 주권을 지키는 데 성공한 듯이 보인다. 그러나 주권을 지키기 위해서 바쳐야 했던 대가는 크다. 즉 국가 방위를 위한 군사비는 거의 자체적으로 부담해야 했다. 그 부담은 마침내 1980년대 말 경에는 북한 경제의 붕괴를 초래하기까지 된다. 이 군사적 부담에는 러시아나 중국에 의존하지 않기 위해서 선택한 핵과 미사일의 독자적 개발비도 큰 몫으로 포함된다. 그 이유는 소련의 북한 포기이다.

4. 북한 핵·미사일 독자 개발 결정의 직접적 계기

소련의 고르바초프는 1986년 7월 28일, '신 아시아·태평양지역 노선'을 발표한 직후(10월 22일), 평양을 방문하여 미국과의 협력·우호관계 수립, 남한(대한민국)에 대한 국가 승인과 정식 외교관계 수립, 북한과의 과거 동맹관계의 청산 의사를 직접 김일성에게 통고했다. 북한과의 군사동맹 조약의 사실상의 폐기 의사가 통고되었다. 맹렬하게 저항하는 김일성과 북한 군부를 달래기 위해서 1988년에 고르바초프는 28대로 알려진 MIG-29 첨단 전투기를 북한에 제공했다. 그 직후(1988년 9월 16일)에 소련 정부는 남한과의 국교수립 의사를 공개적으로 발표했다. 고르바초프의 특사인 셰바르드나제 외상이 다시 1990년 9월 말 평양을 방문하여 러시아-한국 국교 수립 결정을 공식 통고함과 동시에 조·소(러) 군사동맹의 사실상의 해체를 통고하였다.

김일성 주석은 셰바르드나제와의 면담을 거절했다. 김일성을 대신한 김영남 외상은 소련 외상에게 러시아 정부의 '배신 행위'를 규탄하고 러시아 측에 두 가지 결심을 전달했다. 소련에 의존했던 "'일부 무기'를 독자적으로 개발키로 결정했다"는 것이었다. 이 '일부 무기'가 미사일을 뜻한 것으로 해석된다. 그는 또 "독자적 핵무기 제조의 권리를 보유한다"고 강조했다. 정확하게 20년 전에 미국의 '닉슨 독트린'에 따르는 대한국 정책 수정에 대응해서 박정희 대통령과 한국 정부가 선언한 독자적 핵·미사일 군사력 보유 결정의 북한판이라고 할 수 있다.(북한의 경우는 그보다 몇십 배 더 심각한 위기였다.)

이 때에 남한에는 약 700개로 추산되는 미국의 각종 유형과 용도의 핵무기가 북한을 공격목표로 하여 언제나 발사 준비상태에 있었다.(미국 국방정보센터 소장 라로크 제독, 1976년, 661~686개;『뉴욕 타임즈』, 1983년 11월 15일 보도, 250개;『워싱턴 포스트』, 1983년 10월 19일 보도, 346개, 괌도 포함; 기타 많은 정보 원천들도 대동소이했다.) 북한의 결정은 이 같은 상황 배경에 비추어 보아야만 공정한 이해가 가능하다. 북한이 이 위기 상황을 완화하고 그 진행을 지연시키려는 계산에서 택한 결정이, 그때까지 반대해 온 남·북한 동시 유엔가입(1991년 9월)과 「남북합의서」 조인이다.(1991년 11월)

5. 정전협정과 핵·미사일 무기의 관계

북한 영토 내에 소련이나 중공의 군사기지도 주둔부대도 없고, 그들의 핵무기나 미사일도 없던 1958년에 주한유엔군사령부는 주한미군의 유도탄(마타도어) 보유 사실을 발표했다. 이에 앞서서 한국전쟁의 정전협정 체결 3년 후에 이미 미국은 남한에 '신무기'를 배치했다고 발표했었다.(1956

년 8월 3일, 레드포드 미국 합참본부 의장) 미국이 남한 내에 핵폭탄과 핵미사일을 반입·비치한 사실은, 미국 정부의 '시인도 부인도 하지 않는 정책'의 허위성을 입증하였다. 한국인들 중에는 1992년에 미·소(러) 합의로 미국의 한국 비치 중거리 핵·미사일 철거 사실이 미국 정부에 의해서 공식 발표될 때까지도, 미국의 핵무기와 핵미사일이 한국에는 없다고 믿고 있던 순진난만한 사람들이 대다수였다.

사실은, 미국 정부는 미국의 핵·미사일 무기의 남한 배치를 추진하기 위해서 정전협정이 발효한 지 4년 뒤인 1957년(5월 22일), 정전협정 제2조 12 (d)항을 일방적으로 폐기한다고 선언했다. 이 제2조 12 (d)항은 무엇인가? 그것은 이렇게 규정하고 있다.

"정전협정 발효 후 Korea의 국경 밖으로부터 반입이 허용되는 무기는 정전 기간에 파괴·파손·손모 또는 소모된 작전용 비행기·장갑차량·무기 및 탄약, 동일한 성능과 동일한 유형(類型)의 것으로 하여, 그 수는 1:1로 교환하는 기초 위에서 교체할 수 있다.……"

한국전쟁중에 핵무기와 (핵)미사일은 쌍방간에 사용된 바 없다. 코리아의 남·북 어느 쪽에도 들어온 일이 없다. 미국이 정전협정 제2조 12 (d)항의 일방적 폐기를 공산측 정전위원회에 통고한 것은 핵폭탄과 핵미사일을 아무런 제약 없이 남한에 배치하기 위한 선행조치였다. 북한과 중공측은 이것이 미국의 정전협정 위반임을 규탄했다.

정전협정 제4조 6항은 다음과 같이 규정하고 있다.

"본 정전협정에 대한 수정과 증보(增補)는 반드시 적대(敵對) 쌍방 사령관들

(미국 · 북한 · 중공)의 상호합의를 거쳐야 한다."

앞에서 검토한 바와 같이 미국은 이미 협정 조인 3년 뒤부터 정전협정 제4조 6항을 위반하여 북한을 공격목표로 하는 핵폭탄 · 핵탄두 · 핵지뢰 · 핵배낭, 핵미사일 등 각종 핵무기 수백 개를 배치하였다. 북한은 북한 영토에 소련과 중공의 핵 · 미사일 배치를 허용하지 않았다. 이 치명적인 무력의 질적 불균형과 그 무기 배치의 정전협정 위반 사실도 한반도(특히 북한과 미국)의 핵 및 미사일 문제를 보는 시각 속에 공평하게 넣어야 한다. 미국이 정전협정을 어기고 핵 · 미사일을 도입하기 시작한 1956년부터 30년간 북한은 정전협정의 의무를 지켜 중 · 소의 핵 · 미사일 없이 비핵 정책을 지키다가, 소련의 핵우산 포기(1991년) 통고를 받고 총력을 투입하여 본격적인 자체적 핵과 미사일 군사화에 돌입하였다. 한반도에서, 특히 미국과 북한 사이의 핵무기 분쟁에서 그 범법 책임은 어느 쪽에 있는가? 그 답변은 자명하다. 그 주요 책임은 북한이 아니라 미국에 있다 할 것이다.

6. 핵 불보유국에 대한 미국의 핵 선제공격권 독트린의 문제

미국은 과거 세계의 45개국과 군사적 방위협정을 맺어 왔다. 이들 피보호국들에 대한 보호 의무는 최종적으로 그들의 가상적(과거에 소련과 동구 공산 국가들, 중공, 북한, 쿠바……)에 대한 핵무기 사용을 포함하고 있다. 미국은 그러나 이들 가상적국들에 대한 미국 핵무기 사용의 일반원칙은 '핵무기 대 핵무기' 였다. 소련을 정점으로 하는 바르샤바동맹군과의 일반원칙도 '재래식 무력 대 재래식 무력' 이었다. 특히 1972년에 북대서양동맹(나토)과 바르샤바동맹간에 전유럽안보협력협정(CSCE) 체결을 위한 동 · 서 유럽 국가들의 회의(헬싱키회의)가 시작되고 협정이 체결된 1975년 이후에는 미국의 핵무기와 전략미사일은 사실상 그 용도를 상실한 셈이다.

그런데 이 핵 일반원칙에서 유일하게 제외된 국가가 북한이었다. 미국은 이란·이라크·쿠바·수단·리비아 등 미국이 규정하는 '불한당 국가'들 중에서도 유일하게 북한에 대해서 '재래식 무기 대 핵무기', 즉 핵무기의 '선제공격 사용권'을 고수해 왔다.

'노스 코리아'에 대해서만은 미국은 언제나 핵공격을 가할 권리를 갖는다는 미국의 오만은 미국 육군참모총장 에드워드 마이어 대장의 공개적 발언에서 잘 드러났다. 마이어 육군참모총장은 그의 공개발언 장소를 서울로 택한 기자회견(1983년 1월 23일)에서 다음과 같이 밝혔다.

· 북한에는 우리가 아는 한 소련이나 중공 또는 자체의 핵무기·미사일이 없다.
· 북대서양동맹(나토) 국가들에 배치된 미국 핵미사일의 발사는 그 국가들 정부와의 사전협의가 필요하다.
· 그 때문에 유럽에서의 미국 핵미사일의 사용에는 제약이 있다.
· 그러나 한국에 배치된 핵미사일 발사 여부의 기본적 판단과 권리는 주한미군 사령관에게 있다. 주한미군사령관은 그 판단과 결정을 미국(과 한국) 대통령에게 보고하면 된다.

북한을 핵공격해야겠다고 최종 판단한 주한미국군 사령관 겸 한국군 작전지휘권자의 판단과 결정에 이의를 제기할 남한의 대통령이 있겠는가? 이의를 제기할 정치적 독자성이나 군사작전상의 여지나 있겠는가? 이것은, 미국이 중동지역 석유자원의 독점적 확보를 위해서 중동지역에서 아랍 국가들을 상대로 전쟁을 개시할 때 소련의 군사적 대응의 압력을 분산시키기 위해 한반도에서 전개할 '제2전쟁'(제2전선)에, 한국군은 지상공격으로, 미국은 핵미사일로 북한을 공격한다는 와인버거 미국 국방부장관의 이른바 '2개 전선 전쟁'(Two Front War)과 함께 나온 대북한 협박이었다. 핵무기 없는 약소국 북한에 대해 미국이 세계에서 유일한 '핵 선제공격권'을 가지고 끊임없이 협박할 때 북한으로서는 '죽는 권리' 밖에 없는 사정이었으리라는 것은 상상하기 어렵지 않다. 이 공포감을 현실적으로 표현한 것이 한·미 공동 팀스피리트 훈련이다. 미국의 1991년 대이라크 전쟁 규모의 가공할 핵군사력을 그대로 휴전선 바로 남쪽 육지와 바다와 공중에 전개한 연례적 핵전쟁 훈련을 하면서, 그 상대방에게 핵무기도 미사일도 용납할 수 없다는 논리와 주장은 아무리 너그럽게 해석하려는 사람에게도 상식을 벗어난 것이었다. 북한의 입장에서는 어떠했겠는가? 어느 모로 보나 그것은 힘의 논리가 아니었을까?

7. 미국-한국 팀스피리트 훈련의 전쟁논리

'팀스피리트' 미국-한국(미·한) 3군 합동 군사훈련은 1976년 6월에 시작하여 25년간 해마다 실시되어 온 대북한 핵공격·상륙작전 훈련이다. 북한을 대상으로 한 '팀' 훈련은 미국이 1972년 이후 전세계에서 실시하는 동맹국가(들)와의 군사 합동훈련 중 그 규모에 있어서 최대·최상급이며, 이라크 공격전(1991년) 같은 실제 전쟁을 제외하면 유일한 '전쟁급' 핵 합동군 훈련이다. 1975년에 바르샤바동맹과 북대서양동맹의 동서 진영 35개국이 군사대결 체제의 해체를 의미하는 전유럽안전보장협력회의(CSCE) 이후, 쌍방의 군사충돌 예방을 위한 '최종합의서'의 규정으로 미국이 그 동맹국과 평화시 상황에서 사단급(병력 15,000명) 이상의 병력을 동원하는 군사훈련(그것도 매년 고정적으로 실시하는)은 지구상에서 없어졌다. 그 때문에 미국은 지구상 어딘가에서 미국 육·해·공군의 전쟁 규모의 합동 핵 군사

팀스피리트 훈련 개요(1976~1987)

기간	병력*	미군의 주요 참가부대*	주요 훈련내용
1976 6.10~20	46,000명 미군 6,000명 한국군 40,000명		상륙작전
1977 3.28~4.13	87,000명 미군 13,000명 한국군 74,000명	오키나와 주둔 제18전술전투항공단, 오키나와 주둔 제9수륙양용여단, 제1해병항공단, 제7함대(항공모함 미드웨이)	상륙작전, 지상공격훈련
1978 3.7~17	104,000명 미군 45,000명 한국군 59,000명	제25보병사단, 랜스미사일대대, 괌 주둔 B-52편대, 제7함대(항공모함 미드웨이), 오키나와 주둔 제3해병사단	해군기동훈련, 긴급출격훈련, 상륙작전, 비상활주로 이착륙훈련, 도하작전, 랜스미사일 발사훈련
1979 3.1~17	160,000명 미군 56,000명 한국군 104,000명	오키나와 주둔 해병대, 제1해병항공단, 랜스미사일대대, 제7함대, 괌 주둔 B-52편대, 제25보병사단	상륙작전, 대잠수함작전, 랜스미사일 발사훈련, 출격훈련, 공지합동훈련
1980 3.1~4.20	145,000명 미군 42,800명 한국군 102,000명	제25보병사단, 오키나와 주둔 해병대, 알래스카주둔 공군, 제7함대(항공모함 미드웨이)	도하작전, 해군기동훈련, 지상공격훈련, 상륙작전, 출격훈련
1981 2.1~4.10	156,700명 미군 56,700명 한국군 100,000명	제25보병사단, 제7보병사단, 오키나와주둔 제3해병사단, 괌 주둔 B-52편대, 제7함대	상륙작전, 도하작전
1982 2.13~4.26	161,600명 미군 61,600명 한국군 100,000명	제25보병사단, 제7보병사단, 오키나와주둔 제3해병사단, 괌 주둔 B-52편대, 필리핀주둔 미 공군, 제7함대(항공모함 미드웨이)	항공모함 기동훈련, 상륙작전, 도하작전, 화력시범훈련
1983 2.1~4.16	191,700명 미군 73,700명 한국군 118,000명	제7보병사단, 제25보병사단, 제7함대(항공모함 미드웨이, 엔터프라이즈), 괌 주둔 B-52편대, 필리핀주둔 미 공군	도하작전, 해상작전, 기뢰전훈련, 야외기동훈련, 상륙작전, 화력시범훈련
1984 2.1~4월 중순	207,150명 미군 59,800명 한국군 147,300명	제25보병사단, 제7보병사단, 오키나와주둔 해병대, 알래스카주둔 공군, 제7함대(항공모함 키테이호크), 괌 주둔 B-52편대	상륙작전, 기뢰전훈련, 전략공수공중투하훈련, 전투기 전투훈련, 도하작전
1985 2.1~4.30	209,000명 미군 62,000명 한국군 147,000명	제25보병사단, 오키나와주둔 해병대, 제7함대(항공모함 미드웨이), 괌 주둔 B-52편대, 알래스카주둔 공군, 오키나와주둔 특수부대	상륙작전, 전략공수공중투하훈련, 기뢰전훈련, 도하작전, 화학전훈련
1986 2.10~4.25	209,000명 미군 70,000명 한국군 139,000명	제25보병사단, 제9보병사단, 오키나와주둔 해병대, 필리핀주둔 미 공군, 괌 주둔 B-52편대, 제7함대(항공모함 미드웨이)	상륙작전, 공격작전, 해상작전, 비상이착륙훈련, 지상공격훈련
1987 2.19~5월 상순	한미군 합쳐 약 20만 명	제25보병사단, 제9보병사단, 제7보병사단, 오키나와주둔 해병대, 필리핀주둔 미 공군, 제7함대(항공모함 레인저)	상륙작전, 비상이착륙훈련, 해상훈련, 해당군수지원훈련, 화학전훈련

출처: 『군사민론』 52호; 강성철 지음, 『주한미군』(일송정), 91~92쪽에서 재인용. * 표시된 참가부대와 병력은 한반도 밖에서 증파된 것뿐이다. 참가한 주한미군을 합하면, 그 부대와 병력은 여기 표시된 것보다 훨씬 많다.

훈련을 매년 실시할 수 있는 구실과 장소와 대상을 필요로 하게 되었다. 이것이 '미·한 합동 팀스피리트' 훈련이다. 북한을 대상으로 하는 '팀' 훈련이 유럽 공산국가들의 바르샤바동맹을 상대로 한 북대서양동맹(NATO)의 전쟁 규모 훈련을 할 수 없게 된 1976년부터라는 시기의 일치를 주목해야 한다.

그러함에도 불구하고 미·한 '팀' 훈련은 해마다 미국의 공격형 핵항공모함 2척을 중심으로 20여 척의 핵장비 함대, B-52 핵폭격기 편대와 각종 핵공격 전폭기 편대를 주공격력으로 하여 평균 20만의 미·한 육군 지상병력이 참가하는 세계 최대·최강력급의 대북한 공격 훈련이다.(참가 병력은 첫회인 1976년 4만 6천 명, 1978년 10만 4천 명, 1979년 16만 명, 1980년 14만 5천 명, 1985년 이후는 최고 수인 20만 9천 명으로 급증하였다. 이 시기가 대북한 핵공격 전쟁을 상정한 '5027 90일 작전' 계획의 수립과 일치함을 유의할 필요가 있다.) '팀' 훈련은 바로 이라크 공격 미국 육·해·공군의 실전 규모이다. 그 훈련 기간은 세계 군사훈련에 유례가 없는 60일~90일이다.(앞의 표 「팀스피리트 훈련 개요 1976~1987」 참조할 것)

북한은 '팀' 훈련이 시작되는 순간부터 국가비상사태를 선포하고, 공업생산기관·광산·농업·수산 기능이 국토방위태세로 전환한다. 국가의 생산 기능이 정지되고, 전인민이 무장배치된다. '팀' 훈련이 끝날 때까지 60일 또는 90일 동안 국가의 경제·사회·문화적 활동은 정지된다. 미국이 해마다 20여 년간 계속한 팀스피리트 미·한 공동군사훈련은 바로 이같이 북한의 국력을 소모시키고 북한의 군사적 대응 능력과 기능을 점검하기 위함이었다. 지구상의 어느 다른 국가에 대해서도 미국이 감행하지 않는, 오로지 북한에 대해서만 25년간 계속해 온 핵공격 협박인 것이다. 핵군사력을 갖지 않는 약소국가에 대해 세계 최강 핵군사력이 일방적으로 핵전쟁 위협을 25년이나 계속하는 행위는 어떤 구실이나 변명으로도 합리화할 수 없는 사실상의 공격행위라 할 것이다.

만약 블라디보스톡에 기지를 둔, 소련 해군 극동함대의 공격형 핵항공모함 2척을 중심으로 20여 척의 핵공격 함정과 소련의 가공할 '베아' 핵폭격기 편대와 순항미사일 발사용 전폭기 편대를 해상과 공중에 전개하여, 1986년의 미·한 '팀' 훈련의 경우처럼, 소련군 7만 명과 북한 인민군 13만 9천 명이 동원된 '소련·북한판 팀스피리트' 공격 합동작전을, 휴전선 바로 북쪽, 동해안의 강원도 간성과 서해안의 강화도 북쪽에서, 하루 이틀도 아닌 60일 또는 90일씩, 가령 자체의 핵무력이 없는 (게다가 미국 군사기지도 주한미군도 없는) 허약한 약소국 남한에 대해서 25년 동안이나 해마다 계속한(했)다면, 한국 국민과 정부는 그것을 어떻게 평가할(했을) 것인가? 세계는 핵초강대국 소련과 북한의 그 같은 드러내 놓은 핵전쟁 협박 행동을 뭐라 해석할(했을) 것인가? 북한에 소련군이나 중공군의 군사기지도 그 주둔 군대도 없는 것처럼, 가령 남한에 주한미군도 미군기지도 없이 고립무원인 비핵 약소국인 한국은 그 같은 소련·북한 합동의 '소·미 팀스피리트' 핵공격 군사훈련의 협박을 25년간이나 당하는 동안에, 독자적 핵무장과 미사일 무기의 개발을 구상하지 않았겠는가? 게다가 세계 제4위의 군사대국인 일본(북한에 대해서 철저한 적대적 태도로 일관하고 있는 과거의 식민제국주의)이 미·한 '팀' 훈련의 실제적인 제3의 합동훈련군으로서 '미·한·일 팀스피리트' 핵전쟁 훈련을 25년간 계속해 오고 있다면 어떠할까? 입장을 바꾸어 한 번쯤 북한의 처지에 서서 생각해 보는 이성적 태도가 아쉽다.

한국 국방부의 정보 종합·분석 결과에 의하면, 1986년부터 소규모로 동해에서 이루어진 소련-북한 해군 합동기동훈련은 1989년을 끝으로 종

북한군의 해·공군 합동훈련 감소실태(한국 국방부 발표)

구분 연도	1983	1984	1985	1986	1987	1988	1989	1990	1991	1992
횟 수	3	2	2	3	4	2	3	2	1	0
참가 함정(대)	132	176	89	118	99	39	81	58	18	0
참가항공기(대)	709	542	185	193	169	35	182	116	12	0

식되었다. 소련이 붕괴했기 때문이다. 북한은 1983년 이후, 군사훈련을 대폭 축소하였고, 1992년에는 단 한 건의 훈련도 실시하지 않은 것으로 발표되었다. 특히 해상훈련은 1982년부터 1991년까지 78%가 감소하고, 공군 훈련은 1972년 이후 최저 수준을 기록했으며, 1982년부터 1991년까지를 보면 64% 감소했다. 공군조종사 비행훈련도 최소한의 유지 비행 수준으로서, 모의 탑승훈련과 지상 학습훈련으로 대치하고 있다. 공군과 육군의 공·지 합동훈련도 1991년 이후 단 한 번도 실시하지 않았다. 특히 해군과 공군의 해·공 합동훈련은 1987년 연간 4회 실시하던 것을 1991년부터는 1회로 대폭 축소해 오다가, 그 후 그것마저 실시하지 않고 있다.(한국 국방부가 국회에 제출한 「북한군사 분석상황보고」, 『중앙일보』, 1992년 9월 3일자)

주한미군 사령관 겸 유엔군 총사령관 겸 한미연합군 사령관 로버트 W. 리스카시(Robert W. Riscassi) 대장은 이미 1991년 미국 상원 군사위원회에 제출한 「북한군사력 평가보고서」에서, "북한 군대는 사실상 군사력이라고 할 수 없으며, 북한군 병기창의 첨단무기인 미그-29 전투기는 부속품과 연료가 없어서 그 조종사의 비행훈련을 1년에 겨우 4시간 하고 있을 뿐"이라고 밝힌 바 있다.(『뉴욕 타임즈』, 1991년 6월 6일자) 같은 기간, 남한(한국) 공군전투기 조종사의 1인당 평균 연간 비행훈련은 약 130시간으로 알려져 있다.

미국군 최고 현지 사령관과 남한의 국방부가 이처럼 공개적으로 확인한 무력화한 북한에 대해서, 25년간 계속해 온 한·미 팀스피리트 핵전쟁 훈련 협박의 결과가 바로 북한의 핵과 미사일의 독자적 개발 계획으로 나타났다고 해서 조금도 놀라울 일도 아니며 이상할 것도 없다.

북한의 이 같은 생존적 위기보다 훨씬 안전했던 1970년대 초의 상황에서 박정희 정권의 한국이 핵과 미사일의 독자적 개발을 시도했던 사실을 생각한다면, 북한의 핵과 미사일의 의미는 명백해진다. 위기의 원인은 북한에 있는 것이 아니라, 거의 전적으로 미국의 북한 말살정책에 있다고 함이 옳을 것이다.

8. 미국의 대북한 정책의 '책임 불이행' 문제

북한의 독자적 핵 또는 미사일 개발을 예방할 수 있었을 뿐 아니라, 그 개발이 애당초 불필요하게끔 만들 수 있었던 미국측의 이니셔티브가 없었던 것은 아니다. 군사적 측면에서 미국의 압도적 위협에 노출되어 있던 북한은, 한반도상의 군사적 대결구조를 정치적 일대 정책 전환으로 해결할 수 있다는 주장이었다. 그 정치적 방안의 구체적 방법은 두(2) 가지였다. 하나는, 한국전쟁 정전협정 제4조 60항에서 합의한 대로, "정전협정이 발효한 후 3개월 내"에 참전국의 정부를 대표하는 정치회담을 소집하여 정전협정을 대체할, 종합적 관계정상화를 그 목적과 기능으로 하는 정치적 '평화협정'(또는 강화조약)을 체결하는 일이었다. 정치회의는 많은 우여곡절 끝에 정전 후 3개월이 훨씬 지난 1954년 4월 27일부터 6월 15일까지 제네바에서 열렸지만 결렬되고 말았다. 전쟁 당사 쌍방(미국과 북한 및 중공)은 여러 가지 최종안을 내놓고 흥정했으나 합의를 보지 못하고 말았다.

쌍방이 각기 내놓고 주장한 평화협정안 초안의 많은 항목들에는 의견 접근이 있었으나, 결정적 대립점은 두 가지였다. 하나는 북한의 입장으로서, 인구비례식 · 비밀투표에 의한 남 · 북 총선거에는 동의하면서도 유엔의 총선 참여 또는 감시는 거부한 것이다. 유엔은 한국전쟁의 일방 직접 당사자이기 때문에 총선 운영이나 감시의 자격이 없다는 것이 북한 · 중공 · 소련 등의 주장이었다. 둘째는, 미국의 반대이다. 정전협정 제4조 60항의 문장은 그 정치회담에서 코리아반도에 참전하여 남 · 북 각기에 주둔하고 있는 외국 군대의 전면철수를 결의하라고 '권고' 하고 있다. 미국은 미국 군대의 남한 철수와 남한의 미국 군사기지를 제거하기를 끝까지 거부한 결과로 정치회담은 결렬되고 '평화협정'의 체결은 1999년 현재까지 실현되지 않고 있다. 그 당시 전세계에 걸쳐 소련 · 중공 · 북한 등 공산주의 국가에 대한 포위공격망을 구축하고 있던 미국은, 한국전쟁의 대가로 획득한 남한의 미국 군사기지화와 미국 군사력의 영구적 주둔이라는 기득권을 포기할 생각이 없었다. 지금도 북한은 평화협정을 요구하고 미국은 반대하고 있다. 이것이 정전협정이 규정한 강화조약(평화협정)이 여태껏 한반도 문제 해결방안의 실재적 의제에조차 오르지 못하고 있는 이유이다.

다음은 미국의 북한(조선민주주의인민공화국) 국가 승인 거부 정책이다. 한반도 위기의 성격은 한국전쟁 당시와 냉전시대의 동북아시아 지역의 2대 정치 · 군사동맹체의 첨예한 대립적 역관계 구조이다. 소련과 중공을 배후로 하여 북한이 형성하는 중 · 소 · 북 '우호협력 및 상호원조조약' 과, 미 · 일 · 한 3국이 미국을 정점으로 형성하는 미 · 일, 미 · 한 '상호방위조약' 군사동맹 체제가 그것이다. 이 군사동맹 체제는 이른바 '북방 3각 동맹' 과 '남방 3각 동맹' 의 형태로 한반도에서 분단국가인 북한과 남한을 접점으로 하여 구성되어 있다.

이 적대적 군사적 대립구조를 해체하는 방법은 정치적 일괄타결밖에 없

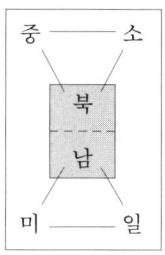

다. 그것은 미국과 일본이 북한을 국가 승인하고, 중공과 소련이 남한을 국가 승인함으로써 군사적 적대관계를 정치적 선린관계 내지는 일반적 국가관계로 해소·발전시키는 것이었다. 중공과 소련은 이 방식을 꾸준히 요구했다. 문제는 미국이다.

미국도 베트남전쟁을 종결한 이듬해인 1976년(7월 22일), 한반도의 군사위기를 해소하는 방안으로서 키신저 국무장관이 유엔총회 연설을 통해 중공과 소련의 대한민국 승인, 이에 대응하는 미국과 일본의 조선민주주의인민공화국 승인(교차승인), 그리고 남·북 국가의 유엔 동시가입을 제안했다. 관련 강대국들의 동시적 교차승인과 남·북한의 유엔 동시가입은 남·북한의 감정적 '별개 국가화', 즉 한반도의 2국가 체제를 고착화할 것이지만, 군사적 적대관계와 전쟁위기를 해소하여, 6·25 전쟁의 정치적 일괄타결을 실현할 평화협정이 체결될 때까지 한반도상과 주변 지역의 평화적 환경을 조성할 수 있을 것이었다. 그리고 그렇게 환영받았었다. 그 후 러시아(소련)는 1991년, 중국은 1992년에 대한민국을 승인하고 전면적인 국교관계를 발전시키고 있다. 그러나 그 정치적 해법의 제안자인 미국은 북한 승인을 완강히 거부하고 북한에 대한 끊임없는 전쟁 위협을 증대해 왔다.

소연방의 붕괴로 말미암은 북방 3국 군사동맹체의 일방적 해체, 그로 말미암은 소련(러시아) 핵보호우산의 상실, 미국의 남·북한 교차승인 거부,

대북한 전쟁 위협 증강이 북한의 독자적 핵·미사일 계획의 동기적 배경을 이룬다. 따라서 북한으로 하여금 핵과 미사일의 독자 개발을 재고하게끔 할 수 있는 이니셔티브는 전적으로 미국(그리고 일본)의 대북한 적대정책 포기, 국가 승인 및 정상적 국가관계 수립 여부에 달려 있다고 할 수 있다.

9. 미국 핵·미사일 정책의 이중 기준과 도덕성 문제

미국-북한 핵 및 미사일 분쟁의 특징을 가장 명쾌하게 말해 주는 것이 세계의 다른 현재적 또는 잠재적 핵 및 미사일 보유국들에 대한 미국의 대응과 북한에 대한 태도의 너무나 대조적인 성격이다.

미국이 핵확산금지조약에 가입하고 있는 북한에 대해서 핵전쟁 위협으로 원자로와 핵 재처리시설의 해체를 군사적 위협으로 강요하던 1991년 현재, 세계에는 핵금조약에 서명도 하지 않았고 조약의 비준도 하지 않은 국가가 28개국[10]이나 있었다. 미국은 이 28개국 중 어느 한 국가에 대해서도 강력한 이의를 제기하지 않았다. 북한에 대해서와 같이 핵전쟁 위협을 함부로 한 나라도 없다.

그뿐이 아니다. 아랍지역에서의 미국의 대리인격인 이스라엘은 미국, 영국 등에 직간접적 지원으로 1980년대 초에 이미 아랍국가들을 공격목표로 하는 중거리미사일 약 200기와 핵탄두 약 100개를 완성, 보유하고 있는 사실이 여러 경로로 확인되어 있었다. 아랍국가들의 맹렬한 비난과 제재 요구에도 불구하고 미국은 이스라엘에 대해서 단 한 마디의 비난도 경고도

---

10) 알바니아, 알제리아, 앙골라, 아르헨티나, 브라질, 버마(미얀마), 칠레, 코모로스, 중국(5대 핵 강국의 하나), 쿠바, 지부티, 프랑스(5대 핵 강국의 하나), 기아나, 인도, 이스라엘, 모리타니아, 모로코, 모잠비크, 나미비아, 니제르, 오만, 파키스탄, 남아프리카공화국, 탄자니아, 아랍에미레이트, 바누아투, 잠비아, 짐바브웨.

한 일이 없다. 그 이유는 세계가 아는 대로이다. 미국의 의도는 너무나 명백하다.

남아프리카공화국은 소수 백인이 압도적 다수의 원주 흑인 주민을 동물처럼 격리·차별·박해해 온 최악의 반인권·반윤리적 체제·정권·국가였다. 그 범죄적 반인간성은 근현대 역사에서 미국 백인의 수백만의 인디언 원주민 대학살과 히틀러 나치독일 체제의 유태인 대학살의 다음을 가는 것이었다. 그러나 이 잔인 극악한 소수 백인 지배의 남아프리카공화국은 남부아프리카의 20여 개 사회주의 경향의 흑인 국가들을 그 압도적으로 우세한 경제력과 군사력으로 제압하는 냉전시대 서방(특히 미국)의 정책·전략 대행 국가였다. 세계의 경제·금융·사회·문화·정치, 심지어 각종 스포츠협회……의 장에서 남아프리카공화국에 대한 수많은 퇴출 또는 제재 결의안이 제출되었을 때, 한 번도 예외 없이 남아공 정권의 제재에 반대표를 던진 것이 미국이다. 미국에게는 남아공은 아프리카 대륙 지배의 전초기지이자 후방기지였던 것이다.(아랍세계의 이스라엘과 마찬가지로)

그 남아공에서 1992년 8월 초 미국의 일단의 CIA와 군의 핵 부문 전문가들이 남아공 정권의 상대방과 협동하여 6개 반(1/2)의 핵탄두를 해체하였다. 실전화할 수 있는 완성된 핵탄두가 여섯 개, 절반 정도의 조립과정에 있는 것이 하나였다. 미국-남아공 합동 핵무기 해체작업 개시에 앞서서, 남아공 정부는 이미 1980년에 최초의 '히로시마' 형 규모의 핵폭탄 제조에 성공하여 여섯 개 반이 1990년 2월까지 사이에 생산된 사실을 처음으로 시인했다. 미국이 그 제조에 관여한 사실도 밝혀졌다. 남아공화국의 이 핵폭탄들은 미국의 간섭을 거부하는 아프리카 지역 국가들에 대해서 미국을 대신·대리해서 남아공화국이 사용하는 군사정치학을 설명한다.

미국과 남아공 인종 격리주의 정권은 어째서 미국의 지원하에 제조된 그 핵무기를 1992년 8월에 와서 갑자기 해체하였을까? 답변은 간단하다. 그 2년 뒤에는 소수 백인 독재체제가 종말을 고할 정치적 수순이 예정되어 있었다. 다수 흑인이 권력의 중추를 장악하는 새 체제와 정권이 등장하게 되어 있었다. 그리고 그 새 체제와 권력의 정상에는 사회주의적 경향이 있는 만델라 흑인 정치지도자가 예정되어 있었다. 미국은 미국의 이익 수호에 충실한 대리인인 반아랍적 이스라엘과 히틀러 나치에 버금 가는 극악한 인종 격리주의자인 백인 통치 남아공화국에는 핵무기와 핵미사일 제조를 지원·묵인할 수 있지만, 미국의 일방적 힘의 논리와 명령에 고분고분 굴복하지 않는 보잘것없는 국가나 정권의 핵무기와 미사일은 용서할 수 없는 것이다.

맺는 말

이것이 지난 50여 년간에 특히 구소련이 미국에 대한 핵 대 핵 국가의 자리에서 물러난 결과로 미국의 '단독 세계 지배질서'가 확립된 1990년 이후의 미국이라는 나라의 지배 권력의 핵·미사일 철학이고 그 행동규범이다. 지금 우리는 그 철학과 행동규범의 실제적 전개를 우리 민족의 땅에서 목격하고 있는 것이다. 한반도의 핵·미사일 위기의 주요인은 미국에 있다. 이 위기의 해법을 어디에서 찾아야 할까? 그것도 미국에 달려 있다고 해야 할 것이다.

대한민국은 한반도의 '유일 합법정부'가 아니다

우리 나라의 국가보안법은 무소불위한 초법적 법률이다. 민주주의적 현대 사회에서는 기형적 존재이다. 민주 사회 시민의 사적·공적 권리와 자유가 국가 권력의 대리 기관(경찰·검찰·밀고자)의 '친북적⋯⋯', '고무 찬양', '국가 안보⋯⋯' 등 한 마디로 민주 사회에서는 상상할 수 없는, 도저히 용납될 수 없는 고통을 당한다. 국가보안법 앞에서는 어떤 국민도 완전히 무력하다. 이 법률이 생겨난 이후에 이 법률의 제단에 바쳐진 선량한 국민의 눈물과 피와 목숨의 수와 양은 상상을 초월한다. 유엔을 비롯해서 세계의 민주 국가 정부와 시민 단체들의 '반민주성' 지탄을 받으면서도 한국의 국가보안법은 꿈떡도 하지 않고 지금도 버티고 있다.

그러면 국가보안법의 대전제는 무엇인가? 무엇으로부터 무엇을 보호하겠다는 것인가? 그 법률이 상정하는 존재(상대자)의 성격은 무엇인가? 뒤집어서, 이 법률은 법률 효과의 대상을 어떻게 성격화하고 있는가? 우리 사

이 논문은 반공법과 국가보안법을 비롯한 모든 법체계와 국가의 공식·비공식 규정 및 교육 내용이 북한을 '반란단체'로 규정하고, 남한을 '한반도의 유일한 합법정부'로 주장함으로써 역대 민·군 독재정권 체제의 국민 탄압의 법적 근거로 악용되고 있던 시기에 그 부당성과 불법성을 처음으로 공개적으로 부정하고 나선 것으로, 『사회와 사상』, 1989년 12월호에 처음으로 발표되었던 글이다.

회에서 상상할 수 있는 온갖 그리고 모든 인간 활동·사회 활동은 물론 심지어 법률의 촉수 대상 밖이어야 할 가슴속의 양심과 머리 속의 생각까지 공산주의로 단죄하려는 이 법률의 대전제는 무엇인가?

그것은 모든 국가보안법 사건의 공소장 본문의 첫머리에서 규정된다. 즉 "북한 공산 집단은 정부를 참칭하고 국가를 변란할 목적으로 불법 조직된 반국가 단체"라는 것이다. 즉 북한 정권의 성격 규정이다. 정말 그런가? 온갖 인간 행동을 이 서른 네 글자의 규정에 결부시키기만 하면 가벌적 '국가 사범'이 된다. 얼마나 무서운 일인가? 국가 권력의 대행인이 "그렇다"고 기소하기만 하면, 지난 40년 동안 어떤 재판관도 "안 그렇다"고 반론을 제기할 수 없었다. 얼마나 많은 무고한 시민이 이 비논리의 희생물이 되었던가!

나는 최근 『한겨레신문』이 북한을 취재·보도하기 위하여 기자단을 보내려고 구상했던 일과 관련된 이른바 '방북 취재 기획' 사건의 법정 심리 과정에서, 국가보안법 전문(前文)의 그 대전제가 객관적 진실 검증에 견딜 수 있는 것인가를 반박했었다. 모든 국가보안법 사건의 열쇠는 그 해명에 달려 있다. 여러 가지 측면에서 차례로 규명해 보자.

첫째, 휴전선 이북의 지역을 "정부를 참칭하고 국가를 변란할 목적으로 불법 조직된 반국가 단체가 지배하는 지역"으로 규정하려면, 그 단체가 활동하거나 지배하는 지역에 대해 대한민국이라는 국가의 통치권 또는 행정권이 행사되었던 실적이 있어야 한다. 즉 '역사적 근거'이다. 그런데 1945년 8월 15일 광복과 동시에 한반도는 북위 38도선으로 분할됐기 때문에 불행하게도 '반국가 단체'가 지배한다는 그 지역에 대해 대한민국은 통치권을 행사해 본 역사적 사실이 없다. 헌법이나 그 밖의 선언적 문서에 그렇게 기술했다는 것만으로는 효과가 없다. 38도선 이남 지역에 대한 북한측의 같은 주장도 무효이다. 대한민국은 한반도 전국토를 통치했던 조선 왕조의 '계승 국가'도 아니고, 일본 식민지하의 조선 총독 통치를 계승한 국가도 아니다. 따라서 반도 전토에 대한 주권 행사의 역사적 실적이 없다.(물론 북쪽도 마찬가지다.)

둘째, 국가보안법의 대전제의 근거로 정부가 주장해 온, 또는 과거에 국민이 일반적으로 그렇게 믿어 왔던, 이른바 '유엔 총회 결의에 의한 한반도에서의 유일 합법 정부'론은 유감이지만 사실과 다르다. 그 결의는 유엔 총회 결의 제195호 III(1948년 12월 12일)으로서, 그것은 일본 식민지에서 광복한 KOREA— '한국'도 '조선'도 아닌 하나의 지역과 민족으로서의 '코리아'—의 독립 문제에 관한 1947년 11월 14일 유엔 총회 결의 제112호 III에 입각한 것이다. 결의 195호 III의 제2항이 그 핵심 내용인데, 그것은 다음과 같이 되어 있다.

"(유엔) 임시위원단이 감시 및 협의할 수 있었고, KOREA 인민의 과반수(majority)가 거주하고 있는 KOREA의 그 지역에 대한 효과적인 행정권과 사법권을 갖는 합법적인 정부가 수립되었다는 것, 이 정부가 KOREA의 그 지역의 유권자의 자유 의사의 정당한 표현이며, (유엔) 임시위원단이 감시한 선거에 기초를 두고 있다는 것, 그리고 이 정부가 KOREA의 그 지역에서의 그와 같은(such) 유일한 정부임을 선언한다."

이 유엔 총회 결의 제195호 III은 그 정식 명칭이 '대한민국의 승인 및 외국 군대의 철수에 관한 결의'이다. 그 제2항의 내용은 1947년 11월 14일 총회 결의 제112호 II에 의거해서, 미국의 주동하에 KOREA 반도에 통일·독립 정부를 수립하기 위한 유엔 감시하의 선거를 실시키로 한 결의에 따라, 1948년 5월 10일(5·10) 선거가 '실제로 실시된 그 지역'을 두고 말한다. 유엔 감시위원단은 총회 결의에 따라서 KOREA에 오기는 왔다. 그러나 총회의 위임 사항인 독립 정부 수립을 위한 코리아 내의 코리언의

'정치 단체 · 지도자들과 협의'는 북위 38도선 이남에서만 이루어졌다. 그에 따르는 선거도 북의 38도선 이남 지역에서만 실시되었다. 그 결과로 탄생한 정부는 '그 같은 지역에서'의 유일 · 합법 정부가 되었다. 다시 말하면 대한민국 정부가 '유일 합법' 정부인 것은 그와 같은 지역, 즉 선거가 실시된 북위 38도선 이남 지역에서뿐이다. 선거가 실시되지 않은 38도선 이북 지역은 유엔 결의에 관한 한 '공백 지대'로 남겨진 것이다.

셋째, 그 유엔 총회 결의 제195호 III의 제9항은 그 사실을 강조하면서, 유엔 회원국들에게 다음과 같이 권고하였다. "회원 국가와 그 밖의 국가는 대한민국 정부와의 관계를 수립함에 있어서 본절의 제2항에 적시된 제사실을 참고하도록 권고한다." 이 권고 조항에 따라서 그 뒤 대한민국과의 국교 수립을 하는 국가들은 '38도선 이남 지역에서의 유일 · 합법 정부'라는 전제에 서고 있다. 일본 정부도 최근 남 · 북한 문제와 북한 정권과의 정치관계를 예상하면서 유엔 총회 결의의 그 같은 성격을 내세우고 있다.

넷째, '국가'는 유엔(총회)이나 타국가의 승인을 필요치 아니한다. 국제법이나 현실 문제로서나, 전통적으로는 인민 · 영토 · 정부(정치 조직)의 '국가 구성 3요소'를 갖추면 국가가 된다. 국제적으로 '국가'의 자격 · 권리…… 등의 근거로서 가장 널리 원용되는, 1934년에 발효된 '제7차 아메리카 지역 국가 국제회의'의 국가의 권리와 의무에 관한 조약이다. 그것은 다음과 같이 규정하고 있다.

제1조 국제법상의 인격(人格)으로서의 국가는 다음의 자격 ─ 즉 ㉠ 영구적 인민(주인), ㉡ 명확한 영토, ㉢ 정부, ㉣ 다른 나라와의 관계를 체결 및 이행할 수 있는 능력 ─ 을 갖추어야 한다.

제3조 국가의 정치적 근거는 다른 국가에 의한 승인과는 무관하다.(…… 행정

권·사법권·독립 보위권……등등에 관한 규정 생략).

위의 제반 권리의 행사에 대해서는 국제법에 의한 다른 국가의 권리 행사 이외에 아무런 제한도 존재하지 않는다. 따라서 남·북에 존재하는 정치적 실체는 각기 대등한 독립·주권 국가가 된다.

다섯째, '한반도 전역에 대한 유일 합법 정부'라는 한국의 주장은 유엔 자신에 의해서 후일 구체적 결정으로 다시 부정되었다. 6·25 동란에서 1950년 말경 유엔군이 반격·북진하여 북위 38도선 이북 지역의 태반을 장악하자, 이승만 대통령은 그 지역에 대한 '유일 합법 정부로서의 행정권 행사'를 위하여 대한민국 정부의 '민정장관'을 평양에 임명·파견했다. 이 조치에 대해 유엔은 다음과 같이 결정했다.

"대한민국 정부는 유엔 KOREA 임시위원단이 협의 및 관찰할 수 있었던 선거가 실시된 KOREA의 그 부분에 대하여 효과적인 통치를 하는 합법 정부로서 유엔이 인정하였고, 따라서 KOREA의 나머지 부분 지역에 대해서는 합법적인 통치를 하도록 유엔이 인정한 다른 정부가 없음을 상기하고……"

유엔이 그 지역에 대한 행정을 직접 임시로 담당했던 것이다. 유엔의 이 '유엔에 관한 한 38도선 이북은 공백 지역' 결정으로 남한(대한민국) 정부가 파견했던 '민정장관'은 즉시 철수되었다.(더 상세한 사실과 내용은 대한민국 국회도서관 입법조사국 발행, 『국제연합 한국통일부흥위원단보고서 1951·1952·1953』 입법 참고 자료 제34호, 특히 그 중 '제2부 정치 문제, 제3장 유엔의 북한 통치 A. 한국임시위원단의 조치', 35~46쪽을 참고하기 바란다.)

여섯째, "대한민국 정부를 참칭하고 국가를 변란할 목적으로 불법 조직된 반국가 단체로서의 북한 공산 집단"을 독립·합법·주권 국가로 승인한 국가들을 대한민국 정부가 승인하고 있는 사실의 모순. 대한민국 정부는

'조선민주주의인민공화국'을 정식 승인하는 국가와의 상호 승인, 국교 수립을 1960년대 말 무렵까지 거부했었다. 국가보안법 같은 대전제에 입각한 당연한 정책이었다. 그 원칙을 '할슈타인 원칙'이라 한다. 서독이 국가로 인정하지 않는 동독을 승인하는 국가들에 대해서 취했던 외교 정책의 기본 원칙으로서 그 원칙의 입안자인 할슈타인 외무차관의 이름을 따른 것이다. 그런데 현실은 어떤가? 1989년 10월 말 현재 대한민국 정부는 북한을 독립·합법·주권 국가로 승인하고 있는 102개 국가 중 73개국과 수교 관계에 있다.(전체 수교 국가 수는 132개) 이 사실은 무엇을 의미하는가? 국가보안법의 대전제를 대한민국 정부 자신이 부정한 외교 원칙이 아닌가?

일곱째, 한국전쟁 휴전협정의 조인 당사자 지위 문제. 3년 2개월에 걸친 한국전쟁을 끝맺은 휴전협정의 정식 명칭은 '국제연합군 최고사령관을 일방으로 하고 조선민주주의인민공화국 인민군 최고사령관 및 중화인민공화국 지원군사령을 다른 일방으로 하는 KOREA(조선) 군사 정권에 관한 협정'으로 되어 있다. 협정의 서명 부분인 '제5조' 부칙 제63조는 다음과 같이 되어 있다.

　　유엔연합군총사령관
　　북미합중국 육군대장　마크 W. 크라크

　　조선민주주의인민공화국
　　인민군최고사령관　김일성

　　중화인민공화국
　　인민지원군총사령　팽덕회

참석자

유엔군대표단 수석대표
북미합중국육군중장 윌리엄 K. 해리슨 II세

조선민주주의인민공화국 인민군
중국인민공화국 이민지원군 대표단
수석대표 조선인민대장 남일

대한민국은 어디에 있는가? 대한민국 군대의 작전지휘권이 법적으로 미국군(겸 유엔군) 총사령관에 귀속되어 있었기 때문에 조인 자격이 없어서 조인하지 못했다.

여덟째, 박정희 대통령에 의한 7 · 4 남북공동성명(1972년 7월 4일)은 "정부를 참칭하고 국가를 변란할 목적으로 불법 조직된 반국가 단체"를 처음으로 대등한 정부로 인정한 정치적 결정이다.(교섭과 서명은 중앙정보부장 이후락 명의이지만 실제 효과에는 변함이 없다.) 북한이 국가보안법의 전제인 그와 같은 집단이라면 군사력을 포함한 모든 수단 · 방법으로써 타도해야 할 상대이다. 그런데 반란 집단에게 서로 무력을 행사하지 말고 평화적 방법으로써의 민족 통일을 합의하고, 사상과 제도 및 이념의 차이를 초월하자는 데 합의한 것이다. 휴전선 남 · 북에 존재하는 두 정치적 실체 사이의 최초의 '실제적' 상호 승인 선언이다.(정부는 그에 대해서 구구한 단서를 사후적으로 발언했지만, 그것은 대국민 홍보용이었다.)

아홉째, 1980년 1월부터 지금까지 추진중인 '남 · 북한 총리 회담' 개최를 위한 회의는, 그 명칭이 말하듯이 주권 국가 정부간의 회담을 위한 것이다. 어떻게 "정부를 참칭하고 국가를 변란할 목적으로 불법 조직된 반국가 단체"가 '정부' 일 수 있는가? 그 최고 수반에게 어떻게 '국무총리' 의 호칭과 권능을 인정할 수 있는가?(이 글은 1991년 남북합의서 서명 이전에 집필된 것이라는 사실을 이해하기 바람.)

열째, 그뿐이 아니다. 전두환 대통령은 남북 최고 책임자 회의를 갖고자 '김일성 주석'에 거듭 제의했다.(1981년 1월 및 6월과 1985년 1월) '반국가 단체'의 '괴수'를 어떻게 '주석'으로 정식 호칭할 수 있는가? 김일성의 국가 권력 구조상의 '주석' 호칭은 '조선민주주의인민공화국 국가주석'이다. 평화통일정책자문회의 개회사(1981년 6월 5일)에서 한 대한민국 대통령의 제의는 다음과 같이 시작되었다.

"본인은 이 자리에서 김일성 주석에게 아무런 부담과 조건 없이 서로를 방문하도록 초청한 지난 1월 12일자 제의의 수락을 다시 한 번 강조해 두는 바입니다."(1월 12일에도 같은 호칭을 사용했었다.) 국가 원수가 주석이라고 공식화한 호칭은 국민이 사용하면 처벌돼야 하는가? 검찰은 대통령의 김일성 호칭 사용은 소위 '통치 행위'라고 억지 이론을 내세우고 있다. 민주주의 정치 제도에서의 대통령의 일정한 특권은 '행정 특전'을 말한다. '통치'라는 개념과 용어 자체가 절대 군주의 초법적 권위를 뜻한다.

열 한째, 정부는 북한에 대해 유엔 동시 가입을 촉구하고 있다. 유엔헌장은 그 제2장 가맹국의 지위와 제4조에 회원 국가의 조건을 명시하지 않았다. 다만 "(유엔) 헌장이 규정한 제의무를 수락하고, 유엔 기구에 의해서 그 의무를 수행할 능력과 의사가 있는 것으로 인정되는 모든 평화 애호국에 개방된다"라고 규정했을 뿐이다. 유엔 회원국이 합법·주권·독립 국가의 기구임은 새삼 설명할 필요가 없다. 우리 정부가 "정부를 참칭하는…… 반국가 단체"에게 동등한 국가 자격으로 유엔 가입을 권유하는 것은 무엇을 뜻하는가?(노신영 국무총리, 1985년 10월 21일, 노태우 대통령의 현정책) 그뿐이 아니다. 정부와 국회는 1985년부터 '남·북 국회회담(회의)' 개최를 추진중이다. '반란 집단' 과 동격화하는 국회 회담은 합법이고, 국가 지위와는 아무런 관계도 없는 학생 · 언론 · 문예 · 종교 · 학술 단체 및 개인 등의 접촉이 '반국가적 범죄' 가 되어야 하는 근거는 무엇인가?

열 두째, 행정부와 국회는 오래 전부터 휴전선 이북에 존재하는 정치적 실체를 '조선민주주의인민공화국' 이라는 정식 국호로, 그리고 북쪽은 남쪽의 실체를 '대한민국' 이라는 정식 국호로 호칭하고 있다. 한 예로 나는 실제로 정부 기구의 정책자문회의에 참석하여, 대한민국 정부가 조선민주주의인민공화국의 연형묵 총리에게 보낸 문서와 '조선민주주의인민공화국 정무원 총리 연형묵' 이 '대한민국 국무총리 강영훈 귀하' 에게 방금 전송한 공식 문서들을 놓고 정책 토론을 했었다. 이것은 정말로 중대한 국헌문란 행위다. "정부를 참칭하고 국가를 변란할 목적으로 불법 조직된 반국가 단체"를 어떻게 주권 국가의 국호로 호칭할 수 있는가?

열 세째, 재벌 현대그룹 회장 정주영 씨는 그 '조선민주주의인민공화국 정부' 가 발급한 비자로 "정부를 참칭하고 국가를 변란할 목적으로 불법 조직된 반국가 단체가 지배하는 지역" 에 '탈출' 하고 '잠입' 하였다. '비자' 는 주권 국가의 권리 행사의 하나이다. '반란 집단' 이나 교전 단체 등이 임시 발급하는 '여행증' 이나 '통과증' 등과는 법적 성격과 효과가 다르다. 정주영 회장에게 준 '불법 단체' 의 비자를 법적으로 불문에 부친다면 그것은 상대방을 주권 국가로 승인한 행위다. 국가보안법은 어떤 조치를 취해야 하는가?

열 네째, 대한민국 정부가 대한민국의 국가적 운명을 의탁하고 있다고 강조하는 중대한 '대한민국과 북미합중국 사이의 상호방위조약 (한미방위조약)은 대한민국의 합법적 영토에 관해서 언급하고 있다. 이 조약을 비준할 때(1954년 11월 17일) 미국 상원이 일부러 조약 말미에 추가한 '북미합중국의 양해 사항' 은 다음과 같이 제한하고 있다.

"…… 이 조약의 어떤 규정도 대한민국의 행정적 관리하에 합법적으로 존재하기로 된 지역, 그리고 북미합중국에 의해서 결정된 영역에 대한 무력 공격의 경우를 제외하고는 대한민국에 대하여 (미국이―필자 주) 원조를 공여할 의무를 지우는 것으로 해석되어서는 안 된다."

이 추가 조항은 미국이 한반도에서의 전쟁 개입 또는 무력 행위의 의무를 제한하려는 의사 표시다. 그러기 위해서 대한민국의 행정권이 미치는 범위를 사실상 1953년 7월에 조인된 휴전협정에 따르는 '휴전선 이남'으로 제한하고 있다. 그것이 '대한민국의 행정적 관리하에 합법적으로 존치하기로 된' 지역(영토)이다. 또 그것은 '미국에 의해서 결정된', 즉 미국이 휴전협정 조인 당사자로서 수락한 휴전선 이남 지역을 뜻한다. 이것이 대한민국의 영토와 관련해서 미국이 군사적·정치적·행정적으로 제한한 조건으로 체결된 이른바 '한미방위조약'이다.

바야흐로 막이 올라가는 1990년대는 어느 모로 보나 국가보안법이 비정상적 방법으로 태어난 1940년대가 아니다. 40여 년간에 많은 것이 변했다.

첫째, 국가보안법을 폭력으로 탄생시킨 정권과 그것을 폭력으로 휘두른 정권들이 폭력으로 몰락했다는 교훈이다. 지금의 정권은 과거의 어느 정권보다도 국민적 지지를 누린다고 주장하고 있다. 어느 정도는 진실이라고 믿어진다. 그럴수록 모든 상식에 어긋나는 국가보안법을 역사에 묻어 버릴 때도 되었다고 생각한다. 정부의 권위 문제이며, 국가의 위신 문제이다.

둘째, 국민의 지적 수준과 법적 생활의 성숙은 국가보안법 없이 민주주의적 질서와 발전을 유지할 수 있다. 정권의 주장과는 반대로 자유 민주주의가 국가보안법에 의해서 유지되고 있는 것이 아니다. 국가보안법의 폭력적 집행으로 인해서 자유 민주주의가 파괴되고 있는 것이다.

셋째, 이른바 공산주의자, 용공 분자, 좌익·극좌, 의식화 등의 낱말로 표시되는 현상에 겁을 집어먹는 태도는 옳지 않다. 지금 세계의 눈앞에서 전개되고 있듯이 공산주의, 사회주의 국가·사회에서는 오히려 자유·인권·민주주의를 회복하는 대변혁이 일어나고 있다. 어째서 '공산주의, …… 의식화'를 두려워하는가? 두려워한다는 것은 그 이론과 사상에 대항할 만한 이론과 사상을 갖지 못했다고 패배를 자인하는 증거이다. 극우 사상·국가 절대주의·반공 이데올로기·군인 독재 체제 등으로 해결될 수 있는 문제가 아니다. 굳이 이분법적으로 말하자면, 오늘의 문제는 새로 '의식화'하는 '좌'적인 것보다는 차라리 과거 40여 년 동안 친일파들에 의해서 부추겨져 온 '극우'적 사상과 그것에 의거해서 이익을 얻고 있는 반공 지상주의적 기득권자측에 있다 할 것이다. 생물체와 마찬가지로 사회도 새로운 자극과 조건 변화와 도전을 능동적으로 수용하는 작용을 통해서 진화하는 것이다. 최근 김수환 추기경이 말했듯이, "좌적인 것을 수용하지 못하는 우는 패배자"이다. 새도 우와 좌의 날개(우익과 좌익)를 평형으로 발육시킬수록 잘 날 수 있다. 우주 만물의 생존 원리와 인간 사회도 마찬가지이다.

넷째, 반공법이나 국가보안법으로써만 북쪽의 위협에 대처할 수 있다고 생각했던 지난날의 남·북 역량 관계는 지금 전도되었다. 우익과 정부 당국은 국민 생활의 모든 면에서 북쪽보다 우월하다고 자랑한다. 그러면 '인간의 생각'에서만은 열등하다고 주장하는가? 국가보안법이라는 악법을 놓지 않기 위한 궤변이 아니라면 논리적 착오이다.

다섯째, 시도 때도 없이 국가보안법이라는 폭력을 휘둘러야 할 필요성이 많다는 것은, 이 국가 사회에 국민적 공감을 기대할 수 없는 모순이 심각할 만큼 존재한다는 반증이다. 정치·사회·문화면에서는 물론, 무엇보다도 경제면에서 부정의(injustice)가 너무 많다. 이에 대한 정의의 요구가 기득권의 입장에서는 모두 좌로 보일지 모른다. 그것은 중대한 착각이다. 라틴 아메리카 국가들 사회의 경제·정치 구조는 이런 인식 착오에 대한 좋은 각성제가 되어 줄 것이다.

여섯째, 세계의 전반적 정세는 분명히 전쟁 반대·군축·평화·협조·민주화·인권·악법의 폐지 쪽으로 가고 있다. 이것은 이제 돌이킬 수 없는 거대한 관성을 지니고 '세계화'하는 중이다. 이에 대한 관찰은 이미 앞에서 끝난 바 있다. 이 나라·국민·정부·지도자 들도 세계적 조류와 시대 정신을 역행하는 어리석음을 범하지 않을 만큼은 정치적 식견을 갖추어야 하지 않겠는가? 그러지 못한다면, 급변하는 세계에서 언제까지 폭력만을 가지고 국가와 국민을 끌고 가려고 하는가?

일곱째, 바로 이 세계적 대변혁은 남한에 미쳤듯이 북한에도 작용하고 있다. 북한의 변화가 소련과 동유럽보다 늦더라도 전인류의 대열에서 초연할 수는 없다. 실제로 북한에서 일어나고 있는 상당한 '생각의 변화'를 우리는 보고 있다. 정책의 수정도 분명해 보인다. 남·북한 문제에 대한 노선도 유연성을 띠게 되었다. 우리가 이 글을 통해서 충분히 고찰했듯이, 휴전선 이북에 존재하는 정치적 실체를 "정부를 참칭하고 국가를 변란할 목적으로 불법 조직된 반국가 단체"라는 짙은 색안경을 벗고 보자. 그러면 많은 새로운 발견에 스스로 놀랄 것이다. 본문의 앞부분에서 누누이 지적했듯이 역대 대통령·역대 정부·국회·총리·장관·재벌 등은 이미 그 안경을 벗어버린 지 오래다. 반공 집단과 그 세력을 대리하는 검찰·경찰은 어째서 국민에게만 계속 '색맹' 이기를 강요하는가? 어째서 국가보안법이 계속 필요한가?

이 달이 지나면 1980년대는 과거 속에 흘러간다. 1980년대는 인류사적 차원과 세계적 규모에서 대변혁이 발동한 기간이었다. 1990년대는 그 동력이 더욱 가속화하고 확대될 것이 확실해 보인다. 우리는 국가보안법 없는 1990년대와 21세기를 맞기 위해서 '새로운 사고'를 가져야 할 때가 오지 않았는가를 진지하게 생각해야 한다.

남북한 전쟁능력 비교 연구
—한반도 평화 토대의 구축을 위한 모색

이 시론의 목적, 범위 및 방법

　이 글은 우리 사회에서 건국 이후 진지한 이론적 및 실증적 검토의 노력 없이(또는 허용되지 않은 까닭에) 일반적 믿음처럼 고정관념화되어 버린 북한의 소위 '군사력 우위'론 또는 전쟁 감행('남침 전쟁')론을 분석적·실증

이 논문은 국회 통일정책특별위원회가 1988년 8월 4일에 열린 공청회에서 요약된 형식으로 발표된 바 있으며, 한 달 후 『사회와 사상』 9월호에 전문이 게재되었고, 1990년에 간행된 『自由人 자유인』에 수록되었다. 이 글은, 역대 군부독재 정권과 그 권력 기반인 광적인 극우·반공 세력이 그들의 영구집권을 위해서, 북한의 군사적 우월성을 부당하게 과장하여 고의적으로 대북한 공포·불안의식을 조성하던(누구나가 그렇게 믿고 있던) 시기에 그들의 주장이나 선전이 진실이 아님을 논증하려고 발표된, 그런 목적으로 우리 나라에서 최초로 나온 공개적 연구 결과이다. 이 논문이 국회에서 공개되고 그 후 출판물에 의해서 사회에 소개됨에 따라 사회 공론이 비등해지자 정부(군)는 종래의 군사 기밀주의 및 '남침위기론'의 상황적 부당성을 깨닫고, 대국민 홍보용으로 석 달 동안에 화급히 국방 관계 자료들을 6부 360페이지로 편찬하여 대한민국 건국 이후 최초의 『國防白書 1988년』을 발간·공표하였다.(1988년 12월 발행) 이어서 1990년에는 『白書』의 구성과 내용의 향상을 기하였고, 『國防白書 1990년』(1990년 11월 발행)에서는 마침내 남한의 군사적 질(質)적 우위와 종합적 전쟁수행 능력의 우위를 시인하기에 이르렀다. 10년 전에 연구·발표한 이 논문을 이 책에 다시 수록하는 까닭은, 남한과 북한 사이의 군사문제 및 군사적 관계를 고찰하고 판단하는 데 필요한 하나의 기본적 준거의 틀을 비전문가 시민에게 제공하려는 목적에서이다. 이 글의 내용은 발표 이후 시간의 경과와 정보의 증대로 큰 차이 없이 입증되었다. 발표되었던 그대로, 수정 없이 수록한다.

적 방법으로 그리고 비판적으로 검토하려는 목적에서 시도되었다. 그리고 가능하면 어떤 결론이 도출되기를 희망한다.

이 연구는 그 구성과 내용에 있어서 기본적으로는 1988년 8월 4일 국회 통일정책특별위원회 공청회에 제출·발표한 논문을 그대로 유지하고, 그 후 2년간의 변화 사항을 관련부분에 첨가한 형식을 취했다.

이 작업은 한 시민 개인으로서는 지금까지 없었던 시도인 까닭에 필자 자신의 능력과 지면의 한계를 설정하여 고찰의 범위를 협의의 군사력·광의의 전쟁수행 능력의 물질적 요소들에 한정하였다. 즉 문제의 제1차적 결정요소인 군사력과 그것을 지탱하는 종합적 생산력 및 경제력의 군사 전용 효과, 그리고 전쟁에 개입하는 국제적 환경 등이다. 남·북 각기 사회 내부의 정치·사상·신념체계······ 등은 물론 중요한 요소들이지만, 남·북 민족간의 위기 구조가 주로 군사적이라는 기본 성격을 고려하여 이 연구에서는 일단 제외하였다.

우리 정부(미국 정부를 포함), 특히 정보당국과 군부는 오랫동안 쌍방 전쟁능력에 관한 상세하고도 구체적인 자료를 국민에게 공개·제공은 하지 않으면서 '전쟁 위험·남침 가능성'만을 강조해 왔다. 때로 북쪽의 군사력에 관한 단편적인 수치를 발표하는 경우는 있었지만, 그런 자료들은 대개 정부와 군부의 정치적 이익을 위한 것이거나, 그때그때 시국의 정세변화에 맞추어진 방향과 내용이었다는 사실이 자주 사후적으로 확인되었다. 또 그것들은 미·소를 비롯한 외국 정부·외국 연구자 들의 자료와 적지 않은 갈등을 보였다.(북한의 자료는 일단 이 글에서는 도외시하였다.) 다시 말해서 객관적 신빙성이 결여됐던 까닭에 중립적이고 객관적인 비교·분석·평가·판단의 근거로 삼기 어려웠다.

작업에 있어서는 필자는 비판적 분석의 입장에 서 있다. 한국과 미국의 정부와 군부의 발표나 주장이나 입장을 처음부터 부정하는 입장도 아니다. 그렇다고 정책적 의도를 가지고 단편적으로 주어진 '관급'(官給) 자료를 신용하지도 않는다. 오로지 필자가 독자적으로 할 수 있었던 자료들을 토대로 해서, 그 자료들이 이끄는 방향대로 논리구성을 진행하는 것이다.

필자는 한 시민으로서 정부와 군부의 예정된 결론과 반드시 일치하지 않을 수도 있는 결론까지를 포함한 작업을 시도한다는 것이 여러 모로 어려움을 예상케 한다는 사실을 십분 짐작하는 바다. 실제로, 어쩌면 대한민국과 군의 창설 이후 한 개인으로서 이런 작업을 시도하고 발표한(하는) 최초의 사례이기에 더욱 그렇다. 이것은 어디까지나 한 시민의 개인적 작업이므로, 필자로서는 소론의 결론이나 부분적 기술이 전부 옳다고 고집할 생각은 없다. 작으나마 학문적 시도이므로 과학성과 논리성의 인도를 받으면서 진실에 '가까운' 결론에 도달할 수 있다면 그것으로써 만족할 것이다. 필자의 이 작은 시도가 계기가 되고 또 토대가 되어서, 다른 이들의 보다 과학적이고 충실한 연구의 결실이 뒤따른다면 이 시도는 그 목적을 달성하는 셈이다.

제한된 원고지 분량 때문에 더 많은 자료와 통계표·수치 및 설명이 생략되거나 제외되었다. 이 점도 아울러 이해해 주기 바란다. 그리고 군사력 분석에 있어서는 주한미군과 핵군사력은 제외하였다. 우선은 남·북한으로 구성되는 틀을 대상으로 하는 것이 민족문제로서의 이 같은 도전에 접근하는 태도라고 생각했기 때문이다.

분석과 평가의 준거

전쟁 또는 전쟁에 준하는 대규모의 군사공격, 즉 소단위의 병력이 국소적 공간에서 단시간의 전술적·일회적 전투행위에 그치는 것이 아니라, 국가총동원령을 선포하고(선전포고의 유무와는 관계없이) 전선과 후방에 걸친 장기간의 총력적 군사작전을 전개할 경우 전쟁 이론의 일반적 준거로서 다음의 여섯 가지 요소를 검토해야 한다. 그리고 그 '전부'에 대한 확실한 자신이 있어야 한다. 북한이 남침전쟁을 구상하거나 준비하거나 계획한다면, 이 여섯 가지의 치밀한 검토에서 모두 남한에 우월하다는 확증이 있어야 할 것이다.

① 개전(開戰)의 시점에서 현재적으로 보유하는 군사력이 남한의 그것에 비해서 우세해야 한다.

② 단기적 속전 방식으로 승리를 기대하려면, 공격군은 병력 · 무기 · 화력 · 기동력 등 종합 전력이 수비측의 그것에 비해서 일반적 군사 이론에 따르더라도 최저 2배 내지 3배가 되어야 한다. 남 · 북한의 경우는 심지어 '6배 필요 전력론'까지 있다.[1]

③ 상당한 기간이 소요될 것으로 예상되는 지구전 또는 전면전을 계획할 경우에는 전쟁 과정에서 군사력으로 전환, 투입될 국가의 총자원(민간부문 자원 · 능력)이 남한의 그것보다 월등 우월해야 한다.

④ 전쟁 당사자 쌍방과 관련된 현시점에서의, 그리고 가능한 예상할 수 있는 전쟁 기간중의 국제적 조건과 환경이 북한에 유리하다는 확신이 있어야 한다.

---

1) General John Singlaub, former Chief of Staff for U.S. Forces in Korea, pointed out when discussing the superiority required by the North for a successful attack that "if you are in the offense, generally speaking, it is recognized that you need a 6 to 1 advantage to be successful at the point of decision." North Korea's forces fall short of 3 to 1 superiority over South Korea's forces in manpower, tanks, armored infantry vehicles, and artillery. *The Defense Information*, vol.XIX, no.2(Washington, D.C: Center for Defense Information, 1990).

⑤ 승리를 확신한다 하더라도 그 전쟁 행위의 결과로 예상되는, 또는 사전 계산된 전쟁 피해를 상쇄하고도 남을 만큼 전쟁으로 달성하고자 하는 목적의 가치가 우월해야 한다. 즉 북한이 전쟁을 기도한다면, 그 결과로서 북한이 예상 · 기대하는 통일의 형태가 북한뿐만 아니라 남한까지를 합친 한반도의 전쟁 파괴의 피해와 그 장기적 복구 건설에 소요될 희생의 양보다 월등한 가치를 지닌다는 확신이 있어야 한다.

⑥ 위의 다섯 가지 조건을 무릅쓸 각오와 그 계산 위에서도 전쟁을 하려는 '의지'가 있어야 한다. 그러나 '전쟁 의지'는 ①~⑤에서 우월할 때만 보강되고, 그 반대일 때는 약화된다.

①, ②, ③은 합하여 '전쟁수행 능력'(capability)을 구성하며, 전쟁 계획의 제1차적 조건이 된다. ①은 단기전을 위한 조건인바, 월등히 취약한 상대방에 대해서만 효과가 있다. ③은 장기전에 있어서의 절대적 조건이다. 제2차 세계대전에서 독일 파시스트와 일본은 각기 ①과 ②의 조건은 갖추었으나, ③의 조건에서 실패한 가장 좋은 선례이다. 북한이 남침전쟁을 계획한다면 ②와 ③의 조건을 충족할 수 있는 2~3배의 전력과 국가적 종합 능력이 있어야 한다. 1988년 7월에 끝난 8년간의 이란-이라크 전쟁은 그 당사자 어느 쪽도 ①, ②, ③을 전혀 갖추지 못한 채 강행된 무모한 전쟁의 전형적 실례이다. 리승만 대통령(1948년 8월~1960년 5월)이 또한 ①, ②, ③의 조건은 전혀 갖추지 못한 조건에서 '북진통일', '무력북침'을 밤낮으로 부르짖은 좋은 예이다.

④의 국제적 조건 · 환경은 작은 나라의 경우일수록 크게 작용하는 요소이다. 현대 전쟁은 국제적 조건의 평가를 도외시하고는 승리를 기대할 수 없다. 강대국조차 그렇다, 미국의 베트남전쟁에서의 실패가 전형적 예이다. 북한의 6 · 25 침공은 ①, ②, ③의 조건 위에서 개시되었으나, ④의

역조건 때문에 실패한 약소국 전쟁의 전형이다.

　승리의 대가로서의 희생과 파괴가 승리로 얻은 목표의 가치보다 월등 크다면 그 전쟁은 할 가치가 없는 전쟁이다. 북한의 6·25 전쟁은 북한의 지도자들 자신이 그 후 확인하고 시인하고 있듯이 목표의 가치보다 파괴의 희생이 더 큰 ⑤의 경우의 좋은 예이다. ①~⑤까지의 계산이 긍정적이라면 ⑥의 전쟁 의지는 보강된다. 전쟁 승리는 확실성이 입증된 것이다. 이와 반대로 ①~⑤의 조건의 종합이 부정적이라면 아무리 전쟁 의지가 강해도 그 의지는 부정된다. 이 글에서 검토하려는 목적은 바로 ①~⑤의 조건들을 분석한 뒤에, 그것이 ⑥을 보강하는 것이냐 반대로 부정하는 것이냐의 결론을 도출하려는 것이다. 만약 ①~⑤가 긍정적으로 판명된다면 우리 정부나 군부가 주장하는 대로 북한의 ⑥의 의지가 실천화될(즉 남침전쟁) 가능성은 커진다. 반대로 그것이 부정적으로 판정된다면 남침전쟁 기도설은 부정된다. ①~⑤의 부정적 조건 종합을 무릅쓰는 '의지'는 광인(狂人)뿐이다. 이 글은 남과 북의 정치·군사 지도자들이 광인이 아님을 전제로 한다.

단기속전을 위한 현재의 군사력 비교

　"(한국) 국방부는 한국의 3야당 총재와 야당 관계자 약 60명을 초치하여 한국의 안보정세, 북조선의 실정을 설명하고 비디오를 보여 주었다. 바로 노태우 대통령의 공약을 앞선 것으로서, 한국의 국방당국이 야당에 안보문제와 북조선 실정을 설명한 것은 처음 있는 일이다. 여기서 설명된 북한의 군사력은 1962년부터 1987년까지 15년간에 병력은 약 40만에서 약 85만으로 2배 이상 증가하고, 같은 기간에 탱크는 5.4배, 야포는 3.7배, 함정은 3.7배, 항공기는 1.7배 증대했다. 고도로 훈련된 간첩이나 특수부대 요원 수는 9만 6천 명에 달했고, 그 중에서 해상·공중·터널을 이용해서 남침할 수 있는 병력은 5만 3천 명이 된다"고 한다.[2]

국방부 설명에서 병력은 수치를 명시되고 있으나, 주요 전력인 탱크, 야포, 함정, 항공기 등은 수치는 없고 증가된 '비율'만이 제시되고 있다. 수치 없는 비율만의 표시는 판단의 기준으로서는 불완전하고 위험하고 오도되기 쉽다는 사실은 상식에 속한다.

1. 병력의 규모

북의 병력이 85만 명이라는 평가는 미국 CIA의 추산인데, 카터 대통령 정부가 주한미군 부분 철수를 발표했다가 한국과 일본 정부 및 미국 군부의 반발로 철수 계획을 백지화한 1977~1978년의 1년 사이에 북한 병력이 갑자기 11만 2천 명이나 증강되었다는 발표에 근거하고 있다.[3] 이 1978년은 이란 혁명과 소련의 아프가니스탄 침공을 계기로 미국 정부가 미국과 동맹국의 급격한 군사력 증강을 다그친 해이다. 미국은 카터 정부의 '인권정책'에서 '군사대결 증강'으로의 정책 전환을 정당화하기 위해서 소련의 아프가니스탄 침공을 구실삼아 소련의 군사력 평가를 그 전해에 비해서 급격히 상향·증대 평가하였다. 동시에 동맹국가들의 군사력 증강에 압력을 가하는 구실로 소련을 비롯한 바르샤바동맹 국가들, 베트남, 북한의 군사력을 상향 평가했다.

북한의 그 시기의 정치·경제 정책을 토대로 볼 때, 그러한 급격한 정규

---

2) 일본 『아사히신문』, 1988년 6월 16일.
3) U.S. CIA, World Factbook 1984, pp.126~128; IISS, *Military Balance 84~85*, pp. 102~103.

병력의 증대, 그것도 1년 동안에 11여만의 정규군 증대 능력이 있느냐는 의문이 제기된다. 한국 정보부의 연구발표 기관인 『내외통신』은 1985년판에서 북한 병력을 70만으로 계산하고 있다.[4] 그렇다면 1985년에서 1987년 사이에 15만 명의 정규군이 또 증대되었다는 말이다. 같은 해의 일본방위청 통계도 '약 70만' 으로 되어 있다.[5] 카터 정부 때인 1977~1978년 사이의 1년간에 11만 2천 명을 증강한 후에, 레이건 정부 시기인 1985~1987년에도 15만, 합계 26만여의 정규병력을 증강시켰다는 계산이 된다. 가능한 일일까? 북한이 당 6차 대회에서 결정한 10대 건설사업에 공병·보병 10만 병력을 투입하고 있는 현장은 1990년의 '세계청소년친선대회장' 건설을 비롯한 여러 곳에서 서방측 관측자들에 의해서 확인되고 있다. 국방부의 발표를 그대로 믿을 수 있는가? 이에 대한 정확한 자료의 제시가 아쉽다.

육군 병력의 차이는 질로써 보완된다. 즉 한국군의 지휘관급 직업장교들과 하사관들은 베트남전쟁에서의 다년간의 실전 경험을 갖고 있다. 북한군은 6·25 전쟁 당시의 지휘관들밖에 실전 훈련이 없고, 그들은 모두 퇴역하였다. 남한(한국)군은 또 장비·보급·사기·훈련면에서 북한군보다 우월하다. 이것은 우리 정부가 주장하는 바이다.

한편 북한은 1980년대에서도 1970년대와 다름없이 그 정규군 병력을 55만 명선으로 유지하고 있다고 주장하고 있다. 그들은 경제력의 취약성 때문에(그 사실은 우리 정부의 모든 공식발표에서도 8~10대 1로 남한이 우월하다고 주장하는 대로) 남·북한 정규병력의 감축을 꾸준히 제의·요구하고 있는 실정이다. 북한은 그들이 1979년 이후 착수한 대규모의 10대 건설계

---

4) 『내외통신 종합판』(31), 1985. 1.1~6.30, 381쪽.
5) 『防衛要覽』, 昭和 60년(日本紀元)판, 自衛隊 朝雲新聞社, 287쪽.

획(예컨대 남포갑문 공사)에 공병사단과 보병사단을 투입·전용하고 있다. 북한 군대는 휴전선에 배치된 병력까지도 방어진지 후면의 농토를 개간하여 교대로 내려가 농업생산에 종사하면서 식량의 부분적 자급자족을 하고 있다. 남한에 비해서 병력 가용인구가 절반(총인구 4,300만 대 2,200만, 1990년 말 현재)밖에 안 되는 북한은 군 병력을 증대할 여지가 없다. 게다가 남한 군대의 합계 30만 명이 베트남전쟁에서 정규 유격작전의 전투경험을 갖고 있다. 북한이 모든 한반도 문제의 군사적 해결방안에서 병력 감축을 제1항목으로 제의하는 하나의 절박한 이유이다. 그와 같은 군무 이외의 작업에 시간과 체력을 소모해야 하는 북한 병력과 완전 보급으로 유지되는 남한 군대의 전투능력에는 차이가 있을 것이다. 주한미군 사령관 겸 한미연합군 사령관(1977년)을 역임한 미국 연합참모부의장 존 베시 대장은 미상원 군사위 증언에서 그같이 평가한 바 있다.[6]

2. 지상·해상·항공 등의 전력 비교

전쟁의 주요·기본무기인 이들에 관해서는 실수(實數)를 비교할 수 있을 만한, 우리 국방부 당국에 의해 일관되게 공개된 자료가 없다. 외국 정부 또는 저명한 권위 있는 군사연구소들의 연구조사 결과들과 견주어서 평가할 수밖에 없다. 같은 긴장상태로 군사적 대치를 계속하고 있는 서유럽의 북대서양동맹과 동유럽의 바르샤바동맹은 서로 이 같은 기본 무기의 수치를 공개하고 있다. 이웃 일본도 그 군대(자위대) 연감은 해마다 자기 군대

---

6) "My own assessment is that they're a gritty, tough, determined, capable fighting force. Man for man, and division for division, I'd put them up against anybody." General John Vessey, Jr., Chairman of the Joint Chiefs of Staff(1982~1985), *The Defense Information*, March 1977, p.3.

의 기본 무기의 실세는 물론 증강계획의 전모를 소상히 밝히고 있다. 비밀주의가 지배하는 한, 우리 정부(군부)에 의해서 단편적으로 발표되는 수치를 토대로 한 남·북의 전력 비교나 주장은 신빙성을 획득하기 어렵다. 그 같은 전제를 놓고 먼저 미국 정부의 공식문헌에서 찾아보면 다음과 같다.(1983년 현재)

표 1 미국 정부 공식발표로서의 남북 장비전력 비교[7]

	탱크	병력수송장갑차	야포	대공포	군용기
남한	1,000	840	7,400	300	380
북한	2,675	1,140	19,100	8,000	682

북한의 수치는 끝자리 수까지 제시하면서 남한의 수치를 개략적 수치로 제시한 것부터 통계자료로서는 신빙성을 의심케 하기에 족하다. 미국 국방부의 '대의회 보고서' 작성 정책 변경 탓인지, 1988년 대의회 보고서에는 남·북한 병력무기 비교가 없어서 정확한 비교가 불가능하다.[8]

국방부가 표시한 비율을 다시 중앙정보부(안기부) 『내외통신』의 해설 속에서 찾아보면 다음과 같다.[9]

---

7) 1983년 미국 국방부장관의 대의회 보고서에서,『중앙일보』, 1983년 2월 3일자 제2면 보도.
8) *Annual Report to the Congress*, Fiscal year 1988, Casper Weinberger, Secretary of Defense, Part 1 Defense Policy, p.32. 이 장의 b. East Asian Balance(東北亞의 군사력 비교)의 Korea 부분에서는 다만 이렇게 기술하고 있을 뿐이다. "남·북한의 지역적 군사력 균형은 미국의 지극히 중요한(critical) 이해적 관심사이다.…… 북한은 그 형편없는 경제에 파멸적인 결과를 돌보지 않으면서 그 강대한 군사력의 현대화 노력을 계속하고 있다.…… 대한민국도 미국의 지원으로 지속적으로 성장하는, 북한의 4배나 되는 경제력을 바탕으로 균형을 이루기 위한 군사력 현대화를 추진해 왔다. 남·북한의 이 경제적 대조는 남한 군사력의 장기적 대북 위치를 유리하게 만들고 있다.

표 2 남한측 발표로서의 남북 장비전력 대비(1)

	병력(명)	탱크(대)	함정(척)	군용기(대)	야포(문)
남한	1	1	1	1	-
북한	1.2	2.5	3.4	3	-
	(70만)	(3,200대)	(551척)	(740대)	(4,800문)

이 비교는 남·북의 비율과 그 기초로서 북한측만이 수치(추정)를 제시하고 있다. 북한의 수치를 토대로 그 비율로 역산하면 남한의 수치가 나올 것이다. 그러면 수치로서 다음과 같이 된다.(1985년 현재)

표 3 남한측 발표로서의 남북 장비전력 대비(2)

	병력(명)	탱크(대)	함정(척)	군용기(대)	야포(문)
남한	583,000	1,280	162	247	
북한	700,000	3,200	551	740	4,800

군사력 비교에 있어서의 자료의 신뢰성 결여 문제

1. 병력

1985년의 남한 군용기 수가 1983년의 군용기 수(「표 1」)보다도 적다는 것(380대 247대)은 바로 공식발표의 신빙성을 의심케 하는 단적인 실례이다. 이 사실을 도외시하고 주어진 대로의 수치를 비교한다면 대체로 1985

---

9) 앞의 『내외통신 종합판』, 381~382쪽.

년 현재로 북한의 군사력은 그 주요 무기에서 수적으로는 남한보다 우월하다. 그 차이는 북한의 대남공격을 가상할 경우, 공격군은 수비군에 대해서 3배의 군사력이 필요하다는 군사적 상식의 비율에는 훨씬 못 미치지만 그래도 약간 우세한 것으로 보인다. 앞에서 보았듯이 이 수치의 차이는 카터 정부의 군사 증강 정책으로의 전환시(1977~1978)와 레이건 대통령이 대소련 군사 공격 전략으로 미국 자신과 동맹국들의 무제한 무력 증강을 촉진한 1983년 이후의 두 차례에 걸쳐 설득력 있는 근거의 제시 없이 소련과 그 공산주의 동맹 국가들의 군사력을 대폭 상향 평가한 결과인 것도 주목할 필요가 있다. 카터의 주한미군 감축 결정을 백지화하면서, 북한의 경우는 그 전해에 비해 병력 16~26만(특공대 10만이라는 수를 포함), 탱크 650대, 병력 수송용 장갑차 250대, 야포 5천~1만 문, 대공포 2,500~3,500문……을 상향 수정 발표했다. 단번에 약 30~50퍼센트의 상향 수정 평가이다.[10]

2. 지상 장비

탱크의 경우 미국의 권위 있는 무기연감은 이미 1984년 현재, 남한(한국)이 48패튼(PATTON) II형 640대, M-47형 920대, M-3AI형 및 M-5AI형 80대, M-4셔만(SHERMAN)형 210대, 합계 1,850대를 보유하고 있음을 밝히고 있다.[11] 이것은 이미 1984년 현재로 1985년 현재의 「표 3」 수치인 1,280대보다 570대나 많은 수이다.

『국방백서』의 남·북 비교 자료는 신빙성에 중대한 결함이 있다. 『88년

---

10) Stephen D. Goose, "The Military Situation on the Korean Peninsula," *Korea Scope* (1985), p. 16.
11) Arsenal of Democracy-III, *America's War Machine*, Tom Gervasi (1985), pp. 274~275.

백서』와 『90년 백서』의 수치를 대비하면 「표 4」와 같다.

표 4 국방부 발표 자료[12]

		88년 백서	90년 백서
전 차	북한	3,500대	3,600대
	남한	1,500대	1,500대
장갑차	북한	1,950대	2,300대
	남한	1,550대	1,550대
야 포	북한	7,800문	9,400문
	남한	4,000문	4,200문

2년간에 탱크에 있어서 북한만이 100대 증가하고 남한은 1대도 증가하지 않은 것으로 되어 있다. 장갑차에서도 북한이 350대나 증가하는 동안 남한은 단 1대의 장갑차도 생산·배치하지 않았다는 말이다. 야포에서도 북한이 600문이나 새로 생산 또는 구입한 2년 동안에 남한은 200문밖에 구입하지 않았다는 주장이다. 이런 자료는 국방부가 그간에 자랑해 온 국방력 증강(특히 무기)과 국방예산의 증대, 미국 장비의 이전 등과 전적으로 배치된다.

사실은 남한은 미국의 제네럴 다이너믹스 회사의 라이센스와 국내 설계에 의한 최초의 국산 탱크(XK-1 또는 '대한민국 자체 생산 탱크', 즉 ROKIT라고 불리는 것)의 양산체제를 가동중이다. 이로써 한국은 M-16 소총에서부터 탱크, 전투기, 군함까지 육·해·공군의 기본 무기류의 전면적 국산 단계에 있다. 북한도 전투기와 구축함급을 제외한 기본 무기의 국내 생산체제를 갖춘 것으로 보도되었다.

---

12) 『국방백서 1988년』, 149쪽과 『국방백서 1990년』, 112쪽의 설명적 자료를 도표화한 것임.

병력 수송용 장갑차(APC)는 1983년 미국 국방장관 대의회 보고서에서 남한 840대, 북한 1,140대로 되어 있다.(「표 1」) 그러나 앞서의 공개적 무기 연감에는 남한이 M-113A1형 및 M-577A1형 장갑차 2,400대를 보유하는 것으로 기록되어 있다. 이것은 공식발표된 수치와 너무나 큰 차이를 말해 준다. 또 미국 육군과 해병대의 표준형(12.2톤)이며, 동맹국 44개국에 공급 판매된 다량의 장갑차 가운데 한국은 서독의 3,350대에 이어 2,400대로서 제2위의 다수 보유국으로 열거되어 있다.[13]

미국의 레이건 정부 등장 후, 한국 군사력의 대폭적이고 급속한 증강은 GNP가 8~10 대 1인 북한으로서는 도저히 따를 수 없는 것으로 평가된다. 국내 무기 생산의 증대 이외에도 주로 미국제 선진무기에 주력한 결과 한국군의 무기는 노후한 북한군 무기를 질적으로 훨씬 능가하고 있는 것이 확실하다.

한 군사연구소 통계에 따르면 남한은 이미 1983년, 제3세계에서 가장 많은 무기를 수입하는 20개 상위 국가군 속에서 제8위에 속하는데, 북한은 20위 서열 속에 들어 있지도 않다.[14] 미국 정부도 1972~1982년간의 남·북한의 무기 수입비를 남 37억 달러 대 북 16억 달러로 추정하고 있다. 남한이 북한에 비해 2.3배나 더 많은 무기를 구입하고 있다.[15]

남·북한간 탱크전의 성격도 변모했다. 그러나 6·25의 경험에 따라서 탱크 방어태세는 남·북이 사실상 거의 완벽하게 구축하고 있다. 반전차 장벽이 여러 겹으로 도로를 차단하고 지뢰대, 함정, 반탱크포(지상과 공군)의 성능이 우수하다. 탱크의 대치 통로인 하천은 휴전선을 따라서 댐을 구

---

13) *America's War Machine*, p. 227.
14) International Peace Research Institute, *Year Book* (Stockholm, 1983), p. 270.
15) The Arms Control and Disarmament Agency(ACDA), *WMEAT 1972~1982*, p. 75.

축하여 모두 물에 잠겨 버렸다. 이 같은 입체적 반탱크 태세는 남·북 어느 쪽도 탱크전을 구상할 수 없게 만들었다. 6·25의 반복은 있을 수 없다. 탱크의 이동은 첩보 인공위성을 비롯한 각종 탐지장치로 빠짐없이 포착된다. 탱크의 대수가 몇이냐 하는 것은 가상적인 한반도 전쟁에서 큰 요소가 되기 어렵다.

3. 공군 장비

남·북의 항공장비 전력 비교도 지상군 장비의 경우와 마찬가지로 정확한 대비의 자료가 없다. 자료의 출처마다 상이한 수치 평가를 하고 있기 때문이다.(국방부의 『국방백서 1990년』은 다음의 수치를 제시하고 있다. 총계: 남한 1,200대 대 북한 1,600대. 전술기: 남한 500대 대 북한 840대, 지원기: 남한 720대 대 북한 760대. 이 수치는 2년 전의 『국방백서 1988년』에서 제시한 쌍방의 그것과 거의 동일하다.)[16]

현대전의 총아인 공군력은 대체로 양(量)적 균형 상태인 것으로 평가되고 있다. 북한 항공기의 거의 57퍼센트는 MIG-15형과 MIG-17형 등으로서 한국전쟁(1950~1953) 당시의 고물 기종이다.[17] 정확하게는 MIG-15는 1949년형이고 MIG-17은 1953년형이다. 두 형 모두 음속 이하 속도이며 야간전투도 못하고 전천후용도 아니다. 레이더와 조준장치도 원시적이다. 이 사실은 한국 정부당국도 오래 전부터 인정하고 있는 바이다.[18] MIG-19형은 한국전 휴전 후인 1955년부터 제공되었다. 그러나 성능에 있어 MIG-15, MIG-17보다 나을 것이 없는 낙후된 것이어서 소련 자신이 1950년대

---

16) 『국방백서 1990년』, 87쪽, 『국방백서 1988년』, 151쪽.
17) 앞의 *The Defense Monitor*, p. 4.

말에 생산 중단한 것이다.

그것들보다 우수한 초음속 기종으로서 1980년대에 들어서 도입된 MIG-21형은 160대, 1986년부터 소련이 제공하기 시작한 것으로 알려진 MIG-23, MIG-29, SU-25 등 신예 기종 수는, 미국의 정보기관이 단편적으로 발표한 것을 종합하면 약 50대 정도일 것으로 추정된다. 이들은 모두 방어용 요격기이며 대지 공격용이 아니다.

한편 공개된 무기연감과 다른 자료들에 의하면 이미 1984년 현재 헬리콥터와 수송기를 제외하고서도 남한의 전술기는 590대(F-5 250대, F-5E · F-5F(국내 공동생산) 66대, F-4D · F-4E 76대, F-86F 70대, CV-1000 24대, A-37 30대, 5A 10대, S-2A 20대, O-2A 14대, T-33A 30대)에 이르렀으며, 90대의 F-16(Falcon)이 구매 과정에 있었다.[19] 그 후 남한은 F-5기종의 국내 생산과 세계의 현역 전투기 중 최신·최강인 것으로 인정되는 미국 FA-18형 120대의 구매 및 자체 생산 계획이 진행중이다. 결론적으로 수에서도 북한과 비등할 뿐 아니라 그 성능은 월등 우월하다.

북한 공군력의 '압도적 우세'를 국민에 선전해 온 정부도 남한 공군기의 질적 우월성과 조종사의 기술적 우월성(1인 비행훈련 시간 약 1,100시간으로 북한 조종사의 그것의 약 1.5배 이상)을 공식·공개적으로 확인하게 되었다.[20]

---

18) 앞의 『내외통신 종합판』의 '군사' 부 자체가 남·북한의 각종 무기 전력 비교에서 침략전쟁의 가능성과 위험을 강조한 끝 결론부에서 다음과 같이 맺고 있다. "북괴가 군사훈련을 실시하면서 가장 애로를 느끼고 있는 것은 현재 보유하고 있는 병기들이 구식 병기여서 수명이 다해 가고 있으며 병기 부속품의 부족과 함께 병기 운영에 필요로 하는 막대한 경비조달이 어렵다는 문제이다. 현재 북괴가 보유하고 있는 무기체제가 대부분 구식 무기여서 현대전에 대비한 무기로서는 부적합하기 때문에 군장비를 현대화하기 위한 대소 접근 노력이 강화되고 있는 실정이다."(378쪽) 이 사실은 『국방백서』에서도 공인되고 있다.
19) *America's War Machine*; Stephen D. Goose, "The Military Situation on the Korean Peninsula" 참조.

그 밖의 소수의 수송기, 정찰기, 대전차 공격기, 대잠수함 공격기, 관측기 등에 관해서는 지면상 생략한다.

남한 정부가 헬리콥터를 이용한 북한의 특공대 침공작전 위협을 국민에 경계·선전해 온 그 기동 헬리콥터는 그 보유수에 있어 530대 대 280대로 남한이 오히려 거의 두 배의 우세임이 공식적으로 시인되었다.[21]

북한은 1985년 이후 한국군이 사용하는 주력 무기의 하나인 미국 휴즈 M-500형(OH-6 SAYUSE) 87대를 유럽에서 '밀매입'한 것으로 전해졌다. 우리 군부는 북한이 이것으로써 남한에 대한 야간 후방 기습 특공대용으로 사용하려 한다고 비난하고 국민에게 후방 야간 특공대 기습작전의 위험을 경고하였다.

그런데 휴즈 M-500형 헬리콥터의 성능은 시속 175마일, 항속거리 380마일, 적재 중량 2천 파운드로서, 무장 군인은 보통 4명을 태운다. 7명이 한계이다. 북한이 '밀매입'했다는 87대 전체를 남김없이 특공대 야간 기습 목적으로 무장특공대 5명씩을 태워서 투입해도 최대 435명을 수송할 정도이다. 게다가 소리가 크고 속도가 느려서 탐지와 요격의 좋은 표적이 된다. 한국은 1985년에 미국 휴즈 회사와 라이센스 합작 형식으로 국내 생산체제에 들어가 1985년에만도 이미 100대를 생산하고,[22] 그 후 계속 생산하여 국방부가 시인했듯이 현재는 북한에 비해 약 두 배의 대수를 보유하게 되었다. 이 격차는 계속 넓어질 것으로 보인다.

---

20) 『국방백서 1990년』, 115~116쪽.
21) 『국방백서 1990년』, 115쪽.
22) 앞의 『무기연감』, 227쪽; *American Arms Supermarket* (State University of Texas Press, 1984), p. 166.

4. 공군력의 종합 비교

결론적으로 말하면, 남한은 공군기의 수에 있어서도 대등할 뿐 아니라 그 성능이 월등 우월하다. 게다가 전폭기, 헬리콥터 등 공군기종의 자체 생산체제가 가동중이기 때문에, 종합적 공군 능력에서 북한보다 훨씬 우월한 것으로 판단되고 있다. 그리고 한국 공군 조종사의 훈련 시간은 북한 조종사의 훈련시간보다 세 배 가량 길다.(공식 확인은 1.5배) 이것은 실전에서의 우월에 결정적으로 작용한다.

지금보다 10여 년 이상을 앞선 시점, 즉 겉으로는 미국이나 한국 정부가 공군력의 열세를 대대적으로 광고하던 1974년 단계에서 이미 미국 공군 대장 조지 브라운은 "북한 공군은 기본적으로 본질적으로 방위 지향적이지 공격 목적 체제가 아니다"라고 말했었다.[23] 같은 시점에서 당시의 미국 국방장관(슐레진저)은 한국 공군력에 관해서 다음과 같이 말했다. "미국은 대한민국의 군사력 강화 5개년 계획으로, 특히 공군에게 많은 F-5E 제트전투기를 포함한 15억 달러의 원조를 제공하고 있다. 따라서 남한은 미국의 지상 지원군이 없더라도 북한의 공격을 격퇴할 만한 충분한 병력 화력 방위 진지체제를 갖추고 있다."[24]

5. 해군력

일본군 정보 평가에 따르면 주요 함정 분류는 대체로 다음과 같이 수적으로는 일견 북쪽이 우세한 것을 알 수 있다.(「표 5」)

한국측 자료[25]에는 북한의 잠수함이 21척, 총 척수는 537척으로 되어 있

---

23) *The Defense Monitor* (Washington: Center for Defense Information), 1974년 10월호; 『미국 대외정책의 군사화』, 7쪽.
24) 같은 글.
25) 앞의 『내외통신 종합판』, 376쪽.

표 5 1985년 현재의 대비(일본측 평가)[26]

단위: 척

	척수	톤수	잠수함	구축함	호위함	초계정
남한	약 140	99,000	-	1	8	9
북한	500	68,000	19	-	2	34

다. 권위 있는 군함 연감(JANE)이나 세계전략연구소의 수치도 이와 대동소이하다.

해군력은 함정의 크기에 대체로 비례한다. 대형은 원해 작전능력·공격용이고, 소형일수록 방어형이다. 우선 총척수와 총톤수의 관계에서 남쪽의 함정은 1척당 평균 707톤(99,000t/140척)이며, 북한은 척당 평균 136톤(68,000t/500척)임을 알 수 있다. 즉 남한 해군력은 북한 함정에 비해 평균 5.2배의 대형함정으로 구성되어 있다. 대형함정은 소형함정에 비해서 그만큼 화력과 작전범위가 크다. 다시 말해서 북한 해군력은 「표 5」에서 분명하듯이 단거리 연안 작전을 목적으로 하는 요격용 미사일, 어뢰발사용 소형(경량급) 함정으로 구성되어 있다. 북한은 전체 함정 척수 중 400척이 이에 속하는 데 반해서, 남한은 그에 해당하는 것이 35척뿐이다. 이 차이는 쉽게 이해할 수 있는 비유로 말하자면, 남한 해군은 권투에서 '강편치' 용이고 북한 해군은 잇따른 '잽' 용이다. 또한 남한 해군은 정규 규모의 전쟁용 규격과 편성이고, 북한 해군은 상대방의 우월한 공격력에 대한 게릴라전법의 요격용이라고 할 수 있다. 『국방백서 1990년』은 「남북한 해상장비 비교」에서 190척 대 690척으로 제시하고 있다.(『국방백서』, 83쪽 및 114쪽) 그러나 계산된 함정의 크기의 기준도, 특히 중요한 총 톤수도 밝히지 않았다.

26) 『일본방위요람』(1985), 287쪽.

남한 해군의 질적 우월성은 모든 해군력 통계에서 반드시 밝혀야 할, 그러나 밝혀지지 않은 이 두 기준 속에 숨어 있다. 북한 해군은 적에 대한 '히트 앤드 런' 체제이다. 상대방 해안선과 함정 상선을 교란하거나, 우리가 잘 알고 있는 바와 같이 간첩침투용에 기동력을 발휘할 수 있다. 그러나 남한 해군의 화력과 항속거리에서 우월한 구축함대처럼 정면공격의 위력을 발휘할 수는 없다. 남한은 구축함의 자체 생산으로 그 전력이 증대하고 있다.

다만 잠수함에 있어서는, 남한은 1983년에 176톤급으로 알려진 비교적 소형의 것을 시험적으로 자체 건조하였고, 독일로부터 2척의 대형잠수함 구매가 추가되었다. 이것은 지상에도 공개된 바 있다. 그 후 어느 정도 크기의 잠수함이 몇 척이나 건조되었는지는 어느 자료에서도 확인할 수 없다. 북한의 잠수함은 수적으로 남한에 비해서 우세하다. 그러나 그들은 대부분 1940~1950년대, 1960년대에 건조된 소련 및 중국의 '불하품'이라 할 수 있다. 1970년대에 독자적으로 건조된 것이 12척 있으나 소형으로서, 미국 태평양함대 사령관 실베스타 쿨리 제독은 전쟁이 일어나면 그런 것들은 거의 즉시 '바다 속의 관'으로 만들 수 있다는 자신을 피력한 바 있다.[27]

남·북한의 어느 쪽이 전면 선제공격을 시도하거나, 전쟁 발생 후에 상대방 영토에 대한 점령을 위한 상륙작전을 가상할 경우에는, 상륙정(차량, 탱크, 병력용 등)의 태세가 중요시된다. 지상과 해상으로부터의 협동적 양면 공격작전의 주요수단이 된다. 우리 정부의 견해는 북한 해군이 "300여 척의 고속상륙정을 주력으로…… 동서해안에서 각종 군사작전을 수행할 수 있는" 능력을 보유하고 있는 것으로 경계한다.[28] 외부의 평가는 우리 정부의 주장인 '300여 척의 고속상륙정'과는 큰 차이를 보이고 있다. 앞서의

---

27) Stephen D. Goose, "The Military Situation on the Korean Peninsula," p. 15.
28) 앞의 『내외통신 종합판』, 376쪽.

구스 논문은 113척을 제시하였다. "숫자로 보면 이것은 상당한 것이지만, 실제로는 탱크나 그에 버금 가는 중량급 장비를 수송할 수 있는 크기의 것은 몇 척에 불과하다. 그 중에서 제일 큰 것은 4척의 '한태' 형이라고 부르는 상륙정인데, 1980년부터 자체 건조에 들어간 것으로서 중형(中型) 탱크 3~4대의 적재능력이 있다"고 평가되고 있다.

이에 대해 한국은 평균적 함정의 크기와 화력 및 행동반경에서 훨씬 우세하다. 특히 한국의 함정 건조 능력은 세계 제2위의 조선(造船)산업으로서, 1980년대부터 600톤급의 호위함과 5인치포를 장치한 '울산' 형으로 불리는 HDP 1000 구축함(배수톤수 1,400톤)을 계속 건조하고 있으므로 척수의 비교로 제시되는 위협은 성능으로 상쇄하기에 충분한 것으로 평가된다.

남·북한 해군력의 전쟁능력 비교 평가에서 한반도의 지리 형태적 특성은 북한 해군에 결정적으로 불리하다. 정부(안기부)의 평가와 견해를 대표하는 앞서의 내외통신의 '북괴 군사력 해설'은 이 점을 다음과 같이 '우월 유리한 체제'처럼 잘못 설명하고 있다. "북괴 해군은…… 동서해에서 개별적으로 군사작전을 수행할 수 있는 지휘체제를 확보하고 있다."[29]

남한은 동서해가 남해를 경유하여 해로로 연결되어 있다. 해군 작전에서는 물론이지만 민간해운에서도 이 지리적 조건은 동해·남해·서해의 항로 기지 보급의 활용·운영이 일체화된 체제하에서 유기적으로 가동된다.

이와는 반대로 북한 해군은 남한의 남해와 대한해협의 봉쇄로 차단되어 있다. 즉 동해의 원산·청진·나진 등 기지의 동해 해군력은 서해의 해주·남포 등 기지의 해군력과 분리 차단되어 상호 고립되어 있어, 일체화된 유기적 행동체제하에서 작전능력을 발휘할 수가 없다. 북한 해군은 그

---

29) 같은 책, 같은 쪽.

함정의 수(數)적 능력이 어떻든 실제로는 2분의 1의 기능밖에 발휘할 수가 없다. 이것은 북한 해군에게는 한반도의 지리 및 휴전선으로 인한 운명적 조건으로서 극복할 방법이 없다. 북한 해군이 남한 해군에 대해서 절대적으로 불리한 조건이다.

그렇기 때문에 동서해안에서 "개별적으로 군사작전을 수행할 수 있는 지휘체제를 확보"하고 있다는 사실을 마치 북한의 우월한 '작전체제' 처럼 국민에게 선전해 온 것은 해군의 특성과 작전의 초보적 상식도 없는 해석이거나 의도적인 국민기만책이었다. 『국방백서 1990년』에서 비로소 정부는 "북한 해군은 지형의 특성상 동(東)·서(西) 함대로 분리 운영해야 하는 불리한 점도 있는 것으로 평가된다"고 시인하였다.[30]

『국방백서 1990년』에서 제시된 남·북 함정 수 비교는 190척 대 690척이다.[31] 그러나 그 전쟁 능력은 위에서 검토한 여러 기준에서 볼 때 정확한 비교 평가가 불가능하다.

남·북의 군사비 및 그 평가방식의 문제

한·미 양국 정부와 군부는 오랫동안 북한의 '군사력 우위'의 근거로서 남·북한 군사비의 대 GNP 비율을 국민에게 제시해 왔다. 보통 북쪽이 20퍼센트, 남쪽이 6퍼센트인 것으로 발표되고 주장되어 왔다. 그러나 GNP 대 군사비 비율의 수치는 '군사적 우위' 또는 '남침위협'의 충분한 증명근거는 되지 못한다. 정부의 주장대로 남한과 북한의 GNP 대비가 10 대 1이라고 가정할 때, 10×6퍼센트=60 대 1×20퍼센트=20, 즉 남·북한 군사

---

30) 『국방백서 1990년』, 114~117쪽.
31) 같은 책, 같은 쪽.

비의 실액은 60 : 20으로서, 남한의 북한에 비해 세 배에 가깝다. 비율의 요술에 가려져 온 진실이다.

정부도 마침내 이 오랜 수법의 대국민 여론조작의 한계를 깨닫고 1990년의 남·북 군사비의 절대액을 99억 7,000만 달러 대 54억 4,000만 달러로 처음으로 제시했다.[32] 121억 달러 대 41억 달러라는 평가도 있다.[33] 남·북의 군사비 대비가 2 대 1 내지 3 대 1인 것으로 평가된다.

미·소 양국간에서 으레 그렇듯이, 특히 미국 정부가 군사비 소요액을 국회에 요청할 때 소련의 군사비 비율을 상향평가하고 미국의 그것을 하향평가함으로써, 즉 '소련 군사력의 우위 위협'을 강조하는 방식은 널리 알려진 바다. 이 같은 산출방식을 가리켜 '적 최대평가·아방 최하평가' 방식이라고 한다. 이 비교 방식으로 '군사력 우위'나 '침공 위협'의 근거를 제시하는 것은 과학성을 결여한 것일 뿐만 아니라 유해한 것이며, 그 의도를 의심케 할 수도 있다. 미국이 소련 군사비를 과다평가하는 산출 근거, 미국 군인(각 계급) 1인당 유지비와 각종 무기 생산비를 그대로 소련의 병력과 무기 총량에 산술적으로 적용한 결과이다. 마찬가지로 남한의 비용 기준을 북한의 그것에 산술적으로 적용하고 있다. 그 결과 북한의 군사비는 자동적으로 고평가된다. 남한군의 인건비는 북한군의 2.25~4.11배이다.[34] 즉 북한군의 병력유지비가 2.25~4.11배나 과다평가되고 있다는 말이다.

미국 정부 관리들은 여러 해 동안 북한이 GNP의 20퍼센트 또는 그 이상을 쓰고 있다고 주장해 왔다. 1984년 초에는 심지어 26퍼센트라는 주장도 있었다. 하지만 미국 정부의 '군비관리 및 군축담당국'(US Arms Cont-

---

32) 같은 책, 같은 쪽.
33) 앞의 *The Defense Monitor*, p. 2.
34) 주 23)의 자료.

rol and Disarmament Agency, ACDA)이 발간한 문헌들은 그와는 다른 사실을 보여 주고 있다. 북한의 비율은 1970년대 초반에는 20퍼센트를 오르내렸고, 1975~1979년간은 11퍼센트를 오르내렸으며, 1979년에는 가장 낮은 9.4퍼센트까지 내렸다. ACDA는 1980년도 평가를 처음에는 8.2퍼센트로 했다가 18.9퍼센트로 상향조정하였고, 레이건 정권이 군비경쟁 정책을 개시한 1982년에는 북한 군사비 비율을 갑자기 21.6퍼센트까지 올려 잡았다.[35]

1982년은 레이건 대통령이 군사력 증강, 대소 및 대공산권 군사대결 정책을 강화하면서, 국회에 대해 '소련 군사력 우위' 론을 가지고 군사예산 증대를 요구하는 동시에, 동맹국가들에게 각기의 가상적인 군사력을 상향평가하면서 군사력 강화와 군사비 지출 증대의 압력을 넣기 시작한 해임을 주목할 필요가 있다.

북한의 GNP 대 군사비의 비율을 상향 수정한 ACDA인데도 1982년도의 군사비 실액은 남한 48억 달러, 북한 35억 달러로 평가하였다. 즉 남한이 북한보다 37퍼센트 더 군사비를 쓰고 있다는 계산이다. 런던에 있는 저명한 군사 연구기관인 국제전략연구소(IISS)는 1982년도의 남한 군사비 43억 달러, 북한 군사비 17억 달러, 즉 남한 군사비가 북한 군사비에 비해서 약 2.5배인 것으로 평가하였다.[36]

미국 군비관리 및 군축담당국(ACDA)은 이상하게도 1983년과 1984년의 군사비 평가를 공개하지 않았다. 그러나 미국 정부의 다른 기관들과 IISS는 다 같이 1983년도의 남한 군사비를 44억 달러, 1984년 43억 달러로 평가하였다. 같은 해의 북한 군사비에 대해서 미국 정부기관들은 언급

---

35) Stephen D. Goose, p. 7.
36) IISS, *Military Balance, 1984~1985*, p. 141.

을 하지 않았는데, IISS는 1983년 북한 군사비 19억 달러, 1984년은 두 배 이상의 군사비를 사용했다고 평가했다.[37] 이것이 이른바 'GNP 대 군사비 비율' = '군사공격 위협' 설의 이면이다. 우리 정부가 '북한군 우월'의 근거로 제시해 온 GNP 대 군사비 비율 비교의 이면에는 이 같은 진실이 숨겨져 있다.

북한의 군사력이 남한보다 월등하다는 정부의 주장과는 반대로 훨씬 열등하리라는 사실은, 군사력의 중심이며 기본인 무기와 장비의 구입비 비교에서도 역력하다. 남한은 북한에 비해 경제력이 약했던 1974년까지는 북한에 비해서 무기·장비구입비가 적었으나, 그 후부터 큰 차이로 북한을 앞질러 남한이 매년 10억여 달러의 무기를 구입하고 있는 데 비해서 북한의 무기구입비는 1~3억 달러이다. 즉 남한의 무기구입비는 북한의 세 배를 넘으며, 앞으로 그 추세는 더욱 가속화될 것으로 보인다. 1975년 이후의 무기와 장비의 구입비 추세는 「표 6」과 같다.

한국 정부는 1990년대 후반 또는 말에 가야 남·북의 군사비 투자 누계(累計)가 동수준이 될 것이라고 주장하고 있다. 그때까지 계속 매년 군사비 총액, 특히 그 중의 무기 및 장비구입비를 「표 6」과 같이 약 세 배 비율로 계속 증대하려는 계획인 것 같다. 그러나 남한이 북한을 연간 군사비 지출에서 능가하게 된 분기점인 1974년 이전의 북한의 군사투자, 특히 무기구입비의 우월차액은 연간 1~2억 달러선이었으며, 그 비율도 0.60배 이하의 근소한 것이었다. 한 대 가격 5천만 달러의 FA-18형 전투기 120대의 구매 등으로 대표되는 무기 투자의 비율이 이미 세 배를 넘어선 1982년부터 1990년대 후반까지 10여 년간 계속될 경우, 그 차액누계는 1975년 이전의

---

37) IISS, *Military Balance, 1984~1985*, p. 102.

표 6 무기 · 장비구입비 비교(1979년 가격 기준: 100만 달러)

연도	북	남	남/북 비율
1975	501	303	0.60배
1976	610	697	1.14배
1977	728	890	1.22배
1978	732	1,152	1.57배
1979	488	997	2.04배
1980	654	1,009	1.54배
1981	547	928	1.70배
1982	338	1,062	3.14배
1983	359	1,117	3.11배

북한의 우월 차액누계를 몇 배로 초과할 것으로 평가된다.

군사정보 사전탐지 공격 억제 체제

미 · 소 초강대국은 현재 전세계와 우주를 대상으로 하는 치밀하고도 정교한 각종 첩보용 인공위성망 체제(spy sattelite systems)를 거의 완벽하게 운영하고 있다. 이 첩보망의 성능으로 말미암아 가상적의 기습공격, 위장공격, 군사이동, 군사작전을 그 초기단계에서부터 탐지 · 파악할 수 있게 되었다. 탱크 한 대의 이동까지도 빠뜨리지 않고 포착된다. 항공물리학, 로케트 분사력, 전자공학, 사진광학, 정보처리, 레이저광선 등 과학 발달의 종합적 결과이다. 그 성능의 신빙성을 극적으로 입증한 것이 최근의 미 · 소 중거리 미사일 철폐 협정 합의이다. 그토록 여러 해를 끌어 온 협상이 타결된 것은 현지검증에 합의가 이루어진 까닭도 크지만, 그에 앞서서 지금은 상대방이 아무리 은폐를 시도해도 첩보위성의 탐지능력을 속일 수 없게 되었다는 사실 확인 능력이 제일 중요한 원인이다.

미·소 양국은 전세계에 걸친 탐색망의 일부로서 각기 한반도의 휴전선 이북과 이남의 군사행동을 샅샅이 살피고 있다. 쌍방의 첩보위성은 예를 들어 비행장 활주로에 나와 있는 소형차량은 물론, 거기에 타고 있는 사람까지 식별할 능력을 가지고 있다.

위성에는 그 탐지방식에 따라서 ① 육안 관찰, ② 광학 방식(사진 촬영), ③ 전파 방식, ④ 레이저광선 방식, ⑤ 열감(熱感) 방식 등이 있다. 방식에 따라 차이가 있지만, 한 예를 들자면 광학(사진) 방식은 5~6시간마다 선회하면서 같은 지역을 촬영하여 그 직전의 필름과 오버랩(중복)시키면 1피트(0.3m=33cm)크기의 물체, 즉 농구공 정도의 정지 물체는 물론, 이동 물체의 이동 상황이 자동적으로 검출된다.[38] 지상 물체, 해상 선박, 공중 비행물, 해저 잠수함, 인공위성, 로케트 등을 탐지·사찰·감시하는 특수 목적의 위성체제가 완벽하다. 레이저광선 위성은 지하터널이나 지하에 은폐된 무기·부대를 탐지하는 능력이 있다. 이동 물체의 위치 측정의 정밀도(또는 오차)는 15피트(4.6m) 정도로 완벽하다.

이 같은 첩보위성 체계가 미·소 양국에 의해서 휴전선 남·북 영토를 정기적으로 사찰하고 있는 것이다. 그 밖의 정찰비행기, 지상 전파탐지기, 지하 진동 자동탐지기 등 보조수단은 설명할 필요를 느끼지 않는다.

미·소 첩보위성은 그 모든 종합적 방법으로 한반도의 남·북에서 준비 중이거나 진행중인 군사적 동태를 파악하고 있는 것이다. 6·25 전쟁처럼 북한의 탱크가 기습남침을 한다는 따위는 옛말에 속한다. 지상 및 지대공 대전차 장벽 및 무기의 성능과 체제에 관해서는 앞에서 기술한 바 있다. 한마디로 남침도 북침도 미·소가 원치 않는 한 불가능하다는 결론이다.

---

38) Curtis Peebles, *Battle for Space* (New York: Handford Press, 1983), pp. 23~46.

장기 종합 전쟁수행 능력 비교

　이상에서 간략하게 중점적으로 고찰한 것은 '현재'의 시간에서의 쌍방 군사력, 현재의 능력을 비교한 것이다. 보다 상세한 자료와 수치(예를 들면 각종 무기의 자세한 성능, 재원 등)를 낱낱이 제시할 지면이 없어서 설명된 부분보다도 설명되지 못한 부분이 많다는 사실은, 유감이지만 별 수가 없다. 그러나 그런 세부적 사실들은 대세를 좌우할 만한 것이 못 된다.

　이같이 처음부터 계획된 누락을 참작하더라도, 종합적으로는 남·북한의 군사력이 대체로 균형을 이루고 있다는 평가와 결론이 나온다. 이것은 역시 처음부터 검토대상에 넣지 않은 주한미군과 미국의 핵군사력을 제외하고도 그렇다. 그것은 남한의 '현재'의 군사력에 합친다면 군사력의 '질'적 차이 때문에 비교의 차원이 달라진다. 중요한 결론은 주한미군과 그 핵군사력을 제외하고서도 남·북한의 군사력은 '균형'(parity) 상태라는 사실이다. 쌍방의 어느 쪽이 그 재래식 군사력의 어느 부분이라도 계속 증강한다면 이 '균형'은 깨어지게 마련이다. 이 불균형 상태는 거의 자동적으로 그리고 필연적으로 타방의 대응적 군사력 증강 노력을 유발한다. 그 대응 노력은 먼저 증강하는 쪽에서 상대방에 '강요'하는 것이나 다름없다. 그런 결정은 다시 말해서 균형 상태를 깨려는 계산된 의도이며, 위태롭게 유지되고 있는 한반도의 군사적 안정과 안전의 상태를 원치 않는다는 의도로 해석된다.

　이상과 같은 결론은 지금까지 고찰한 현재의 군사적 균형 상태를 전제로 하고서도 그렇다. 그런데 남·북은 각기 다른 체제와 국가 지도원리에 따라서, 의도하거나 또는 의도하지 않은 방향과 내용의 국력증대를 추진하게 마련이다. 그 과정에서 쌍방은 상이한 수준의 군사력을 보유하게 된다. 이 과정을 일컬어 '종합적 전쟁수행 능력' 또는 '장기적 군사경쟁 잠재력'으로 표현된다.

현재 갖추고 있는 군사력이 발동될 경우에는 '현재' 상태로 그 국가 사회가 보유하고 있는 인적·물적 생산력, 경제체제와 구조, 과학과 기술, 정신문화적 범주의 자원과 능력이 총동원된다. 이것이 '종합적 전쟁수행 능력'이다. 전쟁이 아닌 상태에서 오랜 기간을 두고 군사력 경쟁을 지속하는 경우도 있다. 우리 남·북 민족이 통일되거나 그에 준하는 정치적 평화 공존체제를 이룩할 때까지는 장기적으로 군사력을 뒷받침하는 이른바 '국력'의 내용이 대립적 존재 집단의 상대적 우월을 결정한다. 이것이 '장기적 군사경쟁 잠재력'이다.

1. 인적 자원 및 동원력

장기 종합적 고찰의 제1요소는 인적 자원이다. 남·북의 인구는 1985년 중간시점 기준으로 남 4,300만, 북 2,200만으로 2:1로 계산할 수 있다. 인구 증가율은 남 1.25퍼센트, 북 2.23퍼센트인 바, 이것은 북쪽이 남쪽과의 장기적 군사경쟁의 필요 때문이기도 하려니와 부족한 경제노동력의 요청 때문이기도 하다. 종합적 국력의 기조적 요소인 경제활동 인구는 북 852만, 총인구대 43.1퍼센트, 남 1,555만, 총인구대 37.9퍼센트이다.[39]

경제활동 인구는 바로 군사적 소요 인적자원과 대체로 일치한다. 북쪽 경제활동 인구 비율에서 남쪽보다 높지만, 그것은 여자의 경제·사회활동 참여가 증대한 결과이다. 그러나 전쟁 상황에서의 병력 동원 잠재력으로서는 상당한 기간에 걸쳐 남한이 북한에 비해서 2:1로 우세한 산술적 계산에 변함이 없다.

---

39) 국토통일원, 『남북한 경제현황비교』 (1985), 31쪽.

2. 장기전을 뒷받침할 경제(생산)력(GNP)

장기적 총체적 군사행동의 토대가 되는 경제력에 있어서, 한국 정부의 비교는 대체로 남 2,000억 달러, 북 210억 달러로 9~10: 1로 본다. 사회주의와 자본주의 제도의 GNP 산출은 상당한 정도로 자본주의 제도에 가산되는 사실을 감안하여, 정확한 근거는 아니지만, 편의상 7~8: 1로 평가하더라도 남한이 1단위의 군사력 증강을 위하여 GNP의 1퍼센트를 더 투입할 때 북한은 그 GNP의 7~8퍼센트의 투입으로 대응해야 한다는 의미를 지닌다. 이 총경제력 차이는 두 가지 면에서 더욱 중요한 작용을 한다. 전쟁 발생시에 단시간 내에 민간부문 자원을 군사용으로 전환할 경우 남한이 즉각적인 군사력 우위를 누릴 수 있고, 둘째는 전쟁이 장기화된다고 가정할 때 그 지속 능력에서 우위를 차지할 수 있다. 성장률의 효과도 마찬가지다.

3. 경제구조적 동원력

GNP의 우월에 못지 않게 경제구조의 차이가 큰 의미를 지닌다. 농업은 전쟁수행에 필요한 능력 동원에서 공업보다 훨씬 그 효과가 적다. 농업의 GNP상 비율의 정확한 수치는 평가자에 따라 다르지만, 1985년 현재 대체로 남 17퍼센트, 북 35퍼센트로 볼 때, 상대적 전시 생산 동원능력은 남한이 북한보다 7.5배나 크다고 보는 평가도 있다.[40]

---

40) *The Changing Balance, South and North Korean Capabilities for Long-Term Military Competition* (1985), p. 36. 이것은 한국의 국방연구원(KIDA)과 미국의 유명한 군사관계 연구전문기관인 RAND Corporation의 합동 연구조사서로서, 그 이름대로 남·북한간의 장기적 군사 경쟁에서의 우월관계를 가장 종합적으로 검토·연구한 공식문서이다. 그 연구 조사사업은 Weinberger 미국 국방장관의 지시로 진행되어, 공식문서로 제출된 것이다. 한·미 양국 정부의 남·북한 관계에서의 종합적 장기적 정책전략 구상의 기초가 되고 있는 중요한 공식자료이다.

민간부문 자원의 전시 군용 전환 능력

앞에서도 언급했지만 전쟁 발생시와 전쟁의 장기화시에 전쟁능력의 우월을 결정하는 요소는 전쟁 발생시(즉 현재)의 순수 군사력보다는 민간부문의 총체적 자원력이다. 곧 '민간부문의 군용 전환 능력'이다. 이에는 여러 가지 부문이 있으나 지면 관계상 주요부문 몇 가지만 골라서 설명하기로 한다.

1. 화물자동차

군사작전이 확대되면 병력 및 군용물자 수송량은 급증한다. 그 소요는 '현재'의 군용자동차로서는 감당할 수 없다. 모든 나라가(우리 나라도) 정상시에도 민간트럭의 비상 동원체제를 운영하는 까닭이다.

남한은 북한에 대해서 전시 전용 가능 화물자동차의 세력에서도 대체로 3 : 1에 가까운 우세이다. 정확히는 1986년 말 현재 한국의 화물자동차 수는 54만 6,450대로서 북한의 약 22만 대에 비해서 2.7배로 우세하다.[41]

2. 항공 수송능력

비상시에는 민간항공기가 병력과 병참물자 수송용으로 전환한다. 그 외에 상대방 영토에 대한 특공대 투입작전 수송을 담당하게 된다. 제공권을 장악하는 중요한 이 측면에서 북한에 대한 남한의 우월성은 압도적이다.

1988년 7월 현재, 남한은 대한항공(KAL)이 주축인 대형 제트여객기 44

---

41) 한국의 수치는 교통부, 『교통통계연보』 (1987), 335쪽. 북한의 수치는 국토통일원, 『남북한 경제현황비교』 (1987), 64쪽의 1985년 말 현재의 수치이다. 1985년 현재의 남한의 각종 자동차 총수는 111만 3천 대로서 북한의 22만 대의 5배이다. 그러나 북한은 그 수의 대부분이 화물자동차이므로 2.7배 정도가 타당한 대비라고 평가된다.

대, 수송기 8대, 합계 52대를 보유하고 있다. 관공서 민간의 각종 소형기 61대를 합치면 113대이다.⁴²⁾ 같은 해의 북한의 민간항공기 현황은 자료가 없으나, 1987년 현재의 비교는 남 108대(각종 합계), 북 16대이다.⁴³⁾ 그 후 아시아나항공회사의 창설과 약 20대의 대형항공기를 가산하면 그 우열은 더욱 커진다. 북한이 남한에 대해 어떤 큰 규모의 특공대 투입 침공이나 지속적인 대규모 공중행동을 감행할 능력은 더욱 희박해진다.

3. 해상 선박

해상 수송력은 항공 수송력보다도 더 큰 역할을 담당하게 된다. 이 분야에서의 남·북한 전쟁능력은 특히 북한의 열세를 입증한다. 장기화될 전쟁을 준비하거나 전쟁을 지속하기 위해서는 현재의 선박 보유량과 종합적 조선(造船) 능력이 적보다 우월해야 한다. 이 분야에서 북한의 열세는 다른 모든 분야에서보다 현저하다. 남한이 국제 해운산업과 조선산업에서 세계의 최상위급인 것은 새삼 재언할 필요조차 없다. 북한 경제는 무역입국 정책이 아니기 때문에 수송선의 보유나 건조에 치중하지 않았다. 남한이 30만 톤급의 선박을 건조하는 수준임에 비해서 북한은 최근 2만 톤급 건조 수준이다. 한국의 신조선 건조량은 1986년에 이미 279만 톤(그로스톤), 1990년에 357만 톤으로서 세계 제2위이며, 세계에서 20만 톤(배수톤)급 이상의 건조용 도크 시설을 두 개 소유한 나라는 한국밖에 없다.⁴⁴⁾ 선박 보유량은 900만 톤으로서 북한과는 비교가 성립되지 않는다.

---

42) KAL기 통계는 대한항공 조사개발과에 문의한 결과이고, 전국 통계는 교통부, 『교통통계연감』(1987), 335쪽.
43) 앞의 국토통일원, 『남북한 경제현황비교』, 65쪽.
44) 한국조선공업협회, 『조선자료집』(1990), 44쪽, 82쪽.

4. 토목 · 건설기술 · 시설 · 장비

전쟁은 피아간에 각종 시설의 막대한 파괴를 수반한다. 특히 6 · 25 전쟁에서 제공권을 장악한 미군의 대규모 지속적 폭격으로 전국토가 초토화되어 버린 쓰린 경험을 가진 북한의 정치 · 군사 · 건설 · 공업 지도자들일수록 이 점에 대한 인식은 남한의 상대자들보다 훨씬 심각할 것이다. 실제로 북한의 최고지도자는 북한을 방문한 외국의 지도자들에게 이 경험의 쓰린 회고담과 함께, 6 · 25의 잿더미 위에 처절한 고생과 희생으로 건설한 국가(북한)의 재화를 다시 파괴할 전쟁은 "절대로 원치 않는다"고 밝혔다.[45]

북한은 국내 건설사업에서는 대체로 남한과 비등한 수준인 것으로 평가된다. 그러나 남한은 1970~1980년대에 전세계적으로 토목건설 공사의 국제하청을 맡아 그 분야에서 비약적 발전을 이룩하였다. 특히 중동지역에서는 일시에 6만 명의 기술자 기능공 · 노동자가 각종 건설공사에 종사한 기술적 경험을 가지며, 그 연인원은 수십만을 넘는다. 이것은 세계적 규모의 건설공사에서 사용한 우수한 각종 장비와 그 조작 정비 능력의 훈련과 함께, 북한으로서는 추종하기 어려운 강점이다.

국제적 조건과 환경의 구조

북한은 단기적 · 장기적 군사력과 국가적 전쟁 자원, 그리고 민간 부문의 군사용 전환 효과 등에 있어서 남한보다 훨씬 열세한 사실이 입증되었다. 이 사실은 바로 물질(물리)적 전쟁수단에 있어서는 북한이 어떤 방법으로도 이른바 '남침전쟁'을 감행할 수 없다는 판단을 가능케 한다.

---

[45] 이 회고담은 1985년 일본의 잡지 『世界』에서 읽었으나, 그 기사를 보존하지 못한 까닭에 자세한 자료는 제시할 수 없다.

이 부인할 수 없이 분명한 열세를 어느 정도 보완하는 유일한 조건은 국제적 환경이 압도적으로 유리할 경우이다. 그러나 중국·소련은 북한의 군사적 행동을 반대하는 방향에서 확고하다. 남한과 소련의 국교수립으로 소련의 국가 이익은 남한과의 우호관계에 중점이 이동했다. 중국 또한 그 궤도를 따르는 과정에 있다. 1961년에 체결된 중·조, 소·조 우호협력(방위)조약은 한·미방위조약과 마찬가지로 군사적 방식에 의한 한반도문제의 해결은 반대하고 북한의 남침행위에 대해서는 중국도 소련도 지원의 의무를 거부하는 것이다.[46]

북한과 소련 및 중국과의 관계는 줄곧 격심한 기복·고저·근원의 곡선을 그리면서 서로 '불가원·불가친'의 관계로 지속되었다. 현재와 장래의 관계도 중·소의 국가 이기주의적 정책, 특히 소련의 고르바초프 정책은 오히려 한반도에서의 현상유지를 원하는 구상인 것이 분명하다. 1990년 11월, 소련·북한은 경화(硬貨)에 의한 무역협정을 체결했다. 경제력 외화 보유가 없는 북한은 앞으로 소련의 무기 구입에서 국제 가격을 지불해야 하며, 그것은 북한 군사력 유지에 더 큰 제약으로 작용할 것이다.

전쟁 목표와 전쟁 피해의 가치 비교 및 전쟁 의지: 잠정적 결론

압도적으로 우세한 남한의 군사력 전쟁수행 잠재력을 상대로 한 전쟁은, 전쟁 목표가 혹 '민족통일'이라는 고귀한 가치라고 하더라도, 전쟁의 승리 여부의 사전 계산과 전쟁으로 인한 피해를 계산할 때 그 최종적 평가는 전

---

46) 朝·中 우호협조 및 호상원조에 관한 條約 제6조: "체약 쌍방은 조선의 통일이 반드시 평화적이며 민주적인 기초 위에서 실현되어야 하며, 그와 같은 해결이 곧 조선 인민의 민족적 이익과 극동에서의 평화 유지에 부합된다고 결정한다."

쟁의 부정으로 귀결될 것이다. 이 가치평가에서 전쟁을 택하게 할 긍정적·적극적 요소는 한 가지도 없어 보인다.

6·25의 잿더미에서 헐벗고 굶주림을 참으면서 현재와 같은 복구와 건설을 실현한 북한의 지도자, 전략가, 인민대중이 이 같은 총체적 열세를 분명히 인식하면서 다시 그 피와 땀의 성과를 잿더미로 만들고 싶어하지 않을 것이라는 데는 많은 근거가 있다고 할 것이다. 이것은 남한에 주둔하는 막강한 미국 군대와 그 핵무기를 고려에서 제외하고서도 그렇다.

쌍방이 군사력 증강을 서두르기보다는 현재의 선에서 증강 노력을 정지, 동결하는 데 합의한다면 그 결과는 쌍방에 유리할 것이다. 더욱 소망스러운 것은 쌍방이 현재 수준에서 군사력을 단계적으로, 그리고 부분적으로 감축해 가는 데 합의할 수 있다면 그로 말미암은 이익은 더욱 클 것이다. 군사력 증강 노력은 상대방에 대한 대응적 증강 때문에 결국은 끝간 데를 모르는 무한정의 나선적 위기 증강을 초래한다. '현재'의 군사력을 균형적으로 감축하는 길만이 전쟁 방지와 무모한 지원 낭비를 예방하는 것임은 너무도 분명하다. 남·북 동포 사회의 대중과 그 정부, 그리고 특히 직업적으로 제1차적으로 관계되는 군부가 냉철한 이성과 분별력을 회복 견지해야 할 절대적 책임이 여기에 있다.

이제 '무력통일'이라는 방식은 남·북 각기의 여러 가지 통일 방법에서 탈락했음이 거의 분명하다. 오히려 종합적 전쟁능력에서 북한보다 월등 우세한 남한의 태도가 불확정적 요소로 남아 있다고 함이 옳을 것이다. 그 초보적 의사표시가 노태우의 7월 7일 6개 항목 공존정책으로의 전환이라면, 앞으로 남·북에 요청되는 과제는 무엇보다도 이 도발적이며 낭비적인 군사대결 정책에 종지부를 찍고 쌍방 군사력의 감축을 서두르는 일일 것이다.

미국 군사동맹 체제의 본질

쉼없이 학구적 정진으로 새로운 경지를 개척해 온 서울대학교의 김진균 교수의 새 연구결과인『군신과 현대사회: 현대 군사화의 논리와 군수산업에 대한 연구』(문화과학사)의 서평을『이론』지 편집자로부터 청탁받았지만, 이 글은 '서평'이기라기보다는 그 책의 주제에 관련된 나의 개인적 '의견서'(意見書)이다.

8년 전, 소련공산당 서기장 고르바초프가 국내적으로 개방과 개혁, 국제 정책으로는 미·소 군사대립과 세계 냉전의 종식, 핵 및 재래식 군사력의 일방적 감축을 발표하면서 세계 평화시대를 선언했을 때, 이 평화 지향적 사태 발전에 제일 당황하고 두려워한 것이 미국이었다. 고르바초프는 소련 정부와 공산당이 소련군 병력 50만 즉시 감축, 일부 전략 핵미사일의 해체, 동유럽 주둔 중거리 핵미사일의 본국 철수, 대서방 공격 전력의 주축인 상당수의 전폭기와 탱크의 물리적인 절단·해체 등의 결정을 발표한 것이다.

미국의 오랜 반공 동맹국가 정부들을 포함해 전인류가 '악의 제국'(레이

이 글은『이론』(1996년 여름·가을 합본호)에 실린, 김진균의『군신과 현대사회: 현대 군사화의 논리와 군수산업에 대한 연구』(문화과학사, 1996)에 대한 서평이다. 여기서는 제목을 새로 달고 내용 중의 일부를 수정·보완하였다.

건)의 대담한 변신과 세계적 군사대결 체제의 종식을 열렬히 환영했다. 지구상의 모든 선의의 인간들은 반 세기에 걸친 무거운 군비부담에서 벗어나고 무엇보다도 제3차 (핵) 전쟁 공포로부터 해방된 것을 고르바초프에게 (또는 신에게) 감사했다.

고르바초프는 마르크스 · 레닌 · 스탈린주의의 '자본주의와 사회주의의 전쟁 불가피론'을 배격하면서 양 체제의 공존, 협력, 공영의 가능성을 강조했다. 그는 특히 미국과의 우호관계를 통한 인류평화의 실현을 호소했다. 이제 미 · 소 양 핵 초강대국간의 '영원한 군사대결'의 시대는 물러가고, 인류의 염원인 평화의 발자국 소리가 들리는 것 같았다. 40억 인류가 긴 안도의 한숨을 내쉬었다. "이제는 살았다"는 심정이었다. 그런데 이 때 "평화가 온다니 큰일 났다!"고 공포에 질린 나라가 있었다. 미국이다.

고르바초프 선언 직후 『뉴욕 타임즈』에 기고한 어느 미국 하원의원의 글은 '평화를 두려워하는' 미국의 지배세력들의 당혹감을 한 마디로 대변하는 소리였다. 지금은 그 출신 주와 이름이 기억 나지 않는 그 하원의원의 글은, 고르바초프의 일방적 군비감축과 군사대결 체제의 평화체제로의 전환이 바로 미국의 군수산업에 미칠 '부정적 효과'를 걱정하는 것이었다. 군수산업과 군사시설이 주(州)의 경제적 기반인 것으로 보이는 그 하원의원은 소련의 평화노선이 미국의 군비증강 계획과 군수산업을 '위태롭게' 하고, 대량 실직사태를 초래함으로써 미국 경제의 후퇴와 사회적 불안을 초래할 것이니 반드시 환영할 일이 아니라고 주장했다.

그때부터 『뉴욕 타임즈』에는 소련의 평화정책에 대한 찬반 의견의 글들이 오랫동안 계속 실렸다. 새로운 평화의 조건에서 미국의 세계적 헤게모니(그들은 'leadership' 이라는 용어를 썼지만)를 유지할 수 있느냐 하는 큰 담론에서부터, 국방성 예산으로 유지되고 번영해 온 산업 · 금융 · 정치 이권들의 '어두운 미래'에 관한 중간적 담론과, 심지어 '평화'와 '행복'이 동의어이어야 할 AFL CIO를 비롯한 노동조합들의 간부들과 이론가들 사이에서 냉전 종식이 과연 환영할 일이냐 아니냐를 언쟁하는 낮은 차원의 담론이 그치질 않았다.

  그것은 마치, 암흑에 길든 눈이 광명에 노출되는 것을 겁내는 생리적 반응과도 같아 보였다. 물론 평화의 가능성을 환영하는 진보적(liberal) 목소리도 없지 않았다. 하지만 평화의 가능성 앞에서 어쩔 줄 몰라하는, 그래서 다가올 변화 앞에서 뒷걸음치는 두려움 섞인 목소리가 압도적이었다. 바로 군사력과 군수산업, 군수자본의 논리가 결정권을 행사하는 미국 자본주의의 실체를 현지에서 확인하는 것 같은 귀중한 체험이었다. 나는 당시 캘리포니아 주의 버클리 대학의 초빙으로 부교수 발령을 받고, '코리아 민족과 외세와의 갈등 100년사'라는 3학점 강좌를 한 학기 동안 강의하고 있었다.

  나 개인의 지적 행보에서 말하면, 제2차 세계대전 이후의 미국 사회(국가)의 군사적 성격에 대해서 초보적 인식을 갖게 된 것은 1960년대 초에 라이트 밀즈의 『파워 엘리트: 대중 사회의 이론』을 읽고서부터이다. 특히 그 중 제8장, 9장, 10장에 걸친 군대·기업·정치 권력집단의 미국적 생태에 대한 인식이 그 시발점이다. 밀즈의 이 책에 관해서는 『군신과 현대사회』의 여러 집필자들이 곳곳에서 언급하고 인용하고 있지만, 미국이라는 국가와 사회를 지배하는 이권집단 세력에 대한 그의 분석과 비판은 해방 후 무거운 '미국숭배증'에 중독되어 있던 남한의 지식인에게는 적지 않은 해독제의 역할을 해 주었다. 고전적 마르크스 이론서들의 추상적 개념이나 정의를 읽으면서 파악하기 어려웠던 구체적이고 현실적인 실태가 시야에 부각되었다. 『파워 엘리트』에 대해서 미래학자 다니엘 벨과 마르크스 이론가들 등 좌우로부터 비평이 있기는 하였지만, 30여 년 전의 나의 낮은 지적 인식으로는 그것으로도 미국에 대한 인식의 눈이 크게 뜨이는 하나의 계몽이었다.

미국 (자본주의) 체제의 군사적 성격에 대한 초보적 인식의 눈을 세계적 규모의 인식으로 넓혀 준 것이 『먼슬리 리뷰』에서 1960년대 후반기에 나온 해리 매그도프의 『제국주의 시대』(The Age of Imperialism: The Economics of U.S Foreign Policy)이다. 미국 '신제국주의'의 대외적 권력팽창을 미국의 경제·금융체제의 의지 및 원리와의 일체적 기능으로 분석하고 서술한 『제국주의의 시대』는 아이젠하워 대통령의 경고적인 고별연설로 유명해진 미국 '군산복합체' ('The Military-Industrial Complex') 세력의 친군사적, 군사분쟁·전쟁 애호적 속성을 실증적으로 논증한 역작이었다. 한국에서 『군신과 현대사회』의 필자들이 대부분 젊은 세대의 학자인 탓인지, 미국 사회의 군사화를 주로 1990년대 이후의 문헌과 자료들에 근거해서 '현재'적 실상을 연구하는 데 초점을 맞추고 있다. 그래서 매그도프의 이름과 『제국주의의 시대』가 책의 어느 장에서도 한 번도 언급되지 않은 것이 나로서는 못내 미흡해 보이기도 하고 섭섭하기도 하다.

『군신과 현대사회』의 부제인 "현대 군사화의 논리와 군수산업에 관한 연구"의 제1차적 및 직접적 대상인 미국 군수산업과 '군산복합체'에 관한 본격적인 실증적 해부작업은 1970년 시드니 렌즈의 『군산복합체』(The Military Industrial Complex)가 세상에 나옴으로써 새 단계로 옮아갔다. 시드니 렌즈의 『군산복합체』는, 제2차 세계대전 종결 이후에 탄생하여 전세계를 지배하게 된 미국의 군산복합 권력에 관한 연구의 전사(前史)를 구획한 고전이라고 말할 수 있다. 시드니 렌즈의 이 역작은 『군신과 현대사회』의 각 장과 그 필자에 의해서 1990년대 이전의 소수의 참고문헌 중의 하나로

빠짐없이 기록되어 있다. 그 문헌적 가치는 지금도 변함없다.

제2차 세계대전 이후 미국식 '민주주의' 세계구조 속에 편입된 수십 개 나라의 10여 억 인간들, 특히 미국의 반예속적 하위동맹 국가들의 미국숭배적 엘리트들의 머리에 주입됐던, 미국 사회에 대한 허구적 인식을 미국인 학자 시드니 렌즈가 바로잡아 준 지적·학문적 공로는 헤아릴 수 없을 만큼 크다.

마르크스주의 계통의 이론 서적을 통한, '미국'에 대한 다분히 추상적인 파악이 렌즈의 논증으로 수정·보완됨으로써 구체적 인식으로 발전하였다. 미국이라는 국가·사회·체제에 대한 이 인식의 고양은 '지적 희열', 바로 그것이었다. 미국식 민주주의, 미국식 평화주의, 미국식 인권사상, 미국식 정의, 미국식 자유, 미국식 평등사상, 미국식 '개인의 양도할 수 없는 천부의 권리', 미국식 약소민족·국가의 주권과 평등개념…… 등등, 1960년대 초반까지 나의 지적·사상적 수평을 아직도 희미하게 덮고 있던 '미국'에 관한 많은 허구적 인식이 말끔히 세척되는 것을 느낄 수 있었다. 미국에 대한 무지를 깨친다는 것, 그것은 굉장한 기쁨이었다.

이 때 읽은, 지금은 낡아 버린 나의 책, 렌즈의 『군산복합체』(岩波版 日本譯本)에는 페이지마다 '미국'에 대한 새로운 지식과 인식의 비약을 말해 주는 많은 밑줄과 많은 '!' 표시와 많은 코멘트가 원문 분량만큼이나 적혀 있다. 정말로 종교적 깨달음과 같은 지적 희열이었다.

미국 군산복합 권력을 대표하는 대기업가 출신이며 미국의 베트남전쟁 주도자인 맥나마라 국방장관의 다음과 같은 공식적 발언 옆에 그은 밑줄과 많은 '!' 표가 지금도 당시의 나의 감동을 말해 준다.

"…… 미국은 라틴아메리카나 극동 및 유럽의 군대에게 미국 무기를 증여하거나 판매함으로써 그들을 펜타곤에 비끄러매었다."

"미국은 6억 이상의 인구를 갖는 1,500만 평방마일의 영토에 걸친 40개 이상의 국가에 대한 '보호권'을 장악한 것이다. 이 '보호령'들의 위성군대(satellite army)를 조종함으로써 미국 체제에 비우호적인 정부를 타도할 수 있다."

"이들 '보호국'들을 세력권에 매어 두기 위해서는 예외적 경우를 제외하고는 '점령'을 할 필요가 없다. 대외 원조, 차관공여, 군사 및 무기원조를 통해서, 그리고 '위성군대'를 조종함으로써 같은 결과를 달성할 수 있다."

"이들 국가를 지배하에 두기 위해서 미국 군대를 파견한다면 미국인 병사 1명당 연간 4,500달러의 비용이 필요하다. 하지만 미국의 전초 군사기지망의 유지 전략에 결정적으로 필요한 500만 명의 동맹국 군대는 병사 1인당 연 540달러로 유지할 수 있다.…… 우리는 미국인 병사 1인분 비용으로 '보호국'의 '위성군대' 병사 8명을 고용하고 있는 셈이다."(제2장, 「기원과 목적」, 43쪽)

이 얼마나 솔직한 자백인가! 그가 말하는 '극동'의 '보호령' 중의 하나가 남한(한국)임은 너무나 분명하다! 미국 군수산업과 군사화한 미국에 대한 이상과 같은 한층 깊어진 이해를 바탕으로 나의 『전환시대의 논리』 (1974)와 『우상과 이성』(1977)이 씌어졌다.

베트남전쟁(1961~1975)으로 더욱 노골화한 미국 군산복합체의 제국주의적 성격은 더욱 많은 연구가들에 의해서 더욱 깊게 넓게 규명되었다. 『파워 엘리트』(라이트 밀즈), 『제국주의의 시대』(해리 매그도프), 『군산복합체』 (시드니 렌즈)로 이어지는, 제2차 세계대전 종결부터 베트남전쟁까지의 '현대 군사화의 논리와 군수산업'에 관한 연구가 이 주제와 분야의 학문적 연구의 제1세대라 할 수 있다.

제2세대 연구는 베트남전쟁 종결 이후 냉전체제의 격화를 거쳐 소련의 지도자 고르바초프의 역사적 결단으로 군사대결 양극체제와 미·소의 제국주의 세계 지배체제(Pax Russo-Americana)가 해체되는 1980년대 말에 이르는 시기에 이루어졌다. 이 기간에 아이젠하워가 주로 '미국 내의 새로운 문제'로 경고했던 군부·산업의 이권 복합체는 미국의 국경을 밀어내고 '세계의 새로운 문제'가 되었다. 이 때까지는 미국인 연구가들의 관심과 연구의 대상이던 군산복합체와 국가의 군사화논리가 베트남전쟁 기간중에 미국식 '정의'의 알맹이를 처음으로 보게 된, 세계 각국에서 급속히 늘어난 수많은 연구가들의 연구대상이 되었다.

사회주의 체제의 와해와 소련제국의 붕괴, 그리고 독일 통일로 시작되는 1990년 이후의 이른바 '탈냉전' 시대는 진보주의의 전세계적 통합의 시대이다. 이 '자본주의 단일시장화'의 세계는 그 속에 편입된 명목상의 사회주의 대국 러시아와 중국을 포함한다. 또한 NICs로 불리는 신생 공업국가들 속의 군수산업의 급속한 성장과 그에 따르는 중소(中小)국가들의 '경제의 군사화' 경향이 전세계적 문제로 새롭게 등장하고 있다.

한국도 이제 이 '문제'의 일부를 이루게 되었다. 한국의 대표적 군산복합 기업인 대우(大宇)는 이미 1989년에 세계의 대군수기업 100개 속에서 65위를 차지하였다. 삼성(三星)을 비롯한 많은 기업들이 그 뒤를 잇고 있다. 이제 군산복합체의 성장·팽창과 (경제의 군사화뿐만 아니라) 국가의 군사화는 바로 우리들 자신의 문제로 제기되었다.

김진균 교수가 서울대학교 사회학과에 새로 개설한 교양과목 '현대사회론' 강좌를 중심으로, 그의 제자들과의 공동연구 결과를 엮은 『군신과 현대사회: 현대 군사화의 논리와 군수산업에 관한 연구』는 그와 같은 현대의 세계적 문제와 한국의 우리들 자신의 문제에 대한 학문적 도전이다. 이 주제와 분야의 연구사에서는 제3세대에 속하면서, 한국의 학계에서는 제1세대적 시도이자 성과라고 말할 수 있다.

11장으로 구성된 이 책 속의 논문들에 수록된 많은 참고문헌에서 알 수 있듯이, 그간의 한국 내의 연구는 군사학, 군사전략, 군사정책, 무기체제, 군사기술 등 순수 군사분야의 개별적 주제들에 대한 연구가 주류를 이루었다. 종래의 이들 주제별 연구와는 달리『군신과 현대사회』는 자본주의의 세계적 및 한국적 일반현상인 '경제의 군사화'에 주목한다. 자본주의를 축으로 하는 현대 사회의 이 현상을 이해하기 위해서 "군산복합체를 그 중심 범주로 설정"함으로써(「머리말」, 5~7쪽) 문제의 근원적 분석을 시도하였다.

김진균 교수를 비롯한 이 책의 각 논문 집필자들의 관심은, 그러나 끊임없이 전쟁위기를 조성함으로써 성장·팽창하는 "군산복합체의 밑바닥에서 자본주의 세계체제를 작동시키는 초국적기업"에 대한 일반적 해명이 아니다. 그 주제와 그 수준의 연구라면, 앞에서 서술한 군수산업과 군산복합체의 연구의 제1 및 제2세대 단계에서 해답이 나왔다고 할 수 있다.

필자들의 이 집단적 연구 노력은 두 가지 관점에서 제2세대적 연구에서 진일보한 것으로 평가된다. 하나는 연구의 수단 또는 방법론에서, 1990년대에 들어와 핵심적 군사기술로 그 자리를 굳히고 있는 '군사 정보통신과 정보통신 체계(C31 체계)'가 경제·정치를 비롯하여 민간활동의 전체 분야를 군사화시키고 있는 새로운 패러다임의 모색이다.(제3장「지구화 정보화, 그리고 군사화의 동학: 군사기술경제 패러다임의 모색」; 제4장「미국의 군사 정보통신 체계에 대한 정치경제학적 연구: C31 체계를 중심으로」; 제10장「한국군의 정보화: 절반의 성공?」; 제11장「현대 과학기술과 군사화의 문제」)

이 연구 노력의 다른 중요한 성과는 바로 우리 자신에 돌아온다. 많은 개별항목에 대한 연구결과들은 한국 국민의 행복과 남·북 민족의 평화 및 통일 지향적 환경조성에 역기능으로 작용할 것이 분명한 '한국 경제의 군사화' 경향을 논증하고 그에 대해 경종을 울린 것이다. 이 책 내용의 절반 분량을 차지하는 중심주제인 미국 군산복합체 연구(제2, 3, 4, 5, 6장)와 보충적 연구인 일본과 중국의 '경제의 군사화' 문제(제7, 8장)는 바로 한국 문제들의 분석에 적용하기 위한 사례연구의 역할을 하고 있다.

김진균 교수가 『군신과 현대사회』의 서문에서 다음과 같이 말할 때, 우리는 두려운 마음으로 자신을 돌아보게 된다. "…… 그래서 자본주의체제가 현재와 같이 크게 변하지 않는다면, 그리고 국민국가들 사이의 이해 갈등이 현재와 같이 끊임없이 제기된다면, 남·북한 사이의 접촉과 교류가 활발히 진행되더라도 전력 증강사업은 조금도 축소되지 않으리라고 생각하게 되었다. 그러므로 평화·군축을 실현하고 남·북한의 공존과 번영을 바란다면, 군산복합체를 자본주의 생산양식의 본질적 부분으로 이해하려는 노력이 있어야 한다고 생각하게 되었다."(7쪽)

세계 인류의 전쟁 거부와 평화를 희구하는 마음과는 반대로, 지금 세계의 지역분쟁에서 사용되는 무기의 90%가 미국 무기라는 사실 뒤에 우리는 미국 정책을 움직이는 막강한 군산복합체의 존재를 재확인한다.(제5장 「미국 군수산업의 형성, 전개 그리고 전환」) 중동·아랍지역, 아시아와 라틴아메리카의 '보호국'들과 '위성군대'들(맥나마라) 사이의 갈등이 다음과 같은 과정으로 전쟁화하는 실례를 우리는 현대사에서 수없이 목격하였다.

'보호국' 내부 혹은 보호국들간의 갈등→미국에 더 충성스러운 '보호국' A에 미국 군사무기의 공급→갈등의 전쟁화→'보호국' B의 미국 무기 요청→전쟁의 확대·격화→쌍방의 파괴·피해 증대→ '보호국' A의 더욱 많은 미국 무기 요청→ '보호국' B의 더욱 많은 미국 무기 요청→ '보호국' A와 B의 동시적·병행적·경쟁적 미국 무기시장화 심화→ '보호국' A, '보호국' B……'보호국' N의 미국 예속화→무기·군수경기 활성화→군산복합 세력의 정책결정권 강화→미국 군산산업 권력의 세계지배……

이 과정과 논리적 구조로 미국의 '보호국' 지배체제는 강화되어 있다. 이것이 미국이 제창하는 이른바 '신세계질서'이다.

미국 정부예산의 재화·서비스 구입비 중 76.7%가 군사관계비이다.(1947~1989) 미국 정부예산의 재화·서비스 항목 지출 1달러 중 76센트, 즉 3/4 이상이 군사관계비이다!(154쪽) 미국이 어떤 국가인가를 깨우쳐 준다.

미국의 경제와 정부의 이 같은 군사·전쟁 지향적 성격에 관한 많은 자료의 인용에도 불구하고, 이 책 논문의 집필자들은 아직도 미국 정부의 군사적 경향에 대한 이해가 미흡한 감이 없지 않다. 한 예로, 미국의 군사예산이 '탈냉전'으로 지속적으로 감축될 것이라는 일반적 전망을 그대로 받아들이고 있다. 즉 "1995년 5월에 발표된 1996 회계년도 예산안에 따르면 미국의 군사비는 1995 회계년도에는 2,526억 달러, 1996 회계년도에는 2,460억 달러, 1997 회계년도에는 2,426억 달러로 줄어들 전망이다."(6장, 「미국 군수산업의 구조전환과 사회문제들」, 153쪽) 그리고 그에 따라서 "……1997년까지 200만 명 이상의 군수산업 실직자가 발생할 것"이라는 예상을 토대로 분석을 진행하였다.(157쪽)

군산복합 이권집단이 지배하는 미국 정부가 이런 대량의 군수산업 고용 축소를 낳을 것이 자명한 군사예산의 지속적 감축을 그대로 집행할 까닭이 없다. 그 상황에서는 미국 정당정치의 권력이동이 반드시 일어난다. 그 경향을 저지하고 다시 군사예산의 증대와 군수산업 고용의 증대책을 표방하는 정당이 의회를 장악하게 된다. 미국 정치의 이 '법칙'은 1995년도에도 관찰되었다. 공화당이 상하 양원을 장악한 것이다.

이 글을 쓰고 있는데(1996년 5월 8일), 미국 의회가 행정부가 요청한 국방예산 2,541억 달러에 129억 달러를 더 얹혀서 2,670억 달러로 1997년도 국방예산을 통과시켰다는 소식이 들어온다.(워싱턴 5월 5일발 로이터연합) 공화당 의회는 군수산업 고용의 감축을 막기 위해서 더 많은 무기와 군사 장비의 정부 구입을 결정한 것이다.(그 무기와 장비의 필요여부의 판단은 문제가 아니다.) 결국, 이 논문의 연구자가 '냉전 이후'의 세계적 상식을 바탕으로 받아들인 미국 군사예산의 지속적 감축 예상은 빗나갔다. 1997년 군사비는 1995년의 2,526억 달러보다도 훨씬 많은 2,670억 달러로 역상승하여, 4년 전 1993년 군사비 2,730억 달러 선으로 되돌아간 것이다. 1993년에 클린턴 민주당 대통령, 민주당 의회가 구상했던 6년간의 군사비 감축 계획(제5장, 「표 7: 클린턴의 국방예산계획: 1993~1998 회계년도」, 143쪽)은 '군산복합체'적 세력인 공화당의 득세로 사실상 백지화하였다. 민주당이라고 공화당과 크게 다르지 않다. 미국 현대사에서 미국이 시작했거나 개입한 전쟁은 거의 민주당 정부 시기였다. 공화당과의 대통령 선거·의회 선거 등 경쟁에서 승리하려면 더 많은 군사행동과 군사비(예산) 지출 정책·공약을 내세워야 한다.

미국이라는 국가의 군사적 성격은 세계의 시대정신과 보편적 상식을 거부한다. 제2차 세계대전 승리로 지구상의 4분의 3에 대한 패권을 장악한 반 세기 동안, 미국의 이 '보편적 상식의 거부'는 '세계의 상식'이 되었다. 제2차 세계대전 이후의 역사가 거듭 입증한 이 '군사주의적 미국'의 특성은, 주로 문서적 자료와 통계를 미국 연구의 주도구로 삼는 정태적 분석방법에 대한 적절한 경고가 되어 준다.

미국의 국방(군사)예산이 냉전의 종식과 공산주의라는 군사적 적대자의 소멸에 따라서 논리적으로 그리고 필연적으로 감축될 것이라는 전제와 가정을 토대로 미국 '군산복합체'적 경제 및 정책을 연도별 군사예산의 미미한 오르내림으로 판단하는 것은 적절치 않다. 왜냐하면, 미국 군사비가 '탈냉전' 후 약간 감소한 것은 사실이지만(그나마 앞에서 본 바와 같이 5년 전 수준으로 되돌아가지만), 그 감소는 가상적 제3차 세계대전의 승리를 목표로 광적인 '우주전쟁'을 준비하던 1980년대의 레이건 집권시기의 군사예산에 비해서 감소했다는 것일 뿐, 미국 경제·사회의 군사화라는 관점에서는 아무런 차이나 변화가 없다.

1995년 8월 현재, 미국은 '우주 전쟁'을 준비해야 할 아무런 심각한 군사적 도전이 없음에도 불구하고, 군사비로 매주 50억 달러, 매일 7억 달러, 매분 50만 달러, 매초 8,000달러를 쓰고 있다. 미국의 군사예산은 지구상의 미국 이외의 다른 모든 국가들의 군사예산의 총합계에 가깝다. 미국 군부·정치가·군산복합 이권집단들이 미국에 대한 군사 위협적 존재라고 규정하면서, 군사적 수단으로 "최단시일 내에 처치"할 것을 주장하고 있는 (1992, 93, 94, 95년 국방부장관의 대의회 보고서) 6개 대상 국가, 즉 이란·이라크·시리아·리비아·쿠바·북한의 군사비를 합친 것의 17배가 넘는다.(*The Defense Monitor*, August 1995)

미국의 사례를 가지고 우리 자신의 문제를 검토한 것이 『군신과 현대사회』의 제9장, 10장, 11장이다. 그 중에서도 특히 제9장 「1990년대 한국 군수산업의 동향과 '경제의 군사화 문제'」는 시기적절한 경고적 내용이다. 남한(한국)과 미국의 무기·군장비 거래 관계 부분에서 다음 지적은 반드시 새로운 것은 아니지만 문제의 핵심을 적시한 것이다.

"…… 미국의 대외 군사판매 차관은…… 미국 내의 낡은 군사설비를 처분하는 방법으로 이용되기 때문에 미국 내 초국적 군수기업은 낡은 설비를 새로운 설비로 교체할 수 있었고, 한편 낡은 시설이 이전된 국가를 미국의 무기체계와 기술체계로 편입·종속시킴으로써 이를 발판으로 미국의 초국적 군수기업은 해외에서 무기시장을 더욱 확대할 수 있게 되었다. 실제로 미국의 (무기와) 시설을 이전받은 대부분의 나라에서 자국 내 무기생산이 늘어나면서, 미국으로부터의 무기 구매는 줄어드는 것이 아니라 더 크게 증가하게 된다."(296쪽)

이 일반적 사실의 한국적 현실이 제9, 10장에서 주로 '율곡계획'(한국군 군비증강계획)의 분석으로 입증되고, 그 결론으로서 심각한 위험성이 적절히 지적되었다. 3대에 걸친 군부독재 정권 30년 기간에 한국의 대미 예속적 구조는 미국의 세계의 어느 다른 하위동맹국보다도 완벽하게 굳어졌다.

김영삼 대통령(문민) 정부의 한국군 내부 부패에 대한 사정 과정에서 드러난 많은 사실들 중에서도 '율곡군비증강계획'의 다음과 같은 무기·장비구입 계획이 그 좋은 실례이다.

제1단계	1974~1981	60억 3,000만 달러	매년 약 8억 달러
제2단계	1982~1985	50억 2,000만 달러	매년 약 13억 달러
제3단계	1985~1989	107억 5,000만 달러	매년 약 22억 달러
제4단계	1990~1995	243억 달러	매년 약 40억 달러
제5단계	1996~1999	2조 8,000억 원	매년 약 40억 달러

자료: 이주희, 「90년대 한국군 전력증강사업」, 『사회평론』, 1991년 12월호 특집, 322쪽.

미국과 한국 군부가 '북한위협론'을 앞세워, 1990년대에는 연간 약 40

억 달러에 신규 무기·장비구입 예산은 연간예산(1993년 약 120억 달러)의 3분의 1이지만, 그것만으로도 북한 군사예산 총액과 맞먹거나 그 2배에 가깝다. 북한 군사비의 평가는 평가의 주체에 따라 다르다. 한국 정부는 1993년 처음 공식적으로 남·북한 군사비가 2.3 대 1이라고 시인했다. 이 대비는 그해 북한 최고인민회의 제9기 제5차 회의가 통과시킨 예산안 중 군사비가 11.6%인 21억 6,000만 달러(북한 단위 46억 9,219만 원)인 것을 한국 정보·국방·통일부처가 '실질 군사비' 55억 9,000만 달러로 상향평가한 데 따른 것이다. 그러나 미국의 저명한 반공·반북한적 우익세력의 대표적 연구 두뇌기관인 헤리티지 재단연구소(The Heritage Foundation)는, 북한 최고인민회의 통과 군사비 21억 6,000만 달러보다 불과 몇천만 달러 많은 약 22억 달러로 평가했다.(『동아일보』, 1993년 8월 27일자) 한국 정부의 과대평가와 헤리티지 재단연구소의 중간을 취한다 하더라도 39억 달러 정도이며, 이것은 남한 국방비의 3분의 1이다. 북한 공식발표액과 대동소이한 헤리티지 재단연구소의 22억 달러를 취한다면, 남한 군사비는 북한 군사비의 5배가 넘는다. 남·북한의 군사력을 포함한 종합적 전쟁수행 능력에서 한국측이 우세하다는 점에 관해서는, 나는 이미 1988년에 발표한 연구논문 「남북한 전쟁능력 비교연구: 한반도의 평화 토대 구축을 위한 모색」으로 결론 내린 바 있다.

남·북한의 15 대 1 내지 20 대 1의 경제력·물질적 격차를 토대로 하여 3 대 1 내지 5 대 1의 수준까지 지속적으로 벌어진 남·북한 군사비의 격차는, 남·북한 사이의 진정한 평화적 관계의 수립과 순조로운 통일의 실현에도 큰 역기능으로 작용할 것이 분명하다. 어쩌면 바로 군사적 우열 관계를 극단까지 몰고 가서 북한의 물리적 굴복을 강요하려는 것이 '율곡 군비증강계획'의 목적인지도 모른다. 이 위험성은 여기서 지적할 필요조차 없는 분명한 사실이다.

분명한 사실이면서도 우리 나라 국민이 일반적으로는 막연하게 또는 심지어 정반대로 인식하고 있는 이 군사화의 위험성을 『군신과 현대사회』는 강한 설득력을 가지고 깨우쳐 준다.

동북아지역의 평화질서 구축을 위한 제언

서구의 산업국가들에서 이제 냉전은 끝났다고 하는 일반적인 동의가 있다. 그러나 동아시아를 포함한 다른 지역들에서 진정으로 동서갈등이 사라졌는지는 면밀히 검토되어야 할 문제로 아직 남아 있다. 한편, 전세계적인 차원에서의 동서대결의 종식과 다양한 지역들에서의 장기간 지속되어 온 냉전들 사이에는 명백한 차별성이 있다.

여기엔 시간적인 공백 이상의 것이 있다. 첫째, 그것은 서구의 국가들과 한국과 같은 비서구 국가들 사이의 구조적인 격차를 반영하는 것으로, 전자는 중심국이고 후자는 주변국이다. 냉전은 유럽에서 발생하여 다른 지역으로 확산되었다. 그리고 유럽에서의 '평화'는 주변국들, 특히 한국과 베트남에서처럼 수백만 명의 희생자와 국토의 무참한 황폐화를 수반한 대리전쟁이 일어났던 아시아 국가들의 희생을 대가로 유지되었다.

둘째, 이러한 시간상의 공백은, 비록 국제적인 동서갈등과 그 결과로 일

이 글은 서울대학교 신문연구소·문화방송 공동주최, "동북아 방송질서 변화와 대책" 국제학술심포지엄(1992년 4월 7일~4월 9일, 서울 신라호텔)에서 한국측 기조강연의 하나로 발표했던 "A Contribution toward the Formation of New International Order in North-East Asia"라는 제목하에 영문으로 작성·발표한 논문의 한국어 번역이다.

어난 한반도의 분단이 한민족 외부에서 부과된 것이라고 할지라도, 그러한 갈등으로 말미암아 그 후 두 개의 한국이 서로 적대시하게 되었다는 사실을 반영한다. 한반도에서 지역적으로 강화된 갈등구조는 그 자체의 동력을 갖추게 되었는데, 이로 인해 세계적 수준에서의 냉전의 종식과는 별도로 지속되는 경향이 있다. 이러한 '내면화된 독자적 갈등구조'(internalized independent Structure of Conflicts)는 전세계적인 이데올로기적 갈등에 의해 부과된 것임과 동시에 한반도가 주변국으로 종속된 결과이다.

이러한 구조적 공백과 격차에도 불구하고, 전세계적 냉전의 종식은 분명히 두 개의 한국 사이에 지속되어 온 갈등과 분단상태를 극복할 수 있는 기회들을 제공한다. 이러한 맥락에서 오늘날 세계에서 국가간 갈등은 새로운 지역적 틀을 만들어, 이전에 갈등하던 국가들이 한두 개의 틀 속에서 통합됨으로써만 해소될 수 있다는 주장이 있을 수 있다.

같은 맥락에서 한반도의 분단은 단순히 두 개의 한국이 공존하는 것이 아니라, 화해와 긴밀한 협조를 위한 새로운 틀거리를 만들려는 능동적 노력을 통해서만 해소될 수 있을 것이란 주장이 있을 수 있다. 사실, 1991년 12월 13일에 조인된 남북한 합의서에서 화해와 불가침에 대한 조항뿐만 아니라 상호 교류와 협력에 관한 조항을 담게 된 것은 이러한 요구가 반영된 것으로 볼 수 있으며, 이는 결코 우연한 일이 아니다. 이제 새로운 지역의 창조에 직면해 있는 것이다.

우리는 보통 아시아가 그 자체의 정체성을 가지고 있는 것처럼 말하지만, 아시아는 다양성과 복잡성 그리고 이질성의 정도가 매우 높은 지역이다. '아시아'라는 관념이 강력한 반식민주의적이고 반서구적인 민족주의의 상징적 역할을 했음에도 불구하고, 아시아의 정치적 정체성은 그 자체의 긍정적인 정치적 정체성의 명확한 상이 없어, 대체로 부정적인 방식으로 정의될 수 있었다. 이러한 면은 동아시아에도 어느 정도 적용된다. 예를 들면, 최근에 과거의 '동아시아'는 일본에 대한 반식민주의적 상징이 아니라 반서구적인 상징으로 사용되었다. 반대로 그것은 일본 식민주의의 영향을 위장하는 가면으로 사용되었다.

이것은 결코 동아시아를 한 지역으로 취급할 수 없다는 것을 의미하지는 않는다. 이 사실은 아래와 같은 주장이 서구 지향적인 인사들에 의해 종종 주장되어 왔기 때문에 강조되어야 한다. 그 주장이란, 유럽과는 달리 동아시아는 지역적 동질성이 매우 작기 때문에 유럽의 평화 정착 노력인 유럽 안보협력회의(Conference on Security and Cooperation in Europe, CSCE)나, 지역적 틀로서 고르바초프가 말하는 "유럽인들의 집"(European home)과 같은 지역적 구조는 동아시아에서 동일하게 적용될 수 없다는 것이다. 두 지역 사이에 어떠한 차별성이 없는 것은 아니다. 그러나 우리 지역에서의 새로운 질서를 추구한다는 측면에서 이러한 주장은 보다 세밀히 검토되어야 한다.

유럽의 동질성은 종종 공통적인 문명, 즉 유대교-기독교 문명 때문으로 여겨진다. 동아시아가 그러한 공통적인 문명으로 특징 지어질 수 없을지라도, 이 지역의 문화는 유교문명으로부터 연유하는 지배적인 특징을 가지고 있다. 동아시아가 사회주의 국가들인 중국, 북한 대 남한, 일본과 대만 등과 같이 쉽게 대별될 수 있는 상이한 정치적·경제적 체제를 가진 국가들로 구성되어 있기 때문에 다양하다는 것은 사실이다. 그러나 CSCE도 처음에는 상이한 또는 심지어 적대적인 유형의 체제들을 망라하는 지역적 틀로서 만들어졌다는 점을 알아야 한다. 그러므로 유사한 착상이 동아시아에서는 취해질 수 없다는 것을 받아들일 만한 이유는 없다. 동아시아가 다양한 경제발전 수준의 국가들로 구성되어 있다는 것 또한 사실이다. 그러나 대체로 지금 유럽이 당면하고 있는 것, 그리고 유럽공동체(EC)에서조차 유럽의 '남부' 국가들과 관련되어 주된 이슈로 떠오른 것은 중심국들과 주변국들(또는 준주변국/半주변국들)을 어떻게 하나의 공통된 틀로 통합하느냐의 문제였다.

그러므로 유럽의 경험이 동아시아에 관련되지 않음이 자명한 것은 아니다. 반대로 유럽의 경험들 중 지역적 특수성을 고려해서 동아시아적 지역 틀을 모색하는 것이 중요하다는 것을 말해 준다.

그러나 필연적으로 과거의 유산, 즉 문화적·인종적 유사성의 정도가 이 지역의 다양한 민족들로 하여금, 그들이 넓은 의미에서 공통된 지역적 정체성에 기반한 공통의 미래를 공유한다는 것을 납득시킬 만큼, 충분히 창조적이고 고무적인 전망을 제공할 수 있는지에 관한 문제는 여전히 남아 있다.

오늘날 우리는 긍정적인 지역적 정체성이 창조될 수 있다는 보편적 사고를 단지 참고적인 것으로서만 받아들일 뿐이다. 지역주의는 만약 그것이 배타적인 민족주의라면 긍정적인 역할을 수행할 수 없다. 지역주의는, 그것이 만약 국수주의적인 과거의 유산에만 전적으로 의지한다면, 오히려 후퇴하는 요인이 되고 말 것이다. 지역적 정체성은 이미 주어진(旣定) 어떤 것이 아니다. 그것은 보편적이고 초국가적인 민주주의를 달성하기 위해 우호적·비우호적인 공통의 지역적 조건들의 공유를 통해 창조되어야 하는 것이다. 분명히 지역적·세계적 규모의 문제에 대처하기 위해 우리에게는 새로운 지역적·세계적 틀이 몹시 필요하다. 그러나 보편적으로 적용 가능한 단일한 모델은 있지 않으며, 또 있을 수도 없다. 모델은 다양하고 모델의 다양성은 새로운 세계질서에 대한 기회와 도전을 제공할 것이다. 우리는 아세안(ASEAN), 베트남, 캄보디아(인도차이나), 중국, 대만, 한반도 그리고 이 지역의 다른 영역들에서 파생되는 고무적인 발전상들을 목격하면서 기쁘게 생각한다. 이러한 모든 변화는 새로운 질서를 위한 지역적 틀의 몇몇 가능한 형태들을 나타낸다.

이러한 측면에서 정보와 커뮤니케이션의 영역에 종사하는 개인들과 조직들은 이 지역의 국민들간의 상호이해를 낳을 수 있는 지속적인 협력 시스템과 네트워크를 설립하는 데서 중요한 역할을 요구받고 있다. 이것이 우리가 여기에 모인 이유이다.

새로운 지역질서를 위한 이론 구성이나 이론의 실제적 적용에서 일본은 촉진제로 작용하기보다는 오히려 방해적인 것으로 보인다. 이전의 소련은 이제 초강대국이 아니며, 열 개의 독립공화국으로 분열되었다. 그들은 민주주의, 평화, 비패권주의에 적합한 체제를 재구축중이다. 다시 말해 그들은 지금은, 그리고 상당한 장래에 걸쳐서 동북아시아의 안정, 평화와 발전에 적극적인 위협이 될 수 없을 것이다.

중국은 기본적으로 '닫힌 사회'임에도 불구하고, 외부세계와 체제에 적응하는 방향으로 빠르게 움직이고 있다. 중국 사회의 변화는 명백한 것이고 돌이킬 수 없는 것처럼 보인다. 아시아, 특히 동북아시아와 관련된 중국의 대외정책 또한 협조적이고 반패권주의적(또는 적어도 비패권주의적)이다.

이 지역의 다른 국가들도 지엽적인 규모에서 때때로 평화를 교란할 수 있을지는 몰라도 지역적 패권의 추구자는 될 수 없다.

미국은 명백히 다른 범주이다. 지리적 의미에서 과외 지역인 미국은 '세계경찰'임을 자임하며 지구의 어느 구석도 범(汎)미국주의 제국의 바깥에 놓아 둘 마음을 가지고 있지 않다. 소련이 붕괴된 지금, 미국은 국제적·지역적 삶의 유일한 조정자가 되기를 열망한다. 그것은 오랫동안 미국의 확고한 정책과 목표로 되어 왔으며, 지난 해(1991년) 이라크와의 전쟁보다 이것을 보다 잘 설명해 준 것은 없다.

소련 다음으로 중동의 작은 지역적 패권주의자가 굴복한 지금, 단일한 지배체제를 강화하려는 미국의 의도는 1994~2000년 회계년도의 방위계획지침에서 마지막 남은 가면을 벗어 던졌다. 미국은 확실히 동아시아에서의 지역적 강대국으로 남아 있으며, 그것의 함의는 모든 관련된 국가들에 잘 알려져 있다. 동북아지역의 국가들과 민족들은 아시아, 특히 동북아시아에서 미국의 패권주의적 역할과 경향을 감소시키기 위해 더욱 그 노력을 협조적으로 강화해야 한다.

이 지역이 초강대국들에 의해 지배되던 이전의 '냉전질서'와 구별되는 새로운 협조적·평화적·발전적 지역질서를 실현하고자 염원한다면, 미국의 영향력이 줄어들수록 그 가능성이 커진다는 사실은 의심의 여지가 없다.

아시아지역의 국가들은 그들 지역 내의 새로운 위험요소에 직면해 있다. 그것은 일본이다. 과거에서 현재까지 일본은 다른 아시아 민족들의 희생 위에서 줄곧 패권주의자로 자리해 왔다. 일본에 대한 그들의 의심과 불신을 낳은 데에는 몇 가지 특별한 문제가 있다. 이러한 문제를 극복하지 못한다면 이 지역의 진보, 복지와 평화에 대한 일본의 기여는 계속 부정적인 형태로 남을 것이다.

이전의 서독과는 뚜렷하게 대비되게, 일본의 지배 엘리트와 국민의 대부분은 그들의 침략전쟁이나 식민지 지배에 대해 심각하게 죄책감을 느끼지 않고 있다. 이 같은 책임감의 회피를 조장하는 데에는 외부적 요인이 존재한다. 예를 들면, 일본은 태평양전쟁에서 패배했지만 반식민지 투쟁을 벌인 식민지 민족들에게 직접적으로 식민지를 포기·반환하지 않았다. 그 대신 천황군국주의 일본제국은 그들 자신도 식민지 제국인 서방 강대국들(미국, 영국, 프랑스 등)에게 일본의 식민지들을 넘겨 준 것이다. 그리고 이들 서방 강대국들, 특히 전후 일본에 대해 배타적인 영향력을 행사하게 된 미국은, 소련을 포함한 제2차 세계대전 전승 연합국 사이의 동의를 파기한 채, 즉시 일본을 이전의 적국이 아니라 냉전 동맹국으로 재생시켰다.

이러한 외부적 요인 이외에 일본적 정신에 내재하는 더욱 근본적인 조건이 있다. 일본의 집단주의적 정신과 정치적 문화에 따르면 전쟁과 식민지 착취에 대한 책임은 천황을 제외하고 모든 일본인들에게 지워지는 형식을 취했다. 이처럼 모든 일본인이 책임이 있다는 말은 실제로는 어떠한 일본인(들)도 사실 책임이 없다는 의미이다. 더욱, 그리고 가장 중요한 사실은, 일본제국 국가의 주권자였던 전쟁정책 책임자인 천황의 법적·정치적 책임을 면제해 준 결정이다. 그 결정은 미국의 전후 일본 통치·지배의 이익과 편이를 위해서였다. 이러한 전쟁책임에 대한 내부적 회피는 대외적 회피의 근원이다. 그것의 명백한 증거는 일본의 과거 식민지적 업적을 찬미하는 것인데, 이것은 한국, 중국, 베트남, 필리핀, 인도네시아, 싱가포르, 말레이시아, 그리고 아시아의 다른 국가들에서 일본에 의해 저질러진 국제적 범죄와 재난들의 중요성을 체계적으로 축소하는 것이다. 일반적으로 일본의 전후 젊은 세대들은 전 세대들의 전쟁·식민지 통치의 책임성에 대해서 민감하지 않으며, 극우 보수 반동주의자들은 일본의 전전 및 전후 책임에 대해 부인하거나 무관심하거나 망각한 상태이다.

여러분은 1985년 제2차 세계대전의 패전 40주기에 즈음하여 독일 대통령 폰 바이체커(Von Veiszeckor)와 나까소네 일본 수상에 의해 발표된 정반대의 견해를 경험하고 받은 충격을 아직도 생생하게 기억할 것이다. 독일 지도자가 모든 나치 잔악행위의 희생자에게 진심으로 사죄하고 독일 국민에게 독일의 이름으로 저질러진 잘못을 잊지 말 것과, 과거 역사로부터 교훈을 얻자고 요청한 것에 반해, 일본의 지도자는 1985년을 관련 국가·민족들에 대한 일본 식민지와 전쟁의 정신적·도덕적·물질적 빚이 '소멸

될 해'로 당당하게 선포했다.

일본은 지금 유엔 평화유지 활동이라는 이름하에, 그리고 다른 나라에 있는 일본인의 재산과 생명을 자위한다는 명분 아래 일본 자위대의 해외 군사활동을 합법화하였다. 이는 일본 헌법을 명백히 위반한 것이다.

이미 1990년에 460억 달러에 이르는 일본의 국방비 예산은 영국의 340억 달러, 서독의 350억 달러, 프랑스의 359억 달러를 훨씬 초과하여 세계적 초강대국인 미국에 이어 소련과 맞먹는 두 번째가 되었다.

일본의 군사력은 이미 '방어적 방어'(defensive defense)라는 자세로부터 훨씬 벗어났다. '강대국'(Big Power)의 위치로 부상하기 위한 주도면밀한 노력은 최근 유엔 안보리의 상임국에 대해 관심을 밝힌 일본 정부의 정책에 의해서도 보여졌다. 이러한 행동들은 일본의 "국제적 공동체에 대한 공헌"이라는 이름으로 합리화되어 왔다. 또 이러한 정책은 다른 아시아 국가들, 특히 일본 식민주의와 침략 전쟁의 주요한 희생국이었던 남·북한과 중국에 의해 표명된 반대나 경계에도 불구하고 채택되어 왔다.

일본 정부의 주장에서 특징적인 사실은 그들이 '국제적 공동체'라고 부르는 개념과 정책에는 실제로 아시아 국가들이 제외된다는 점이다. 모든 지표로 판단하건대, 대부분의 일본인들은 그들이 가지고 있는 왜곡된 세계 지도를 제대로 인식하고 있지 못하는 것처럼 보인다. 그것은 '국가적 공동체'가 부지불식간에 아시아 국가들과는 상관없이 미국과 미국이 주도하는 서구와 일체화된 그런 지도이다.

동북아시아에서 새로운 질서를 건설하려는 노력의 성공여부는 거의 숙명적으로 일본의 태도와 정책에 달려 있다. 그러므로 이 지역의 국가들뿐 아니라 매스커뮤니케이션 미디어와, 미디어 담당자와 같은 영향력 있는 대중교육 수단들은 그들의 모든 역량을 새로운 질서에 대한 건설적인 역할에 탈지역적 경향의 일본을 참여시키는 데 모아야 할 것이다.

새로운 동아시아의 지역적 틀이 구축되어야 하는 첫 번째 차원은 한반도이다. 한반도에는 동질성을 지닌 한민족이라는 단일민족이 분명히 존재하고 있는 상황에서, 이러한 말은 외국에서 온 분들에게는 부적절한 언설로 들릴지도 모른다. 그러나 현실적으로 통일에 대한 한민족의 강렬한 열망에도 불구하고 두 개의 적대적인 국가는 존재하고 있다. 그리고 코리아(Korea) 반도의 남·북에 수립된 이들은 단순한 국가가 아니라 서로 타협을 완강히 거부하는 굴복하지 않는 자본주의와 사회주의를 대표하는 '강력한 국가들'이다.

이 비타협성은 특히 두 개의 코리아 사이의 관계에도 마찬가지인데, 이전의 두 개 독일의 경우와는 달리 이들 사이에는 우편, 상품, 사람, 문화, 정보의 교류가 남한의 반공법과 국가보안법과 같은 지극히 가혹한 법 아래 국가에 의해 금지되어 왔다. 이는 북한도 마찬가지이다. 바꾸어 말하면 국가로부터 상대적으로 자율적인 시민사회의 수준에서의 남·북 코리아간의 상호작용과 의사교환은 지난 반 세기 동안 존재하지 않았다.

우리 모두가 알다시피, 두 개의 독일의 경우에는 제한적이긴 하지만 교류와 상호작용이 국가와 사회 및 시민 수준에서 여러 해 동안 진행되었다. 두 사회 사이의 상호작용은 마침내 국가와는 독립적으로 진행되었으며, '두 국가' 체제를 유지해 왔던 제한된 상호작용을 압도하고 '두 개의 독일' 사이의 장벽을 낮추고 허무는 데 크게 기여했다.

지난 반 세기 동안 한반도에서는 서로가 상대편을 소멸시킬 능력을 가지고 있다는 의미에서, 오직 남·북한 사이의 군사적 관계만이 존재해 왔었다. 각각의 안보는 거의 전적으로 상대의 결정에 의해 조건지어졌고, 남과 북의 두 개의 코리아는 '어리석은 국가'로 보일 만큼 소비적이고 비이성적인 정치 선전과 경제적·기술적 경쟁 상태를 지속했다. 또 각자의 국가 발전 계획은 상대편의 국가 발전 계획에 의존하게 되었다. 각 정권은 상대편에 의해 취해진 이데올로기적 도전에 직면해 있었다. 각 정권의 정통성은 상대편의 대항적 정통성에 구속되고 종속되었다. 모든 가치들은 부정적인 형태를 띠었다.

한국은 동질적인 민족, 즉 한(韓)민족의 나라이다. 그리고 제2차 세계대전 말의 미·소 대결의 산물로서 국가가 분단되기 이전까지 천 년 이상 단일국가로 지내 왔다. 한국에서 40년 간 지속된 일본 식민지 지배(5년간의 보호국 상태를 포함하여)는 1945년 일본의 패망으로 끝이 났다. 미국과 소련은 일본의 항복을 받아 내고 한국에서 정치적 기구를 재구축하기 위해 38도선에서 국토를 분단하는 데 합의했다. 그 결과 한반도에는 두 개의 전적으로 다르고 적대적인 정치적·경제적 제도가 출현하여, 여태까지 지속되었다.

미국과 중국의 직접 개입을 초래한 두 체제 사이에 1950년 6월에 발생한 전쟁은 수백만의 한국인과 외국 참전군 사상자, 그리고 천만 이산가족과 국토의 황폐화라는 결과를 남겼다. 이 한국전쟁은 1953년 휴전(평화협정은 아직까지도 체결되지 않고 있다)으로 종결되었는데, 이러한 휴전은 양측으로 하여금 이전보다 서로를 더욱 적대적으로 만들었으며, 영속적인 분단으로 굳어졌다. 남한과 북한 사이의 인위적 경계인 비무장지대는 40년 이상 봉쇄되어 왔으며, 민간인들 사이의 어떠한 의사소통(편지, 전화, 신문, 잡지, 텔레비전이나 라디오 방송, 여행)도 이 경계선을 넘지 못한다.

비밀접촉으로 궁극적인 통일에 대한 선언(남북 7·4 공동성명)을 조인하게 된 1972년 이후, 남한과 북한 사이에는 때때로 공식적인 대화가 있기는 했다. 최근에는 국토의 분단에 관련된 다양한 이슈들에 관해 두 정부간 직접적인 대화가 있었고, 주로 천만 이산가족과 관련된 남·북 적십자간의 대화도 있었다. 이러한 대화에서 남한은 상품·무역·문화·인적 교류 형태의 신뢰 구축 수단에 대한 필요성을 주장해 왔고, 북한은 미군의 철수, 특히 수백 개로 보고된 미국 핵무기를 남한에서 철수할 것을 포함하여, 쌍방의 대폭적 군비(군사력)감축, 정전협정을 대치할 평화협정의 체결 등을 요구했다. 이렇게 상이한 접근과 장기간 계속된 깊은 불신은 접촉이나 회담의 실질적인 진전을 가로막고, 상호 비난의 계속과 대화의 빈번한 중단을 야기시켰다.

남북 대화에서의 새로운 국면은 1990년 총리 차원으로 대화를 격상시키는 데 동의함으로써 시작되었다. 북한이 공식적인 정부 대 정부 차원의 대화를 수용하는 것은 그들이 한반도를 둘러싼 세계의 극적인 변화로 인한 심각한 정치적·경제적 압력을 경험하고 있다고 믿어졌기 때문에 필요하게 되었다. 오랜 기간 동안 북한의 동맹국이었던 이전의 소련은 남한의 동맹국인 미국과 일본의 편에 섰고, 남한과의 국가·외교 관계를 굳힌 것과는 반대로 북한과의 군사동맹조약을 사실상 폐기하였다. 중국도 남한과의 무역관계와 기술교류를 크게 확장시키고 있다.

동유럽의 정권들은 서방국들과의 동맹을 맺자마자 곧 남한과의 전면적 국가관계를 확립하였다. 그러므로 북한은 격변하는 세계질서에서의 외교적 고립에 직면하게 되었다. 오랫동안 북한은 소련과 중국 그리고 동유럽으로부터 석유와 식량 그리고 다른 필수자원을 물물교환 협정을 통해 세계시장 가격보다 낮은 가격으로 구입할 수 있었다. 이것은 북한이 태환화폐를 벌어들일 수 있는 수단이 거의 없었기 때문에 중요한 방식이었다. 지난해 초 소련은 석유, 군수품 그리고 다른 물품에 대해 경화로, 그리고 세계시장 가격으로 지불해 줄 것을 북한에 요구했다. 중국도 같은 방향으로, 그러나 보다 느린 속도로 움직이고 있는 것처럼 보인다.

북한과 남한이 통일이라는 민족 목표를 평화적 수단으로 달성하자는 데 합의했음에도 불구하고, 어느 편도 완전한 통일국가로서의 상대방의 정치적 · 경제적 체제의 건설방식을 받아들이려고 하지 않는다.

현재의 남 · 북 협상 수준에서 북한은 현재 그들의 사회적 · 정치적 · 경제적 체제의 유지에 대한 남한의 보증을 요구하는 것처럼 보인다. 현재 남한의 일인당 수입(6천 달러)은 북한의 일인당 수입(대략 1,300~1,500달러)의 거의 네다섯 배에 달한다. 남한의 전체 국제 교역량은 최소한 북한의 20배에 이른다. 경제적 · 사회적 · 정치적 영역뿐만 아니라 인권과 같은 영역에서도 정부의 간섭이 많음에도 불구하고, 남한은 불안전하나마 개방된 사회, 의회민주주의, 시장경제의 방식으로 운영된다. 반면에 북한은 여전히 모든 측면에서 급속히 쇠퇴해 가고 있는 체제에 의해 완고하게 운영되고 있다.

북한에 대한 남한의 점증하는 자신감은 한반도에서의 새로운 질서를 위한 청사진에서도 반영되어 있다. 독일식의 민족통일, 다시 말해서 남한이 북한을 흡수하는 방식이 머지않은 미래에 실현될 수 있다는 것이다.

그러나 남한은 너무 빠르고 갑작스럽게 통일한 독일의 교훈을 최근 이해하기 시작했다. 만일 독일에서와 같은 사태 전개가 한반도에서 일어난다면 남한 정부만으로는 예측될 수 있는 사태를 통제하기 힘들 것이다. 남한 정부가 북한을 막다른 골목으로 밀어 넣던 이전의 대결 정책을 최근에 새로운 정책으로 수정한 것도 이러한 이유에서이다. 남한 정부의 신정책은 상대편과의 협조와 협력 그리고 상대방에 대한 제한된 지원인데, 이 수정 정책은 2000년 이전까지 자립력을 갖춘 나라로 만들려고 하는 북한을 그 이전에 점진적으로 개방 · 해체하려는 의도를 갖고 계획된 것이다.

남 · 북한 사이가 이처럼 불균형적인 상황으로 접어들면서, 지난 해부터

표 1 남·북한의 군사비 지출

단위: 백만 달러

연도	남한	북한
1974	558	770
1975	719	878
1976	1,500	1,000
1977	1,800	1,030
1978	2,600	1,200
1979	3,220	-
1980	3,460	1,470
1981	4,400	-
1982	5,173	1,700
1983	4,470	1,916
1984	4,494	4,086
1985	4,550	4,196
1986	5,100	3,870
1987	6,970	4,450
1988	8.150	4,625
1989	9,886	4,154
1990*	9,970	5,440
1991*	11,000	5,130

자료: 런던에서 발간된 연간 군사력 비교에서 집계함
(*는 한국 국방부 방위백서)

핵문제가 제기되었다. 1992년 봄에는 미국과 북한의 군사적 위기가 미국이 이라크를 공격한 것과 유사한 방식으로 폭발할 것 같았다. 그 이전부터 북한의 핵시설에 대해서 가능한 모든 수단을 취하겠다는 미국의 계속된 위협이 있었는데, 이 핵시설의 '기폭제'(explosive) 취득 능력은 일 년에서 십 년에 걸치는 것으로서 미국 군사전문가들에 의해 다양하게 추정되었다.

남한은 1970년대 초에 핵무기 생산계획에 착수했으나, 한국을 미국의 핵전력 우산의 보호하에 편입하는 조건으로 미국에 의해 중지되었다. 만약 북한이 핵무기 생산능력을 추구한다면, 미국과 일본이 방관하지 않을 것이다. 그들도 (매우 복잡한 핵에너지 계획에 기초한) 이에 대처하기 위한 독자적인 핵무기 계획을 세우거나, 남한 국방장관이 이미 경고한 것처럼, 북한의 핵시설에 대한 선제공격을 감행할 것이다. 또한 북한이 걸프전에서 이라크가 당한 것과 같은 결과를 초래할 것이라는 미국의 노골적인 위협도 있었다. 몇 주 전에 미국 군부는 '90일 전쟁'이라는 평가서를 내놓기도 했다!

표면적으로는 이 부분에서도 많은 진전이 있었다. 북한은 남한으로부터의 미국 핵무기 철수를 오랫동안 요구해 왔고, 서울에서 지난(1991년) 12월에 이 철수가 완료되었다고 발표되었을 때, 평양은 이 소식을 환영했으며 국제원자력기구(IAEA)로 하여금 북한의 핵시설을 사찰할 수 있게 하는 '핵안전협정'에 서명했다.(북한은 1985년에 핵확산금지조약에도 서명했다.) 예정대로 올해(1992년) 6월에 북한에서 IAEA의 현지사찰이 실시된다면, 아마 남-북한, 일본-북한, 미국-북한 관계의 완화도 예상할 수 있을 것이다.

불행하게도 보다 덜 명백한 많은 이슈들이 아직까지 한국에서의 진정한 평화의 실현을 가로막고 있다. 기껏해야 조심스런 낙관이고, 최악의 경우에는 보다 심각한 대결국면의 가능성도 배제할 수 없다.

한반도는 몇 세기 동안 이웃 강대국에 의한 침략전쟁의 무대가 되어 왔는데, 최근에는 1950년 6월에서 1953년까지 계속되어 수백만의 사상자와 막대한 재산 손실을 남긴 한국전쟁이 있었다. 한반도는 세기의 전환점에서 일본의 승리로 끝난 현대 제국주의와 식민주의의 4각 갈등의 와중에서 한 세기 동안 '태풍의 눈'이었다. 일본의 승리는 일본 군국주의에게 중국 본토의 광대한 부분을 포함하여 전체 아시아를 정복하는 모험의 도약대를 제공했었다.

한반도는 과거 수세기에 걸쳐서 주변 대륙세력과 해양세력의 패권각축의 무대가 되었고, 그 결과는 바로 동북아시아와 서남아시아의 수억 민족에게 전쟁과 불행의 출발점이었다는 점에서, 21세기에는 오히려 그와 반대로, 그곳에 살아야만 하는 한민족뿐만 아니라, 동북아시아와 널리 전체 아시아 지역의 민족들과 국가들의 평화 · 협력 · 진보 그리고 행복을 위해서 관계국가들의 새로운 협력적 지역질서를 구축하는 시험장이 될 수 있을 것이다.

이제 우리는 어째서 한반도의 문제가 동북아시아 전체의 문제이고, 동북아시아에서의 새로운 지역질서를 실현시키고자 하는 어떠한 시도도, 한반도에서 그리고 한반도에 대한 문제로부터 시작해야 한다는 연관구도를 이해할 수 있을 것이다.

제3부
'인간의 얼굴'을 한 자본주의 — 통일의 전제

통일의 도덕성
북한의 변화만큼 남한도 변해야 한다

학생들에게 남북문제와 통일을 어떻게 가르칠 것인가
잘못된 북한관을 바로잡아야 한다

한국 '언론기관(인)'의 평화기피증과 통일공포증

한국판 매카시즘이라는 유령

베트남 인민에게 먼저 사죄를 하자
바람직한 한·월 관계를 위한 반성적 제언

휴전선 남·북에는 천사도 악마도 없다
'인간의 얼굴'을 한 자본주의가 돼야 미래가 있다

통일의 도덕성
―북한의 변화만큼 남한도 변해야 한다

민족분단, 역사의 악마가 던져 놓은 시련

오랜 세월 분단됐다가 남북이 다시 하나되는 통일국가는 마땅히 현재의 (또는 해방 이후 누적된 현실로서의) 북한보다 월등히 우월하고 자유로운 민족공동체여야 한다. 하지만 그와 동시에, 그리고 그에 못지 않게, 통일국가는 해방 이후 누적된 현실로서의 남한, 현재의 남한과도 다른 인간다운 삶이 구현되는 민족공동체여야 한다. 해방 이후 반 세기 동안 진행되어 온, 남·북한의 국가적·사회적 존재 양식 중 그 어느 쪽이 일방적으로 다른 쪽을 덮치는 방식의 재통합은 도덕적 파탄을 초래하지 않을까 두렵다.

지금 비록 IMF 위기에 처했다고는 하지만, 남한의 물질적 토대와 역량은 몇 해 안에 복구될 것이다. 21세기를 내다보는 장기적 추세로서 남한의 국가적 위상을 고려할 때, 언젠가는 남한이 우월한 위상에서 북한과의 재통합을 이룩하게 되리라는 데는 의심의 여지가 없다.

남·북한 통일문제에 관한 여태까지의 논의와 현재의 연구가 그러하듯

이 글은 『당대비평』 제3호, 1998년 가을호에 발표되었던 글이다.

이, 통일의 정책과 접근방법도 주로 남·북한간의 '물질적 역량'의 압도적 우열을 토대로 추진되고 해석될 것이 분명하다. 즉 일방적인 물질적 생산력과 경제적 풍요가 통일문제를 푸는 방정식의 항수, 거의 유일한 그리고 절대적인 항수로 여겨지고 있다. 현재 무력으로써의 통합은 일단 배제되고 있지만, 군사력 또한 남한이 압도적으로 우월하고 또 앞으로 더욱 그러할 물질적 요소이다.(미국 군사력을 제외하더라도 그렇다.)

남한의 우리들은 이 같은 압도적으로 우월한 '물질적' 위상에 올라앉아서 통일문제를 바라본다. 그런 까닭에 통일까지의 과정·수순·방법의 종류와 가치판단은 물론, 통일된 국가와 사회 속의 사람들 삶의 '도덕적 모습'이 어떻게 될 것인가 하는 문제는 시야에 들어오지 않는 것 같다. 남한의 물질적 역량은 언젠가는 재통합된 나라에서 북한 지역 주민의 물질적 생활을 향상시키고, 나아가 국가적 경제통합을 이룩하는 데는 성공하리라 믿는다. 이른바 '통일비용'의 장기적 배분을 전제로 한다면, 부담은 적지 않겠지만 이루지 못할 일도 아니고 또 반드시 이루어야 할 과제이다.

남한의 물질적 통합 속에 들어온 북한 지역 동포들은 통일 후 10년, 20년, 또는 30년, 50년의 시간이 흐르는 사이에 차츰 만성적인 가난에서 벗어날 것이다. 하지만 그들의 물질적 생활을 향상시켜 주겠다며 국가의 권력과 제도로써 그들에게 수락을 강요하는 남한의 경제체제·관습·가치관이 과연 그들을 진실로 행복하게 해 줄 수 있을 것인가? 나아가 현재 남한식의 경제적·물질적 생활방식과 가치관이 한라산에서 백두산까지 지배하게 된 국가·사회·사람들의 삶의 내용과 모습은 과연 행복할 것인가? 다시 말해서, 남한의 해방 후 누적된 국민생활의 사회적 경험과, 그 틀 속에서 형성되고 굳어진 인간형의 제반 특성이 남한식 물질문화 생활과 일체적으로 북한 지역 주민들에게 강요될 때, 그들은 과연 정신적·도덕적 그리고 인간적·정서적으로 '통일'을 감사할 만큼 행복해질 수 있을 것인가? 통일문제를 생각할 때마다 늘 이 질문은 마음에서 떠나질 않는다. 그래서 나는 남들처럼 통일된 국가는 무조건 좋을 것이라는 확신이 없다.

민족의 분단은 역사의 악마가 우리에게 풀 것을 요구하면서 던져 놓은 시련이다. 그것은 악마가 예수를 유혹하기 위해 40일간 광야에서 단식하며 굶주린 예수 앞에 나타나, 돌을 들어 보이면서 "너희 믿음이 굳거든 너의 하나님에게 이 돌을 빵으로 만들도록 하라"고 시험하는 것과 같다. 이 민족은 분단되고, 피흘려 싸우고, 광야에서 고통의 50년을 힘겹게 살고 있다. 그러다 보면 통일은 지상과제이고, 그에 대한 믿음은 돌을 떡으로 만들 수도 있을 것이다. 지금 우리는 그 유혹 아닌 시련에 직면해 있다. 운명의 악마에게 어떻게 답변할 것인가?

예수는 바로 통일 달성의 시련에 직면한 이 민족을 대신해서 답변하였다. "사람은 떡으로만 사는 것이 아니라, 하나님의 말씀으로 사는 것이다."

남한은 '떡과 밥'으로써 북한을 통합할 수 있을 것이라고 자신하고 있다. 집과 옷을 주어서 북한 주민을 순치시키려 하고 있다. 주로 '물질주의적 발상'과 가치관이며 방법론이다. 북쪽의 주민들이 그것들을 받기를 망설인다면 또 하나의 물질적인, 가장 순수하고 노골적인 물질력인, '무력'을 써서라도 받기를 강요할 것이다.

나는 비록 예수교 신자는 아니지만, 예수의 말씀 속에 우리의 통일문제에 대한 태도와 통일된 국가와 사회의 삶의 본질이 어떠해야 하는지에 대한 가르침, 모든 진리가 담겨 있다고 생각한다. 하나님의 '말씀'은 단순히 물질적인 돈이나 빵이나 옷이나 집과 대립하는 개념이 아니다. 그것들보다도 더 소중하고 가치있는 것들을 말한다. 우리의 남·북 통일에 비추어서 하나님의 '말씀'은, 남한이 북한에 주는 것이 밥이나 떡이나 집이나 옷이기에 앞서, 또는 적어도 그것들과 함께, 사회구성원의 사람과 사람들이 사는 모습의 특성이 '주로' 범죄적이거나 부패·잔인·반인간적이 아닌 것이어야 한다는 뜻이다. '하나님의 말씀'은 사랑, 믿음, 나눔, 동정심, 형제애, 이웃 사랑, 동포애, 정직, 착함, 청렴, 협동, 검소, 책임감, 희생심 등으로 해석된다. 이것은 예수교에서만이 아니라, 어느 시대 어느 인간 집단에서나 '인간다운 삶'이기 위해서 요구되는 최소한의 도덕적·윤리적 규범이며 그런 가치들이 이행되고 지배하는 상태를 말한다. 그것이 바로 '하나님의 말씀'의 뜻이라고 해석해 본다.

만약에 앞으로 통일된 국가·사회의 인간관계가 주로 부패·탐욕·빼앗음·속임수·부정·사기·뇌물·퇴폐·이기주의·착취에 근거해 이루어지고, 잔인하고 무제한적 약육강식의 경쟁이 당연시되고, 속임수에 능한 자가 정직한 사람보다 잘살기를 보장받는다면, 그것은 '하나님의 말씀'이 실현된 통일국가가 아닐 것이다. 한 나라 한 사회에서 함께 살아가는 사람들이 현재의 남한 사회에서처럼 주야로 이기주의·불법·부정·사기·절도·강간·폭력·강도·납치·살인을 일삼고, 부모·자식·형제가 몇 푼의 돈 때문에 서로 목숨을 빼앗는, 도덕과 윤리의 총체적 부재의 사회라면, 그리고 그런 것을 일상적으로 걱정하면서 살아야 하는 제도나 재산관계나 소유·분배 상태나 정신풍토라면, 그것은 '하나님의 말씀'과는 너무나 먼 사회이다. 혹시라도 통일된 사회가 사람과 사람 사이에 두려움이 앞서고, 서로 믿을 수가 없고, 정직이 비웃음의 대상이 되고, 물질적 소유의 다과가 인간적 덕성보다 존경과 선망의 표적이 되고, 형제·시민·동포적 유대가 단절되고, 개개인이 자기 이익만을 좇는 분자화(分子化)된, 사람이 나눔과 협력의 대상이 아니라 오로지 빼앗음의 대상으로만 일반화되고, 또 그래서 일상의 생활에서 공포와 두려움이 마음에서 떠나지 않는 상태라면, 그래서 모든 인간이 소외(疎外)된 상태라면, 이 같은 사회상과 인간관계라면, 그토록 염원하고 추구한 통일의 의미는 무엇일까?

예수는 우리가 인간생활에서 밥과 떡만을 앞세우는 것처럼 우리들의 통일 논의와 방법에서 물질적 요소들만을 앞세우는 것에 대해 우리의 잘못을 경고하는 것 같다. 물질적 생산력과 수출액, 경제규모와 값싼 노동력과 협력이 아니라 만인이 만인을 상대로 하는 무한경쟁, 합작투자와 증권과 주식과 GNP라는 빵만으로 통일의 과정과 통일된 국가의 모습을 생각하는 그 발상을 나무라는 것 같다. 북한 지역의 동포에게 '떡' 밖에 줄 것이 없는 남한의 위정자와 국민을, 남한이라는 국가와 사회, 그리고 그 속에서 나날이 펼쳐지고 있는 사람들의 '삶의 모양'을 똑바로 들여다보라고 타이르는 것 같다. 밥과 떡 이외에 북한의 국가와 사회와 주민들에게 줄 것이 무엇이 있느냐고 우리에게 묻는 것 같다. 스스로 '하나님의 말씀'으로 살고 또 북한 주민에게 그 말씀을 나누어 주어야 보람있는 통일이 되는데, 돈 몇 푼이 사람의 생명보다도 소중히 여겨지는 남한의 국가와 사회, 사람들에게 무슨 도덕적 가치가 남아 있는가를 우리에게 질타하는 것 같다.

통일은 '빵과 떡'으로 오지 않는다

통일된 단계에서는 현재 북한의 정치적 통치이념이나 체제와 방식은 대부분 청소되어야 한다. 이 점에 있어서는 이론의 여지가 없다. 그것들은 이미 20세기의 역사적 유물들로서 폐기돼야 한다는 판정이 난 것이다. 이것은 통일을 생각하는 모든 사람의 합의사항이고 나 자신의 신념이기도 하다.

그렇지만 그 전제하에서라도, 현재 남한의 정치형태가 그대로 북한 지역에 확대 재생산되거나, 남한의 해방 이후 반 세기 동안 누적된 정치적 악덕이 통일국가의 그것으로 일반화될 것을 생각하면, 그 밑에서 과연 북한 주민이 통일을 기쁨으로 받아들일 것인지 적이 의심스럽다. 50년간 누적되어 온 현재와 같은 남한의 정치실태를 북한 주민들에게 그대로 강요하는 통일은 너무나 가혹하지 않을까? 남한의 정치적 진실을 총체적으로 그리고 집약적으로 체현하고 상징하는 역대 대통령과 국민과의 관계양식, 그리고 그들의 행동과 종말을 생각하면 그 이상 물을 필요가 없을 성싶다. 정치(政治)란 '바르게 다스리는 것'이다. 남한에 해방 이후 '정치'가 있었는가를 물어 봐야 한다.

일곱 명의 대통령 중에서 권좌에서 쫓겨났거나, 몰려났거나, 부하에게 암살당했거나, 국민 대학살의 범죄자로 투옥됐거나, 대통령 집무실에 외국제 초대형 금고를 들여 놓고 돈만 챙긴 파렴치범으로 단죄됐거나, 국가를 파산시켰거나, 대통령만 되면 자식과 일가친척, 사돈의 팔촌까지 들러붙어 나라의 돈을 훔치고 치부하는⋯⋯ 그래서 국민의 저주를 받고 퇴임 후의 안위를 예측할 수 없거나⋯⋯ 이런 따위 '국가 원수' 이외에 북한 주민의 사랑이나 존경을 받을 만한 정치적 지도자가 있었는지를 물어 볼 일이다. 한 마디로 그들은 '부도덕'이 아니라 차라리 '반도덕'이었다. 그것은 '반도덕'을 넘어서 '범죄'였다.

한국 정치의 범죄성과 부도덕성에 관해서는 여기에서 길게 설명할 필요가 없다. 어떻게 이런 정치를 북한 땅에 들씌우는 것이 통일이라고 말할 수 있을까? 인류 역사상 어떤 인간집단도 '이상향'을 건설한 일이 없고, 이는 영원히 불가능하다. 내가 말하는 것은 다만 최소한 내지는 '웬만큼'의 도덕성이나마 통용되는 정치형태이다. 도덕성을 완전히 상실한 정치로서의 통일은 행복이기보다는 재난이며 비극일 수 있다는 우울한 마음을 지울 수가 없다.

사회적으로는 어떨까? 우리 사회는 부패 · 부정 · 타락 · 범죄 · 비인간화가 극에 달한 사회임이 분명하다. 기성세대들의 사회는 거의 구제불능의 '반도덕' 상태이다. 국가는 드디어 '극약처방'으로 '청소년보호법' 이라는 것까지 발동하여 어린이들의 만화, 영화, 가곡, 소설, 음반은 물론 컴퓨터까지 국가권력으로 통제해야 할 상황에까지 이르렀다. 법적으로는 미성년자인 어린것들에게 구속영장을 발부하고 형무소에 끌어넣기도 하는 '범죄와의 전쟁'을 선포하고 나섰다. 하지만, 이런 말은 참으로 하고 싶지 않지만, 그 같은 극약 처방으로도 대한민국의 인간들을 도덕적으로 순화해 보려는 시도는 별로 효과가 없어 보인다. 그것은 다음의 사실이 웅변으로 말해 준다.

이 나라의 역대 정권과 대통령들은 '청소년보호법' 보다도 몇십 배 가혹한 각종 극약처방을 써 보았지만 모두 실패했다. 27년 전인 1970년, 이 나라의 총범죄 사건은 인구 10만 명당 933건이었다. 그것이 1986년에는 1,943건, 1991년에는 2,843건이다가, 1995년에는 3,119건으로 증가했다. 범죄를 퇴치한다는 군부독재 정권들의 온갖 강압조치들이 무색하게, 인구는 1.4배 증가했는데, 범죄 발생은 3.3배나 급증했다. 그리고 그 죄질은 일관되게 잔인 흉악해지고 있다. 정부의 공식조사로 드러난 통계이지만, 이 나라 국민의 78%가 "일상생활에서 공포감을 느끼며 산다"고 답변하고 있다.(『한국사회지표』, 통계청, 1993년, 318쪽) 이것은 '인간다운 사회'가 아니다. 어른들과 어른들 사회의 범죄성에 관해서 새삼 설명이 필요치 않을 것이다.

몇 해 전부터 우리 사회에서 십대의 소년 · 소녀들, 중 · 고등학교 학생들의 범죄는 공포의 대상이 되어 버렸다. 십대 학생 · 학동 본인들은 물론, 전국의 학부형들은 어린 아들딸의 생명과 안전을 걱정하면서 공포감 속에서 살아가고 있다. 기성세대와 어른들이 닥치는 대로 속이고 훔치고 뺏고 죽여서 토막을 내면, 어린 아이들도 어른들에게 질세라 강도질하고 강간하고 살인하고 생매장해 버린다. 나라의 최고 통치자(들)에서부터 정직해야 할 국가기관 공무원들, 청렴해야 할 군대·경찰·검찰······ 등의 권력집단들, 자본주의적 규칙을 지켜야 할 자본가·기업가·상인 들, 도덕과 윤리를 가르친다는 교육·종교 기관 종사자들······에 이르는 사회구성원의 밑바닥까지 부패하지 않은 곳이 없고 범죄화하지 않은 곳이 없는 사회! 도대체 어떻게 된 사회인가? 남한 사회는 분명히 '병든 사회'이다. 그것도 보통의 병이 아니라 '중병이 든 사회'이다.

이 나라의 각종 매스컴은 매일같이 이른바 '덕망 높은 사람', 유식자, 전문가 들을 불러서 이 병의 원인 구명과 처방 및 대책에 관해서 토론을 벌이고 있다. 그것을 듣고 읽고 보고 있노라면 해방 후 반 세기 동안 듣고 읽은 그 이야기의 되풀이이다. 원인을 분석한 각종 이론도 해방 후 50여 년간 한 가지도 달라진 내용이 없어 보인다. 그들이 해법이라고 내세우는 학교도, 가정도, 종교도, 교육도, 또는 경찰도 형무소도 무효임이 분명하다. 전통적으로 사랑과 인간됨의 보금자리였던 가정도 부모도 속수무책임을 자인하고 있다. 도덕과 윤리는 이 나라의 성인 사회에서 거덜난 지 오래인데 어찌 그것을 아들 손자들 세대에게 요구할 수 있겠는가!

종교는 어떤가? 유감스럽지만 종교도 물신숭배의 병이 들어서 그런 기능과 역할과는 동떨어진 모습을 보여 주고 있다. 남한의 각종 종교 신도는 국민 총인구의 51%이다. '종교국가'라고 말할 수는 없지만, 그만하면 '종교적' 국가라고 말할 수는 있다. 한 예로서 기독교의 경우 다음의 사실이 그것을 입증한다. 세계 160여 개 나라의 기독교사회에서 규모가 특별히 큰

'거대 교회' 50개 가운데 남한의 교회는 1 · 2 · 7 · 9 · 10 · 11 · 13 · 15 · 16위 등으로, 세계 '거대 교회'의 제1, 2위를 비롯, 10위권 내에서 절반인 5개가 남한의 교회이며, 전체 50개 중에서도 절반에 가까운, 자그만치 23개를 남한 기독교가 독차지하고 있다.(『크리스천 월드』, 1993) 부처님과 하나님의 말씀대로 살겠다고 서약한 종교인이 인구의 절반을 넘고, 하나님을 모신다는 교회의 크기와 수는 세계 160개 나라 중에서 으뜸 가는데, 인간과 사회는 더욱 위선적이고 탐욕스럽고, 잔인하고 사악해지고, 부패하고 이기적이고, 범죄화하고 있다. 그렇다면 할 수 없이 처방은 종교가 아닌 다른 곳에서 찾아야 할 것 같다. 톨스토이의 말이지만, "사람의 선악은 그(그녀)가 종교를 갖느냐의 여부에 앞서 그가 도덕적이냐 아니냐에 있다." 사회도 마찬가지이다.

　어떤 사회의 도덕적 평가에서 종교의 유무는 결정적 기준일 수 없다. 적어도 나는 그렇게 생각하고 있다. 북한에 종교가 없으니까 인간이 타락하고 사회가 부도덕하리라고 믿고 북한을 '구제해야 한다'고 외치는 종교인들이 많다. 서양 윤리학이나 기독교의 윤리관에서 말하는 도덕은 종교를 토대로 해서만 성립한다고 한다. 서양인이나 기독교신도들이 북한에는 기독교(종교)가 없으니까 북한 사회는 비윤리적 사회일 것이라고 단정하는 경향이 바로 그 이론에 근거한다. 그렇다면 종교신자가 인구의 50%를 넘는 남한은 어째서 반윤리적이고 도덕이 파탄난 사회일까? 그렇게 생각하는 사람은 자신이 어떤 착각에 빠져 있지 않은지, 한 번쯤 톨스토이의 말을 거울삼아서 자신의 얼굴을 들여다볼 필요가 있다. 지금의 한국 종교들을 그대로 가지고 통일 후 북한을 '하나님 천당'이나 '부처님의 극락'으로 '인도하겠다'고 주장한다면 그것은 분수를 모르는 오만이 아닐까 싶다. 남한의 종교와 종교인들이 몇 해 동안 홍수와 기근에 시달리고 있는 북한과 북한동포들에게 지금 하고 있는 것처럼 빵과 국수와 떡을 제공하는 선행은 확실히 예수와 부처님의 가르침을 따르는 사랑과 자비의 표현이다. 하지만 그런 착한 종교인은 전체 종교인구 중 극소수이다. 압도적 다수의 '종교신자'들은 지금도 '반공'을 외치면서 동포의 재난을 외면하거나 심지어는 소리 높여 구호사업을 반대하고 있다. 그들에게는 굶어죽고 있는 동포에게 먹을 것을 주는 사람은 모두 '빨갱이'들이다! 공산주의를 대치할, 빵보다도 더 중요한 '하나님의 말씀', 즉 도덕적으로 우월한 사회와 사람의 생존을 북한동포에게 전달하고자 한다면, 무엇보다도 먼저 남한의 종교와 종교인들이 달라져야 하리라고 본다. 남한의 사회와 사람의 생존이 조금쯤은 부처님과 예수님의 가르침에 합당하고, 웬만큼은 종교의 이름에 부끄럽지 않은 모습으로 변해야 한다. 종교의 의미를 북한에서 입증하기에 앞서서 바로 당장 남한 내에서 입증하는 일이 더 시급한 과제가 아닐는지, 나는 그렇게 생각한다.

물질적 풍요와 높은 도덕성이 함께하는 나라

남한의 우리들은 정치적·개인적 자유와 물질적 풍요와 대량소비의 수준에 정비례해서 사회와 인간의 도덕성이 높아질 것으로 믿는 경향이 있다. 빵이 풍부해질수록 그에 비례해 '하나님의 말씀'도 충족될 것이라는 견해와 희망을 갖고 있다. 왕년에 사회주의와 소련 등 국가와의 경쟁에 몰두했던 자본주의 총본산인 미국의 정치가·경제학자들이 이른바 '풍요한 사회'(Affluent Society)를 자랑했던 논리이다. 다시 말해서, 물질적 생산력의 우월성을 입증한 자본주의가 도덕성에서도 사회주의에 우월하리라는 믿음이다. 이 논리에서, 남한의 물질적 우월성이 통일국가의 북한주민들에게는 물론 통일국가 판도를 통틀은 자본주의적 민족공동체의 사회와 사람들에게 자동적으로 높은 도덕성을 실현시킬 것으로 낙관하는지 모르겠다. 유감스럽지만 '자유+물질+종교=인간 행복' 이라는 방정식이 반드시 성립되지 않는 본보기가 미국이다.

많은 한국인들이 마치 낙원처럼 착각하며 우리의 미래 생활의 목표처럼 여기는 자본주의 종주국인 미국의 사회는 어떤가? 금세기 미국의 역대 대통령은 예외 없이 취임연설에서 기독교정신을 강조하고 '범죄와 마약과의 전쟁'을 선포했었다. 그러나 미국이라는 자본주의 사회제도는 어떤 방법으로도 범죄를 줄일 수 없다는 사실을 재확인했을 뿐이다. 가장 대표적인 경우가 레이건 정권 시대이다. 일체의 사회주의적인 것을 악(惡, Evil)으로 매도한 미국식 '극우-반공-자본주의적 도덕'의 화신이었던 레이건은 미국이 소련이나 사회주의 국가들보다 범죄가 많다는 사실을 모르지 않았다. 그는 취임 첫날에 '범죄와 마약에 대한 전쟁'을 선포하고, 그의 임기중 최대업적을 위해 특별예산 300억 달러와 특별경찰 20만 명의 증원을 단행했다.

그렇다면 성과는 어땠을까? 제로, 아니 오히려 범죄와 마약과 폭력이 더욱 늘어났다. 예컨대 플로리다 주의 범죄발생률은 10만 명당 8,228건, 뉴욕 주는 5,776건을 기록했다. 물질적으로 가장 풍요한 미국이라는 사회의 범죄율이 세계 최고인 것이다. 이는 물질(돈, 사유재산)이 '신'으로 숭상되어 인간(가치)을 우선하는 사회의 일반현상이다.

클린턴 대통령 치하의 현재의 미국도 다름이 없다. 클린턴도 레이건과 마찬가지로 취임 초인 1994년, 야심적인 범죄·마약퇴치 정책을 개시했다. 그 계획을 위해서 302억 달러의 예산이 드는 '범죄방지법'을 국회에서 승인했다. 미국 사회의 각종 범죄를 예방하기 위해서 순찰경관만 10만 명을 또 증원하고, 19가지 종류의 각종 무기를 불법화했다. 또 많은 수의 교도소를 증설했다. 그리고 사형을 선고할 수 있는 범죄의 종류를 50가지 이상 새로 추가하는 등, 무시무시한 반범죄 태세를 강화했다. 물질적 생산력은 인류 역사상 최고이고, 총체적인 경제적 풍요는 지구상 어느 국가도 따를 수 없는 미국이 그 물질적 토대 위에서 총력적인 반범죄 계획을 전개했다. 이만 하면 미국 사회의 인간성과 도덕성은 단시일 내에 회복될 것으로 기대되었고, 정부도 그렇게 장담했다.

국가와 체제의 총력을 투입한 반범죄 계획이 집행된 6개월 후의 미국 정부 공식통계는, 전국 형무소에 수용된 범죄자의 수가 오히려 4만 명이나 증가, 101만 2,851명에 달해 미국 역사상 최고기록을 세웠다. 그 수치는 레이건 정부가 총체적 반범죄 전쟁을 추진한 1985년과 비교했을 때 정확히 두 배나 많은 수치였다. 물질주의 철학과 사상의 소유자들이 으레 그러하듯이 레이건은 자본주의 제도와 사회 그 자체의 범죄 경향적 성격을 인식하지 못했음이 분명하다. 물질적 풍요와 법률적 강제로써 미국 자본주의 사회와 인간의 도덕성이 고양될 것으로 믿었던 것이다.

불행하게도, 소련과 그 밖의 모든 사회주의 국가와 모든 사회주의적인 것을 통틀어 '악'(惡)으로 규정하고 매도했던 미국 자본주의의 영도자 레이건의 임기가 끝나던 1989~90년 1년간의 통계를 보면, 범죄는 오히려 증가했고, 형무소의 수용인원은 8만 명이나 늘었다. 이는 미국 역사상 12개월 동안에 발생한 범죄자의 최고증가치였다. 클린턴 대통령의 미국도 마찬가지이다. 302억 달러의 예산과 특별경찰 설치, '사형' 법의 강화를 비웃듯이, 클린턴 정부 12개월 동안에만도 범죄자가 7만 1천 명이나 증가, 미국 근현대 역사상 레이건 시기에 이어 두 번째 증가 기록을 세웠다. 국가 공권력을 총동원하여 '범죄와의 전쟁'을 전개한 레이건 정부와 클린턴 정부에 이르는 1994년의 청소년 범죄자는 10년 전보다 오히려 1년간에 자그만치 260%나 증가했다. 그 후에도 범죄는 계속 증가하고 있다. 이 모든 사실들은 우리에게 무엇을 말해 주는 것일까?

세계에서 가장 부유한 미국이라는 자본주의 나라에서 인구 10만 명 이상의 200개 도시 중 청소년 범죄 문제와 기성세대의 범죄로부터 보호를 위해서 18세 미만 청소년의 야간 통행금지 제도를 실시하고 있는 도시가 146개나 된다. 전국의 카운티(郡) 내의 소도시를 합할 경우, 통금제도를 실시하고 있는 지역은 1천 개도 넘는다. 이런 사실을 아는 한국인은 많지 않다. 물질적 소유(돈)를 인간 행복의 척도로 삼고, 이기심의 충족을 인간 행위의 동기와 목적으로 삼는 제도, 이기심을 사회운영의 기본원리로 삼는 생존양식에서는 불평등한 소유로 인해서 소외된 사람은 '빼앗는 행위'로써 물질주의적 사회 운영원리와 일체화하려는 강한 유혹을 받게 마련이다. 즉 그런 사회는 범죄가 체제의 불가결한 요소일 수밖에 없다. 그 사회에서는 사람(개인)의 가치가 금전적으로 계산되고, 사람과 사람의 관계가 궁극적으로는 상호간의 물질적·금전적 이해득실의 계산으로 처리되는 관계양식, 즉 철저한 '게젤샤프트' 적 사회일 수밖에 없다. 그런 본질의 사회에서는 아무리 종교가 사회의 '소금'이 되고 '촛불'이 되려고 해도, '범죄와의 전쟁'에 아무리 큰 예산을 들여도 패배할 수밖에 없다. 진정으로 부패와 범죄와 이기주의적 잔혹성을 줄이려 하거든, '돈'이 지고(至高)의 가치 판정자가 아닌, 어느 정도나마 '게마인샤프트' 적인 사회원리를 채택해야 한다.

중공의 당산과 미국 뉴욕시의 교훈

1976년, 중공의 주요 공업도시의 하나인 인구 70만의 당산(唐山)시는 중국 역사상 최악의 규모라는 지진으로 마치 핵폭탄 공격을 받은 도시처럼 완전히 폐허가 되어 버렸다. 그런데 그런 참변 속에 놓인 시민들이 행동하는 모습을 세계의 보도진이 다투어 전한 뉴스는 진한 감동을 전세계에 던졌다. 현장을 찾아서 목격한 어느 외국 대사의 목격담을 들어 보자.(일본대사가 귀국한 뒤 쓴 글)

"땅은 흔들리고 건물은 계속 허물어진다. 화재는 연옥같이 건물을 태워나간다.…… 그런 속에서 중국인들은 질서정연하게 행동하고, 난동을 부리거나 남을 해치는 일이 없다. 진동과 파괴와 화재가 계속되는 속에서 불행을 당한 이웃을 위해 달려 나가고, 자신의 위험을 무릅쓰는 행동은 바로 자기 가족을 위하는 것과 같아 보였다.…… 누구나가 공동체 속에서 자기 희생으로 남을 위하고 전체를 위해 행동했다. 우리 나라의 도시에서 이런 대지진이 일어날 경우, 우리 나라 사람들이 어떻게 행동할 것인가를 상상해 보면서 나는 너무나도 큰 충격과 감동에 말없이 숙연하게 서 있을 뿐이었다."

공교롭게 몇 달 뒤에 미국의 뉴욕시에서 12시간의 정전이 있었다. 세계에서 제일 부자 나라의 대도시에서 전깃불이 꺼진 속에서 인간들이 행동한 모습을 미국의 신문들은 한 마디로 '연옥'(inferno)이라고 표현했다. 남이 자기 얼굴을 확인할 수 없다는 생각이 든 순간, 모든 인간이 밖으로 뛰어나와 혼란·무질서·약탈·파괴·방화·난동·살인을 일삼았다. 조금 과장해서 뉴욕시 일대의 "1천만 미국인이 1천만 가지의 행동을 했다"고 한다. 유명한 사건이다. 세계는 그 모습에 전율했다. 하나는 천재지변의 불가항력적 사태에서, 다른 하나는 다만 사람의 실수일 뿐인 일시적 정전 상태에서 나타난 인간 행동과 사회 정신의 차이이다.

미국의 뉴욕 시민과 중공의 당산 시민의 물질적 부는 비교도 되지 않는다. 정치적 자유에서도 그렇다. 기독교 없는 중공 도시의 시민들은 예수의 십계명대로 행동했다. 기독교사회임을 자랑하는 미국 도시의 시민들은 예수의 십계명을 배반했다. 부자 나라의 시민들은 남의 것을 훔치고 빼앗고 파괴했다. 세계에서 어쩌면 제일 가난한 사회의 당산 시민들은 자기 것을 버리면서 이웃을 도왔다. 그것은 너무나도 엄청난 인간행동의 규범적(질적) 차이였다. 같은 종(種)에 속한 인간들의 행동양식이라고 하기에는 그 차이는 너무나 대조적이었다고 한다.

무엇이 그 차이를 만든 것일까? 이기주의를 원리로 삼는 자본주의와 공동의 이익을 원리로 삼는 사회주의 도덕의 차이일까? 아무리 풍요해도 불평등할 수밖에 없는 재산 소유제도와 가난하지만 평등 위주의 소유제도의 차이일까? 상부구조인 종교·법률·교육·가치관의 체계는 하부구조인 물적 생산과 소유형태의 반영일 수밖에 없는 것일까? 동양과 서양의 차이일까? 미국인과 중공인의 차이일까? 아니면 다만 당산시와 뉴욕시의 시민들에 국한된 차이일까? 이 차이는 사회주의 북한과 자본주의 남한의 통합에서 심각하게 생각해야 할 문제이다.

그로부터 십수 년이 지난 지금까지 나는 그 의문에 대한 해답을 찾지 못했다. 그래서 고민한다. 중국은 지금 미국식의 자본주의를 도입하여 물질적 풍요를 이루려고 안간힘을 쓰고 있다. 시민들은 코카콜라에 입맛을 들였고, 지식인들은 더 절묘한 자본주의식 이윤 극대화의 기업경영을 위해서 MIT 대학 경영학 교과서를 들고 밤을 새운다. 자본원리와 물질주의의 신이 도덕주의와 평등사상을 추방했다. 지금 중국 사회는 타락과 부패, 사기와 횡령, 온갖 범죄와 인간소외의 깊은 늪으로 빠져 들어가고 있다. 소련과 동유럽에서도 같은 현상을 본다.

나는 그런 관점과 관심에서 몇 해 전 통합된 통일독일의 구 동베를린 시와 구 동독 지역을 제법 널리 여행했다. 그때 노상에서 판을 벌이고 동포를 상대로 사기 치는 사기꾼, 네다바이꾼 들을 무수히 목격했다. 대도시뿐 아니라 읍·면급 거주자들도 그랬다. 사회의 표면 밑과 뒤에서 외국인의 눈에는 보이지 않는 부패와 범죄의 일반화를 직감할 수 있었다. 그래서 나의 관심을 질문으로 표현했다. "통일 전 사회주의 시대의 동독에서도 이랬나?" 며칠 동안 여행 안내를 맡아 준 서독 연방재판소 판사 B씨는 나의 질문에 이렇게 답했다.

"사회주의 동독은 자본주의 서독보다 물질적으로는 뒤떨어지고 일당독재하에서 정치적 자유는 억압됐던 반면에 인간과 인간의 관계는 한결 선량했다. 서로 속이고 뺏고 강간하고 죽이는 일은 극히 예외적인 사건이었다. 자본주의는 구 동독인들에게 오른손으로는 자본주의적 자유와 풍요의 보증서를 넘겨 주는 것과 동시에 왼손으로는 인간적 부패와 타락, 사회적 범죄의 보증서를 넘겨 주었다."

B씨의 진단은 잠시 나를 깊은 생각에 잠기게 했다. B 판사의 소개로 나와 함께 하루 동안을 대화한, 구 동독 판사였고 현재도 로스토크 시 지방판사인 크링크 씨는 B 판사의 이 지적을 시인했다. 그리고 사회주의 치하에서 몰랐던, '돈'이 매개하거나 돈이 행위의 목적인 각종 범죄의 급증을 심각하게 개탄하고 걱정했다. 이 같은 사실은 구 소련과 동유럽 국가들, 중국 등 자본주의 세례를 받은 나라들에서 한결같은 현상으로 나타나고 있음을 세계는 목격하고 있다. 중국 정부는 자본주의에 문호를 개방한 이후 10년 사이에 범죄사건이 37배나 증가했다고 발표한 적이 있다. 이는 '돈'과 '재물'을 '신'으로 모시게 되는 과정에서 인간과 사회의 공통적 현상인 듯하다. 남한 사람들이 생각하는 '자유+물질+종교=인간 행복'의 방정식이 성립하기 위해서는 남한 사회와 남한 사람들이 모르는 어떤 다른 가치의 항(요소)이 추가되어야 한다는 말이다.

형제의 눈 속의 '가시', 내 눈 속의 '대들보'

이른바 '이질화'(異質化)도 통일의 도덕성과 밀접하게 결합된 문제이다. 남한에서는 북한의 생존양식이 총체적으로 '이질화' 됐다고 비난한다. 북한에서는 남한의 가치관과 생활양식이 자신을 상실해 전적으로 '양키화', '비인간화' 됐다고 개탄한다. 우리들은 북한의 이질화만을 나무라는 나머지 우리들 자신의 이질화된 모습에 눈이 멀지는 않았는지 한 번쯤 생각해 볼 일이다. '형제의 눈' 속의 가시는 보면서 자기 눈 속의 대들보는 보지 못하는 우리가 된 것은 아닌지. 물론 같은 기준에서 북한(인들)도 동일한 과오를 범하고 있다.

우리는 남·북한을 비교하면서, 남한은 하나도 이질화된 것이 없는 것처럼 북한만이 이질화했다고 주장한다. 말이 달라졌다. 행동이 다르다. 먹고 노는 것이 남한과 다르다. 그래서 북한은 이질화됐다고 한다. '이질화' 라는 것은 무엇인가? 어디서 어떻게 달라지는 것이 '이질화' 이고, 또 이질화의 판정 평가의 기준은 무엇일까? 이것도 우리는 생각해 본 일이 없다. 다만 남한과 같지 않으면 '이질화' 되었다고 단정한다. 피자나 파이를 안 먹고, 코카콜라를 안 마시고, 양키식 섹스 노래를 안 부르니까 이질화되었다고 생각한다. 물론 저 사회가 1인 숭배, 1당 독재로 공산당이 모든 인민대중의 선택권과 자율성과 결정권을 대리하고 행사한다. 이런 것은 정치적·체제적 이질화이며, 마땅히 파기되어야 한다.

그 전제하에서 남한의 체제와 정치와 지도자·권력자들은 어떤가? 해방 후 오늘날까지 우리의 정부와 지도자와 정권이 인민·국민의 권리와 자유를 존중하고, 제대로된 정치(바르게 다스리는 뜻의 政治)를 해 보고, 제대로 물러나고 제대로 들어온 일이 있는가? 남한 국민이 가장 혐오하고 멸시하고 증오하는 대상이 정치가와 한국의 정치이다. 나라와 국민의 생활 전체가 총체적으로 이질화된 것이다. 가장 낮은 차원에서 우리의 생활양식, 옷 하나 입는 것만 보더라도 그렇다. 우리의 한복은 예식장이나 가야만 한두 사람 찾아볼 수 있다. 또 1년에 한두 번 설날이나 추석 때밖에는 볼 수 없다. 그러나 북한은 「북한의 창」 등 우리의 중앙정보부(안전기획부)가 검열하고 편집해서 선택적으로만 보여 주는 텔레비전 상영물에서도 볼 수 있듯이, 우리의 민족의상을 상용하고 있음을 볼 수 있다. 민족언어는 어떠한가? 외국어로, 소련(러시아)이나 중국어로 더럽혀진 잡탕이 된 일상어가 아니라 우리의 순수한 조선말을 유지하고 있다. 그에 비해서 우리 남한의 언어문화는 어떤가? 오히려 북한은 너무나 민족문화의 순수성을 지나치게 고수하려는 이념 때문에 잘못 가고 있는 것이다.

　같은 이치로 우리는 너무나 우리 민족주체적인 언어문화와 사상과 긍지와 주체성과 도덕과 습관 등 모든 것을 버리고 오로지 미국화·서양화한 것을 발전으로 착각하고 있다. 한때 미국과 미국적인 것을 비판하거나 반대하면 반공법으로 감옥에 가야 했던 것이 남한의 실정이다. 지금도 그런 언행은 '좌경'이니 '반미'로 규정되고 있다! 이것은 민족의 얼의 '이질화'가 아닐까? 남한의 총체적인 부패·부정·타락·범죄화, 나눔과 서로 도움보다 서로 속이고 빼앗음이 일상생활화한 사회, 보험금 몇 푼을 타먹기 위해 남편이 아내를 청부살인하기를 서슴지 않고, 아비가 어린 자식의 손가락을 자르고, 자식은 유흥비를 위해서 부모를 때려 죽이고도 양심의 가책을 안 느끼는 사회풍토는 이질화되지 않은 사회인가? 아무런 이유도 없이 사람을 죽이고, 시체를 토막 내고, 생매장하기를 다반사로 여기는 사회, 젊은 여성은 언제나 어디서나 강간의 공포에 시달려야 하는 인간관계와 이런 생존양식은 '이질화'된 것이 아니라고 할 수 있을까?

우리가 남·북한의 이질화 문제를 논함에 있어서는 먼저 냉엄하게 자기비판과 자기반성을 해야 한다. 그러고 나서 상대방의 허물을 찾아야 공평하고 공정한 답변이 나오리라고 생각한다. 마찬가지 이유와 근거로, 북한은 자유를 상실한 자신들의 인간생존의 이질화를 철저히 반성하지 않고서는 남한의 이질화를 나무랄 자격이 없다.

어떤 사회의 일상적 생활양식과 문화의 내용이 주로 섹스와 관능적 쾌락주의와 허영과 사치가 지배적일 경우, 이것은 '이질화'된 인간과 문화라고 불러야 할 것이다. 생활 주변의 수없이 많은 현상 중에서 한 가지 실례를 보자. 서울에서 발간되는 30여 종의 여성 월간잡지들은 한결같이 600페이지 내외의 부피인데, '문화'의 이름에 합당한 내용이 얼마나 될까? 아무리 눈을 씻고 찾아봐도 진정으로 교양, 취미, 인간 덕성, 인격 함양, 도덕 순화, 나눔과 협동적 생활윤리…… 등 '문화'라고 이름할 만한 글을 찾아보기 어렵다. 최고의 종이에 최고의 인화술로 인쇄되고 호화찬란한 사진으로 꾸며진 내용의 대부분이 사치와 섹스와 관능적 쾌락과 소유욕과 겉치레와 낭비를 선동하고 자극하는 소비 문화이다. 철저한 미국식 대량소비·대량낭비·대량파괴적 상업주의이다. 한 마디로, 철두철미 '물질주의'적인 성향과 내용이다. 이런 '여성문화'로 통일국가의 전체 여성의 삶이 물들여진다면 이것을 우리가 바라는 통일이라고 말할 수 있을까?

1997년 여름, 우리는 정부당국이 '범죄 퇴치' 정책의 일환으로 서울 시내의 길음동, 화양동, 신길동…… 그 밖의 여기저기 지역에서 성업중인 사창(아니 차라리 공창)가를 강제로 폐쇄하는 장면을 텔레비전을 통해서 목격했다. 조물주와 부모가 피창조물 중 으뜸 가는 아름다운 예술품으로 빚어준 여성의 육체와, 진정한 사랑의 매개와 성스러운 종의 보존을 위해서 갖추어 준 생식기를 돈벌이의 수단으로 삼는 부도덕하고 파렴치한 반인간적 직업을 숙정하겠다는 뜻에서였다.(어쩌면 그렇게 순수하고 고귀한 동기가 아니었는지도 모른다.)

그런데 놀라운 것은, 그것을 업으로 삼는 포주들이, 그런 행위를 "자본주의 경제의 떳떳한 영업행위"라고 주장하면서, "사유재산 침해"라고 항의하는 장면이었다. 더욱 놀라운 것은 백주에 반나체로 대로상에 뛰어나온 사창가 여성들이, 자신들의 "직업선택권에 대한 침해"라느니, "인권탄압"이라고 거세게 항의하는 장면이었다. 어쩌면 처해 있는 입장의 차이에 따라서는 한 마디로 비난할 수 없는 측면도 있겠지.

그런데 그보다도 중요한 사실이 있다. 행정당국이 그 사창(공창) 구역 철거시책을 단행하면서 '비공식적 숫자'라는 전제하에 신문에 제시한 바로는, 철거대상의 '창녀'들처럼 육체의 성적 매매를 돈벌이의 수단으로 삼아 살고 있는 젊은 여성이 전국에 250만 명 정도라는 사실이다. 보건당국은 지금까지 성매매와 관련된 직업 및 준직업적 여성들에게 실시해 온 정규 성병검사 제도를 인권침해라는 이유로 1999년 7월 1일부터 폐지키로 했다고 발표하면서, 그에 해당하는 여성이 190만 명이라고 공식발표했다. 이 공식수치에서 누락된 여성들이 적지 않다고 믿을 만한 상황 증거가 유력하니 250만이라는 숫자가 과장된 것이 아닌 성싶다.

나는 호기심에서, 정부가 발행한 인구통계 자료집에서 '연령별 인구' 란을 찾아보았다. 육체의 성적 기관, 그 기능으로 남성과 성적으로 관계할 수 있는 연령을 20세에서 39세까지로 어림잡았다. 이 연령대에 드는 한국 여성의 총수가 815만 1천 명이다.(1995년) 이 인구는 전체 여성 인구 2,218만 명의 36.74%가 된다.(『한국의 사회지표』, 통계청, 1996) 신문에 보도된 것처럼 '매춘' 내지 그에 준하는 성행위에 종사하는 여성을 250만이라고 가정하자. 그러면 젊고 꽃다운 한국 여성 약 815만 명의 31%에 해당하는 여성들이 이른바 넓은 의미의 '윤락' 여성이라는 얘기다. 현실적으로는 십대 미성년 여성의 그런 행위가 자못 사회문제화하고 있음을 감안하면, 그 연령대에서 점하는 비율은 감소하겠지만 그런 여성의 절대수는 200만을 훨씬 넘을 것이 분명하다. 우리의 사회 생활감각으로 판단하건대 이것은 과장된 숫자인 듯하다. 그러나 그런 여성이 '굉장히 많다'는 사실만은 부인할 수 없는 일이다. 이렇게 '돈'을 위해서 '몸'을 파는 비인간화된 여성들이 많은 사회가 건전한 사회일 수 없다는 사실은 누구도 부인할 수 없다. 이 현실은 남한의 여성의 소외의 차원을 넘어서 '비인간화'의 문제이다. 바로 이질화된 여성상이다.

문제는 또 있다. 1961년 5월, 박정희 육군 소장 등이 '반공을 제1의 국시'로 삼아서 일으킨 군인 쿠데타 직후, 그들은 한국 사회의 부패를 척결하겠다고 대대적인 '사회정화' 운동을 전개했었다. 그 중의 하나가 전국의 '사창굴'을 청소하는 일이었다. 그들에 의해서 '성적 매매로 생활한다'는 이른바 '윤락여성들'이 군대와 경찰에 의해 강제로 수용·구속 또는 귀향 조치되었다. 그때 쿠데타 당국은 그런 여성의 수가 전국에서 37만 명이라고 발표한 바 있다. 얼마나 정확한 숫자였는지는 확인할 길이 없다. 아마도 군인들의 행위를 합리화하기 위해서 과장되었을지도 모른다.('보릿고개'가 냉혹한 경제적 현실이었던 1961년 당시에는, 호구지책이 없는 많은 가난한 여성이 살기 위해서 그런 행위를 택한 것이 사실이다.) 어쨌든 1961년 당시의 전체 여성 인구 약 1,300만 중 그런 여성이 37만(2.84%)이었던 것에 비해, 1995년 현재의 총여성 인구 약 2,200만 중에 200만이 '몸을 파는' 여성이라면 그 비율은 9%, 만약에 비공식 추산의 250만이라고 한다면 11.4%가 된다.

나는 이 같은 숫자들이 정확한 통계학적 진실이라고 받아들이지는 않는다. 이 나라의 여성 10명 중 1명이 그런 부류의 여성이라고 믿고 싶지도 않다. 다만, 우리 나라 여성(사회)의 실태와 도덕적 성격의 일면을 설명해 주는 자료로서, 남·북 사회의 '이질화' 문제를 생각할 때 북한 쪽만을 비난하는 우리들의 일반적 경향에 대해 주의를 환기시키려는 것뿐이다. 젊은 여성이 고귀한 육체를 상품으로 하여 남성에게 성적 쾌락의 수단으로 제공함으로써 하룻밤에 정직한 직장여성의 한 달 수입보다도 많은 돈을 벌 수 있는 사회! 이것은 인간소외와 이질화의 극치일 뿐만 아니라, 경제제도로서나 사회도덕으로서나 완전히 가치가 전도된 악(惡)의 사회이다. 남한의 국민과 북한의 인민이 각기 상대방과 다른 차원(측면)에서 '보편적 소외'의 상태에 빠져 있는 사실을 말해 주는 것이다.

결론적으로 말하면, '이질화'는 남·북한이 피장파장이라고 해야 한다. 굳이 어느 쪽이 더 이질화했는가를 따지는 것은 어리석고 무의미할 뿐만이 아니라, 상대방 얼굴에 침을 뱉으려 하다 보면 그 침이 제 얼굴에 떨어지는 수치를 당할지 모른다. 남·북 쌍방이 각기 자기반성을 하고, 각기가 '인간의 얼굴'을 한 자본주의와 사회주의가 되어야 동서독처럼 무리없이 하나될 수 있을 것으로 생각한다. 남한과 북한은 둘 다 '인간의 얼굴'을 한 사회주의와 자본주의가 아니다. 그리고 그 추악함에서 우열을 가르기 어려울 정도이다.

남·북한 경험의 변증법적 융합으로서의 통일

북한 사회는 오랫동안 1인 숭배, 1당 독재, 폐쇄적 사회통제, 개인적 사유의 억제 등 어느 모로나 우리가 수용할 수 없는 체제와 제도임이 틀림없다. 게다가 국민 총생산의 단순 비교에서도 분명히 드러나듯이, 경제적·물질적 생활은 현대적 문명사회의 모습이 아니다. 최근의 대홍수가 아니더라도 그렇다. 물질적 생산력에서 사회주의는 자본주의를 따를 수 없다.

그런 반면, 북쪽 사회에서는 사람과 사람 사이의 삶의 모습이 우리가 생각하는 것과는 크게 다른 면이 있는 것으로 알려져 있다. 북한을 버리고 온 귀순자들조차 북한 사회의 인간적 순수성, 도덕성, 정직성, 순박함 등에 대해서는 남한 사회와 대조를 이루고 있음을 지적하고 있다. 비교적 가난하지만 나눔의 미덕, 이웃과의 협동심, 지금도 일반적 생활형태인 대가족적 생활에서 오는 혈육적 윤리 등이 그 사회 사람들의 삶의 특징으로 지적된다. 그들은 겨레 고유의 문화와 관습을 아끼고 가꾸어 가려는 민족문화적 긍지가 뚜렷하다. 이런 정신은 분명히 남한이 따를 수 없다.

우리가 선입감을 버리고 겸허한 마음으로 살펴보면, 남한 사회가 잃어버렸거나 잃어가고 있는 여러 가지 아름다움을 북쪽 사회와 제도에서는 애써서 가꾸고 간직하고 있음을 알게 된다. 조금 단순화해서 말하면 물질적으로 우월하고 종교를 자랑하는 남한 사회는 '인간의 물질화' 경향이 심화되는 반면, 물질적으로 가난하고 종교가 없는 북한은 오히려 '인간의 종교화'를 지향하는 것처럼 비치기도 한다. 달리 표현하면 남한 사회를 '물질적 풍요 속의 인간적 가난'이라고 한다면, 북한 사회의 '물질적 가난 속의 인간적 풍요'라고 말할 수 있는 일면이 없지도 않다.

나는 어쩐지 많은 사람들이 사회주의와의 역사적 경쟁에서 일방적으로 승리했다고 주장하는 자본주의가 사실은 절반은 이기고 절반은 지지 않았나 생각한다. 마찬가지로 어떤 사람들에게는 일패도지한 것으로 폐기되는 사회주의가 자본주의에게 절반은 지고 절반은 이기지 않았나 싶은 장면들을 본다. 이런 인식과 관점은 남·북한의 통일 형태와 앞으로의 남북 관계에서 설자리가 없는 것일까? 어떤 사회의 물질적 생산 구조 양식과 정신·문화·도덕 양식을 각기 독립된 것으로 서로 떼어서 생각하는 사고는 비변

증법적이고 비과학적이다. 하지만 남한의 자본주의적 물질적 생산력의 우월성과 정치적 및 개인적 자유에 북한의 사회주의 인간학적 평등 관념과 공동이익 우선주의 도덕과 민족문화 생활양식에 대한 강렬한 긍지와 '자존'(自尊)의 가치를 지혜롭게 배합하는 방식에서, 통일방법과 통일국가의 최선은 아니더라도, 차선의 해답은 얻어지지는 않을까 하는 생각을 버릴 수가 없다.

그렇다면 앞으로 긴 통일로의 과정에서, 남한적 경험과 북한적 경험의 변증법적 융합으로써 물질적 충족과 도덕적인 인간-사회 가치가 어울리는 통일민족 공동체를 기대할 수는 없는 것일까? 그것은 북한의 제반 개혁과 버금 가는 남한 사회의 자기개혁을 전제로 해서 비로소 가능하리라고 믿는다. 그러기에 나는, 남한의 우리들이 할 일은 북한동포들을 "공산주의 지옥"에서 구해 주겠답시고 중세기의 십자군을 자처하고 나서는 무지와 만용과 오만도 좋지만, 그것보다도 먼저 남한의 우리 사회와 인간을 자본주의적 악덕에서 구해 내는 자기 변혁의 일이 아닐까 생각해 본다.

학생들에게 남북문제와 통일을 어떻게 가르칠 것인가
―잘못된 북한관을 바로잡아야 한다

올바른 민주주의적 교육을 행동으로 실천하려 했던 까닭에 여러 해 동안 교직에서 쫓겨났던 전교조의 각급 학교 교사들 여러분 반갑습니다. 여러분의 복직을 진심으로 축하합니다.

여러분이 복직한 교실에서, 여러분은 통일에 관한 문제나 남·북한간에 어떤 사태가 발생할 때, 그에 관해서 학생·생도들의 질문에 어떻게 대답하고 가르쳐야 올바른 것인지 늘 고민한다고 말했습니다. 여러 교사들이 그런 질문을 받고 난처한 심정으로 교단에 서 있는 모습이 나의 눈에 선히 보이는 것 같습니다. 그것은 정말로 난처한 경우입니다. 여러 가지의 예상치 못했던 일들이 남·북한 사이에는 발생합니다. 발생하는 여러 가지 사건·문제·사태……의 하나하나에 대해서 시비를 가리는 일은 쉽지 않습니다. 그 문제가 어떤 내용인지도 알기 어려운 경우가 많을 것입니다. 게다가 여러분은 남북문제의 전문가가 아니니, 하나하나의 문제에 대한 질문을 받고서 학생·생도들에게, 즉석에서, 납득할 만한 충분한 설명을 해주기란

이 글은 한국교육연구소가 주최한 '전교조 교사들을 위한 강연'(한국기독교회관, 1998년)에서 행한 강연 내용을 정리한 것으로, 강연 당시의 제목은 '남·북 문제와 통일을 위한 올바른 기초 인식―생도·학생들을 어떻게 가르칠 것인가?' 이다.

불가능한 일입니다.

그런 사정을 고려하여서, 오늘의 나의 이야기는 각양각색 천태만양으로 일어나는 남·북한간의 문제·사건·사태들의 밑바닥에 있는 기본적 사실 몇 가지에 집중하도록 하겠습니다. 수많은 현실에 관해서 이야기하기보다 그 수많은 현상들 뒤에 숨어서 여러분의 눈과 의식에 드러나지 않고 있는 기본적 사실들을 이해하도록 합시다. 오랜 극우·반공교육으로 왜곡되어 있는 현상들의 인식 뒤에 가려져 있는 핵심적 요소가 중요합니다.

여러분은 교사입니다. 온갖 형태의 수학문제나 물리·화학현상의 근본에는 그것들을 풀 수 있는 법칙과 방정식이 있고 정리와 공리가 있지 않습니까? 오늘 여러분과의 이 만남의 자리에서 나에게 주어진 짧은 강연 시간에 여러분이 학교 교육의 현장에서 마주치게 되는 학생들의 난처한 질문에 조금이라도 도움이 될 이야기는 남·북한 관계에 작용하는 그런 방정식이나 법칙과 정리를 똑바로 인식하도록 하는 것이라고 생각합니다. 다시 말하면 남북관계와 통일문제에서 제기되는 수많은 이러저러한 현상들을 꿰뚫고 있는 몇 가지의 기본적 사실을 바르게 이해하는 일입니다. 고정관념이나 편견이나 일방적 자기정당화가 아니라 일어난 문제에 대한 정확하고 공평·공정한 '사실 인식'을 할 수 있어야 답변이 나올 수 있습니다. 이제부터 나의 강연의 본론에 들어가도록 합시다.

조건반사적인 왜곡된 인식

받은 교육의 높고 낮음과는 무관하게 이 나라의 시민들이 거의 예외 없이 빠져 있는 심각한 '지(知)적 결함'이 있습니다. 심지어는 남북문제를 연구한다고 자처하는 교수·연구가·평론가 들도 예외가 아닙니다. 남·북한이 관련됐거나 남·북한이 당사자일 경우에 그것이 어떤 내용이고 어떤 인과 관계로 일어난 것인가…… 따위의 지성적인 '사실 인식'의 노력은 접어 두고, 무조건 처음부터 조건 반사적으로 북한측을 '범법자'로 규정하고 '유죄 판결'을 내려 버리는 정신적 경향성입니다. 아주 위험한 일반 현상입니다.

이 정신·사상적 경향성은, 50년 이상의 잘못된 학교 교육을 받아 온 남한 국민에게만 특유한 '정신적 결함'입니다. 모든 사실과 정보의 보도·연구·토론·의사 표시가 반공법이나 국가보안법의 억압 없이 자유로운 다른 나라들에서는 초등학교 생도들조차 이 '정신적 질병'에 면역이 되어 있습니다. 그런데 불행하게도 대한민국이라는 나라에서는 최고 수준의 교육을 받았다고 자랑하는 소위 '지식인'들까지 이 병의 중환자들입니다. 그러니 여러분들이 몇 해 만에 교단에 돌아가서 학생·생도들로부터 남·북한 관계와 문제에 관해서 당혹스러운 질문을 받고 난처해지는 것은 조금도 이상한 일이 아닙니다. 그럴수록 여러분은 남·북 관계에서 일어나는 백 가지 천 가지 형태의 밑바닥에 공통으로 자리 잡고 있는 몇 가지의 일반적 요소를 정확히 인식할 필요가 있습니다. 그러면 학교 교육의 현장에서 부딪치게 되는 학생들의 어떤 질문에도 당황하지 않게 될 겁니다.

각론에 들어가기에 앞서서, 우리들의 '정신적 질병'이라고 할까, 우리 국민 전반의 '지(知)적 지체아'적 실상을 한번 검증해 봅시다. 구체적·실제상으로는 오랜 '극우·반공주의' 교육으로 말미암은 '지(知)적 판단 능력 퇴보' 현상인데, 이것이 얼마나 심각한 상태인가를 한 가지 구체적 사실을 들어서 검증해 봅시다. 상식적이고 대표적인 예로, 휴전선에서 일어나는 소위 '휴전협정 위반' 사건을 한 번 생각해 봅시다. 그러면 여태까지 긴 세월 동안 남북문제에서 '진실'이라고 믿어 왔던 것이 진실이 아니라 '허위'였음을 깨닫게 됩니다. 지난날, 반공 독재체제하에서 '진실'이라고 가르쳐 왔던 많은 일들이 진실이 아니라 '허위'였음을 인식하는 순간에 남·북한 문제들의 정체가 뚜렷이 제 모습으로 보이기 시작합니다.

광적 극우·반공주의의 허구의식

우리는 수많은 휴전협정 위반사건이 있었던 것을 알고 있습니다. 그런 일이 휴전선상의 육지나 바다에서 일어나면, 그때마다 그것은 '당연히' 북한측의 위반행위라고 정부당국들은 발표합니다. 소위 언론이라는 신문, 방송(인)은 한 술 더 떠서 당국의 발표 내용을 제멋대로 불리고 늘리고 비틀고 해서 엄청난 사건으로 그려 냅니다. 그런 왜곡된 그림을 보거나 소식을 들은 학생·생도들이 여러분 교사들에게 무엇이 잘못됐고 어느 쪽이 범법자인지를 질문할 것입니다. 그런 질문에 대해서 여러분 역시 정부당국의 발표문·성명 또는 신문·방송의 주장을 되풀이할 수밖에 다른 정보가 없고 판단기준이 없습니다. 50여 년간의 그 같은 교육현상의 상습화가 학생·생도의 사실판단 능력은 두말 할 나위도 없고, 교사들의 그것도 '조건반사의 토끼'처럼 만들어 버렸습니다. 슬프고도 불행한 일입니다.

휴전협정은 잘 알다시피, 1950년 6월 25일에 일어난 6·25 전쟁이 3년 1개월의 전쟁 끝에 1953년 7월 27일에 조인된 협정입니다. 지금으로부터 46년 전입니다.

정전(휴전)협정 위반사건이 발생하면 상대방이 그 사실을 판문점의 군사정전위원회에 지적·항의하고, 그 사건이 위반사항으로 공식화됩니다. 물론 이 항의에 대해서 상대방이 정당성을 주장할 경우도 있고, 전혀 '사실무근'이라고 사실 시인을 거부할 경우도 있습니다. 지난 46년간에 그런 과정을 통해서 판문점 정전위원회에 공식으로 기록된 사건의 수를 한 번 보는 것은 재미난 일일 뿐 아니라 아주 교육적입니다. 이 교육적 효과를 위해서 위반상황을 살펴봅시다.

이것은 우리 나라 군부(정부)를 대변한다고 볼 수 있는 성격의 학술논문집 『군사논단』(Military Journal)에서 인용한 숫자입니다. 이 학술논문집 (제16호, 1998년 가을호) 중 「북한의 휴전협정 위반 반 세기」라는 논문인데, 그 제목부터가 반 세기 동안 북한이 정전협정 위반만 계속해 왔다는 인상을 주지요. 사실은 인상이 그럴 뿐 아니라 논문의 내용과 목적이 바로 그러기 위해서인 것이지요. 여기에 세밀한 표가 있습니다. 한번 보십시오. 아주 희귀한 통계이니까 여러분은 꼭 기억해 둘 필요가 있습니다.

북한의 휴전협정 위반현황

구분	계	지상	해상	공중
휴전 이후~1960	628	538	11	79
1961~1970	7,544	7,476	57	11
1971~1980	49,414	49,371	26	17
1981~1990	329,669	329,659	7	3
1991~1997	36,867	36,865	2	0
1998~6월말	234	233	1	0
합계	424,356	424,142	104	110

이 표에서 우리는 북한이 육지(휴전선)에서 42만 4,142건, 해상에서 104건, 공중에서 110건의 위반을 했음을 알 수 있습니다.

10년 단위로 구분돼 있어서 더욱 일목요연합니다. 아마도 내가 짐작건대 여러분은 북한의 정전협정 위반이 많다 해도 이렇게 많았는가 하고 놀랐을 것입니다. 여러분은 아마도 몇백 건, 아니면 몇천 건 정도로 알고 있었으리라고 생각합니다. 자그만치 42만 4천여 건입니다. 굉장하지요!

　제대로의 균형 잡힌 지식인이라면, 북한의 이 위반상황을 보는 순간에 우리 남한 쪽은 어땠을까라는 의문을 품게 될 겁니다. 그것이 바로 '지적 정상인'의 정상적인 사고(思考) 활동·순서이겠지요. 우리 한국 정부당국들과 극우·반공주의자들이 주장하고 또 대부분의 선량한 국민이 생각하는 것처럼 우리는 단 한 건의 정전협정 위반사실도 없어야 합니다. 지난 긴 세월 동안, 이 나라에서는 남·북한 사이에 일어나는 불상사는 으레 '빨갱이'들의 짓이었으니까 말입니다. 우리 남한측은 언제나 결백을 주장해 왔으니까요. 그렇게 믿어 온 사람이 많았을 겁니다.

　북한의 정전협정 위반을 신랄하게 규탄한 같은 학술지의 같은 그 연구자는 앞에서 인용한 북한의 위반에 관한 기술에 이어서 남한의 위반사항을 다음과 같이 쓰고 있습니다.

"한편…… 정전협정 발효 이후 1991년까지 유엔군(한국군)측의 협정 위반이 454,605건이라고 주장되고 있으나 유엔군측 실제 위반 수는 16건으로 알려졌다."

　북한의 정전협정 위반 424,356건과 남한의 정전협정 위반 454,605건! 이 통계수치는 당신들의 남·북 관계 인식에 던지는 의미가 크리라고 생각합니다. 그 연구자는 북한이 인정한 협정 위반건수는 단 2건이라고 덧붙이고 있습니다. 남·북한 정전협정 위반의 실상이 이러합니다. 여러분 교사들은 이런 실상을 어렴풋이나마 눈치 챘거나 들어 본 일이 있습니까? 아마도 없었으리라고 확신합니다. 과거 베트남전쟁의 실상에 관해서 미국 국민과 세계의 사람들이 미국 정부의 발표·성명·선전으로 완벽하게 속아 왔듯이 남·북한 문제의 실상에 관한 우리들의 인식도 그러합니다.

극우(極右)는 극좌(極左)와 통한다는 사실

　어렵게 철학적 논증을 하지 않더라도, 교사의 임무와 기능은 지(知)적 수용력이 왕성한 다음 세대의 머리에 진실을 가르치고, 감수성이 예리한 그들의 가슴에 순수(純粹)의 고귀함을 감응케 하는 일이라고 믿습니다. 인류는 수만 년의 삶을 통해서 한량할 수 없이 크고 많은 지식과 사상을 탐구·개발하고 축적해 왔습니다. 우리의 세태어로 말하면, 인류가 보유하는 '지적 재고'(intellectual reservoir)는 무궁무진합니다. 사회제도나 체제에 관해서만 하더라도 봉건주의·자본주의·무정부주의·공산주의·사회주의·독재주의·전제주의·군주주의·민주주의…… 이루 다 열거할 수가 없습니다. 그만큼 인류가 꿈꾸고 생각하고 추구하는 사상이나 세계관이나 생활양식은 무한히 다양합니다. 바로 이것이 미개인이나 저개발사회와 다른 계몽된 지(知)적인 인간인 우리의 자유이고 영광입니다.

　그런데도 대한민국이라는 나라는 건국 이후 반 세기 이상 동안, 그토록 무한한 지적·사상적·실천적 가치들 중에서 단 한 가지, 오로지 '반공주의', '반공사상'이라는 반가치적 교조만을 교육해 왔습니다. '반공주의'란 이를테면 뉴턴의 '진리의 바닷가 모래사장'의 모래알 하나에 지나지 않습니다. 그것은 정말 보잘것없는 존재이고 보잘것없는 가치입니다. 그런데 그 '반공주의'조차 한국의 그것은 극단화되고 기형화된 광적인 반공주의였습니다. 내가 이 강연의 서두에서 한국 국민의 '지적 퇴행성'이라고 이름한 현상이 바로 여기에 원인이 있는, 그 필연적인 결과입니다. 당신네 교사들이 바로 이 '광적 반공주의'에 중독·마비된 희생자들입니다. 그러면서 동시에 그 반가치적 의식교육을 담당해야 했던 가해자이기도 했습니다. 복직 후에 지금, 남·북한 관계와 통일문제의 학습 현장에서 당혹해 할 수밖에 없는 것은 당연합니다.

　일체의 인간사와 세상사에서의 가치판단 기준을 지적·사상적·가치적 스펙트럼의 극우단(極右端)에 고정시키면, 인류가 축적한 무한량의 지식·사상·가치의 일체 모든 것이 좌(左)로 보일 수밖에 없습니다. 이것은 철학적 논리에 앞서서 평범한 인식적 실제입니다. '극우'는 '극좌'와 완전히 대칭적인 동일성입니다. 지식과 정서의 교육현장에서 '극우'(=극좌)만큼 위험하고 반(反)교육적이고 자기기만적인 것은 없습니다. 그 '극우'가 남한이고, 그 '극좌'가 북한입니다. 그러나 그것은 둘이 아니고 꼭 같은 하나입니다.

맹목적·감정적 애국심의 자기기만성

　다음에는 애국심에 관한 문제입니다. 잘못된 애국심이 우리들의 지적인 사물의 인식과 이성적인 가치의 평가와 판단을 해치고 있는 두 번째 조건입니다. 이데올로기적인 극우와 극좌의 문제, 자기배반적인 광적 반공주의 다음에 애국이라는 문제에 대해 이야기해 보겠습니다. 물론 애국이라는 것은 소중한 것입니다. 지난 날 오랜 세월 외세에 의해 지배당하고 노예적인 생활을 했던 탓에 우리 자신은 피해자이고 우리 이외의 나머지들은 우리에게 모두 가해자처럼 비치는 것은 무리가 아닙니다. 이런 역사적 경험이 토대가 되어서, 우리에게는 굉장히 국수주의적이고, 편협하고 자기중심적이며, 배타적 민족주의적이고 편집광적인 측면이 있습니다. 그러기 때문에 북한과 남한이라는 대립되는 존재 사이에서 문제가 발생할 때, 대한민국은 무조건 옳다, 잘한다, 틀림이 없다, 합당하고 합법적이다라는 식의 '잘못된 애국심'의 발로가 남·북한 문제를 그르쳐 왔습니다. 앞서 예를 든 정전협정 위반실태에 대한 인식이 그렇습니다.

하나의 예를 더 들겠습니다. 베트남전쟁이 한창인 1968년에서 1969년에 미국이 총력전을 하고 있을 때, 미국의 정책 수립가들이나 군 사령관들이나 또는 반공주의적인 미국의 씽크-탱크(think-tank)들은 베트남전쟁이 왜 끝이 나지 않고 있는가, 핵무기를 가지고 있으며 재래식 무기로도 세계 최강인 미국의 대군사력 앞에 볏짚신 신고 화승총 같은 것으로 무장한, 소위 '베트콩'이라고 멸시했던 농민의 해방전선 군대가 어떻게 10년, 20년, 30년을 저항할 수 있는가? 오히려 해가 가면 해가 갈수록 그 저항력이 더 커지고, 미국이 감당할 수 없는 전쟁의 늪에 더욱 깊숙이 빠지지 않는가 하는 의문을 갖게 되었습니다. 그러니까 그 당시 맥나마라라는 국방장관이 도대체 이게 어떻게 된 전쟁이냐, 불가사의한 일이다 해서, 1945년 제2차 세계대전이 끝나고 나서부터 미국이 베트남에 개입한 모든 사실에 대한 극비문서를 가지고 보고서를 작성하라고 지시를 했습니다. 특별 선발된 일단의 최고 두뇌의 엘리트들이 엄청난 분량의 극비문서만 정리를 하면서, 도대체 원인이 어디에 있으며, 미국이 이처럼 베트남전쟁에서 이기지 못하는 까닭은 어디에 있는가를 검토했습니다. 그런데 다니엘 엘스바그(Daniel Elsberg)라는 엘리트가 이걸 검토하는 과정에서 무엇을 알게 되었느냐면, 미국 정부가 베트남 사태 및 전쟁과 관련해서 발표한 내용은 대부분이 거짓말이었다는 사실을 알게 된 것입니다. 심지어 믿을 수 없을 만큼 수많은 중대한 사건들을 조작·날조까지 했다는 사실까지 알아냈지요. 그러니까 이 사람은 굉장히 고민을 했어요. 도대체 이런 전쟁을 해야 하는가? 이런 정권과 정부와 지배집단의 속임수에 국민들이 놀아나서 수만 명의 미국 젊은이들이 죽어야 하는가? 10년, 20년 이런 부정한 전쟁을 해야 하는가? 그리고 미국의 국가 이기주의 때문에 세계평화가 위태롭게 되어야 하는가?

이 같은 심각한 의문이 이 지식인을 괴롭혔습니다.

　우리는 흔히 베트남전쟁을 미국의 전쟁이 된 1962년부터로 생각하지만 그렇지 않습니다. 사실은 프랑스가 1941년 일본에 의해 쫓겨나갔다가 제2차 세계대전이 끝난 후에 인도차이나를 식민지화하기 위해서 1945년에 다시 들어간 때부터 미국은 베트남을 다시 식민지화하고 베트남인 독립운동을 탄압하는 프랑스의 전쟁 노력을 지지하고 돈(경제)과 군사무기 등을 다대 준 거거든요. 그러니까 미국의 베트남에 대한 전쟁은 사실상 1945년부터 시작된 것입니다. 그래서 미국의 통치집단이 국민과 세계를 속여 가며 강행하는 베트남전쟁의 반(反)정의·부도덕성을 확신하게 된 다니엘 엘스바그가 250만 단어나 되는 엄청난 분량의 극비문서를 골라서 『뉴욕 타임즈』하고 『워싱턴 포스트』에 주어 버렸고, 두 신문이 그것을 보도하기 시작했습니다. 이에 대해 정부는 중대한 국가 최고 극비문서를, 전쟁을 수행하고 있는 판에 보도한다는 것은 군사기밀·국가안보를 해치는 행위로서 중대한 반국가적 행위라며 보도정지가처분신청을 지방법원에 요구했습니다. 법원은 곧 그 신청을 받아들였습니다. 이것을 '미국 정부 베트남전쟁 관계 극비문서 사건', 즉 '펜타곤 페이퍼'(Pentagon Papers) 사건이라고 합니다.

　『뉴욕 타임즈』와 『워싱턴 포스트』가 정부·군부·극우 반공주의 세력의 맹렬한 반대와 '국가안보' 시비를 무릅쓰고 끝내 그 보도를 시작한 첫날의 주장이 바로 이겁니다. 잘 들으세요. "국민의 생명이 더 많이 걸려 있을수록, 국가의 체면과 자원과 존망의 위험이 크면 클수록, 문제의 심각성과 중요성이 크면 클수록, 심각하면 심각할수록, 국민은 그 사실에 대해 진실을 알아야 할 권리가 있다. 국민을 속이고 국민에게 진실을 은폐하면서, 날조된 사실로 전쟁을 계속 하고, 국민의 생명을 위기로 몰아넣고, 국가의 자원을 낭비하고, 또 상대방의 생명과 재산을 무진장 파괴하고, 세계평화를 혼란시키는 것은 민주사회의 국민으로서 바로 애국심 때문에 용서할 수 없다. 나라를 사랑하기 때문에, 민주주의를 사랑하기 때문에, 지배하는 집단이 국민을 속이고 전쟁을 계속하는 배신행위에 대해서 마땅히 지식인으로서 그것을 공개하고 그것을 반대해야 할 의무가 있다. 이게 애국이다. 그렇게 진실을 안 바탕 위에서 국민들이 전쟁을 어떻게 할 것인가, 중지를 모은 그 결과에 의해 정책이 수립되어야 한다. 진실을 아는 국민들에 의해서 국가의 문제는 운영되어야 한다. 소수 '애국'이라는 이름으로 또는 '국가 이익'이라는 이름으로, 자기들의 이익밖에 아닌 것을 국가의 이익이라고 국민에게 강요하는 이러한 파렴치한, 잘못된 관념은 전부 반애국적인 것이다." 잘 들었습니까?

그래서 일차적으로 워싱턴의 지방법원이 3일 동안의 보도정지가처분신청을 내렸습니다. 『뉴욕 타임즈』와 『워싱턴 포스트』가 1심에서는 졌습니다. 그러니까 두 신문이 곧 연방정부 2심에 항소를 했습니다. 연방정부는 『뉴욕 타임즈』와 『워싱턴 포스트』의 이러한 주장을 지지했습니다. 또 정부가 다시 대법원에 상고를 했습니다. 그러니까 엄청난 사건이었습니다. 전 세계가 깜짝 놀라 숨을 죽이고 지켜보는 사건이었습니다. 결국은 연방 대법원이 6 대 3으로 『뉴욕 타임즈』와 『워싱턴 포스트』의 손을 들어 주었습니다. 이것은 아주 중요한 일인데, 국가의 기밀이란 어떤 것이냐, 국민의 알 권리라는 것이 무엇이냐, 국가의 통치집단의 자기이익을 위한 파렴치가 어디까지 갈 수 있는가, 애국심이라는 것이 어떤 것이냐, 언론기관의 사명과 기능은 어떤 것이냐, 이런 여러 가지 복합적인 문제에 대해서 20세기에 들어와서 가장 큰 분수령적인 판결로 끝이 났던 것입니다. 그래서 『뉴욕 타임즈』와 『워싱턴 포스트』는 베트남전쟁에 관한 정부(군) 내의 최고 극비문서들을, 미국 국민과 세계가 모두 놀랄 만한 사실들을 계속 보도했습니다. 이것이 세계를 뒤흔들었던 유명한 '미국 정부 베트남전쟁 관계 극비문서 공개 보도' 사건이라는 것입니다.

항상 이래야 하느냐, 그것은 문제입니다. 또 상황과 경우에 따라서 여러 가지 방법이 있습니다. 하지만 우리 나라처럼 북한과 관련되면 무조건 군사기밀이고, 국가이익·국가안보가 걸리고, 애국심을 강요하는 관념이나 신념을 달리 생각할 수 있는 좋은 하나의 사례로 들었습니다. 물론 이것은 미국이라는 나라이기 때문에 가능한 것이고, 또 우리가 다 따를 수는 없는 것입니다. 하여간 너무나 대조적인 우리의 폐쇄된 국수주의, 편협한 애국주의의 관념과 신념에 대해서 진정한 애국심이란 무엇인가, 이런 문제를 생각하게 하는 유명한 역사적 사례이기에 예로 들었습니다. 미국의 베트남전쟁 극비문서 보도사건은, 지금 남·북한처럼 군사적으로 그저 마주보고만 있는 휴전상태에서의 일이 아니라, 전쟁이 최고조에 달했던 1971년 당시의 일임을 각별히 명심해야 합니다.

역사적 맥락에서 북한을 바라보기

다음으로, 남·북간에 일어난 모든 일에는 역사적 배경이 있습니다. 어느 날 어느 시간에 뉴스가 꽉 튀어나와서, 지금 판문점에 북한의 보병 1개 중대가 느닷없이 들어왔다. 아무런 선후관계의 고찰 없이 이렇게 이야기한다는 말입니다. 그러나 사건의 배경을 모르고, 그 시간에 나타나는 단편적이고 표면적인 사건만으로 사태를 해석하거나 평가하는 것은 대단히 위험한 일입니다. 예를 들어서 미국이 1994년 초여름에 한반도에서, 걸프전 때 이라크를 쳤던 것(1991년)과 같은 규모의 전쟁준비를 하기 위해, 바로 한반도 해역에 그 함대를 그대로 갖다 놓고 북한을 공격하기 위한 카운트다운을 한 적이 있습니다. 소위 '북·미 핵협상'이 진행되고 있을 때, 여러 가지로 꼬이고 우여곡절이 많던 그때 1994년 5월과 6월에, 미국은 그 3년 전에 이라크에게 감행했던 것과 같은 막강한 군사력을 북한 공격을 위해서 전개했던 것입니다. 그런데 우리는 그런 것을 모르고 지나가기 때문에, 핵문제와 관련해서 미국이 모두 옳고 북한은 전부 억지만 부리고 위험하다, 핵무기를 만들려고 한다든가, 민족의 문제를 핵공격으로써 해결하려고 한다든가, 범죄자라든가, 신뢰할 수 없다든가, 하여간 모든 비난을 북한에게 퍼부은 것을 기억하고 있을 겁니다. 이것도 역사적인 배경을 뒤에다 비추어 주면서 사건을 들여다보면 인식이 달라질 것입니다.

그로부터 소급해서 약 20여 년 전인 1971년, 미국이 베트남전쟁에서 거의 패망했습니다. 미국 군인들이 헬리콥터에 매달려서, 그야말로 목숨만 건지려고, 사이공 밖의 바다에 떠 있는 항공모함으로 도망 치는 장면을 다큐멘터리에서 여러분은 보았을 것입니다. 그것이 1971년입니다. 미국은 과거 중국의 극우·반공·은행재벌 지주계급의 장개석 정권을 총력을 다해 뒷받침했어요. 2차 대전이 끝난 뒤에 아시아에서 미국의 이권을 대행하는 정부로 키우려고 했습니다. 지금은 일본이 그렇게 되어 버렸는데, 원래는 장개석 정권에게 그런 지위를 위임하려고 했던 겁니다. 그런데 지주와 재벌들을 중심으로 극우 반공·친미적인 장개석 정권의 반혁명세력과 그에 대항하는 농민세력에 바탕을 둔 모택동의 공산당 혁명세력간의 긴 전쟁이 시작되지 않았습니까? 그런데 결국은, 미국이 이길 것으로 생각하고 희망하여 지원했던 장개석 정권이 그대로 쓸려서 대만으로 쫓겨가게 되었습니다. 바로 그 다음 해에 한국에서 6·25 전쟁이 일어났습니다. 미국으로서는 압록강과 두만강까지 수복을 하고 끝났어야 승리한 전쟁인데, 결국은 시작했던 38도선과 별로 다름없는 선에서 전쟁이 끝나 버렸습니다. 미국으로서는 5만여 명의 미군의 생명과 많은 피를 뿌리고, 이기지도 지지도 않은 이상한 전쟁으로 끝났습니다. 군대를 건설한 이후에 전쟁에서 패한 역사가 없는 미국은 장개석을 돕다가 잘못된 것처럼, 6·25 전쟁도 '이기지도 지지도 않은' 이상한 결말을 가지고 끝났습니다.

그런데 베트남전쟁에서는 이기지도 지지도 않은 정도의 전쟁이 아니라 미국으로서는 역사상 처음의 대패, 치욕적인 패전을 하고 물러났습니다. 그러니까 그해에 닉슨 대통령이 몇 차례에 걸친 아시아대륙에서의 쓰라린 경험을 되살려서 대아시아 정책의 일대 수정을 발표하게 됩니다. 미국인들은 아시아의 민족을 이해할 수 없다, 따라서 아시아대륙과 그 인접지역의 전쟁에는 앞으로 미국이 어떠한 경우에도 지상군으로는 개입하지 않겠다, 한국·필리핀·타이·베트남·일본 할 것 없이 아시아대륙에서 일어나는 군사위기에 대해서는 "너희들이 알아서 싸울 것"이지, 미국은 무기나 장비를 판매해 주고 정치 외교적으로 지원만 하겠다, 이것을 '닉슨 독트린'이라고 합니다. 그러면서 미국이 주한미군 2개 사단 중 1개 사단을 우리의 동의도 없이 예고도 없이 그냥 철수시켜 버렸습니다. 그게 유명한 '닉슨 독트린' 입니다.

그때 1971년, 남한과 북한의 국력은 하늘과 땅 차이였습니다. 하나의 구체적인 예를 보면, 그때 우리의 공업력, 공업의 수준을 표시하는 것으로는 '삼천리호' 자전거가 있습니다. 휴전협정을 체결하고 13~14년 지난 1960년대 말경, 북한은 전기기관차를 생산해서 세계시장에 내보내는 나라가 되었던 것입니다. 그러니까 남·북 국가의 힘은 비교할 수가 없었어요. 더구나 우리 나라는 리승만 정권하에서 계속 분쟁만 일어났지요. 결국은 독재정권이 4·19 학생운동으로 쫓겨나고, 그 뒤에 민주당 정부가 들어섰는데, 그것을 군인이 탱크로 밀어냈지요. 국가권력을 쥔 소수의 군인집단이 국가를 사유물화하고 온갖 부패와 폭력을 일삼았습니다. 말하자면 국민과 지도자, 정권과 국민이 전혀 정치적 일체감이 없고, 정치적 안정이 안 되었지요. 게다가 대한민국은 박정희 정권 중기까지 미국의 잉여농산물에 관한 미국 의회의 결정이 나야만 국가의 예산을 짜기 시작했습니다. 미국 의회에서 예산을 짠 후에 남한에 얼마의 잉여농산물을 보낼지 결정하면 그 뒤에야 그것을 토대로 대한민국 정부의 예산이 짜여지곤 했습니다. 얼마나 한심한 나라였던가를 단적으로 말해 주는 사실입니다. 대체로 2,300만 달러 내지 2,500만 달러 정도를 한 해에 보냈습니다. 한국의 군사예산도 80% 이상이 미국의 지원이고, 뭐 국가의 생존 자체가 미국에 전면적으로 의존해 있던 반예속 상태였어요. 세계의 정치무대에서 북한이 차지했던 위상과 남한의 국가 위상간에는 엄청난 차이가 있었습니다. 그런 판에 미국이 닉슨 독트린을 발표하면서 "앞으로 남·북간에 전쟁이 나면 너희가 알아서 해라"라고 선언하니, 이것은 다시 말해서 "너희들은 죽어도 좋다"라는 소리로 들렸겠지요. 북한과 남한의 전반적인 국가 존재의 조건과 위상이 이렇게 형편없이 기울어 있는 때에 미국이 직접적인 보호의 책임을 안 지겠다고 하니 우린 정말로 죽는 줄 알았어요. 북한은 엄청난 힘과 사회적·정치적 안정성, 국제사회에서의 높은 위치, 잘했건 못했건 자력갱생하고, 강대국에 빌어먹지 않고, 주체성·독자성을 지키는 것 등의 국가상이 여러 대륙의 신생 독립국가들에게는 눈부시게 비쳤던 것입니다.

북한과의 잠재력 차이가 이렇게 큰 상황에서 북한이 공격해 오면 어떻게 할 것인가? 국가 지도자라면 어떤 생각을 하겠어요? 선택은 핵무기밖에 없는 거지요. 박정희 대통령이 핵무기를 만들려고 했던 것은 바로 이런 상황에서입니다. 그래서 1972년에 프랑스에서 핵무기 원료인 플루토늄을 만들 우라늄 재처리시설을 들여 올 2,300만 달러의 비밀계약을 체결했습니다.

그 시설을 가지고 1970년대 후반에 핵폭탄과 미사일을 만들려고 했습니다. 이것이 유명한 '자주국방' 정책이었습니다. 미국이 안 돌보겠다면 우리는 자주국방으로 살 수밖에 없다, 하나는 핵무기, 하나는 미사일, 그 다음엔 특별세금으로 자주국방의 무기 생산을 하겠다며, 전국가를 군사국가로 몰고 가지 않았습니까? 이게 유신독재 체제였던 거예요. 남·북간의 위상과 힘의 차이로 말미암아 우리가 궁지에 몰린 쥐처럼 되었던 것입니다. 이 경우에는 별 수 없이 고양이를 물 수밖에 없는 거예요. 고양이를 문다는 것은 다른 것이 아닙니다. 재래식 무기는 수십만 가지가 있기 때문에 그것을 다 갖추어서 북한과 대등한 지위가 되기에는 어림도 없고, 결국 정면돌파하기 위해서는 핵무기밖에 없는 거지요. 핵무기와 미사일은 압도적인 궁지에 몰린 국가(정권·군)가 선택하는 궁극적 '자위수단'이라 하겠습니다. 그 계획은 미국의 저지로 일단 백지화되었지만, 박 대통령은 그가 죽을 때까지 핵과 미사일 제조에 집착했던 것입니다.

그로부터 20 몇 년이 지난 1990년대 초에는 남·북 국가의 잠재적 힘의 위상이 완전히 뒤바뀌어 버렸어요. 1980년대 말에는 상황이 완전히 역전되었습니다. 그 이유는, 이제는 여러분도 익히 알고 있는 대로입니다. 그게 1980년대 말입니다. 그러니까 결론적으로, 남한이 20여 년 전에 궁지에 몰려서 살길을 찾으려 했던 그 모양이 1980년대 말부터의 북한의 상태가 된 것입니다.

그렇게 되었을 때 북한의 지도자들, 정권이 살아 남기 위해서는 뭔가 방법이 있어야 하지 않겠어요? 쉽게 말해서 북한은 핵무기에 손을 댈 수밖에 없게 된 거지요. 과학기술 수준, 물적 생산, 국제적 위상, 그리고 국가의 체제 안정...... 등, 모든 문제에서 남한과 비교를 할 수 없을 만큼 급전락해 버렸어요. 게다가 구소련은 북한과의 군사동맹을 백지화하고 남한과 국교를 수립하였지요. 배후의 강대국이 없어진 겁니다. 그런 상태의 북한에 대해서 미국은 해마다 팀스피리트를 비롯한 핵전쟁 위협으로 북한 정권과 체제의 붕괴를 무자비하게 다그쳤습니다. 이런 국가 위기적 국면에 직면한 북한 인민의 입장에서는 원자로를 들여 오고 핵무기를 만들려는 자기 정권과 지도자들의 정책과 전략을 당연하다고 여길 수밖에 없지 않겠느냐는 것이지요. 우리가 과거에 현재의 북한과 같은 조건에서 그랬듯이 말입니다. 이처럼 우리는 어떤 문제가 일어날 때 역사적인 배경을 일관되게 바라볼 수 있어야 합니다. 그러면 동일한 조건에서 남한이 하려 했던 것을 그 20년 뒤에 북한이 하려는 사정을 이해하게 됩니다. 그러면 무조건 북한에 대해서 공격만 하고 비난만 할 수 없는, 균형 잡히고 공평한 문제의식에 도달하게 됩니다. 상대방에 대한 군사위협을 중지하고, 군축을 실시하여, 상호간의 위기구조를 안정기조로 전환해야 합니다.

유명한 일이지만, 1970년대에 박정희 대통령이 "앉아서 죽을 바에는 핵무기 만든다"고 했지만, 그것은 우리만이 아니었습니다. 대만도 그랬어요. 중국(대륙)이라는, 날로 승승장구하는 본토 국가의 그늘 밑에서, 또 그 엄청난 대륙에 재물을 다 놓고 도망 나온 장개석 반공정권의 지도자들로서는, 본토수복을 목적으로 하였지만 힘이 딸렸지요. 그러니까 장개석 총통의 아들인 장경국 총통의 정부와 군부가 우리 남한 정권이 하려고 했던 것과 같이 핵무기로 정면돌파를 하려고 했어요. 대륙 중국에 대한 대항 방법이 없었으니까요. 그래서 모든 계획들을 세우고 장경국 총통이 아버지 장개석에게 동의를 구하러 갔습니다. "이런 사항이니 핵무장을 할 수밖에 없다"고 보고했더니 장개석이라는 어른이 한 이야기가 이런 것입니다. "상황이 심각하다는 것은 알고 있다. 또 본토수복을 하려는 우리의 집념은 누구도 꺾을 수 없다. 그렇기는 하지만 우리 중국인은 내부의 분쟁을 해결하는 방법으로서 서로 중국 민족이 공멸할 수밖에 없는, 핵무기를 사용하려는 발상은 용납할 수가 없다. 이것은 중국적이지 않다." 이 대화가 세계적으로 알려지면서 큰 감동을 낳았습니다. 나 자신도 그때 중국인·지도자들은 우리와는 생각하는 차원이 다르구나, 큰 민족이구나 하고 감동을 했습니다. 물론 미국이 허용하지 않았겠지만 말입니다.

여기에서 교훈을 하나 꺼낼 수 있습니다. 남·북한은 상대방을 쥐구멍으로 몰아넣는 식의 군사적 압박이라든가, 안전에 대한 공포감을 강요해서는 안 된다는 것입니다. 그러면 상대방이 반드시 자살적인 무기에 의존하고 이판사판으로 나오게 마련입니다. 또 실제로 북한은 그러고 있고요. 과거 유신체제에서 박정희 대통령이 하려고 했던 것도 별 수 없이 그렇게 되면 너 죽고 나 죽는다 이런 것이었지요. 북한의 핵이나 미사일 문제에 대해 남한 자신의 1970년대를 겸허하게 반성하면 우리의 생각이 조금은 달라질 것입니다. 미국과 일본이, 러시아와 중국이 남한을 승인했듯이, 북한을 승인하고 평화협정을 체결하거나 국교수립을 해서, 미국이 북한 정권 타도 노선을 포기했다는 증거를 분명하게 보여야 합니다. 미국과 한국의 압도적으로 우세한 군사력을 감축하거나, 주한미군과 기지의 축소 내지 철폐도 필요합니다. 팀스피리트 훈련 같은 것을 축소하고, 군사비를 축소하고, 미·한·일 군사동맹의 강화 대신에 한국(남한)이 군사대결 구도의 독자적인 축소 조치를 취하는 노선 변화…… 등이 절대로 필요합니다.

이중 잣대를 거두고 역지사지의 마음을 가지자

그 다음에 명심해야 할 사실은, 북한에 대한 평가와 판단에 이중 잣대를 적용하지 말아야 한다는 것입니다. 다시 말하면, 같은 상황이 벌어지거나 사건이나 일이 발생했을 때, 우리는 우리의 이익을 위해서 A라는 잣대로 그것을 가치평가하고, 북한 같은 경우에는 Z라는 잣대로 가치평가를 합니다. 동일한 조건과 상황에서 남한이 핵무기를 만들려고 했던 결정과 행동은 옳고, 같은 상황에서 북한이 그런 무기에 손을 대려고 할 때는 죽일 놈이다, 범죄집단이다, 침략집단이다……라는 식으로 판단하는 것이 바로 이중 기준(double standard)의 문제입니다. 나는 오늘 강연의 맨 처음에 의식문제의 착각에 관한 한 예로서 남과 북의 휴전협정 위반사건을 실례로 들었습니다. 이중 기준적 평가와 판단은 반지성적이고 또 지극히 위험한 것입니다. 이 사실에 대한 냉철한 인식이 있어야 하겠습니다.

다음으로 중요한 일은, 남·북한은 항상 서로 상대방의 처지에 한번 서 보는 마음가짐을 가지고 또 그렇게 노력을 해야 한다는 것입니다. 상대방의 처지에 서 보면, 여태까지의 생각이나 평가·판단이 얼마나 자기 이기주의적·자기중심적 편견이었는가를 깨닫게 됩니다. 자기만이 만사에 정당할 수는 없는 것 아니겠습니까? 상대방의 상황에 서 보면 어떤 엄청난 사실들도 "아, 그럴 수밖에 없는 것이구나" 하는 것을 깨닫게 됩니다. 우리 개인 사이에서도 이해관계가 극렬하게 대립할 경우에, 내가 이럴 때 저쪽은 어떻겠는가 하고 상대방의 입장에 한 번 서 보는 것은 아주 중요합니다. 이것이 쉬운 일은 아닙니다만, 특히 이해대립이 첨예할수록 어려운 일이기는 하지만, 그런 노력을 해야 합니다.

예를 들어서, 지난 몇십 년 동안 한국은 미국과 팀스피리트 훈련을 해 왔습니다. 그럴 때마다 북한에서는 농민들과 노동자들에게 총을 나눠 주고, 그 총을 가지고 방공호에 들어가고 해안 보초로 나가고, 공장 생산을 중단하고, 농촌·어촌·광산에서 작업을 중단하고, 전국민이 전투태세에 들어갑니다. 국가 기능이 일시 정지하는 중대 사태가 벌어집니다. 그런데도 미국과 우리는 언제나 팀스피리트 훈련이란 공격훈련이 아니라 '방위연습' 이다, 훈련에 불과하다, 방위적 훈련인데 너희들은 왜 그렇게 야단법석을 떨면서 우리 팀스피리트 훈련을 매도하고 비난하느냐고, 오히려 북한측을 매도해 왔습니다.

  그런데 우리는 팀스피리트 훈련이라는 것이 어떤 성격과 목적의 훈련인지를 알아야 할 것입니다. 적어도 1972년 이후에는, 그 이전부터라도, 세계의 가장 큰 군사블록인 미국이 주도하는 북대서양동맹(나토) 집단과 소련을 필두로 한 공산국가 집단(즉 바르샤바 동맹) 사이에서조차도, 한반도에서 하고 있는 것과 같은, 즉 팀스피리트 훈련과 같은 초대형·고강도 군사훈련이 거의 없습니다. 더욱이 1975년부터는 아예 없습니다. 1972년에 바르샤바 동맹과 나토 서방 사이에 '헬싱키 협정'이라는 상호안전협력체제가 발족했습니다. 그때부터 냉전이 해소되기 시작했어요. 군사적인 대립을 아무리 계속해 봐야 이로울 것이 없다, 모든 것을 비군사적인 방식으로 해나가자는 동서화해·평화체제가 추진되었습니다. 그 전제하에서 상호간의 군사조직, 편제, 무기의 양, 질, 훈련의 내용, 목적, 기간…… 이런 사실들을 사전에 서로 교환하게 되었습니다. 항공기와 탱크가 몇 대 이상 동원될 때에는, 참가병력이 2개 여단 이상일 때에는 40일 전에 통보해야 합니다. 그리고 상대방의 군사감시단이 그것을 감시하기 위해서 오고 가도록 이렇게 해 왔습니다. 그 전부터 팀스피리트 같은 엄청난 훈련은 없었지만, 특히 1972년 이후에는 세계 지구상에 팀스피리트 훈련과 같은 초대형 규모의 핵공격형 군사훈련은 없습니다.

  이것이 얼마나 큰 규모인가 하면, 매년 미국의 핵공격 항공모함 2척과 그 2척을 중심으로 해서 다방향 탐지·발사 핵무장 함정이 대개 20척에서 25척이 동원됩니다. 핵무기를 갖추고 있는 핵폭격기가 참가하여 북한의 동서 해안 밖과 휴전선 상공을 끊임없이 비행합니다. 그리고 지상에서 20만, 많을 때에는 27만의 한·미 양국군이 모의 핵전쟁을 전개합니다. 이게 하루 이틀도 아니고 며칠, 몇 주일씩 '방어훈련'을 한다는 명목하에 핵폭격기가 북한의 휴전선 위를 날아다니고, 20여만 명의 병력이 20여 척의 엄청난 해군 엄호하에 휴전선 밑에서 상륙작전 훈련을 계속합니다. 북한의 입장에서 보면, 자기들의 코 밑에서 상륙작전을 20만의 대병력이 전개하고, 쏘고, 급강하를 하고, 모의 핵폭탄 투하연습을 한단 말입니다. 엄청난 훈련입니다. 미국과 우리는 이 같은 초대형 규모의 가공할 핵무장 군사훈련을 '방어훈련'이니 '연습'이니 해 왔습니다.

나는 6·25 전쟁에 장교로서 첫날부터 전쟁에 참가해서 최전방에서 3년 반, 휴전 후 후방부대에서 3년 반, 합계 7년간의 보병과 장교생활 동안에 11사단의 권총사수가 되었습니다. 상대방이 나를 보기 전에 그 권총으로 쏴서 적을 죽여 버리면 그건 '공격용' 권총이고, 상대방이 나를 쏴서 죽이려고 하는 순간에 내가 미리 상대방을 쏴 죽이면 그건 '방어용' 권총이 되는 것입니다. 무기에는 탱크건 전투기건 공격용을 따로 설계하고 따로 만들고, 방어용을 따로 설계하고 만들고, 이런 방식은 없는 겁니다. 명령이 바뀌면 공격용도 되고 방어용도 되는 것입니다. 또 사실은 공격을 하기 위해서 방어식의 연습을 할 뿐이지, 실제 목적은 북한에 대한 공격을 위한 것이지요. 그래서 북한은 세계최강의 이 군사훈련이 시작되면 사색이 되어서 국가 기능을 일시 정지하는 것인데, "우리는 방어연습을 하는데 너희들은 뭘 그러느냐?" 이렇게 북한을 비난해 왔단 말입니다.

북한 쪽 반응의 의미를 이해하기 위해서는 상대방의 입장에 서 보는 지혜와 이성적인 자세가 필요합니다. 만약에 소련의 극동해군기지 블라디보스톡에 있는 막강한 극동함대와 동시베리아의 육군이 북한 인민군 20만과 합쳐서, 소련의 핵항공모함을 휴전선 바로 북쪽 동·서해 앞바다에 갖다 놓고, 25척의 각종 함정에 핵무기를 적재하고, 핵 폭격용 베아 폭격기 편대가 휴전선 상공과 동·서해 상공을 왔다갔다한다고 상상해 봅시다. 막강한 동시베리아의 소련 육군과 북한 인민군, 그리고 중공군까지 합쳐서 25만이 '방어연습'을 한다면서 휴전선 바로 북방에서 한 달 동안 상륙작전 훈련을 하고 핵폭격 연습을 한다고 생각해 보십시오. 하루 이틀도 아니고 몇 주일씩 한다고 상상해 보십시오.

그러면 우리는 과연 어떤 생각을 하고, 어떤 반응을 보였을까요? 남한 정부와 군부는 과연 "아! 소련과 북한이 방어연습을 하는구만……' 방어연습'이라는데 뭐 어때!"라고 했을까요? 선전수단을 총동원해서 "북한 침략자들 또 침략 준비!"니 "국가 총비상사태"니 북한 규탄 국민 궐기대회 개최니…… 그랬겠지요. 그러지 않으리라고 말할 만한 분별심이 우리에게 있습니까? 다시 말하면, 상대방의 행동을 비난하고 싶을 때, 자기가 그 행동을 하면 상대방은 어떻게 생각할까를 생각해 보는 '자신의 객체화'의 이성적 사고력과 지혜가 있어야 합니다. 그러면 문제의 원인은 우리 자신(미국과 한국)에 있다는 사실을 알게 될 것이고, 북한의 행동의 대부분이 다르게 보일 것입니다. 남한 자신의 행동을 비난하는 북한의 이유도 납득할 수 있을 겁니다.

한반도의 핵위기—북한보다 더 큰 미국의 책임

북한의 핵과 미국의 핵문제는 긴 설명을 할 수 없어서 간단히 넘어가야 하겠는데, 대체로 북한의 책임이 1/3, 남한의 책임 1/3, 미국의 책임 1/3로, 이런 정도로 책임의 분포가 복잡합니다. 오히려 사실은 미국의 책임이 압도적으로 크다고 해야 진실에 가까울 것입니다.[1] 우리는 북한만의 책임과 범죄행위라고 말하지만 실제로 알고 보면 그렇지가 않습니다. 1989년도 말부터 북한이 핵원자로를 건설하기 시작한 시기의 북한의 경제력, GNP는 남한의 1/15, 1/20입니다. 주한미군을 제외하더라도 남한 군사력이 이미 북한 군사력을 압도한 상태였습니다. 주한미군과 핵무기를 합한 한·미 공동 군사력은 북한에게는 상시적으로 위험한 존재였습니다. 전세가 이렇게 기울게 됩니다. 그러니 북한으로서는 그런 논리에서 시작이 되었다고 볼 수 있습니다.

왜 미국이 그렇게 북한에 대해서만 집요하게 전쟁을 강요하고 있는가, 이것을 살펴볼 필요가 있습니다. 재미있는 사실은 1991년, 1992년 현재로 핵확산금지조약에 가입하지 않았을 뿐만 아니라 국제원자력기구의 원자로 사찰을 거부하고 있는 나라가 세계에 28개국이 있었다는 겁니다. 핵시설을 만들고 있는 나라는 10여 개나 있었습니다. 이 28개국에 대해서 미국이 북한에 대해서와 같이 전쟁으로 굴복시키겠다고 협박하는 것을 본 일이 있습니까? 물론 없을 겁니다. 사실 없었습니다. 아시다시피 재작년 말에 파키스탄과 인도가 드디어 최종적인 실험을 했습니다만, 특히 중요한 것은 이스라엘과 남아프리카공화국입니다. 이스라엘은 1980년대 중반기에 이미 핵탄두 약 100개, 그리고 그것을 장착해서 소련의 우랄산맥까지 보낼 수 있는 미사일 약 200개를 보유하고 있었습니다. 그런데 어떻게 이스라엘이 이처럼 가공할 핵군사력을 만들었는가? 여러분은 미국이 아랍국가들이 핵무기라든가, 화생방 대량살상 무기를 가지지 못하게 압력을 가하고 있는 것을 잘 알고 있겠지요? 그런데 이스라엘은 이미 핵무기 보유국가가 되었단

---

1) 이 문제에 관해서는 이 책의 132~172쪽의 「북한-미국 핵과 미사일 위기의 군사정치학: 위기의 주요인은 미국에 있다」를 참고하기 바람.

말입니다. 그러니 아랍국가들이 미국에 대해서 "미국이 우리에게 압력을 가하는 것은 좋은데 그럼 왜 이스라엘에 대해서는 한 마디 안하느냐, 미국은 이스라엘이 핵무기 국가인 것을 뻔히 알고 있지 않느냐?" 이런 반박을 해 왔어요. 그래서 1991년에 미국의 이라크 공격전쟁 뒤에 아랍국가들이 미국에 대해서 이런 문제들을 강력하게 제기했지요. "우리가 갖고 있는 정보에 의하면 이스라엘의 핵탄두에 사용된 우라늄 원료는 미국 정부가 관리하고 있는 창고에서 나온 것이 확실하다. 우리는 그 증거를 제시할 수 있다. 이스라엘의 핵무장은 미국이 지원하는 것으로 안다. 증거가 있다." 이렇게 나왔어요. 우라늄, 플루토늄 등의 구입, 저장, 개발 등 책임기구는 미국 정부의 에너지성(Department of Energy)인데, 며칠 후에 에너지성의 대변인이 공식적으로 해명을 했습니다. "아랍국가들이 제시하는 문제 때문에 조사를 해보니, 에너지성 우라늄 창고에서 우라늄이 우리도 모르는 사이에 도난을 당한 사실을 확인했다"고 했습니다. 얼마나 속이 들여다보이는 변명입니까? 중동 아랍 지역에서 이스라엘은 미국의 사실상의 대리자이니까요.

남아프리카공화국(과거는 연방)은 소수 백인종의 다수 흑인종 격리정책으로 악명 높은 국가·체제였습니다. 인류사상 그 잔인성은 나치의 히틀러의 유태인·공산주의자·사회주의자·집시·노동운동가·지식인 등 600만 대학살 다음 가는 반인류적 정권이었습니다. 그 남아공화국에서 1992년 8월에, 미국의 핵기술자와 CIA 요원들이 남아공화국의 상대자를 도와, 남아공이 생산한 핵폭탄 6개 반을 해체했습니다.

왜 그랬을까요? 여러분이 다 아시겠지만, 미국은 남부아프리카의 20여 개 국가들을 제압할 남아공화국을 강화하기 위해서 남아공의 핵무장을 지원했던 것입니다. 그런데 2년 뒤에는 흑인 지도자 만델라가 이끄는 흑인

다수세력 정권이 집권하게 되었어요. 만델라는 미국이 꺼려 하는 사회주의적 사상 경향의 지도자였습니다. 미국은 남아프리카 국가들에 대한 패권 확립을 위해서는 인류역사상 히틀러 다음 가는 극악한 정권과 국가와 체제의 핵무장화를 도왔지만, 미국의 패권주의를 반대할 흑인 정권에 그 핵무기를 인계할 수는 없었던 것입니다. 이스라엘과 남아공화국에 대한 미국의 핵정책은 세계에서의 미국의 핵정책의 위선성과 기만성을 입증하는 대표적 사례입니다. 북한과 미국의 핵대결의 진의를 이해하는 데 도움이 되겠지요.

한반도 핵위기의 본질과 그 책임의 분포

1990년대 초에 핵확산금지조약에도 가입하지 않고, 핵사찰도 거부하는 국가가 28개국이나 되었는데, 유독 북한에 대해서만 왜 그렇게 못살게 구는가를 생각해 보아야 할 것입니다. 소련이 붕괴된 이후에, 미국이 제창한 '세계 신질서'라는 것은 미국 혼자서 전세계를 지배하는 질서임을 여러분도 아실 것입니다. 즉 그때까지의 소련과 미국의 '양국 지배질서'(Pax-Russo-Americana)를 미국의 단독 지배질서(Pax-Americana)로 만들겠다는 결의의 표시였습니다. 그 본보기로, 압도적 군사력으로 몇 개 나라 군대를 억지로 끌어들여 마치 국제적 합의인 양 이라크를 쳐부쉈지요. 미국의 '세계 신질서'란, "① 미국은 앞으로 구소련의 영토에 과거의 소련과 같이 미국에 대해 경쟁자적 힘을 가지는 국가와 군사력이 생겨나는 것을 절대로 용납하지 않는다. ② 지구상 어디서나 미국의 지시에 따르지 않는 국가나 정권은 용납하지 않는다. ③ 그런 군소국가들을 조속한 시일 내에 저렴한 비용으로 타도해 버린다. ④ 그 목적을 위해서 가능하면 유엔을 이용하되 유엔이 군사행동에 반대할 때에는 미국 단독으로 처리한다. ⑤ 그러기 위해서 미국은 전세계 국가 군사력을 합친 것보다 강력한 군사력을 상시 유지한다"는 것입니다.[2] 러시아는 이미 미국의 핵 적수가 못 됩니다. 2등 국가 정도도 잘 안 됩니다. 실제로 소련의 핵미사일은 미국이 돈을 주어서 지금 해체를 하고 있습니다. 다 해체를 해도, 두 나라 합쳐서 1만 개가 남아 있겠지만 말입니다. 소련이 미국이 현재 한창 진행중인 유고슬라비아연방의 코소보에 대한 전쟁이 못마땅해서 러시아 함대를 보내고 어쩌구 그러는데, 소련은 그럴 형편이 못 됩니다. 경제나 금융이나 군사력으로나 다 미국에 의존적이니까요. 그리고 보면 그 밖의 2등 국가, 3등 국가들은 미국의 요구나 미국의 이익에 도전하는 것은 상상도 할 수 없습니다. 세계는 미국 단일 지배하에 놓였고, 이것이 미국이 구상한 소위 '세계 신질서'의 내용이고 목표입니다.

    미국의 힘의 행사에 유엔의 힘을 빌리거나 유엔의 권위를 이용하려 하되, 유엔이 협력해 주지 않으면 유엔을 도외시한다, 단독행동을 한다, 유엔이건 뭐건 없이, 미국 독단으로 세계질서, 즉 미국의 패권을 확립해 나아간다는 거지요. 이것이 1991년 소련 붕괴 뒤에 미국의 부시 대통령 정권이 세계에 공표한 '세계 신질서'라는 국가 목표와 이념의 알맹이입니다. 그래서 이라크를 쳐 버린 1991년부터 늘 그렇게 해 왔습니다. 미국의 국방장관과 연합참모부장이 각기 그해의 미국 군대의 군사력의 용도, 미국 군대가 금년엔 무엇을 목표로 움직일 것인가 계획서를 의회의 상원 군사위원회에 제출합니다. 1992년 계획서를 보면, 미국이 앞으로 '쳐 버릴' 나라로 5개

---

[2] 『뉴욕타임즈』, 1992년 3월 7일자. "A One Superpower World," "US Strategy Plan Calls for Insuring No Rivals Develope," 'Pentagon's Document Outlines Ways to Thwart Challenges to Primacy of America".

국을 열거하고 있는데, 이란, 이라크, 리비아, 쿠바, 그리고 북한 5개국입니다. 그런데 1993년도에는 이란이 빠집니다. 그래서 4개가, 이라크는 현재도 계속하고 있는 상태이니까 별개로 하면 3개국(정권)만이 남는 거지요. 리비아의 카다피 대통령, 쿠바의 카스트로, 북한의 김일성, 그러던 것이 1994년에 오니까 리비아도 빠지고 쿠바도 빠지고 북한 하나만이 남습니다. 그러면서 뭐라고 그러느냐면, 금년(1998년) 미국의 군사력은 북한을 아주 싹쓸이해 버린다는 것이지요. 그래서 아까 말씀 드린 것처럼 1994년 여름에는 3년 전 이라크를 쳤던 그런 규모와 최첨단 군사력이 북한을 포위하고 다만 공격 일과시간만을 검토하고 있었습니다.

그런데 미국 대통령이나 군부 강경파에게는 재수가 없던 것이, 카터라는 전 대통령이 평양을 갔단 말이지요. 카터가 가서 김일성 주석과 협의를 하였는데, 김일성이 핵협정에 동의한다면서, 남북 정상회담도 할 용의가 있다, 국제원자력기구의 사찰도 받겠다고 한 거예요. 핵원자로를 제거하는 것은 다 하겠는데, 그렇다면 미국이 해야 할 의무사항들이 있다면서 이렇게 제의를 했습니다.

첫째, 북한에 대한 국가 승인을 해달라는 것이었습니다. 미국의 키신저 국무장관이 1976년에 유엔 안보리에서, 한반도의 군사위기는 휴전협정 체제이니까 이것을 정치적으로 해결하면 군사적 위협이 해소될 수 있다, 소련과 중국이 대한민국을 국가 승인하면 미국이 일본과 함께 조선민주주의공화국을 승인하고, 그와 동시에 남·북한을 함께 유엔에 가입시키겠다고 공식제안을 한 적이 있습니다. 그렇게 되면 한반도에서 군사적인 위협이 가시고, 평화가 정착될 것이라는 거였습니다. 그런 정책을 바로 '교차승인·유엔 동시가입'이라고 하지요. 그러면 군사적인 요소는 사라지고 정치적인 평화구조가 정착될 거라 보고 세계의 국가들이 모두 동의했지요. 그런데 이 1976년에 미국이 공식적으로 세계의 정치마당인 유엔 총회에서 제안한 남·북한 교차승인이 지금은 어떻게 됐습니까? 소련과 중국은 남한을 국가 승인한 지 벌써 여러 해가 됩니다. 오히려 소련은 북한과 체결했던 군사방위동맹을 폐기하고, 1991년에 남한과 국교정상화를 했습니다. 중국도 마찬가지로 대한민국과의 우호관계·국가 승인·외교관계 수립·유엔 가입 지지 등 공약을 지켰습니다. 그러면 교차승인을 제의한 미국과 일본은 어떠합니까? 25년이 지난 지금도 여러 가지 구실, 즉 핵문제가 있다, 금창리 지하시설이 의심스러우니 현장검증을 시켜라, 미사일 문제가 있다는 등 온갖 구실을 붙여서 북한에 대한 국가 승인을 거부하고 있습니다. 그러니까 북한이 국가 승인을 해달라, 소련(러시아)과 중공(중국)은 남한을 승인했지 않았느냐 하고 요구하는 것은 실제 문제로서나 논리적으로나 정당한 요구라 하겠지요.

둘째는, 미국의 핵전략에서 북한에 대한 핵 선제공격 원칙을 폐기해 달라는 요구입니다. 무슨 이야기인지 잘 이해가 안 가지요? 미국은 지구상에서 40여 개국과 군사동맹을 체결하고 있습니다. 일본, 남한, 타이, 중남미 국가들⋯⋯ 지금은 나토 국가가 더 늘어나서 45개국이 되었습니다. 그 미국이 보호하려는 하위 동맹국가들을 공격할 수 있는 과거의 소련이나 동구 공산국가들에 대해 미국은 어떤 핵전략을 유지하고 있었냐 하면, 상대방의 재래식 군사력의 공격에 대해서는 재래식 군사력으로 대하고, 핵무기에 대해서는 핵무기로 대응한다는, 이른바 상호원칙이었습니다. 소련이나 바르샤바 동맹 국가들에 대해서는 재래식 무기로 군사행동을 해 올 때에 미국은 핵무기를 가지고 공격한다는 전략원칙은 없었습니다. 즉 소련과 동구국가들에게는 '핵 선제공격'을 하지 않는다는 원칙이었습니다. 그것은 다 백인 국가들을 상대로 한 것이지요. 상대가 공산주의자이건 뭐건 백인종 국가들에 대해서는 엄격하게 상응하는 핵전쟁 원리였습니다. 그런데 미국은 유독 북한에 대해서만은 '핵 선제공격' 원칙을 아주 공개적으로 선언하고 있었습니다. 즉 북한이 재래식 무기로 군사행동을 해도 미국은 바로 핵으로 공격한다는 전략원칙을 견지하고 있습니다. 이것이 미국의 한국 주둔군과 그 핵무기의 용도였던 것입니다. 북한은 상시적인 미국의 핵공격 위협을 느끼고 있는 셈이지요. 북한은 미국과의 핵협정에 동의하는 교환조건의 하나로, 미국의 북한에 대한 이 '핵 선제공격' 전략원칙의 수정을 요구했습니다.

셋째는, 북한의 사회체제를 인정해 달라는 요청입니다. 이것은 북한이 사회주의로 살아갈 권리를 인정해 달라는 요구입니다. 한 국가의 체제란 그 국민과 정부가 선택할 권리를 갖고 있는 것입니다. 그런데도 미국이 그 주권적 선택권마저 위협하니까 그렇게 '애걸' 했던 것입니다.

넷째는, 미국이 지금까지 50년 동안 견지하고 있는 북한에 대한 모든 경제·금융·통상 등의 금수·금지·포위 정책을 풀어 달라는 것입니다. 무역도 해야 하고, 자기들 공화국에 투자하거나 공장을 짓겠다는 독일·영국·프랑스…… 등 국가의 기업들이 미국이 강요하고 있는 그런 금지제도와 조약에 의해서 꼼짝 못하고 있으니 이것을 풀어 달라는 겁니다.

북·미 핵협상에서 북한이 미국에 요구한 이 네 가지 조건을 볼 때, 그것들이 하나도 공격적인 성격이 아니라 오히려 살아 남기 위해서 미국의 북한 압살정책을 풀어 달라고 '애원' 하는 것이었습니다. 이런 식으로 북한과 미국간의 핵협상이 쭉 진행돼 왔습니다. 결국은 북한의 원천적인 핵동결 수락의 대가로 미국이 북한의 그런 요구를 대체로 승인한 것이 1994년 10월에 체결된 '북·미 핵협정' 입니다.

그런데 이 핵협정의 내용을 어느 쪽이 준수하고 있고, 어느 쪽이 지키지 않고 위반하고 있느냐 하는 문제가 있습니다. 그에 앞서서 여러분들의 기억을 되살려 봅시다. 미국이 엄청난 공격함대를 북한 주변에 배치하고 우리에게 아파치 헬리콥터를 사라, 지대공미사일을 사라, 이렇게 강요한 때가 있었지요. 그게 다 북한에 대한 전쟁을 위한 준비였고, 일본 군대에게도 출동을 명한 계획서가 있었어요. 한반도 주변상황을 예상하는 미국과 일본의 군사 공동작전·전략이라는 '가이드 라인'이 1994년 그때에 실제로는 다 성립된 것입니다. 미국이 전쟁 위협으로 핵협정 조건의 수락을 강요하자, 북한은 국가적 위기를 감수하라는 압력에 대해서는 굴복할 수 없다고 핵확산금지조약 탈퇴 의사를 밝혔지요. 여러분들이 듣기에는 핵확산금지조약에서 '탈퇴했다'고 들었지요. 그럴 때마다 미국과 한국의 보도기관들은 빨갱이 놈들은 조약도 없고, 신의도 없고, 무조건 다 폐기해 버리는 놈들이다, 이런 식의 비난을 해 왔습니다. 그러나 사실은 탈퇴한 것이 아니었지요. 탈퇴한 것이 아니라, '탈퇴하겠다', '탈퇴할 용의가 있다'고 선언했던 것입니다. 우리 국민들은 그 언어의 차이를 모르니까 미국이 주장하는 대로 북한이 핵확산금지조약에서 탈퇴했다, 나쁜 놈이다, 조약 위반이다, 핵무기를 마음대로 만들겠다는 뜻이다, 이렇게 논리를 비약시켜 엄청난 공포 분위기를 만들었던 겁니다.

핵확산금지조약 제10조는 이렇게 분명하게 규정하고 있습니다. "이 조약의 회원국으로서 이 조약과 관련된 상황의 진전이 자국의 국가적 존립에 치명적인 위해가 되는 상태라고 인정될 때에는 이 조약에서 탈퇴할 수 있는 권리를 갖는다. 단, 탈퇴하고자 할 때에는 3개월 전에 조약당국에 사전통고를 해야 한다." 이겁니다. 북한은 아까 말씀 드린 것처럼 1991년 말에 한반도에서 미국의 지상 핵무기가 철수됐다고 공식발표가 있은(12월 18일) 직후(12월 22일)에 즉각 국제원자력기구(IAEA)의 핵사찰을 수락한다고 서명했습니다. 그래서 IAEA에 가입했는데, 미국이 이라크에 대해서처럼 북한을 한 방으로 뭉기려는 사태가 되니까, 그것을 "자국의 국가적 존립에 대한 치명적인 위해"로 간주하고 핵확산금지조약 제10조의 권리에 따라서 탈퇴하겠다고 3개월 전에 공개적으로 의사표시를 했던 거지요. 다시 말하면 북한은 그 10조에 의거해서 3개월 후에 탈퇴하겠다고 통고한 것에 지나지 않습니다. 그때 미국이 하려고 했던 대북한 군사공격이 그 10조에 해당하는 정도냐 아니냐, 이에 대한 해석은 북한과 미국이 서로 다를 수 있습니다. 그러나 그 판단의 주체는 북한이지 미국이 아닙니다.

이 같은 전쟁 일보 전까지 갔던 우여곡절 끝에, 1994년 11월 북한과 미국이 체결한 핵협약에서는 6개월마다 쌍방이 지켜야 할 구체적 조치들이 규정되어 있습니다. 북한이 1년 동안 원자로 2개를 폐쇄하고, 그러면 전력이 없어지니까 전력을 생산할 수 있는 기름을 달라 해서 연간 50만 톤의 기름을 미국이 제공하게 되어 있는 것은 여러분들이 아실 것입니다. 그런데 사실 첫해에 50만 톤을 달라고 했는데, 1년 반, 2년 가까이 되어서도 주지 않으니까 북한이 이러면 원자로를 재가동하겠다고 했던 것입니다. 우리는 이것을 "저놈 빨갱이 새끼들은 저런 거다" 하는데, 미국이 기름을 2년 가까이 주지 않았던 것입니다. 약속 위반을 지적하고 미국을 비난하는 목소리는 한국에서는 한 번도 듣지 못했습니다. 어느 쪽이 협정 위반을 하고 있는 것일까요? 우리 나라에서는 극우 반공·반통일·반평화적 세력들이 나서서, 『조선일보』를 비롯해서 50만 톤의 기름이 인민군 탱크, 전투기 연료로 들어간다고 하면서 반대의 소리를 높였습니다. 사실은 그럴 형편이 되지 못하지요. 러시아는 북한에게 그 전 소련 시대에 연간 100만 톤씩 아주 싼 값으로 제공하던 유류를 5만 톤으로 줄였습니다. 중국도 20만 톤 정도를 돈 받고 제공하고 있었습니다. 전투기용 연료는 옥탄 98 이상의 정유여야 합니다. 심지어 자동차를 움직일 휘발유로도 옥탄 90 정도는 되어야 합니다. 협정에 의해서 북한에 제공하는 기름은 그런 것이 아니라 나프타입니다. 말하자면 걸쭉한 기름입니다. 북한은 이것을 연료로 때서 화력발전소를 가동, 전력을 생산하려는 것입니다. 물론 이것을 발전소에다 때면 발전소에 들어갔을 다른 기름이 탱크로 갈 수 있지 않느냐고 하실 분도 있겠지만, 하여튼 그런 공급기준이 전혀 아니라는 것을 알아야 합니다.

북·미 핵협정 조인 후 4년이 지나서 5년째로 넘어가려고 하는 지금, 1999년 6월 내지 7월에 이르면, 협정상 합의대로 이행됐다면 어떤 정도까지 가야 하느냐? 북한은 원자로 2개를 완전히 닫고, 그 대신 미국의 대체 에너지가 완전히 가동하고, 또 국제원자력기구의 사찰이 진행되어서 모든 위험한 우라늄 따위는 다 빠져서 껍질만 남게 되는 상태입니다. 여기에 대응해서 미국은 어떤 조치들을 취했어야 하느냐 하면, 아까 북한이 요구했고 미국이 동의했던 경제봉쇄, 금융·기술봉쇄를 이미 해소했어야 하는 겁니다. 또 북한이 해외에 가지고 있는 자산에 대해서도, (미국에 있는 것은 대체로 2,200만 달러로 파악하고 있는데) 이러한 봉쇄 또는 금지를 해제했어야 합니다.

협정을 체결한 3개월 후인 1995년 초에는 대사관의 초보적 형태인 '연락사무소'를 각각 워싱턴과 평양에 설치하기로 합의했습니다. 그러니까 1994년 10월에 합의를 했으니까 바로 1995년 1월에는 미국의 대표부가 평양에 가 있어야지요. 그리고 지금쯤에는 대표부가 격상해서 대사 관계로 넘어갈 수 있는 정치협상이 되었어야 하지요. 그런데 불행하게도 미국은 협상을 조인한 바로 다음 해의 총선에서 공화당이 의회를 지배하게 되었습니다. 행정부는 클린턴 민주당 행정부인데, 의회는 반공·반북한·반러시아적인 공화당이 지배하게 됐습니다. 그 의회가 북·미 핵협정의 결정된 합의 항목 전부에 대해서 낱낱이 공화당 지배의 상원의 동의를 얻어야 집행할 수 있다는 부대조건 결의안을 통과시켜 버렸어요.

그렇게 해서 미국측의 여러 가지 의무는 거의 집행이 안 되고 있는 상황입니다. 어제 신문을 유심히 보신 분들이 있으면, 미국 의회가 북한에 대한 이런 조건을 완화하려는 징조가 보인다는 조그마한 기사가 난 것을 보았을 겁니다. 북한과의 핵조약 집행을 위한 행정부의 손이 북한과의 관계 정상화를 절대로 원치 않는 공화당 지배의 의회에 의해서 꽁꽁 묶여 버렸습니다. 미국의 국무성은 북한측이 북·미 핵협정을 '이행하고 있다'고 말하는데도, 의회는 막무가내로 북한의 숨통을 터 주는 것을 거부하고 있습니다. 일본·남한·영국이 북한 시장에 들어가기 전에 미국의 기업과 재벌들이 들어가야 하는데, 의회가 그렇게 하면 미국의 손해가 크다고 하는 클린턴 정부의 설득 공작도 무효입니다. 결국 핵심적인 문제는 북한에게만 있는 것이 아니라는 사실, 북한의 핵문제가 협정 체결 6년이 가까워지는데도 아직도 분쟁이 가시지 않는 까닭이 미국에게 아주 크게 있다는 사실입니다. 이 사실 하나만 알면 됩니다.

불균형이 된 북방 3국 동맹과 남방 3국 동맹

1988년 6월에 고르바초프가 당 서기장이 되고 집권을 합니다. 집권하자마자 미국과 냉전 해소 원칙에 동의합니다. 그래서 남한과의 국교정상화에 들어갔습니다. 그 후 고르바초프가 1990년 9월에 셰바르드나제 외상을 평양에 보냅니다. 보내서 뭘 통보하느냐면, 남한과 국교정상화를 하게 되었다, 이해해 달라는 것이었습니다. 그러면서 동시에 북한과의 사이에 1961년에 체결한, 방위동맹, 즉 '조·소 우호협력조약'을 사실상 폐기합니다.

방위동맹 제2조와 3조에는 이렇게 규정이 되어 있습니다. 제2조는 "서로가 무력침공을 당함으로써 전쟁 상태에 처하게 될 경우 조약 체결 상대국은 모든 힘을 다하여 지체없이 군사적 원조를 제공한다"고 되어 있어, 분쟁 상태가 되는 순간 북한에 대한 소련의 '지체없는 군사적 개입'을 서약했습니다. 제3조는 "쌍방 체약국은 상대방을 반대하는 어떤 집단이나 국가와 어떠한 행동 또는 조치에도 상응하지 않는다"라고 되어 있습니다. 소련에 반대하는 국가와는 북한이 국교정상화를 한다든가 행동을 같이하지 않는다. 북한을 반대하는 국가와는 소련이 어떠한 국교 관계나 친선적 조치를 취하지 않는다는 상호주의적 의무입니다. 물론 남한도 이 대상이었습니다.

소련은 군사적인 것은 두말 할 나위가 없고, 정치적이거나 경제적인 관계도 남한과는 못하게 되어 있는 거지요. 그래서 고르바초프가 1988년에 외무상을 평양에 파견해서 남한과 국교정상화를 하게 되었으니, 이것을 금지하고 있는 방위조약 제2, 3조는 폐지한다고 통보했어요. 이에 대해서 북한이 뭐라고 답변했느냐 하면, 첫째, "너희들은 배신자다. 둘째, 따라서 그 조약하에서 당신들에게 의존했던 '일정한 종류의 무기'를 독자적으로 생산할 수밖에 없다. 셋째, 따라서 우리는 우리의 방위태세를 우리가 선택하는 무기로 할 것이다." 이랬어요. 다시 말하면 핵무기와 미사일을 독자적으로 만들겠다는 뜻이거든요. 그게 고르바초프 소련 정권의 의도가 비공식적으로 전달된 시기인 1988년부터 시작된 정세 변화입니다. 마치 베트남전쟁에서 패한 미국이 앞으로 전쟁이 일어나도 군사적으로는 남한을 도와 줄 수 없다고 나왔을 때 선택은 핵무기밖에 없다고 했듯이, 소련의 보호에 의존했던 북한은 너희들이 심지어 남한과 국교를 맺는다면 국가의 존립이 위태하니, 우리도 핵무기를 만들 수밖에 대안이 없다고 선언한 거지요.

중국도 곧 이어서 한국을 국가 승인하고, 모든 분야에서 북한보다 오히려 남한과의 관계가 훨씬 긴밀해졌습니다. 남한-미국-일본의 '남방 3국 동맹'은 건재한데, 러시아와 중국의 이탈로 '북방 3국 동맹'은 사실상 붕괴했습니다. 북한은 독자적 생존책을 강구해야 할 처지에 몰린 것입니다. 1972년의 미국과 한국의 긴장을 생각해 보면, 그 후의 북한의 행동논리를 좀더 이해할 수 있으리라고 생각합니다.

앞서 1976년에 미국 정부가 소련과 중공에 대해서 북방 3국과 남방 3국이 남·북한 교차승인을 하자고 제안했던 사실을 이야기했습니다. 다시 말하지만, 그렇게 제안했던 미국과 일본은, 소련과 중공이 남한을 승인한 지 10년이 되어 가지만, 아직도 북한에 대해서는 국가 승인을 할 생각은커녕 전쟁공격 준비를 계속 강화하고 있는 실정입니다. 이것이 바로 북한과 미국의 문제의 본질이고, 한반도 군사위기의 핵심입니다.

공평하고 정확해야 할 상대방에 대한 이해

지금까지 살펴보았듯이 우리가 남·북을 보는 시각이 많이 달라져야 한다고 봅니다. 북한은 그렇게 공격적인 국가가 되지 못합니다. 군사력은 지금은 더 말할 나위도 없습니다. 1993년 현재로 우리의 군사비가 북한에 비해 거의 5배입니다. 여러분도 잘 아시는 '율곡사업'은 새로운 신무기의 구매와 개발, 장비를 위해서 1975년부터 시작한 사업입니다. 군사적인 힘에 있어서 우리의 열세가 우리의 우세로 바뀌기 시작하는 교차점을 이루는 시점이 바로 1974년에서 1975년으로 넘어가는 시기입니다. 그 후부터는 우리가 꾸준히 상승세를 굳혀 왔습니다. 물론 소련에 배신당한 북한은 그들이 가지고 있는 과학과 기술을 이용해서 미사일을 만들고 있습니다. 미국의 대북한 포위공격·전쟁 정책이 분명하게 취소되지 않은 위협 상태에서는 주한미군을 볼모로 하는 미사일밖에 미국의 협박에 대항할 수 있는 수단이 없다는 판단으로 보입니다. 또 이것이 상품시장이 좋거든요. 이란이나 이라크가 사 가니까. 미국이 미사일을 폐기하라고 요구하자 북한은 먹고살기 위해서 미사일을 상품으로 팔고 있으니 대가를 내라, 또 금창리를 폐쇄하려면 처음에 10억 불을 내라고 그랬던가요, 100억 불 내라고 했던가요? 아까 말씀 드린 것처럼 북·미 핵협정으로 집행해야 할 의무를 미국이 상당 부분을 이행하지 않고 있으니 미국의 의무를 집행할 때에 하겠다, 그냥 팬티까지 벗으라고 하다니 우리는 아무것도 받지 않고 다 내놓으라는 것이냐, 북한측 논리는 쉽게 말하면 이런 말이지요. 미국은 10여 개의 무기 수출국가 중 단독으로 세계 무기시장의 3분의 2를 차지하는 무기 수출로 돈을 버는데, 우리의 미사일 수출을 금지시키려면 그만한 대가를 지불하는 게 당연하지 않느냐, 이런 논리지요. 나는 지극히 정당한 논리라고 생각합니다.

잠시 전에 말한 1988년에 고르바초프가 군사동맹을 폐기하겠다고 하면서 북한을 다독거리기 위해서 뭘 주었느냐 하면, 미그-29라는 전투기를 북한에 주었습니다. 그때 북한에 미그-29가 20여 대 들어간다는 소식이 전해지자 우리 군부와 정보부, 그리고 아는 척하는 '전문가'들과 교수들이 텔레비전에 나와서 외치는 것이, 이제 남한은 죽었다, 미그-29라는 엄청난 최첨단무기가 북한에 갔으니 그놈들이 우리를 3일 안에 포항까지 다 점령할 것이다라고 했던 것이 기억 날 것입니다. 그런데 재미있는 것은 북한이 그 전투기로 우리를 포항까지 밀어 내려고 생각했는지도 불분명합니다만, 북한의 미그-29 전투기들은 소련에서 제공받은 2년 뒤에는 벌써 거의 폐물이 됐다는 사실입니다. 우리 남한에는 미그-29기의 성능과 수준이 같은 F-14, F-16, F-18 전투기들이 있었습니다. 우리에게는 북한에 간 것보다 더 나은 전투기가 있습니다. 우리는 벌써 그때 그것을 생산할 수 있는 능력도 있었습니다. 북한은 탱크 같은 것은 만들지만, 전투기를 만들 능력은 없습니다. 전투기 한 대에는 부속품이 25만 내지 27만 개가 들어간다고 합니다. 미그-29는 더하겠지요. 주한미군 사령관·한미합동군 사령관인 로버트 W. 리스카시 대장이 1991년 6월에 미국 상원 군사위원회에 제출한 북한 군사력 관계 비밀보고서가, 그 후에 미국 신문에 보도된 내용에 따르면, "북한의 군사력은 이제 군사력이 아니다. 우선 북한은 소련이나 중국의 어떤 군사적 의존도 할 수 없을 정도로 기반을 상실했다. 그래서 독자적으로 전력(戰力)을 유지해야 할 북한은 경제 사정이 군사력을 유지하기에는 치명적인 어려움에 처해 있다. 북한 군사력에서 가장 강력하다고 할 수 있는 공군의 전투기·전폭기는 경제 사정으로 인해 날릴 수가 없다. 그 실례로 미그-19 전투기 조종사의 체공훈련도 1년에 4시간밖에 하지 못하고 있다. 부속품을 사 올 외화가 바닥 났고, 연료가 없어서 공군기를 날릴 수가 없다"는, 그런 내용의 보고입니다.[3] 이게 언제 이야기냐 하면, 소련이 1988년에 남한과의 국교수립을 합의한 뒤 북한의 반대를 다독거리면서 미그-29를 주고 난 뒤인 1991년의 이야기입니다. 불과 3년 뒤의 북한 공군의 실정입니다. 내가 여기 타고 온 승용차가 소나타인데, 그런 네 바퀴 달린 지상의 기계도 봄에 한 시간, 여름에 한 시간, 가을에 한 시간, 겨울에 한 시간 정도는 끌어내서 굴려야 녹이 안 슬고, 고물이 되지 않습니다. 하물며 미그-29 같은 최첨단 전투기야 적어도 1년에 몇십 시간은 움직여 줘야 컨디션을 유지하고, 또 조종사의 전투능력도 유지되겠지요. 그런데 1991년 당시에 남한 공군 조종사의 체공훈련은 대체로 연간 130시간으로 듣고 있습니다. 한쪽에서

---

3) 『뉴욕타임즈』, 1991년 6월 6일 서울발, 리스카시 사령관 담화 기사.

는 북한의 미그-29, 최첨단무기가 1년에 4시간 훈련을 하고 있는데, 남한은 130시간을 하고 있다면, 나머지 탱크나 장갑차나 잠수정의 상태가 어떻겠는가도 대충 미루어 짐작할 수 있지 않습니까? 동해안에 온 잠수정이 꽁치 그물 정도에 걸리는 것도 다 까닭이 있습니다.

어떤 분들은 남한의 군사력이 우월하다는 것은 다 인정한다. 그러나 북한 군대는 정신력이 강하지 않느냐고 반문하기도 합니다. 그런데 정신력이 약한 것은 우리의 문제이지요. 사회정의가 이루어지고, 경제적 공평과 민주주의가 이루어져서 국민 누구나가 나라와 사회에 충성을 다하고 싶어지면 정신력은 자연히 생겨나는 것입니다. 그렇지 못한 것은 남한 우리의 사회가 대통령에서부터 시정 서민에 이르기까지 온통 부패·부정·부도덕하고 범죄화하여, 정부와 국민, 지도자와 대중 사이에 불신만 있을 뿐 애국심이 생겨날 여지가 없을 만큼 정신적 붕괴 상태라는 우리 자신의 문제이지 북한의 문제가 아니지 않습니까? 한국 사회의 일대 개혁이 없이는 희망이 없어 보입니다. 북한이 변하기를 요구하지만 말고 남한도 함께 변해야 합니다.

나라의 민주주의와 남·북한간의 평화적 관계, 그리고 순리적인 민족통일을 염원하는 복직 교사 여러분들이 교육현장에서 받게 되는 학생들의 질문은 다양하겠지요. 몇 가지의 기본적 인식만으로는 그 많고 다양한 질문에 대해 충분한 답변을 할 수 없을 것입니다.

동·서독에서 겸손하게 배우자

많은 사람들이 통일된 동·서독을 부러워합니다. 베를린 장벽이 무너진 뒤 1992년에 노태우 대통령이 독일에 갔습니다. 독일의 콜 수상과 회담하면서, "북한이 동독 같으면 한반도도 벌써 통일이 되었을 텐데……"라는 이야기를 했습니다. 아마 우리 국민의 대부분이, 또 고급 지식인이라는 사람들도 그렇게 생각하고 있을 것입니다. "남한은 아무런 문제가 없는데 북한 때문에 통일이 안 되고 있다"라고 생각을 하는 사람은, 진실의 절반만 알고 나머지 절반의 진실을 모르거나, 망각하거나, 아니면 무시하거나, 일부러 말하지 않고 있는 것입니다.

북한이 동독만 하기를 원하는 사람들은, 그러면 "남한이 서독 같으냐?" 이것을 한 번이라도 생각해 본 일이 있을까요? 우리는 자신의 문제는 전혀 생각하지 않고, 오로지 상대방에게만 문제가 있다고 생각하고 있습니다. 동·서독이 통일되면서 문제들이 없는 것은 아니지만, 오랜 이질적 체험 끝에 하나가 된 구 동·서독간에 유혈의 내란이 없고 사회 파탄적인 파국이 없는 까닭이 있습니다. 동독이 공산주의 세계에서는 과학·기술·문화·경제·생활수준에서 가장 발전했었고, 그 문화·종교·생활양식·가치관·행동양식 등이 상당히 서구 지향적이었습니다. 공산주의 체제이면서도 동독은 상당한 정도까지 종교를 허용하였습니다. 북한이 동독 같으면 통일이 쉽게 될 것이라는 주문에는 일리가 있습니다. 그런 견해가 틀린 것은 아닙니다.

그러면, 다른 절반의 진실로서, 남한이 서독 같은가? 서독은 헌법에서 '민주적이면서 사회적 국가'라는 국가이념과 체제적 성격을 못박고 있습니다. 서독은 우익·민주주의=자본주의 단일체가 아니라 사회주의 정당이 있고, 국민이 선출한 사회주의 정부가 집권하기도 하고, 공산주의·사회주의의 사상적 자유와 이념, 교육이 있으며, 사회주의적 생활양식이 자유롭습니다. 남한에서 사상과 행동의 자유를 원천적으로 억압하는 악명 높은 악법인 반공법이나 국가보안법 같은 것이 서독에는 없습니다. 동독이 서독에 상당히 유사한 것처럼, 서독 또한 동독 사회주의와 많은 점에서 유사하고, 동독 사회주의보다도 오히려 더 민중의 복지정책에 힘을 기울이고, 사회주의 정당 이상으로 노동조합과 근로자들의 권익을 존중·보장합니다. 그리고 서독에는 사회주의 정당이 있었으므로, 야만적인 군부 독재 정권과 국가 사회의 재산을 독점하고 있는 재벌을 비롯한 경제권력의 횡포가 없습니다. 군사비보다 사회복지비가 두 배인 복지국가입니다. 남한과는 정반대입니다. 서독의 정부·국민·사회·문화·정치·경제 이 모든 국민 생활에서 남한과는 정반대로 사상의 자유가 전면적으로 보장되어, 남한 같은 광적인 반공주의는 발을 붙일 수 없는 사회입니다. 이 같은 서독이었던 까닭에 공산주의 동독을 이길 수 있었고 또 받아들일 수 있었던 것입니다. 남한이 이런 국가이며 이런 사회입니까?

동독과 서독과의 관계는 우리의 남북한 관계처럼 군사적인 대결의 관계였습니다. 미·소의 핵과 군사력이 동·서독에 집중해 있던 상황에서 오히려 (핵)전쟁의 위협은 동·서독에 더 많이 있었습니다. 그런데도 서독 정부의 사회복지비는 대체로 군사비의 2배였고, 우리는 군사비가 평균 4배입니다. 서독의 경우와 비교해서 말하면, 남한의 복지예산은 군사예산의 8분의 1인 셈입니다. 서독은 그런 국가체제와 그런 정부였습니다. 이런 사실을 생각하지 않고 그저 북한이 변하지 않아서 통일이 되지 않는다거나, 우리는 아무것도 변할 것이 없다는 따위의 남한식 사고는 극우·반공주의적 무지의 소치입니다. 이런 것이 바로 우리가 동·서독의 통일에서 배워야 할 교훈입니다. 먼저 남한이 서독처럼 될 생각을 해야 합니다.

아직도 많은 문제가 남아 있습니다. 남·북한 문제를 어떻게 보아야 할 것인가? 참으로 어려운 문제입니다. 시간이 부족해서 남·북한 사회의 소위 '이질화' 문제[4] 등 말하지 못한 것이 많지만, 중요한 것은 지난 반 세기

동안 우리의 머리, 즉 사고능력을 마비시킨 광적 극우·반공·냉전적 사상에서 깨어나는 것입니다. 오늘의 강연은 그 모든 근본문제들을 다 짚고 넘어가지는 못했지만, 이만 해도 적지않은 도움이 되리라고 생각합니다.

장시간 지루한 이야기를 경청해 주셔서 감사합니다.

---

4) '이질화' 문제에 관해서는 이 책의 253~276쪽의 「통일의 도덕성—북한의 변화만큼 남한도 변해야 한다」를 참고하기 바람.

한국 '언론기관(인)'의
평화기피증과 통일공포증

정직하게 고백하건대, 나는 남·북 민족관계와 통일문제와 관련해서 우리 나라 매스컴(신문 방송 등)에 거의 절망적인 심정이다. 대중매체 가운데 어느 것이 더하고 어느 것이 덜하고도 없지만, 굳이 가려서 말한다면 눈으로 보는 '영상매체'인 텔레비전 방송에 대해 더욱 그러하다. 서글픈 심정이다. 수사(修辭)상 약간의 여유가 필요할까 봐서 '거의 절망적'이라고 말했지만, 사실은 '절망'의 상태이다.

나는 우리 나라의 보도기관들을 흔히 이름하여 부르는 '언론', '언론기관', '언론인'이라는 명칭과 호칭을 따르지 않고 사용하지 않는다. '언론' (言論)이라는 일컬음은 그 함의(含意)상 단순히 말하고 쓰는 '언론'이라는 것이 아니다. '언론'이라는 낱말은, 그것이 말로 쓰거나 활자에 의하거나 또는 겨우 최근에 비로소 '언론'을 자처하게끔 급성장한 영상매체이거나, 인류 역사의 오랜 세월에 걸쳐서, '진실'을 '정확'하게 '이성'(理性)적으로 '공정'하게 '편견' 없이, '지배자나 강자'의 구미에 맞추기 위해서가 아니라 '시민'과 '공공'(퍼블릭)의 현명한 판단의 자료가 되는 '양질'의 정보를

이 글은 『통일시론』 창간호, 1998년 겨울호에 발표되었던 글이다.

확고한 '책임감'을 가지고 '불편부당'한 자세로 제공하기 위해서, 수없이 많은 숭고한 정신(지성인)이 피흘려 싸운 결과로 얻어진 고귀한 이름이다. 특히 우리의 현대사에서는, 일제 식민지시대에 조국의 광복과 민족성원의 항일투쟁과 친일세력에 항거하는 민중의 편에 섰던 고귀한 전통을 뜻한다. 그러기에 '언론'이라는 부름으로 행해지는 모든 보도와 평론의 지(知)적 행위는 그 같은 숭고하고 준엄한 기준에 합치할 때에 비로소 스스로 그 이름을 자처하거나 그 사용이 허용될 수 있다. 백 보 양보하여 적어도 그러고자 하는 개인적 양심과 직업적 책임성이 그 행위를 밑받침할 때만 '언론 어쩌고 어쩌고'는 본래의 의미를 지니는 것이다.

  나는 이런 기준과 생각으로 우리 나라의 대중매체 또는 보도기관들의 행태를 평가하는 까닭에, '언론', '언론기관', '언론인'이라는 호칭에 대해서 심한 거부감을, 때로는 멸시감마저 느끼는 것이다. 활자미디어인 신문·잡지도 그렇지만, 카메라와 브라운관의 조작으로 영상화된 전파미디어는 문제의식이 낮고 비판능력이 약한 사람에게 그 효과가 크기 때문이다. "Seeing is believing"이라는 서양 속담대로, 그런 사람들일수록 텔레비전이 비춰 주는 것을 그대로 '진실' 내지 '사실'로 받아들이는 경향이 강하다. 그러기에 "텔레비전에서 봤어!"라는 말은 바로 '그러니까 진실이다'로 직결되어 버린다. 얼마나 무서운 일인가! 얼마 전까지는 "신문에서 읽었어!"가 그러했던 마술적 효과이다.

  여기에서 텔레비전이 '언론기관' 또는 '언론사'를 자처하거나 그 종사자들이 '언론인'을 자처할 때, 얼마나 많은 거짓이 이 사회에서 사실 또는 진실로 통하게 되는가를 두려운 마음으로 생각하지 않을 수 없다. 그 극치가 남북관계와 통일문제에 관한 보도와 평론 행위에서 나타난다. 그들의 보도와 평론이 진정 '언론'의 이름에 값하기 위해서 지켜야 할, 앞에서 열거한

엄격한 기준과 준칙 들에 얼마나 합치하고 충실한가?

'언론(인)'이라는 고귀한 호칭을 스스로 자처하려면 다음의 신념과 실천을 전제로 한다. 신문이나 방송의 자유나 권리는 그것 자체 때문에 보호받는 것이 아니다. 모든 개인(individual)이 누구나 각기의 생각(idea), 즉 다양한 '사상'을 가질 수 있는 자유와 권리를, 개인보다 힘있는 자들의 금지·간섭·박해·차별로부터 보호하는 역할을 수행하는 한에서 인정받는 것이다. 방송을 포함한 '출판의 자유' 개념은 그들이 무엇이든지 자유롭게 취재하고 보도할 수 있는 권리나 자유를 뜻하지 않는다.

지금은 세계의 민주주의 제도의 기본 원칙으로 일반 보편화된 미국 연방 헌법 수정 제1조에서, 흔히 "의회는 언론의 자유를 금지 또는 제한하는 법률을 제정할 수 없다"라고, 소위 언론인들이 아전인수격으로 해석하는 그 조항은, 사실 신문(인)이나 방송(인)—방송은 그 당시에는 없던 매체이지만—이 마음대로 글을 쓰고 마음대로 사진을 만들어 배포·방송하는 자유(또는 권리)를 뜻한 것이 아니다.

미국 헌법 수정 제1조가 '법률로써도 금지하거나 제한할 수 없는 자유(권리)'의 언론관계 규정은, 신문 잡지(지금은 방송 포함) 등 매체의 '출판'의 자유를, 즉 'freedom of press'의 가치보다 앞서는 가치로서, 사회의 개인(시민)이 누구나 마음대로 생각(즉 '사상')하고 그 생각한 것을 자유롭게 '말을 할 수 있는 자유', 즉 'freedom of speech'를 설정하고 있다. 이것은 흔히 인식되지 않고 있는 사실로서 아주 중요한 의미를 지닌다.

대중매체(신문·잡지·방송 등)의 자유에 앞서, 개인 누구나가, 권력 또는 법률의 금지나 제한 없이 자유롭게, '다양하게', '서로 다른 생각'을 '말할 수 있는 자유와 권리'를 규정하고 있다. 다시 말해서 신문사나 방송국의 자유에 앞서서 '개인'의, 즉 '시민' 누구나의 '사상의 자유'를 대전제로 한다.

다양한 사상을 법의 금지나 제한을 받음 없이 자유롭게 '말할 수 있는' 자유와 권리, 즉 개인의 '표현의 자유'를 신문(인)이나 방송(인)의 직업적 자유보다 앞서는(우선하는) 가치로 설정하고 있는 것이다.

신문(인)이나 방송(인)의 '언론의 자유'는 사회적 규범인 데 비해서 '개인'의 '사상의 자유'와 '말할 수 있는 자유'는 바로 '인간'의 양도할 수 없는 천부적 자연권이다. 되풀이해서 강조하지만 무슨무슨 신문이나 무슨무슨 방송국의 보도의 자유보다도, 무슨 신문사의 김 아무개 기자의 취재행위나 박 아무개 주필의 평론의 자유보다도, MBC나 KBS라는 방송사의 최 아무개라는 앵커나 성 아무개라는 PD나 카메라맨의 직업적 자유보다도, 인간(개인) 정 아무개라는 시민이, 정부와 체제가 강요하는 어떤 단일 사상이 아니라 그것에 반대하는, 또는 그것과 다른 의견 · 가치관 · 세계관 · 신념 · 정치관을 '가질' 수 있고 또 '말할' 수 있는 자유를 법으로도 금지하거나 제한할 수 없다는 규정이다. 이것이 세계 민주적 문명국가에서 이른바 '언론 자유'의 헌법 또는 법적 및 사회적 규범이 되어 있는 미국 연방헌법 수정 제1조의 이념이고 정신이다. 언론 자유는 '개인'(시민)이 무슨 '생각'이든 가질 수 있고 '말을 할' 수 있는 자유에서 시작된다. 신문사나 방송사의 자유는 그 다음의 권리 순서이다.

'사상의 자유시장'과 그 자유시장에 누구나 다양한 사상을 가지고 참여할 수 있는 제도와 체제를 정부의 간섭으로부터, 또는 그에 못지 않게 정치 · 경제 · 사회 · 문화, 심지어 종교적 집단의 간섭으로부터 지키기 위해서 신문(인)이나 방송(인)의 이차적인 자유와 권리가 인정되는 것이다. 이 가치의 순서와 서열을 혼돈하거나 잊어서는 안 된다. 그런데 우리 나라의 신문(인), 방송(인)은 그 가치의 선후 순서와 중요성의 서열을 거꾸로 착각하고 있는 것 같다. 남북관계나 통일문제 또는 한반도 정세 등에 관해서 개인(시민)은 정권이나 남의 의견과는 다른 여러 가지 각기 상이하거나 다양한 견해 · 생각 · 신념 · 사상 · 접근방법 등을 가질 자유가 있고 권리가 있다. 다양(多樣)과 복수(또는 다수)의 견해와 주장이 서로 상대방이 가치와 자유와 권리를 존중하면서 대등하게 대화할 때만 가장 적절하고 현명한 답안이 나오게 마련이다. 이 원리와 원칙은 문제의 중요성이 크고 높을수록 더욱 소중하다. 남북관계와 통일문제가 바로 그에 해당한다. '국가'라는 이름으로도 이 다양성을 금지할 수 없다고 해야 할 것이다.

그럼에도 불구하고 우리 나라 신문 방송은 그 방향과 내용이 섣부른 '국가안보'와 국가 지상주의의 '유일사상'의 주술에 꼼짝없이 묶여 있다. 국가 권력이 강요하는 반공주의 '유일사상'의 선전 선동자의 역할을 스스로 자처하고 있다. 그것이 마치 무슨 숭고한 애국적 사명인 양 착각하고 있는 것처럼 보인다.

세계의 어느 나라 어떤 제도에서나, 국가권력의 '유일 이데올로기'를 위해서 선전 선동적 역할을 담당하는 기능을 '체제화 언론', '어용신문', '어용방송', 또는 짧게 '체제언론'으로 부른다. '타락한 언론'의 대명사이다. 국가권력의 시녀가 되고 그 아폴로지스트(변명자)로서 체제언론화한 타락한 언론을 과거의 군주제도와 나치나 파시스트, 군국주의나 전체주의 또는 공산주의 국가의 특이 현상으로 치부하고 멸시하는 경향이 있다. 그러나 그런 해석은 잘못이다. 우리 나라의 지난 역대 군사독재 시대의 『조선일보』라는 신문을 선두로 하는 소위 '언론기관'(언론인)들이 거의 예외 없이 바로 그것이었음은 이제 누구나가 인정하는 사실이다.

그런데 지난 날의 그런 치욕스러운 행태가 남북관계와 통일문제를 소재로 하는 보도와 평론행위에서는 지금도 조금도 변함없다는 데 심각한 문제가 있다. 텔레비전의 경우를 말하자면, 시청자에 대한 그 시각적 · 영상적 역기능이 제작 · 편성 · 제시의 놀라운 기술적 발달 때문에 오히려 더욱 증대되었다고 말할 수 있다. 쉽게 표현하자면 '사실이 아닌 것을 더욱 진실(사실)처럼' 믿게 만들고 있다는 말이다.

민주주의의 언론 사상에서는 국가나 사회의 체제가 강요하는 이론이나 주장 또는 국민의 인구학적 다수가 지지 · 신봉하는 것 같은 이데올로기나 가치관, 즉 '다수 의견'의 가치에 못지 않게, 그것에 반대 · 대립하거나 상이한 철학과 가치관, 또는 인구통계학적으로 소수자가 제창하는 '소수자'적 사상 · 이론 · 신념 · 주장 등의 권리가 존중되어야 하는 것이다. 그런데 군사독재 시대의 한국의 소위 '언론기관 · 언론인'은 반공주의 때문에, 그들이 반대한다고 하는 공산주의 언론(인)과 동일화된 추태를 보였다. 그렇지 않은 사회관습과 제도가 바로 공산주의라면, 공산주의가 되지 않기 위해서라도 소수자의 가치관 · 사상 · 방법론적 다양성이 존중되어야 한다. 그렇게 하는 것이 오늘날 인쇄매체보다도 더 즉각적이고 압도적인 인식 효과를 발휘하게 된 방송과 그에 종사하는 사람들의 사명일 것이다.

남북관계와 북한 및 통일에 관한 신문기사 또는 방송 프로그램의 발상 · 기획 · 제작 · 편성 · 방영의 과정에서 진정 '언론인'이고자 한다면, 북한과 통일문제에 대해 광적 반공주의에 길들여진 지난 날의 작태를 과감히 뿌리쳐야 한다. 구시대의 기득권자들의 집단이나 정부와 다른 시각에서 남북관계와 통일문제를 생각하는 다양한 '소수 의견'과 '소수자' (마이너리티)의 권리와 자유가 체제적 의견이나 정책과 동등한 자유와 권리를 적극적으로 보호할 의무가 있다.

우리 텔레비전 · 신문 · 라디오의 '언론'은 민주주의 언론의 근본적 인식을 근원적으로 결여하고 있다. 대단히 실례된 말인 줄을 알면서도 굳이 한국의 대중매체 종사자들에게 충고하고 싶은 것은, 그들의 '의식' (意識)부터 바로잡아야 한다는 점이다. 한반도의 평화와 남북관계의 긴장완화에 작용하는 텔레비전의 영향력이 클수록 영상매체 종사자들에 대한 그 요청은 절실하다.

　너무도 가볍고 경솔하다고 말하면 언짢아 할 사람들도 있겠지만, 사실이 그렇다. 남·북한 문제에서는 시청자들에게 충격적이고 선동적인 제시를 능사로 삼고 있다. 그것이 진실(사실)이냐 거짓이냐를 가릴 생각도 안한다. 거짓인 줄 알면서도 '체제언론'의 습관대로 진실을 가장하고 제시되고 있다. 보도에 앞서 진실과 허위를 검증해야 하는 노력은 신문 저널리즘에 있어서와 마찬가지로 방송 저널리즘에 있어서도 저널리스트(이른바 '언론인') 의 양심(良心)적 명제이고 또 직업적인 윤리강령의 제1항목이다. 한국 저널리스트들에게 있어 이 양심적 명제와 직업 윤리강령 제1항목은 그들의 의식 속에 없는 것 같다. 이와 같은 정신적 자세로서의 직업 행위는 시청자에 대한 중대한 배신 행위이다. 국민대중을 몽매하게 만들고 이성적 상황 평가와 판단을 가로막는 결과적 효과 때문에 '반애국'적이기도 하다. 특히 텔레비전의 브라운관을 통해서 제시되는 것은 그 같은 직업적 양심의 시험을 거쳐서 나온 것이리라는 전제와 묵계를 믿고 '진실'로 받아들이는 시청자와 시민 전체의 '신뢰'(믿음)를 배신하는 행위라 할 수 있다.

　수없이 되풀이되고 있는 그런 사례들 가운데서 바로 얼마 전에 있었던 웃지 못할 사례 하나만 들어보자. 대한민국의 4천 5백만 시민은 작년(1997년) 봄의 어느 날 밤, 북한의 'AN-2'라는 유형의 비행기 편대가 옹진반도를 지나 남한 쪽으로 침공해 오고 있다는 '중대뉴스', '긴급뉴스'에 가슴이 철렁 내려앉았다. 피난 보따리를 챙길 셈으로 일대 혼란이 빚어졌다.

　텔레비전 방송은 몇 시간 동안, 누런 색깔의 '두 날개' 비행기가 편대를 지어 남쪽을 향해 바다 위를 날아오는 모습을 되풀이 방영했다. 그러고는 그 'AN-2'라는 비행기 속도가 시속 145km라는 사실도 자막으로 보여 주었다. 그러고는 이 두 날개 비행기(複葉機) 한 대에 20명의 무장 군인이 탑승할 수 있고, 몇 시간 사이에 남한의 휴전선 후방에 수천 명, 수만 명의 기습공격 부대를 투하시킬 수 있다는, 황당무계하고도 어마어마하게 겁나는 주석을 되풀이하여 방영했다. 4천 5백만 명의 대한민국 시민(국민)의 가슴이 내려앉고, 텔레비전 앞에서 서로 부둥켜안고 "이제 우리는 죽는가 보다!"라고 겁을 집어먹은 것은 당연하다. 그날 밤, 공포감에 떠는 가슴으로 모두가 잠을 이루지 못했다. 이것은 어떻게 된 일인가? 한국의 텔레비전 방송과 방송 저널리즘, 그리고 소위 방송 '언론인'의 '무책임성'이 빚은 경박한 행위임이 밝혀졌다. 사실은, 북한 지역 하늘을 날고 있던 도요새 몇백 마리가 잠시 그 나는 각도를 남쪽으로 바꾼 것이 백령도의 한국 공군 레이더에서 관측되었다. 새가 나는 높이란 어차피 몇십 미터에서 고작 몇백 미터의 낮은 고도(底高度, 低空)일 수밖에 없다. 잠시 정체 확인을 하는 동안 백령도의 군부대는 경계신호를 발했다고 한다. 그러나 잠시 후, 그 '저공 비행물체'의 정체가 도요새 무리임이 확인되었다. 이것이 상황의 전부였다.

그런데 이 나라의 텔레비전은 어떠했는가? 앞에서 쓴 대로이다.

이것은 단순히 한국의 텔레비전 방송(방송인)들이 '경망스럽게 호들갑을 떤다'는 일반적 평가로 넘길 수 있는 사건이 아니다. 첫째로, 보도자들이 자기 직업행위와 관련해서 공부를 하지 않는다는 증거가 드러난 것이다. 공군이 그런 자료를 제공했거나 텔레비전 방송사(인)가 그런 자료를 자료실에서 찾아냈거나 결론은 마찬가지이지만, 'AN-2'기의 속도가 시속 145km라고 되풀이 자막으로 제시했다. 시속 145km는 고속도로에서 우리들이 조금 빨리 달리는 자동차의 속도와 같다.

이런 속도의 비행기가 군사적 목적에 사용된 것은 제1차 세계대전, 즉 지금으로부터 꼭 80년 전, 비행기 역사의 원시시대 일이다. 'AN-2' 기는 북한의 초보 비행연습용과 연락용 목적에 쓰이고 있다. 오늘날 우리의 영공을 지키는 남한 공군 전투기는 세계 최첨단 최강으로, 대개 '마하'(음속) 2 내지 2.5, 즉 시속 2,300km 내지 3,400km이다. 그 무장은 가공할 만하다. 200~300m의 높이로 나는 도요새 무리가 레이더에 잡혔다는 사실은 AN-2이건 다른 어떤 저공비행체이건 마찬가지로 전방 배치 레이더에 잡힌다는 뜻이다. 그러면 초고속 최신예 전투기가 즉각 출동한다. 시속 145km의 자동차의 속도로 서울에 도달할 여지도 없다. 하물며 '순식간에 후방지역 침투 운운'은 공상 소설감도 안 되는 넌센스이다. 또 두 날개 비행기가 무슨 목적에 쓰이는지는 앞서 설명한 대로이다. 그럼에도 불구하고 우리의 방송(인)들은 이와 같은 공상소설 작품(도 안 되는 것)을 되풀이해 내보냄으로써 진실과 허위를 검증할 직업적 책임을 저버렸다. 시민의 공포감을 조장했다. 우리 나라 매스컴들은 그런 무책임하고 무식하고 경망스러운 행동으로 국민에게 끊임없이 공포감을 주는 것으로 성적 쾌감을 즐기는 새디즘적 성향이 있지 않나 의아스럽다. 금년(1998년) 봄 동해안에서 꽁치잡이 그물에 걸린 원시적인 북한 잠수정의 경우도 그랬다.

남북관계나 통일문제에 관해서 몸과 의식에 배어 버린 군부독재 시대의 무조건 반공주의적 선동주의·과대포장·충격효과 등 '무책임성'의 무수한 사례 중 하나에 불과하다. 그 피해자는 누구인가? 그런데 더 놀랍고 한심스러운 사실은 그 과정과 결과에 대해서 신문 방송(인)들의 사과 한 마디도 없었다는 점이다. 이번 일에서만 그랬던 것이 아니다. 그와 유사한 수없이 많이 되풀이된 사례에서 여태까지 소위 '언론사'와 '언론인' 들이 시청자에게 사과를 한 일이 있었는지 기억 나지 않는다. 무책임성과 선정주의 경박성의 일방통행적 행위가 한국의 신문 방송(인)들의 통념이

되어 버린 감이 있다.

그 밖에도 특히 방송 저널리즘(저널리스트)이 남·북한 관계와 한반도 정세, 그리고 통일과 관련된 뉴스 해설 배경설명·논평·다큐멘터리 등에서 명심해야 할 준칙들이 많다. 그것들을 간추려 보면 다음과 같이 될 것이다. (이 글의 근본정신은, 우리가 지니는 모든 그와 같은 문제성은 바로 북한의 문제성임을 아울러 전제한다. 다만, 북한의 문제성들은 우리가 익히 알고 있고, 흔히 너무나 일방적으로 과장 강조되는 경향이 있기에 우리 자신의 문제형식으로 논하는 것이다. 이 사실에 오해 없기 바란다.)

1. '냉전(冷戰)의식'의 잔재

세계는 '탈냉전' 시대라고 하지만, 한국의 보도인들은 아직도 '냉전시대'를 살고 있다. 반 세기에 걸쳐 미·소 양 초강대국의 국가 이기주의적(패권주의) 표현인 냉전의식이 마치 우리 나라의 '체제적 신념'으로 되어 있다. 우리의 인식과 의식을 문명세계의 역사적·시대적 조류에 맞추려는 노력이 시급하다. 냉전이 사라진 지 20년이 가까워지는데도 한국 언론(인)들은 상황의 변화와 그 변화의 의미를 인식하지 못하고 있다.

2. 광적 반공사상

같은 '반공' 사상이라 해도 남한의 그것은 지구상에서 가장 극단적이었다. 일정한 정도의 '공산주의 비판' 의식은 민주주의와 휴머니티를 위해서 도움이 된다. 그러나 우리의 그것은 지난 날 군부독재 체제와 수구세력의 정권유지책이었을 뿐만 아니라, 반이성(反理性)과 몽매 정책의 본보기였다. 민족간 화해를 거부하는 이데올로기로 악용되어 왔다는 이유에서 우리들의 머리에서 시급히 정리되어야 한다.

3. 맹목적 애국주의

서로 상대자가 있는 일에서는, 한쪽은 전적으로 선(善)하고 다른 쪽은 전적으로 악(惡)한 경우란 없는 법이다. 어떤 상황에서건, 자신의 잘잘못이나 합법성, 정당성 등의 여부를 냉정하게 가리는 이성적 태도를 거부하고, 무조건 한국(남한 우리)의 정당성만을 주장하는 경향이 있다. 남·북한 문제의 해결에서 이와 같은 태도는 결국은 자기부정적일 수밖에 없다.

4. 문제의 역사적 배경에 대한 이해

모든 일어나는 일에는 역사적 배경이 있다. 이에 대한 인식과 이해가 없으면 그 일의 전모와 뜻을 알 수 없다. 그 가장 적절한 예가 몇 해 전의 소위 '북한 핵'과 얼마 전의 인공위성(미사일) 발사 문제이다. 1960~70년대에 남한이 북한에 비해서 모든 면에서 열세일 때, 그리고 베트남전쟁에서 패배한 미국이 앞으로 아시아대륙에서 그의 하위동맹국이 관련되는 전쟁에는 일체의 직접적 군사개입을 하지 않겠다는 '닉슨 독트린'을 선언하면서 주한미군 1개 사단을 일방적으로 철수시켰을 때, 궁지에 몰린 상태의 박정희(남한) 대통령이 자존(自存)을 위해 원자탄과 미사일 생산계획을 추진한 사실과, 20년 후인 1990년대에 그 위상이 완전히 역전해 모든 면에서 북한이 남한보다 열세해진 상황에서, 핵과 미사일 계획을 추진하는 북한 처지의 역사적 배경을 인식하면, 문제의 공평한 이해에 도움이 될 것이다. 남과 북의 어느 쪽이건, 상대방을 궁지로 모는 정책이나 전략은 상대방의 핵무장을 촉발하게 마련이다. 지금의 문제는 미국이 북한 말살정책을 평화·협력정책으로 전환하고, 군사적 협박전략을 상호신뢰 구축 방향으로 수정하는 것이다.

5. 인과관계의 구조

　남·북한 사이에서 일어난(나는) 일들은 대개의 경우 일방적인 것이 아니라 상호작용적이었다. 다시 말하면 서로가 원인을 제공하고, 그에 반응하고, 다시 반응하고, 다시 또다시 반응하는 식으로 확대·격화되었던 것이다. 남·북이 각기 상대방을 '악'으로 규정하고 자기는 '선'으로 자처하는 정신상태는 독선이다. 그 전형적 사례가 남·북한의 휴전협정 위반에 관해서이다. 우리 신문(인)들은 휴전협정은 북한만이 위반하고 남쪽은 충실하게 준수하는 것처럼 착각하거나 주장하고 있다. 진실은 다음과 같다. 즉 협정 체결 후 1988년 6월 말까지의 약 40년 기간에 위반건수는 북한이 42만 4천 356건, 남한(유엔군)이 45만 4천 605건으로 기록되어 있다.

　남북관계에서 일어나는 일들을 놓고 상대방만을 원인 제공자로 비난하는 남·북의 태도는 그 어느 쪽도 옳다고 할 수 없다. 서로가 원인 제공자라는 사실 인식이 중요하다.

6. 동일 사실에 대한 판단의 이중기준

　남·북한 사이에서는 동일한 성격과 정도의 일이 자주 일어난다. 그것이 우리(남한)측의 행위일 때는 '합법 정당'하고, 저쪽(북한측)의 행위일 경우에는 '침략 도발 범죄'로 규탄하는 경우가 비일비재하다. 이것은 동일 사실에 대한 가치판단에서 '이중기준'을 적용하는 행위로서, 비논리적일 뿐 아니라 자기 기만적이고, 나아가서 민족간 화해와 통일을 거부하는 태도이다.

7. 상대방 입장에 한번 서 보는 마음

　남·북한의 군사비는 연간 130억 달러 대 약 30억 달러이다. 약 4 대 1 정도로 추산되고 있다.(1994년) 북한은 공포를 느끼고 있다. 공격적 군사력으로서 남한은 질적·양적으로 압도적으로 우월하다. 이 불균형에 대응하는 북한의 선택이 미사일이다. 우리의 지속적 군비 증강은 평화적 통일에 도움이 되기보다는 긴장 요인이다.

남한과 미국의 합동 군사훈련인 '팀스피리트'는 20만 이상의 병력과 미국 핵항공모함과 핵공격 함대가 대거 동원되는 훈련이었다. 과거에 소련에 대항하던 북대서양동맹군(NATO)도 이런 대규모의 훈련은 하지 않았었다. 팀스피리트 훈련 때에 북한의 반응을 비난하기는 쉽다. 그러나 만일 막강한 소련 극동해군의 핵공격 함대와 핵폭격기 편대의 엄호하에 소련 육군과 북한군 20만 명 또는 30만 명 가까운 병력이 휴전선 바로 북방에서 여러 날을 두고 남한을 공격목표로 하는 '소·조 합동 팀스피리트 훈련'을 20년 동안 해마다 감행했다면 우리는 어떻게 반응했을까? 우리 자신에게 물어볼 필요가 있다. 가장 중요한 사실은, 북한에는 1958년 10월 (중공군 철수) 이후 외국 군대가 없는데, 남한에는 북한을 항시적 공격목표로 하는 막강한 미국 핵군사력이 존재하는 사실의 의미를 북한의 처지가 되어서 한번쯤 생각해 보아야 한다.

8. 민족간 화해보다 대립을 부추기는 '언론기관'의 습성

북한 내부에 대한 정확한 정보와 지식은 제한되어 있다. 그럴수록 우리는, 한국의 매스컴이 으레 선정적으로 과장하거나 선동적으로 강조하는 의식 성향·습성을 이성적으로 반성하는 노력이 필요하다. 이미 신문 방송 등 대중매체의 남북문제에 대한 선정적 무책임성은 남·북간 이해와 화해를 저해하는 심각한 요소이다.

9. 북한의 '이질화' 문제

'이질화'의 판정기준은 무엇인가? 우리 남한 사회에 통용되는 이것저것의 상태가 북한 사회의 그것들의 옳고 그름을 판단하는 기준이 될 수 있을까? 그리고 우리 남한 사회가 인간성이 숭상되고 민족적 주체성이 고양된 사회일까? 그 밖에 우리 자신(들)과 한국의 자화상을 객관화해서 냉정한 마음으로 따져 볼 의식과 자세가 필요하다. 이 의식적 자기비판은 남·북간의 이해를 위해서 그 중요성을 아무리 강조해도 부족할 정도이다.

10. 미국의 국가 이기주의와 패권주의

우리들은 해방 이후 반 세기에 걸친 오랜 세월 동안 미국식 가치관과 사고방식에 동화해 버렸다. 군사·정치적으로 과거의 예속성은 아니더라도 아직 다분히 미국적임을 부인할 수 없다. 미국이 하는 일은 모두 옳고, 북한이 하는 일은 모두 그르다는 식의 민족 허무주의적 미국 숭배의식으로 남북관계, 남북문제, 한반도 상황, 통일문제를 대하는 한, 남·북한의 '화해'와 '평화'와 '통일'은 저만큼 요원하다. 정신을 바짝 차려야 한다. '미국인보다 더 미국적인 한국 지식인'들이 주로 정부·지식·전문·언론 분야에서의 대북정책과 대북한 여론 수립의 핵심을 차지하고 있다. 미국 패권주의에 대한 냉엄한 인식이 필요하다.

통일을 위해서는 북한이 변해야 할 만큼 남한도 변해야 한다는 문제의식이 아쉽다.

11. 동·서독 통일에서 배워야 할 교훈

베를린 장벽이 허물어지고 동·서독이 통일된 뒤, 통일독일 수도를 방문한 남한의 노태우 대통령은, 독일의 콜 수상에게 "북한이 동독만 같았으면 남·북한 관계가 평화롭고 통일도 쉽게 이루어질 텐데……"라고 말하여, 한반도 문제와 통일문제의 어려움을 전적으로 북한 책임으로 돌렸다. 그에 대해서 콜 수상은 남한의 인권탄압과 사상통제를 적시하면서 이렇게 충고했다.

"북한이 동독같이 되기만을 바라지 말고, 남한이 서독같이 될 생각은 왜 하지 않는가?"

한국 사람들은 서독이 자본주의 국가이고 반공적 정책을 취하지만, 사회주의 국가인 동독보다도 더 사회주의적 '복지제도' 국가라는 사실을 깨닫지 못하는 것 같다. 서독의 국가기본법(헌법)은 서독이 "민주적이고 사회적인 연방국가"라고 규정하고 있다. 동독과의 어려운 협상을 거쳐서 1972년에 동·서독간의 대폭적 접촉·왕래·협력·원조·불가침…… 등을 실현한 것이 그 정책을 꾸준히 주장해 온 서독 사회주의 정당의 집권하에서였다. 그리고 그것을 추진하고 실현한 것이 사회민주주의자인 브란트 수상이다. 서독은 사회주의 정당과 보수주의 정당들이 선거를 통해서 정권을 담당해 나간다. 사상의 자유는 물론 언론의 자유·인권·집회…… 등이 보장 실현되어 있다. 인민의 동독과의 접촉이나 왕래도 자유였다. 북한과의 접촉을 금지시킬 목적의 남한의 반공법이나 국가보안법…… 같은 것이 없었다. 공산주의·사회주의·무정부주의…… 등 학문과 연구와 발표의 자유가 있었고, 사회주의 정당의 집권으로 국가 정책에 사회주의 정책이 대폭 채택되었다. "북한만 나무라지 말고 남한이 서독같이 될 생각은 왜 하지 않는가?"라는 충고의 뜻을 깊이 새겨 들어야 한다.

한국의 '언론기관'과 그 종사자들은 국민의 여론 형성의 방향과 내용을 결정하고 좌우한다. 그럴수록 남·북 문제에 관해서 근본적인 의식개혁이 있어야 한다. 20세기의 광적·극렬 반공주의 시대의 의식과 가치관을 21

세기의 문에 들어서기 전에 말끔히 털어 버려야 한다. 그렇지 않다면 한국의 소위 '언론기관'과 '언론인'들은 20세기 후반에서와 다름없이 국민과 민족에 대한 '가해자'로 남을까 두렵다.

한국판 매카시즘이라는 유령

대통령선거의 계절이 되니 세상이 온통 시끄럽다. 그 속에서 또다시 '용공', '빨갱이'의 유령이 횡행하기 시작한 것이 이번 선거의 앞날을 걱정케 한다.

건국 50년사에서 '민주공화국'이라는 번지레한 간판을 걸어 놓고, 그 뒤에서 영구집권의 '황제'를 꿈꾼 야심가들이 수없이 대통령선거를 악용했었다. 민주주의를 열망하는 국민의 뜻을 배반하여 황제가 되려 했던 문민정치가 리승만 씨가 그랬고, 가장 깨끗했던 선거로 선출된 문민정부를 탱크로 몰아내고 권좌에 앉은 군인 출신의 박정희 씨가 그랬다. 그 뒤에 또하나의 선부른, 전두환이라는 '황제 지망생'이 있어, 그의 정적의 고향에서 양민대학살까지 저질렀으나, 추악한 이름만 남기고 실패작으로 끝나고 말았다.

문민 대통령 리승만 씨와 군인 대통령 박정희 씨에게는 출신성분은 다르지만 두 가지의 공통점이 있어 보인다.(대한민국 초대 대통령은 모든 공식문서에서 '이승만'이 아니라 '리승만'으로 썼다.) 첫째의 공통점은, 그들의 정치적

이 글은 『법보신문』, 1997년 9월 10일자에 실렸던 글이다.

경쟁자를 '빨갱이'라는 악랄한 상징조작으로 매장해 버린 수법이다. 둘째의 공통점은, 그런 수법으로 이룩하려 했던 '황제'의 야망이 본인, 혈육, 측근들의 처참한 죽음으로 끝나 버린 비참하고 '추악한 종말'이다.

천하에 거칠 것이 없어 보이던 그들의 황제적 행적의 화려함이 눈부셨을수록 그 종말의 적막감은 차라리 모골이 송연하다. 무슨 업보이기에 그런 최후를 맞아야 했을까? 지난 세월 나는 대통령선거의 소란을 거칠 때마다 또 무슨 흉계가 꾸며지려는가 가슴 조이고, 또 어떤 비극의 씨가 뿌려지려는가 하는 예감에 가슴 조였다.

아니나 다를까, 올해도 선거의 날이 가까워지면서 이번에도 과거가 되풀이되는 불길하고 불쾌한 예감을 떨칠 수가 없다. 50년 동안 정치 경쟁의 상대방에게서 '빨갱이'라는 허깨비를 들추어 내려는 간교하고 야비한 수법이 부끄러움도 없이 횡행하기 시작했으니 말이다.

북한의 어떤 이름난 '공산주의 사상 마술사'가 망명해 오자 '황장엽 리스트'라는 허깨비가 등장했다. 황제 주변의 정보·권력 대리인들은 그 '리스트'라는 것 속에서 권력에 도전하는 사람은 누구나 때려 잡을 수 있는 엄청난 방망이가 들어 있다고 협박하고 나섰다. 그것만으로도 나라의 꼴이 걱정되는 판인데, 이번에는 남한의 어떤 종교지도자가 북한에 망명해 갔다. 하나가 오면 하나가 갈 수도 있을 법한데, 세상은 또 철도 없이 벌집 쑤신 듯 시끄럽다.

호기물실! 이런 좋은 기회를 권력자들이 놓칠 리가 없다. 새 황제 지망생의 측근들은 신통력이 바래 버린 '황장엽 리스트'를 던져 버리고, 이번에는 '오익제 리스트'[1]라는 방망이를 마구 휘두르기 시작했다. 이 '리스트'에도

---

1) 천도교 교령인 오익제 씨가 1997년 8월 15일 북한에 망명했다.

권력에 도전하는 사람은 누구라도 일격에 때려 잡아 들일 수 있는 막강한 방망이가 들어 있다고 서슬이 시퍼렇다.

대통령 선거 때면 어김없이 거쳐야 했던 불길한 '통과의식' 이라고도 한다. 집권세력이 선거 때마다 써 먹은 비열한 '색깔논쟁' 이다. 박 속에서 '빨갱이' 허깨비를 끌어내어 대통령선거 경쟁자를 먹칠하려는 '한국판 매카시즘' 의 음흉한 수법이라는 비난도 있다. 선거의 날이 하루하루 가까워짐에 따라서 '매카시즘' 이냐 아니냐의 공방이 가열되고 있다.

'매카시즘' 이다! 이다. 이다. 이다……! '매카시즘' 아니다! 아니다. 아니다……!

한국의 정치사에서 크고 작은 선거 때마다 흉악한 유령처럼 나타나서 세상을 시끄럽게 하면서 유권자들의 올바른 판단을 송두리째 빼앗아 버린 매카시즘이란 무엇인가? 그 정체를 꿰뚫어 보는 지식은 진정한 자유·민주주의를 회구하는 우리 유권자들에게 이성적 투표를 할 수 있는 기본조건이다.

'매카시즘' 이란, 1950년대 전반 시기에, 미국의 정치·사회·문화 전반을 미국의 전통적 국가이념과는 정반대되는 극단적이고 광신적인 반공주의로 몰고 간 젊은 상원의원 조세프 매카시의 이름을 딴 극우 반공·보수의 반동적 사상과 체제 및 인신·사상 공격의 수법을 말한다. 제2차 세계대전 후, 미국을 지배하는 보수 세력이 소련과 사회주의의 등장에 공포감을 느낀 나머지, 미국 민주주의의 기본이념인 양심과 사상의 자유·종교적 관용·언론의 자유·학문의 지성·개인의 가치와 제반 권리 등을 '반공' 의 이름으로 제한·박탈할 수 있는 소위 '반미행위처벌법' 이라는 악법을 제정·제도화하였다.

그것들은 무제한의 폭력을 휘둘렀다. 저명한 정치인·학자·장군·과학자·예술가·노동운동가 등 8백만 명의 미국 시민이, 정부의 비호하에 이름을 공개할 의무를 지지 않는 밀고자·감시자 들의 한 마디로 그 위원회에 출두하여 무죄를 입증해야 하는 고초를 당했었다. 훗날 대통령이 된 보수적인 리처드 닉슨 상원의원과 손잡은 매카시위원회는 심지어 트루만 현직대통령까지 '빨갱이 용의자'로 지목했었다. 미국판 '색깔논쟁'이다. 세계의 선량한 영화 애호가들의 사랑을 받은 찰리 채플린이 '가난한 사람들'에 동정하는 영화를 만든다고 해서 '빨갱이'로 기소되어 미국을 쫓겨난 것은 유명한 이야기다. 바로 그를 쫓아내는 데 큰 역할을 한 사람이 헐리우드와 미국 영화계에서 매카시즘 재판(마녀사냥)에 정보 제공자로 활약했던 배우 레이건이다. 이 사람이 최근까지 미국의 대통령으로 행세한 인물이다.

매카시는 "정부와 정치계의 상층 또는 핵심부에 침투한 공산당의 경력을 가진 빨갱이 2백여 명의 리스트(명단)를 가지고 있다"고 발표하였다. 광적 반공주의로 이성을 상실한 미국의 언론기관들은 그것을 매일같이 대서특필함으로써 미국 사회를 공포와 불신과 반지성의 암흑사회로 몰고 갔다.

그러면 그 유명한 2백여 명의 '빨갱이 리스트'는 어떻게 됐는가? 그것은 매카시가 조작한 허위정보임이 밝혀졌다. 결국 매카시는 그런 광적 반공주의의 암흑시기를 거치는 동안 매카시즘의 악몽에서 깨어난 미국 의회의 탄핵을 받아 의회를 쫓겨나고 버림받은 상태로 죽었다.

매카시즘이란 그런 것이다. 이 어찌 두렵지 아니한가!

베트남 인민에게 먼저 사죄를 하자
―바람직한 한·월 관계를 위한 반성적 제언

문학을 하는 여러분들이 우리의 민족적 양심에 가시처럼 꽂혀 있는 베트남전쟁을 놓고서 지난 날의 한국의 행태를 반성하면서, 새로운 문제를 풀어 나아가기 위한 노력들을 하고 계시는 모습을 보니 감동스럽습니다. 정말 깊은 경의를 표합니다. 가끔 집으로 보내 오는 이 모임의 팜플렛들을 보면서, 어떻게 해서 이런 모임이 시작되었는가 하고 늘 궁금히 생각하던 터에, 오늘 이 모임에서 이야기를 해달라는 초청을 받고 이 자리에 참석하게 되어 무척 기쁘게 생각합니다.

우리 한국인들은 지난 날 일본인들의 무모한 행위에 대해서 반성을 촉구하고, 그들이 역사적 교훈을 얻지 못한 것에 대해서 많은 비판을 하곤 합니다. 바로 그와 같은 관계가, 베트남과 우리들의 관계에 있어서는, 바로 우리가 일본이 되어 있는 가해자임에도 불구하고, 그런 인식은 우리 국민들 사이에 전혀 없었습니다. 그런데 오늘 이 자리에 모인 20여 명의 젊은 문인들을 중심으로 해서, 우리의 젊은 지식인들이 그와 같은 문제를 정면으로 제기하는 이 모임에 참석하게 되니 정말 깊은 감회와 아울러 나 개인적으

이 글은 '베트남을 생각하는 젊은 문인들의 모임'이 주최한 '제2회 베트남 연대의 밤' 행사(대한출판문화회관 강당, 1997년 10월 20일)에서 강연한 내용을 정리한 것이다.

로는 감사하고 싶은 심정입니다.

여러분이 내게 보내 준 강의 요청에 관한 팩스를 보면, 그 내용이 상당히 많은 항목으로 되어 있었어요. 말하자면 베트남전쟁이란 무엇이냐, 베트남전쟁의 성격과 의미, 한국참전의 의미, 그리고 이런 과거사와 앞으로의 베트남문제를 보는 시각 등등, 상당히 구체적인 내용의 항목들이 다섯 가지로 나뉘어 조목조목 적혀 있었어요. 그래서 나는 평소에 하는 식으로, 오늘 하루 종일 십여 건의 기록과 문헌을 찾아보면서, 꽤 구체적인 사실들을 가지고 나왔습니다. 그런데 막상 모임에 나와 보니까 내가 준비한 식으로 강의하면 안 될 것 같은 느낌이 들어서 우선 당황하게 됩니다.(웃음)

이를테면 내가 조사한 문헌 중의 하나는 작년(1996년)에 출간된 미국의 맥나마라 전 국방장관의 회고록입니다. 이 사람은 그토록 잔인하고 무모하게 베트남전쟁을 치른 미국의 베트남전쟁 최고 정책수립자이자 전략가죠. 나는 이 문헌을 토대로 여러분에게 자세하게 소개하고 싶었고, 베트남전쟁에 관한 미국 정부 내의 초극비문서들을 다룬 '펜타곤 페이퍼'(미국 국방성 보존 최고 기밀문서), 미국 상원 청문회 기록, 국제법적 조명, 뭐 이런 식으로 여러 가지를 다룬 강의를 할까 했는데, 이래 가지고는 안 되겠다 싶어 좀 당황한 것입니다.

나도 금년(1997년) 4월에 베트남에 처음 가 보았습니다. 그런데 그 여행은 오랜 세월 동안 나 자신이 베트남에 관해서 가지고 있던 생각을 어떤 면에서 해소하는, 그런 여행이 되지 못했습니다. 여기엔 까닭이 있습니다. 나는 한국의 불교 스님들이 베트남의 불교를 도우러 가는 모임에 초대를 받아서 베트남에 가게 되었습니다. 그래서 그냥 스님사절단을 따라가다 보니까 주로 베트남 불교와 그 사찰 쪽만 구경했을 뿐입니다. 실제로 내가 알고 싶어했고 가 보고 싶어했던 현장, 베트남 인민의 사회 혁명, 반외세·반제국주의 투쟁, 베트남전쟁의 현장들에는 들르지 못했어요. 그런 여행은 오히려 여러분들이 더 잘 그리고 더 자주 하고 있는 것으로 알고 있습니다.

그러니까, 지금으로부터 32년 전이 되는군요. 정확하게 1965년 2월 10일에 미국은 베트남에 폭격을 단행했습니다. 엄청난 공군력을 가지고 월맹, 북베트남 전체에 무자비하고 무차별적인 폭격을 했습니다. 북폭(北暴)이라는 전면전쟁이지요. 그때 나는 『조선일보』의 외신부장이었는데, 그날부터 전쟁이 끝나는 1975년까지 정확하게 십 년 동안 단 하룻밤도 미국의 포탄 밑에서 죽어가는 베트남 인들의 고통, 비참, 생명, 피흘림…… 그것들의 의미를 생각하지 않고 자 본 일이 없습니다.

물론 전쟁을 하는 미군들의 죽음과 우리 파월국군들의 죽음도 안타까운 일이지만, 베트남전쟁의 성격을 생각할 때 세계 최강의 군사력을 지닌 미국이, 제2차 세계대전 때 태평양전쟁에서 연합국이 전체적으로 사용했던 600만 톤보다 1.5배나 많은 약 900만 톤의 포탄을 퍼부은 그 좁은 땅에서, 그 엄청난 포탄 밑에서 심장이 터지고 머리가 으스러지고 팔다리가 찢겨나간 채 죽어가는 가난하고 순박한 베트남 인들을 먼저 생각지 않을 수 없었습니다. 나는 정말 십 년 동안을 괴로워했습니다. 삼십대 중반의 젊은 나이였습니다. 외신부장이었기 때문에 베트남전쟁 뉴스로 밤을 새우기도 하고, 기사를 만들어 신문에 집어넣고는 새벽에 집으로 돌아가기도 하면서, 개인적으로 술도 많이 마신 때였지만, 집으로 돌아가서도 잠자리에 들기 전에 또 죽어가는 베트남 인들을 생각했던 겁니다.

이제는 한국인들 가운데서도 베트남전쟁, 한국군의 월남파병, 베트남사태의 성격에 대한 회의가 일어나고 그에 대해 반성하는 모습들을 가끔씩 접하게 됩니다. 약 400만 명에 이르는 생명과 육체, 국토의 전면적 파괴를 거친 뒤에야 그 엄청난 비극을 인식하게 되었습니다. 그 당시는 '반공 성전'이라는 뚱딴지 같은 선전 때문에 베트남전쟁에 대한 제대로 된 인식은 한국 사회에 전혀 없었습니다.

그 한 예로, 1965년 4월, 한국이 베트남전쟁에 군대를 파병하기로 결정했을 때를 봅시다. 이 때 국회에서 단 한 사람만이 반대표를 던졌습니다. 그 당시 국회에는 박종태라는 분과 서인석이라는 분이 계셨는데, 이 두 분은 다 박정희 대통령의 집권당인 공화당에 속해 있었습니다. 박종태 씨의 경우는 당의 압력에 굴하지 않고 끝내 부표를 고집했고, 서인석 씨는 투표가 끝난 뒤 검표과정에서 자기는 투표에 참석하지 않은 것으로, 즉 기권으로 바꿨습니다. 그렇게 해서 베트남전쟁 파병에 대한 국회의 반대표로 역사의 기록에 남은 것은 단지 한 표뿐입니다. 한 나라의 군대가 초강대국 군대의 보조물로서, 남의 나라 전쟁에 참여하게 되는, 그런 중대한 문제를 결정하는 투표였습니다. 그런데도 남한 국민을 대표하는 국회의 반대표가 하나밖에 없었습니다. 그것은 그 당시 우리 남한의 정치인, 지식인, 나아가 대한민국 국민 전체의 의식수준이 어땠는가를 말해 주는 표본이라고 할 수 있겠죠.

모르는 사람이 많지만, 우리가 베트남전에 참여하게 된 것은 1961년 11월 16일이라고 할 수 있습니다. 1961년 5월에 무력쿠데타로 정권을 잡은 한국의 군부와 그 대표자인 박정희 소장이 정권 승인을 받기 위해서 미국에 '조공'을 바치러 갔는데, 그때 케네디 대통령이 박정희 장군에게 내민 정권 승인의 조건이 네 가지 있었습니다. 그 하나는 일본과의 국교정상화를 단행할 것, 즉 정치적으로 일본과의 한일회담을 타결하는 것이고, 둘째는 그렇게 함으로써 일본 경제권 안에 한국을 편입시킬 것이며, 셋째는 한국이 베트남전쟁에 군대를 파병함으로써 미국 군대의 죽음을 대신할 것, 그리고 넷째는 형식상 최소한의 선거를 실시해서 합법적인 정부를 수립하는 '민정이양'의 모양새를 갖출 것이었습니다. 그렇게 하면 미국도 군사정권을 인정해 주겠다는 것이었습니다.

그 박정희 씨의 워싱턴 방문에는 리승만 정권 시대와 민주당 정권 시대에 부패·타락하지 않은 기자 세 사람만 동행할 수 있는 자격이 주어졌습니다. 지금은 통일원장관이 되어 있는 권오기 씨와 합동통신의 나, 그리고 『조선일보』에서 또 한 사람이 박정희 국가재건최고회의 의장의 워싱턴 방문현장을 취재하고 목격했습니다. 그때 나는 앞으로 '베트남전쟁에서 우리의 많은 젊은이들이 피를 흘리겠구나' 하는 생각을 파병 결정을 내리기 몇 년 전부터 알 수 있었던 것입니다. 그런 까닭으로 베트남전쟁에 대해 미리 관심을 가지고 베트남사태와 역사를 혼자서 연구했었습니다. 그래서 다른 지식인이나 언론인, 학자, 전문가 들이 전혀 엉뚱한 각도로 베트남사태를 보고 있을 때, 내 나름으로 외롭게 베트남문제를 생각하고, 쓰고, 발언하고 할 수 있었던 것입니다.

다음은 베트남전쟁의 성격과 의미에 대해 말하겠습니다. 역사적으로 말하자면, 그것은 오랜 외세의 식민지 통치하에서 그에 반항하고 민족해방과 독립을 추구하며 싸운 베트남의 애국지사와, 역대 외세에 빌붙어서 일신의 영달을 꾀해 온 민족반역자들과의 싸움이었습니다. 마치 우리가 일제하에서 민족해방과 독립을 위해 싸운 애국자들과 달리, 민족을 팔아먹고 일본에 부역했던 자들이 해방 후에 한국의 총체적인 지배권력을 장악했던 것을 생각하면 쉽게 이해가 갈 수 있습니다. 즉 해방 신생 독립민족 내의 민족양심세력과 민족 반역세력의 싸움이었습니다.

재미나는 것은, 남베트남의 민족해방전선(미국인과 한국인이 업신여겨서 '베트콩'이라 부르는)의 중앙위원회가 39명으로 구성되어 있었는데, 이 39명 가운데는 1백 년 이상의 과거 프랑스 식민지와 그 뒤를 이은 3년 동안의 일본 통치하에서 민족해방과 대외세 항쟁을 벌이지 않은 사람은 하나도 없습니다. 또 여성들까지 포함해서 독립 투쟁으로 말미암아 투옥되거나 징역살이를 하지 않은 사람이 한 사람도 없었습니다. 그와는 대조적으로, 몇만 명의 미국인과 한국인 청년의 피를 흘려서 도운 남베트남의 소위 '반공·자유 월남' 사이공 정권에는, 과거 민족해방을 위해 싸운 사람이라곤 육군 중령 한 사람밖에 없었습니다. 구엔 가오키 수상, 구엔 반 티우 대통령, 구엔 콴…… 등, 우리가 이름을 들 수 있는 모든 베트남의 군 장성들은 예외 없이 프랑스 식민지 통치 군대의 육군 중위, 공군 소위 따위들이었습니다. 정치·사회·경제적 지배계층 역시 그러했던 겁니다. 이것으로 미루어 보면, 베트남전쟁이 민족 내부에 있어서 어떤 성격을 지닌 싸움인가 하는 의미를 알 수 있을 겁니다.

사회정치적으로는 개혁과 혁명을 지향하는 민중에 바탕을 둔 현상타파 세력과 식민지하에서 치부하고 권력을 장악한 기득권자들, 즉 현상유지 세력과의 투쟁이었습니다. 또 사회계층적인 성격으로 말하자면 관료, 지주, 상인 등 농민에 반하는 지배계층 세력들과 농민의 대립이었습니다. 종교적 차원에서 보면, 80퍼센트의 토착 불교세력과 11퍼센트의 서양 지향적 외래 종교(주로 가톨릭)세력과의 대립이었으며, 이데올로기적으로는 물론 사회주의·진보 세력·공산주의와 그에 대립하는 자본주의·반공주의로 대별되겠죠. 그 밖에 미국이 반공 이데올로기를 앞세워 약소국가를 침탈한 신제국주의가 있겠지요.

흥미로운 사실은 미국이라는 국가가 당시에 세계적인 반공 포위망을 구축하는 과정에서, 이른바 허구적인 '도미노 이론'을 가지고 동맹국가들의 건전한 판단의식을 마비시켜 버렸던 비이성적 사상풍조입니다. 실제로 일본이 패망한 1945년에, 전 식민 지배자인 프랑스가 다시 들어와 베트남을 식민지화하기 위해서 민족지도자 호지명 영도하의 베트남군과 9년간의 제

1차 베트남전쟁이 있었습니다. 그것이 베트남군의 승리로 끝난 1954년에 제네바 정전협정이 조인되고, 2년 뒤에 남북을 통틀은 총선을 치뤄서 통일국가를 수립한다는 조약이 이루어졌습니다. 그러나 1년이라는 세월이 흐르면서 상황이 그렇게 진행되지 않았어요. 미국 대통령 아이젠하워가 영국의 이든 수상에게 서한을 보내서 제네바 정전협정으로 합의했던 2년 후의 남·북 베트남 총선거의 실시를 파기한 것입니다. 베트남 휴전협정대로 1년 뒤에 통일선거를 실시하게 되면 베트남 국민의 80퍼센트 이상이 호치민과 공산당을 지지하리라는 것이 분명했습니다. 이런 것을 그냥 방치할 수는 없는 일이지 않느냐면서 선거를 보이코트하자고 제안하게 됩니다. 이 사실은 아이젠하워의 회고록에 잘 나타나 있습니다.

이렇게 1954년 제1차 베트남전쟁 휴전협정에서 결정된 남·북 통일선거를 미국이 보이코트시키고, 남베트남을 미국의 동남아시아 군사망의 전방기지로 반공진영 속으로 굳히는 정책의 결과로서, 제2차 베트남전쟁이 시작됩니다. 이것이 군사전문가들이나 군 역사학자, 정치학자 들의 일반적인 견해입니다.

그 당시, 이미 베트남에서 미국이 추구하려는 정책이나 목적을 전쟁 이외의 방식, 무력 이외의 방식으로는 도저히 실현할 수 없었습니다. 아이젠하워 대통령 자신이 그것을 인식했다는 사실은, 베트남 민중과 호치민 및 베트남 공산당의 관계가 어떠했는가를 반증해 주는 것입니다. 이런 사실을 놓고 생각할 때, 베트남전쟁의 성격이 민족자결이라는 내셔널리즘 대 미국의 반공주의·신식민주의·패권주의 사이의 갈등에서 찾아질 수 있다고 말할 수가 있겠죠. 또는 미국적 관점에서 베트남전쟁을 지배했던 이념인 무력·힘·군사력·과학기술 등 물질력과 돈 만능주의에 대해서, 베트남의 민족주의, 사회혁명·민족해방·민족독립·정신주의·평화주의·의식의 역량 · 동양적인 토지 소유와 관련한 농민의 혁명 역량 · 지도자의 자질과 역량과 애국심 · 프랑스 식민지 지향적 종교인 가톨릭에 맞선 토착 종교인 불교…… 이런 요소들의 대립이라고 할 수 있을 겁니다.

　군사전략적인 측면에서 본다면, 초현대적 미국 군대의 정규전에 맞서 베트남 농민 사회가 벌인 게릴라전이었다고 규정할 수 있겠습니다. 그리고 미국의 패권주의 · 국가 이기주의 · 반공 간섭정책 등에 대해서 당시 사회주의 세계 · 제3세계와 비동맹세계에 팽배했던 시대적 사조로서 반서방적 사회혁명 · 민족자주 정신의 대결이라고도 할 수 있겠지요.

　이런 성격을 지닌 전쟁임으로 해서, 전쟁이 최고조로 달했던 1968년 한 해 동안에만도 미군 병사들의 탈주병이 5만 3,352명이나 되었습니다. 미국이 국가를 건설한 이래 여러 차례 전쟁을 치뤄 왔지만, 이처럼 많은 미국 군인이 자기 국가의 전쟁을 거부하면서 탈주한 일은 없었어요. 게다가 1961년부터 1975년 전쟁이 끝날 때까지의 기간을 통틀어서, 베트남전에 참전하지 않기 위해 징집을 거부하거나 기피하거나, 또는 해외로 망명한 사람들의 합계가 무려 57만 명이나 됐습니다.[1] 이런 숫자를 들면서 이야기하는 까닭은 이런 전례가 세계의 전쟁 역사상 없었던 일이라는 사실입니다. 이것은 베트남전쟁이 미국의 지도자들이 내세우는 대의명분과는 정반대로 윤리성과 도덕성이, 바로 자신의 국민들에 의해서 거부당한 전쟁이라는 사실을 일깨우게 합니다. 미국 건국정신과 미국 군대의 불패라는 신화가 무참히 깨어진 것입니다.

　오늘 이 자리에 계신 여러분의 모임은 앞으로 베트남과의 관계를 어떻게

---

1) 그 중 탈영자 10만 명, 기소된 징병기피자 21만 명. *Change and Circumstance—The Draft, The War and The Vietnam Generation*, by Lawrence M. Baskir and William A. Strauss, p. 68, p. 168.

해 나아가야 하는지에 대해 더 궁금해 하는 것 같습니다. 얘기가 과거의 정책 쪽에 집중되어 있어서 좀 안됐습니다. 그러나 앞으로 베트남과의 관계에 대해서 뭔가 알려면 과거에 대한 인식을 분명히 해 둘 필요가 있습니다. 그래야 앞으로 무엇을 해야 할 것인지가 밝혀지리라 생각합니다.

다음은 한국의 월남전 파병에 관해서 말해 봅시다. 주로 참전을 주장하는 쪽에서 정당화하는 논리이지만, 흔히 미국에 대해 우리 나라가 은혜를 입은 까닭에 그 신세를 갚기 위해 참전을 해야 한다는 주장과, 공산주의자들에 대항하는 반공의 '전쟁'이니까 참전해야 한다는 황당무계한 주장이 있었습니다. 그 중에서 은혜를 갚기 위한 것이라는 주장은 나름대로의 근거가 없지 않습니다. 우리가 6·25 전쟁과 그 후의 경제적 원조 등 미국에 대해 신세 진 점을 부정할 수는 없는 일이겠죠. 그러나 그런 측면에서 보자면 세계에서 미국의 신세를 가장 많이 진 국가는 영국입니다.

미국과 영국은 조상을 같이하는 형제국가이고, 제1차 세계대전에서도 그렇거니와 제2차 세계대전에서는 나치 독일에 의해서 그야말로 영국이 멸망할 것 같은 단말마적인 순간에 미국이 구출해 주었습니다. 그 후에도 경제와 생활이 총체적으로 파탄됐던 3류국가 영국이 다시 일류국가로 발돋움할 수 있게 된 것은 마샬 플랜에 의해 도움을 준 미국이 없이는 불가능한 일이었지요. 이와 같이 미국에 입은 은혜를 질이나 양으로 따지더라도 남한보다 영국이 몇십 배로 컸습니다.

그런데 베트남 파병과 관련하여, 마찬가지로 미국에 신세 진 오스트레일리아가 처음에 200명을 보냈다가 나중에 7천 명을, 뉴질랜드가 30명에서 500명을, 대만이 30명을, 필리핀이 17명에서 출발해 2천 명을, 타이가 1만 1천 명을 보냈을 뿐입니다. 게다가 이 숫자는 대부분이 포병대와 공병대, 민간봉사대, 후방기지 경비대 들이었습니다. 피난민 구호 등 간접적이거나 아니면 복구작업을 위해 보낸 공병대가 대부분이었어요. 그에 반해 우리 대한민국만이 전투병 5만 명을 베트남 전선에 투입해서 베트남인들과 전쟁을 벌였습니다..

내가 좀 전에 영국의 예를 든 까닭은, 미국이 자기들에게 신세를 진 모든 예하 국가들, 아시아의 거의 반예속적 동맹국가들에 대해서 압력을 넣어 군대를 파견하게 했지만, 미국의 요청을 거부할 처지가 못 되는 영국이 끝끝내 군대를 보내지 않았다는 사실 때문입니다. 그러다가 1968년에 이르러 영국도 베트남전쟁에 참전하고 있다는 모습을 형식적으로라도 갖춰 달라는 미국의 거듭된 애원에 못 이겨 겨우 의장대 6명을 사이공의 탄선녓 공항에 파견했습니다! 외국 귀빈들이 사이공 공항에 내릴 때 열병·사열에 영국기와 6명의 의장대가 들어 있음으로써, 마치 영국(군대)도 미국을 도와서 베트남전쟁에 참가하고 있다는 겉치레를 하기 위해서였습니다.

이것은 굉장히 중요한 뜻을 지닙니다.

의장대 6명!

영국 정부, 정치인, 지식인 들, 그리고 영국 시민들은 베트남사태와 미국의 베트남전쟁의 본질을 정확히 알고 있었습니다. 아까 내가 강조한 것처럼, 미국에게 국가의 멸망 위기에서 구출된 국가임에도 불구하고 영국은 전투부대 파견은 끝내 거부했어요. 의장대 6명 파견으로 영국 국민의 베트남전쟁에 대한 인식을 입증하면서 미국의 체면을 살려 준 것입니다.

이것으로써 양면의 평가가 가능할 수 있겠습니다. 앞서 미국의 케네디 대통령과 박정희 육군 소장과의 합의를 말씀 드렸지만, 결국 베트남 파병으로 한국 군부의 쿠데타정권은 미국의 승인을 얻고, 해방 이후 최초의 군인국가를 확립하게 됩니다. 우리의 사회·문화·정치 등 모든 차원에서 국가의 군사화를 이룩하게 된, 그 후 30년에 걸쳐서 오늘날까지 벗어나지 못하는 모든 문제의 모순이 여기에서 비롯했다고 할 수 있겠지요.

그리고 한국은 베트남전쟁의 파병으로 인해 20억 달러의 경제특수를 얻게 됩니다. 이것은 결국 제1차 경제 개발 5개년 계획이 출발하는 밑거름이 됩니다. 우리는 늘 일본의 경제 발전에 대해서, 한국전쟁을 기화로 돈벌이를 한 게 아니냐고 비난을 합니다. 일본은 베트남전쟁에 군인 한 사람 보내지 않고서도 미군 군수품 생산이나 용역으로 직접 획득한 이득이 32억 달러, 간접으로 효과가 나타난 것이 20억 달러로, 일본인의 피 한 점 흘리지 않고 52억 달러의 특수라는 혜택을 누렸습니다. 한국의 경우와 비교해 보세요.

또 하나는, 우리 군대의 작전 훈련과 실전 경험을 높인 군사적 효과가 있었습니다. 또 미국과의 계약에 의해서 한국군의 무기 현대화를 추진했습니다. 이런 것이 플러스적인 측면입니다. 문제는 한국전으로 인한 일본 경제의 특수경기를 비도덕적인 행위라고 우리가 공격하고 비난한다면, 우리 나라의 경우에도 경제·군사·무기·경제개발 계획의 공은 한쪽으로는 윤리성에 문제가 있다고 해야겠지요. 윤리성이란 계량이 불가능하기 때문에, 그 양을 화폐로 바꾸어 내면화하고 물질화해서 계산할 수는 없지만 말입니다.

구체적인 한 예로, 과거에 독립운동가였다가 뒤에 야당의 정치지도자가 되었던 박순천 여사가 베트남에 초청을 받아 간 적이 있었어요. 그 광활한 토지를 비행기 위에서 내려다보고 너무나 황홀한 나머지, 공항에 내려서자 베트남의 땅에 입을 맞추면서 감동적으로 말했습니다. "우리 민족이 고구려 이후 처음으로 남의 나라에 군대를 보내 민족의 위력을 발휘했다. 이 비옥하고 광활한 땅이 우리 것이라면 얼마나 좋겠는가." 귀국한 박 여사는 그런 내용의 글을 『동아일보』에 기고했습니다. 우리에게는 이런 의식이 자리해 왔던 겁니다. 베트남 인민의 땅을 군사력으로 탐내는 그 수준의, 그런 종류의 의식이었습니다.

특히 베트남에 대해서 정확한 인식을 하지 못하게 되었던 까닭은, 정부와 군대와 극우 반공주의자들의 선동·선전과 베트남전쟁에 대해서 무식한 우리 언론기관들이 그 비판적 기능을 상실했기 때문입니다. 모든 것이 반공주의와 군사적인 측면에서만 평가되었지요. 세계의 누구나 알고 있는 베트남 민족의 염원도 프랑스를 대신한 미국의 신식민주의와 패권주의의 본질도 한국 국민만 모르고 있었습니다. 해방 후, 리승만 정권 말기까지는 우리 언론이 상당히 비판적 균형을 발휘했는데, 군부 폭력 밑에서 극우 반공주의와 미국의 선전에 의식이 마비되어, 언론기관과 언론인이 마땅히 해야 할 직무로서의 비판기능을 맡지 못했습니다. 그 결과로 우리가 몇 세대에 걸쳐서 군사정권을 받들 수밖에 없는 사태로 나타난 것이지요. 나 개인으로 말하면, 베트남전쟁에 대한 비판적 언론활동 때문에 정부의 압력을 받아 『조선일보』의 직을 강제해임당했습니다.

그 반면, 비판의식을 지니는 세계의 지식인들에게는 미국이 하고 있는 전쟁의 성격이 뭐냐 하는 것이 분명했습니다. 20년 동안 직접적으로 베트남에 죽임과 황폐를 안겨 준 당시 미국의 전쟁지도자 맥나마라 국방장관을, 미국과 한국 지식인들은 '걸어가는 사전', '워킹 컴퓨터', 또는 '면도날 같은 두뇌'라고 불렀습니다. 모르는 것이 없고, 모든 일에 대한 답변이 머리 속에 이미 다 마련돼 있는 군사적 천재라고 미국과 한국의 신문·방송들이 찬양하였습니다.

그런데 이런 천재적인(?) 맥나마라 장관이 자기가 수행했던 베트남전쟁이 끝난 지 20년 뒤에 저술한 회고록(*In Retrospect: The Tragedy and Lessons of Vietnam*)에서 하고 있는 이야기가 재미있어요. 아니, 차라리 한

심하다고 해야겠지요. 그 가운데서 다른 것은 생략하고, 핵심적인 것만 간략하게 소개해 보겠습니다. 베트남 민족과의 '반공전선'이라는 전쟁에서 얻은 교훈을 그는 11개 항목으로 나누어 다음과 같이 요약합니다.

첫째, 남베트남의 민족해방전선, 소위 베트콩이라고 경멸했던 사람들과 북베트남 사람들의 자질과 능력을 전혀 오판했다.

둘째, 사이공 반공 정부 지도자들의 과거 경력과 자질을 오판했다.

셋째, 각성한 민족이 발휘하는 내셔널리즘의 역량에 대해 무지했다.

넷째, 베트남의 역사·문화·인민·정치·지도자 들의 인간적 요소 등을 미국의 정책수립자들이 무시했다.

다섯째, 미국적 과학·지식·미국적 물질의 힘을 과신했다. 즉 의식화된 인민의 역량을 상대적으로 과소평가했다.

여섯째, 미국 시민의 전쟁열을 조성하는 데 실패했다. 즉 미국 국민의 호응을 얻지 못했다.

일곱째, 베트남전쟁을 수행하는 목적에 대해 국민적 이해를 얻지 못했다.

여덟째, 미국식 사명감의 독선에 빠져 있었다. 즉 미국식 제도를 이상화해서 세계 어디서나 미국식 제도를 적용해야 한다는 독선에 빠져 있었다.

아홉째, 세계의 우방국가들의 전폭적인 협력을 얻지 못했고, 그런 협력 없는 전쟁에 뛰어들어 간 무모함을 범했다.

열째, 미국적 관점에서의 이런 불합리한 정황 속에서 단급하게 해결하려고 한 것이 실수였다.

열한 번째, 마지막으로 군사력이 아닌 방법, 즉 협상이나 상황을 적절히 조성하거나 평화적인 조건을 만드는, 다시 말해 무력이 아닌 방법으로 해결하는 방식을 경시했다.

이렇게 11개 항목으로 나누고 있습니다.

자기 자랑이 될까 좀 면구스럽지만, 나는 미국의 베트남전쟁 개입의 첫날부터 그 사실들을 꿰뚫어 보고 있었습니다. 미국인들의 무지와 오만 때문에 수백만의 베트남 인이 죽어야 했고, 병신이 되어야 했고, 국토가 파괴되어야 했습니다. 미국의 죄는 용서할 수 없습니다.

이와 같이 맥나마라라는, 전쟁을 벌인 당사자, 유일 최고 정책수립자 자신이 이제 와서 반성하며 제시한 11개의 베트남전쟁에 관한 항목은 여러분이 베트남전쟁을 뒤늦게라도 이해하는 데 매우 큰 도움이 되리라 생각합니다.

그렇다면 한국과 베트남의 미래에 대해서는 어떻게 생각할 것이냐에 대해 말해 보겠습니다.

여러분도 잘 아시다시피, 프랑스와 미국에 의한 베트남전쟁이 계속되었던 그 30년 동안에, 미국 정부 내에서 작성되고 교환된 극비사항을 다룬 문서가 이른바 '국방성의 베트남전쟁 관계 극비문서집'(펜타곤 페이퍼)입니다. 베트남 사태와 전쟁에 관한 미국 정부 내의 이 최고급 비밀문서집이 언론에 의해 폭로된 내용을 한번 보지요. 월맹 해군 어뢰정이 미국의 구축함을 공해에서 공격했다는, 그래서 북폭의 구실이 된 그 유명한 '통킹만 사건'이라는 것이 있습니다. 전세계에 월맹에 대한 미국의 대량폭격(북폭)을 정당한 사건으로 선전했지요. 펜타곤 페이퍼에서는 이 사건이 미국 해군과 CIA가 협력해서 조작한 사실의 전모가 드러나고 있습니다. 물론 수천 가지의 조작공작 중에서 한 가지에 지나지 않지만요. 이처럼 베트남전쟁에서 미국이 얼마나 잘못했는가 하는 것을 맥나마라 장관 자신이 20년이 지난 후에 반성하면서 되씹은 베트남전쟁의 본질이 이 회고록 속에 웅변으로 드러나고 있습니다. 미국 집권층 집단의 오만과 무지 때문에 죽은 베트남 인이 몇백만이며, 포탄과 고엽제로 병신이 된 사람이 몇십만이며, 파괴된 토지와 재화가 얼마이겠습니까? 그 가난한 베트남 인민의 행복은 어디로 갔을까요? 미국인의 무지 때문에 말입니다.

그렇다면 미국은 베트남전쟁을 왜 했는가? 물론 미국의 입장은 그것이 반공, 아시아 민족의 자유, 베트남 정부와 인민의 민주주의와 자유를 지키기 위한 것이라고 주장했습니다. 그런데 펜타곤 페이퍼의 극비문서 속에 나오는 것을 보면 이렇게 되어 있습니다.

그 당시 맥노튼 국방차관보가 맥나마라 국방장관에게 보낸「베트남을 위한 행동계획」, 다시 말해 1965년 3월 24일 날짜의 극비 문서를 봅시다. "미국의 베트남전쟁 수행 목적"이라는 제목의 문서인데, 베트남전쟁 목적의 70퍼센트는 세계에서 미국의 굴욕적인 패배의 인상을 회피하기 위해서, 즉 미국의 체면을 살리기 위해서이고, 20퍼센트는 남베트남 및 이웃 나라를 중공의 위협에서 지키기 위해서라고 되어 있습니다. '베트남 국민의 보다 더 자유로운 생활과 정부를 보장하기 위해서', 즉 베트남 국민과 정부의 민주주의적 자유를 보호하고 공산주의로부터 지키기 위한 목적은 10퍼센트, 이렇게 평가하고 있습니다.

나는 대한민국이 통일베트남과 국교를 수립한 그해에 『한겨레신문』 논단에 이런 내용의 글을 쓴 적이 있습니다. 우리가 일본에 대해서 과거를 들추고 피해자와 가해자의 관계에서 그 원한을 잊지 못한다면, 우리가 베트남과 국교를 정상화하는 이 단계에서 베트남에 대해 취해야 할 행동도 분명할 것이다. 베트남 인민에게 국가의 이름으로 속죄와 반성과 사과의 구체적 표시가 있어야 한다는 뜻이었습니다.

현재, 한국 군인이나 민간인 들이 베트남에 가서 성행위를 한 결과로 태어난 혼혈아들의 딱한 처지를 돕고 있는 것으로 압니다. 나는 그것도 나쁘지 않지만 별로 속죄행위가 될 수 없다고 생각합니다. 그 당시 파병한 우리 군대에 의해서 죽거나 부상한 베트남인의 부모·형제·아들딸들에 대한 속죄와 배상이 필요합니다. 나는 그들 중의 한 사람을 골라 그가 대학에 간다거나 할 적에 학비를 대고 싶다고 베트남 대사에게 그 선정을 부탁한 적이 있습니다. 가난한 나로서는 한국인으로서의 경건한 속죄의 표시로 한 사람의 학생의 학비를 돕겠다고 제안했던 것입니다.

그 밖에 문화적으로는 베트남전쟁이 무엇이었느냐, 우리의 참전이 무엇을 의미했느냐 하는 문제가 있을 겁니다. 보기가 딱한 베트남의 현실을 보면서 그 속에서 살아가는 수많은 불구자와 매춘부와 거지 들, 직접적으로는 전쟁의 총탄에 의해 화상을 입은 불구자와 간접적으로 고엽제로 인한 불구자들이 수없이 많이 있는 것을 보면서, 처절하고 불행했던 지난 날의 한국(인)의 행동과 의식을 소재로 한 좋은 문학작품이 많이 창작돼 나오기를 기대합니다. 미국의 개인·민간단체·정부가 베트남에 원조를 보내면서 지난 날을 보상하려고 노력하는 것을 봅니다. 미국의 극우 반공 경향적 단체인 재향군인회조차 그러는 것을 보면서 그래도 미국인이 우리보다 낫구나, 이런 생각을 하게 됩니다.

우리도 뭔가 그런 방법과 형식으로 베트남 인민에 대해 우리의 잘못을 뉘우치는 표시를 해야 하지 않을까요? 특히 그 중에서도, 국가적이고 국민적으로 할 일은 베트남전쟁의 피해자들, 즉 불구자들과 고엽제 피해자들을 치료하는 일이라고 생각합니다. 다시 말해 길가에 버려진 그 사람들을 치료하는 큰 병원을 대한민국 정부 또는 국민의 이름으로 건설하는 것입니다. 거기에 의사들이 지원해서 가고, 그렇게 해서 베트남인들의 용서를 빌고 두 국민 사이의 우호적인 관계가 형성되었으면 좋겠습니다. 무역이나 경제, 합작회사나 기술원조라는 경제적인 돈벌이에 힘을 쏟기보다도, 나는 그런 것을 더 생각합니다.

여기에서 내 강의는 끝마치겠습니다. 오랜 시간 감사합니다.

휴전선 남·북에는 천사도 악마도 없다
— '인간의 얼굴'을 한 자본주의가 돼야 미래가 있다

새 봄 새 학기, 우리는 리영희 선생을 찾아가기로 했다. 무슨 이유였을까? 한 가지는 작년(1998년) 말 4년 만에 새로운 비평집을 상재한 것에 즈음하여 선생의 근황과 최근의 생각을 접하고 또 전하고 싶었고, 더 뜻있는 이유로는 새로 관악의 주인, 『그날에서 책읽기』 독자가 된 새내기들에게 이 '전환의 시기'(선생이 '전환시대'라고 했던 1970년대만 전환의 시기는 아닐 것이다)에 선생의 꼿꼿하고 청정한 음성을, 선생 자신의 인생담과 격려, 당부의 말을 전달하고 싶었기 때문이었다.

그런데 가는 날이 장날이라고, 우리가 선생댁을 찾은 날은, 바로 선생이 꼭 일흔 번째 설날을 보낸 며칠 후였다. 상투적인 표현으로 '인생칠십고래희'(人生七十古來稀)란 말이 있다. 지금이야 '인생 칠십'이 그렇게 드문 것은 아니지만, 선생보다 50살이 적은 1979년생들이 대학을 다니는 지금, 고희의 논객이 쓴 책(단순히 회고담도 아닌)이 대학가에서 적지 않게 팔리고 있다는 사실은 분명 흔한 일은 아닐 것이다. 선생 나이 일흔이라면, 그것도 한 '전환기'라면, 분명 그것에서 오는 소회도 없지 않으리라.

이 대담은 서점 '그날이 오면'의 발행물 『그날에서 책읽기』의 발행인 김동운과 편집자문위원 이수강과 나눈 것이다. 이 대담은 『그날에서 책읽기』 1999년 2월 21일자에 실렸다.

사실 우리의 젊은 나이에, 칠십이란 인생의 무게와 부피는 선뜻 감조차 잡기 어려운 성격의 것이 아닐 수 없다. 더구나 일제시기, 해방, 6·25 전쟁, 구속, 징역, 해직으로 점철된 한 생의 무게임에랴.

선생의 댁은 산본 신도시 수리산 기슭에 있는 아파트였다. 도시문화의 총아라 할 아파트, 그것도 무려 25층 짜리 건물로 수리산과 그 높이를 겨룰 것 같은 이 첨단의 철골구조물 중 19층에 있는 선생댁에 들어서려는데, 분위기에 맞지 않게도 웬 목제 문패 하나가 달려 있었다. "李泳禧 華陽洞 一六-六四." 산본으로 이사 오기 전 화양동 집에 붙어 있던 문패라 했다. 이 금속제 공간 속에서도 그에 포섭되지 않은 나무와 같은 한 인간이 살고 있음을 웅변하는 것처럼 보였다면 지나친 감상일까?

김동운 얼마 전(1998년 11월)에 한겨레신문사 대표단의 일원으로 북한에 다녀오셨는데요. 1989년 북한 방문 계획 때문에 옥고도 치르셨고, 또 이산가족 1세대로서 북한 방문에 대한 소감이 남달랐을 것 같습니다. 북한은 많이 돌아보셨나요?

리영희 얼마 볼 수 없었어. 우린 관광으로 간 것도 아니고, 더욱이 나는 북한의 초청에 응하기를, 누님과 형님의 생사를 확인하고, 살아계시면 만나고, 그럴 목적으로 간 것이기 때문에 돌아다닐 필요도 없는 것이고……

이수강 고향에도 못 들렀다고 하셨죠?

리영희 고향은 안 보내 주지. 북한당국이 고향에 보내 준 것은 정주영 씨 하나밖에는 없어. 직접 (북한) 정부가 나서서 찾아 준 것은 몇 사람 안 돼요. 그래서 고맙게 생각하지. 북한에 다녀와서 『한겨레신문』에도 썼듯이, 내가 이제껏 형과 누나가 북한에 있다는 이야기를 일체 한 적이 없거든. 내 이력서에도 안 쓰고. 왜 안 써 왔나를 거기서(『한겨레』) 밝혔지만. 사실 나는 벌써 1970년대에 형님이 돌아가셨다는 것을 알았어. 서울 주재 일본인 신문특파원이 귀임한 뒤에 남북적십자회담 취재로 평양을 다녀와서, 다시 서울 취재를 왔을 때 소식을 전해 주더구만. 그런데 (사망소식을 담은 편지를) 전해 주려는 것을 내가 받지 않았지. 겁나는 때니까. 일본인 특파원이 그 편지를 받아서 나에게 전달하려고 했는데 내가 받질 않은 거지. 그때 이미 알게 되었지만, 여기서나 또 북에 올라가서도 일체 그런 이야기를 안했고, 또 우리 어머님에게도 돌아가실 때까지 그 이야기를 안 해드렸어. 무슨 일이 생길지 모르는 거니까. 지난 번 『한겨레신문』에다가도, 내가 형님 소식을 알고 있었다는 것은 안 썼어. 나하고 우리 집사람하고 둘이서만 알고 지내온 이야기지. 이산가족 1세대들은 이처럼 속으로만 간직하고 괴로워하고, 가슴속에서 눈물을 흘리면서 겉으로 드러내지 않는 비밀이 참 많을 거예요. 한 사람 한 사람 다들 얼마나 많겠어요?(나중에 연보를 확인해 보니, 49세이던 1977년에 선생은 『전환시대의 논리』, 『8억인과의 대화』 등 저서 때문에 반공법 위반으로 수감되었고, 서대문형무소에 구속되어 중앙정보부에서 조사를 받는 도중 어머니가 숨을 거뒀다고 한다.)

이수강 이번 『창작과 비평』(1999년 봄호)에 보니 연세대 백영서 교수가 선생님의 북한 방문기에서 북한을 비판하고 있는 인상을 받았다고 썼던데요.

리영희 북한에 대한 내 생각은, 역시 긍정 반 부정 반이야. 그쪽 사람들에게도 그렇게 다 얘기했어요. 나는 사회과학적 견지에서 문제를 보는 사람이기 때문에, 예를 들어 정서적으로 문제에 접근하는 시인으로서의 문익환 목사처럼 두 손 들어 만세 부르는 식의 만남은 될 수가 없다고 솔직히 말했어요. 그들 사회가 가지고 있는 좋은 점은 이미 알고 있었고, 당신들에게 문제가 있다는 점을 재확인했다고 그들에게 말했지. 그 사람들은 자존심이 강해서 뭐든지 좋다고 이야기해야 좋아하는 사람들이라고.(웃음) 비판을 잘 못 받아들여요. 자기들이 만들어 낸 사회에 대한 긍지와 주체성이 아주 강하기 때문에, 특히 남한(사람)에 대해서는 주체성 없는, '미국의 속국' 정도로 바라보기 때문에, 남한 사람들이 비판하는 것은 더 못 마땅해 한단 말예요. "니까짓 것들이 무슨" 하는 게 일반적인 감정입니다. 차라리 서양 사람, 백인들이 들어와서 같은 말을 하면, 제3자로서 이해관계 없이 비판하는구나 그렇게 받아들이는데, 남한 사람들이 어쩌고 하면 "웃기는 소리 하지 마!" 이런 신조로 살고 있으니까. 과거에 소련과 중공에 대해서도 그랬으니까. 미국의 뜻에 영합하고 사는 남한(인)에게는 더 말할 나위가 없지요.

　북한이 기본적으로 훌륭한 점은 있지. 자주성이라든가, 그 어려움을 이겨 나오는 과정에서 만들어진 지도 집단과 인민들의 상호 신뢰관계—그것은 사회통제식 억압과 감시만으로 되는 것은 아닌 거니까. 특히 제1세대들의 김일성 주석에 대한 애정은, 남한에서의 국민-지도자 관계에선 상상을 할 수 없는 거죠. 남한에선 그런 지도자를 가져 본 적이 없으니까. 그런 것을 아울러서 알면 북한의 훌륭한 점과 남한이 가질 수 없는 점을 볼 수 있지요. 반면에 "큰일 났구나. 이래서는 안 되는데" 하고 생각게 하는 것은 획일주의적인 사회통제예요. 개개인의 다양하고 개성적인 창의력을 발휘하게끔 자유로워야 하는데, 사회원리로나 문화적으로나 상향적 수용력이 제도화되어 있지 않다는 점이에요. 위에서 정한 것들이 의무와 책임의 분량으로 분배되어 밑으로 내려가는데, 책임감만이 강조되고 개개인의 창조력, 자발성, 비판의식 같은 것은 기대하기 어려운 것 같아. 남한에서는 개인에 이익이 돌아가기 때문에 창의력이 발휘되는 거라고. 자본주의의 원리대로 남한에서는 나라를 사랑하고 안하고 사회를 사랑하고 안하고 간에, 그런 따위 충성이 아니라 개인의 원천적인 이기심에 동기를 부여하니까. 물질적 생산력이 발전한 까닭이 그런 데 있는 거지.

한 가지 좋은 예를 봤어. 평양에서 묘향산으로 가는 고속도로 길가에 농촌마을이 있었어. 농촌마을에 있는 집 둘레마다 파란 야채들이 아주 무성하게 잘 자라 있더라고. 같이 간 한겨레신문사 일행이 지적을 했어요. 그러니까 북쪽 사람이 시인을 하더구만. "이거 참 야단 났습니다. 집단농장 농사일은 그냥 적당히 마쳐 놓고, 집에 돌아와 텃밭의 작물들에다가는 물을 열 번 주고 스무 번 주고 그럽니다"라고. 나는 사회주의의 인간관계의 도덕성을 높이 평가하는 사람이지만, 사회주의가 물질적인 면에서 자본주의에 진 원인을 거기서 단적으로 확인한 것 같았어. 북한 인민이 우선 먹고 살고 또 경제적인 발전을 하기 위해서는, 개인에 대한 동기부여, 즉 개인이 처분할 수 있는 범위를 넓혀 주는, 그런 물질적 반대급부의 보장을 일단 어느 선까지는 제도화해야겠더라고. 바로 중국이 그렇게 한 거니까. 흔히 말하는 개인의 물질적 욕심을 살리는 '인센티브'이지.

김동운 예전에 1991년도이던가요, 사회주의의 붕괴 당시에 강연할 때에도 그러셨고(「사회주의의 실패를 보는 한 지식인의 고민과 갈등」, 『새는 좌·우의 날개로 난다』에 수록), 그 동안 사회주의가 가진 인간에 대한 구조결정론적인 관점에 대해 비판적 지적을 많이 하신 것으로 아는데요, 개인들의 이기심을 살리려다 보면 탐욕으로 흐르게 되고, 한편으로 그것을 지나치게 억압적으로 해결하려고 하다 보면 또 생산력의 저하라든지 기본적 욕구충족이 안 된다든지 하는 문제가 생길 것 같고요. 이것이 이 시대가 닥친 중요하고 어려운 문제일 것 같습니다.

리영희 역시 나는 근원적으로 인간의 본성으로 돌아가는 건데, 도덕적인 판단을 떠나서 나는, 인간은 기본적으로 이기심을 동기로 하고, 이기심의 충족을 목표로 해서 행동을 하는 존재다, 이렇게 생각을 해요. 이기심은 배타적일 수밖에 없는 거란 말예요. 인간 본성인 '이기심'에 대한 도덕적 가치평가가 아닙니다. 나는 그 본성을 선도 악도 아니라고 생각합니다. 배타적이라는 것은 다시 말해서, 경쟁관계를 유지하는 것이고, 보다 더 적극적으로는 유한한 물질을 대상으로 해서 모든 인간이 이기심에서 충동된 무한한 소유욕을 경쟁적으로 충족하려고 하다 보면 필연적으로 갈등과 투쟁이 나오게 마련이란 거죠. 그것이 자본주의의 물질적 강점이고 도덕적 약점입니다. 이기심을 생산력화한 자본주의의 대표적인 미국이 그렇듯이, 남한 역시 물질적 소유욕을 행위의 원리로 하는 사회에서 보는 범죄, 타락, 부정, 반인간성, 반생명, 잔인성, 인간 소외 등 부정적 인간 존재 현상이 불가피하지요. 그런 물질주의적 사회에서 흔히 종교·교육·가정의 기능과 역할을 강조하지만, 종교와 교육과 가정이 물질주의적 구조 속에 있고 그 체제의 '기초단위'인데 어디 가능하겠어요? 현실이 그것을 입증하고 있지 않습니까, 어디서나. 그것을 사회주의적인 문제의식으로 승화를 시킬 수밖에 없어요. 즉 소유 문제에 있어서 최소한도 배분에서 공정의 가치를 높이거나, 초기 마르크스의 인간론적인 관점을 토대로 해서 한다거나, 개인의 이기주의를 보다 더 큰 존재에 대한 충성심 쪽으로 이끌어 낸다거나 해서 말입니다.

과거에는 '신', 사랑, 종교, 혁명, 민족, '진리' 등의 순수 초월적인 가치관과 순교적 충성심이 있었지만, 지금은 그것도 상업주의화했어요. 그 이름이 뭐든지 간에, 물질과 돈을 신(神)으로 모시는 것에서 생명과 인간을 중요시하는 가치 체계의 사회 운영원리로 바꾸어야 한다고 믿습니다.

자본주의는 과연 사회주의를 패배시켰는가

이수강 그 동안 사회주의가 가졌던 구체적인 가치와 역할은 어떤 걸까요?

리영희 나는 자본주의에 대해서 사회주의가 페니실린·마이신의 역할을 해 왔다고 봐요. 아이러니컬하게도 철저한 반사회주의자요, 독점자본의 정치적 수호자요, 계급주의자요, 전제군주제와 군국주의 신봉자인 독일의 '혈(血)과 철(鐵)'의 재상 비스마르크가 1890년대에 사회주의 정책을 도입해서 독일제국을 발전시킨 이후 지난 1990년까지 100여 년 동안을 사회주의가 바로 자본주의의 체질적 질환에 대해서 마이신적 역할을 해 왔단 말입니다.

나는 자본주의가 사회주의를 패배시켰다는 주장이나 견해와 약간 관점이 달라요. 사회주의가 자본주의의 내생적인 질병의 가능성과 원인과 요소를 예방해 준 역할 때문에 자본주의가 그러한 발전을 할 수 있었단 말이에요. 굉장히 역설적인 거요. 이중의 역설이죠. 그러니까 자본주의가, 특히 미국식 자본주의가 사회주의를 이겼다고 하는 것은 사실이 아니고, 자본주의는 2분의 1을 이기고 2분의 1을 졌다고 봅니다. 사회주의는 2분의 1을 지고 2분의 1을 이겼어. 자본주의는 오히려 사회주의를 '상실'한 것이지. 그러면 앞으로 자본주의는, 마이신으로서의 사회주의가 해 왔던 기능들, 사회체제, 철학, 사상, 이념, 정강, 정책 이런 것을 자본주의 체제 안에서 만들어 내야 한다고 생각해요. 자본주의 자체가 살기 위해서, 특히 자본주의 제도 속의 인간의 삶의 '질', 즉 정신적 '행복'을 충족하기 위해서 그러지 않을 수 없다고 확신합니다.

유럽 자본주의는, 미국과 달리 그 전통이 오래 되었어. 그 때문에 유럽의 국가와 사회는 미국보다 훨씬 '인간주의'적이에요. 미국 자본주의가 국내적으로는 범죄와 마약과 인종적 갈등에 병들고, 대외적으로는 '힘' 만을 믿는 패권주의, 제국주의적 횡포를 일삼고 있는 것이 다 이런 까닭이에요. 유럽연합 15개 나라 가운데 13개 나라에서 지금 좌파 정권이 들어섰거든.

과거 냉전시대에 미국 자본주의가 사회주의와 공산주의에 대해서 '인간의 얼굴'을 가져야 한다면서 매도했었지요. 이제는 미국식 자본주의가 '인간의 얼굴을 한 자본주의'가 돼야 해요. 안티테제로서의 사회주의, 마르크스주의가 도전했을 때에는 미국 자본주의는 상대방에게 인간의 얼굴을 한 것처럼 가면이라도 썼단 말이에요. 이젠 가면을 쓸 필요가 없어졌어. 이제 드러난 얼굴은 정말 야차(夜叉)의 얼굴 아니에요? 과거 냉전시대에 레이건이라는 미국 대통령이 사회주의·공산주의 및 일체의 좌파적 이론·철학·국가·정부·제도……등을 '악'(evil)이라고 단정하고, 미국 자본주의를 '선'이라고 주장했어요. 오늘날의 '악'은 미국이라고 봅니다. 그 나라는 진정한 평화를 원치도 않고, 평화를 견딜 수 없는 원리에 따르고 있어요.

21세기는 자본주의가 '인간의 얼굴을 한 자본주의'로 탈바꿈하고 되살아나야 하는 인류사적인 대시험의 세기예요. 예전에 프랜시스 후쿠야마(F. Hukuyama)라는 엉터리 철학자가 "역사는 끝났다"라고 발표했다고 해서, 한국의 교수들·학자들이 언제나 그렇듯이 마치 미국이라는 하늘에서 큰 신탁(神託)이나 내린 것처럼 떠들 때 나는 한심하게 보았어요. 그 까닭이, 자본주의의 자기갱생의 역사가 이제부터 시작돼야 한다고 생각했기 때문이지요. 과거에 체제화됐던 공산주의나 권력 통치형태로서의 사회주의에서, 이제 현재의 자본주의가 자기생존의 필요 때문에 요구하고 만들어 내는 새로운 형태의 체제―어떤 사람들 이야기로는 '제3의 길'이라고 하는 것 같은데, 내가 표현하는 것으로는 '인간의 얼굴을 한 자본주의'로의 자기혁명의 시대가 21세기라고 나는 보고 있어요.

마이신으로서의 사회주의, 체제로서의 사회주의

김동운 그렇다면 자본주의에 일정하게 대항하면서 또 새로운 어떤 체제를 이뤄 가는, 그러니까 체제로서의 사회주의 형태는 이제 앞으로는 불가능 내지 불필요하다고 보시는 건지요?

리영희 역사적 경험과 많은 실증에서 교훈을 얻는다면, 계급주의와 혁명의 체제로서의 사회주의는, 극히 예외적인 소수의 후진사회를 제외하면 그 역할을 다한 것으로 보입니다. 중앙통제적 명령형 계획경제 체제로서의 사회주의라면 역시 아프리카의 소수 미개발 국가에서 제한적 범위에서 일정 기간의 체제적 역할을 담당할 수 있겠지만, 개발도상 정도의 단계에 있는 사회에서부터는 체제로서의 사회주의의 기회는 별로 없을 것입니다. 국가 운영의 정치적 체제로서도 복수 정당 의회민주주의를 거부하는 1당 전제적 사회주의는 불가능하겠지요. 그러고 보면, 사회주의는 체제로서는 자신의 민주주의적 체질개선과 함께 사회주의 고유의 철학과 이념, 즉 평등·인간가치·개인과 전체의 이익 조화, 경제적 및 사회적 정의, 물질적 풍요보다 삶의 내용(질적 행복), 특정 또는 소수의 강대국 패권주의와 전쟁반대, 국제관계의 평화적 체제 확립, 반핵·군축·평화, 부유 강대국의 빈곤·저개발 국가 인민에 대한 적극적인 부의 이전, 인류평화…… 등 목표와 행동강령으로써, 자본주의적 민주주의 체제의 견제적 동반자 역할이 사회주의에게 부과된 기능, 그리고 사회주의가 적극적으로 능동적으로 수행해야 할 역할이라고 봅니다.

소위 '신자유주의' 라는 무한경쟁 시장경제의 비인간성, 사회적 다윈이즘의 극단 형태인 경제·사회적 약육강식과 그 무자비성, 윤리성을 상실한 과학·기술 만능주의, 자본의 과학·기술 지배 구조로 말미암은 인간과 인류의 미래에 대한 공포…… 등, 사회주의에 대해서 21세기가 거는 요구와 기대는 19세기나 20세기의 소수 국가들에서의 체제로서의 사회주의에 못지 않다고 나는 확신하고 있어요.

인간은 개인으로서는 이성적 존재임이 분명한데, 인간이 집단화했을 때에는 이성을 상실한다는 것을 나는 거의 진리로 생각해요. 뭐니뭐니 해도 그 최악의, 그러나 가장 적절한 발현이 히틀러 나치즘이지. 나치는 개개인의 온갖 두뇌(이성)를 집단적 지배의 목적을 위해서 가장 효과적으로 조직화했습니다. 인류사상 전무후무하겠지요. 나치의 광기(狂氣)로 말미암은 인류의 절멸 위기에 직면해서야 나치의 '집단적 이성'은 끝났습니다. 다음은 인간 이성이 고도로 작용해서 만들어 낸 과학기술의 첨단으로서 핵무기를 봐요. 인류 절멸의 위기 순간이 와서야, 이제 이러다가 너도 죽고 나도 죽는, 인류 절멸의 단계에 왔다는 잠재적 종말 상태를 깨달았을 때 비로소 반핵의 역사가 시작되었어요. 환경문제도 그렇죠. 인간의 이성(과학정신)이 온갖 물질적 이기를 발명·제조해 낸 결과로 자연의 파괴와 인간 생존조건인 환경의 위기를 느끼게 되니까 녹색당도 생기고 자연과 환경, 인류의 생존방식에 대한 반성도 생기지 않습니까? 21세기의 인간 이성의 또 하나의 가공할 위기는 생명공학, 유전자 조작 등으로 우주의 조화의 원리를 파괴할지도 모르는 '신에의 도전'입니다. 이 모든 도전은, 인간의 가능성의 자연발로라는 주장이지만, 연구의 출발과 그 결과(물)의 처리·이용의 전체 단계를 자본주의적 이윤추구 시스템이 지배한다는 데 문제가 있습니다. 그러한 절대절명의 위기 속에서 자기 생명보존의 위협을 느끼고 "무섭다. 이젠 그만 가자"라는 요구가 생기지 않을까? 그래서 나는 현재의 인간들의 '발달'의 결과에 대해서 역설적이지만 아주 '비관적 낙관'을 하고 있어. 궁극적으로 생명이라는 것, 안 죽으려고 하는 것은 생명을 가진 모든 것들의 본질이 아니겠어? 물질을 사유화하려는 욕심, 본성으로서의 이기심과 함께 말이지. 즉 가지려고 하는 것(소유)과 안 죽으려고 하는 것(생)이 생명의 양대 현상이 아닌가 해요.

김동운 그렇게 극단적인 상황까지 가게 되면, 많은 여러 가지 후과가 따르게 될 텐데, 그렇게까지 가기 전에 미리 예방하고 다른 방향으로 가도록 만드는 인간의 노력은 힘든 것인가요?

리영희 그러니까 인간은 개체적으로는 이성적 활동을 하는데, 집단화하면 그 집단·사회·민족·국가·경상도·전라도·군대·정당·종교 등은 비이성적으로 된다는 거죠. 그래서 그러한 것(예방적인 노력의 결실)을 별로 믿지 않아요. 각기 집단이 종국의 단계에서야 되돌아서고 되돌아서고…… 생(生), 즉 죽지 않으려는 생명충동이 집단적 반이성을 최후 순간에서 되살려 놓는다고 나는 생각합니다. 이성이 아니라는 말입니다. 이러한 과정을 되풀이하다 보면, 일종의 '역사적 유전' 같은 게 생긴다고 봐요. 긴 역사 속에서 처음보다는 두 번째가, 두 번째보다는 또 다음이 축적된 지혜로 기능할 수 있지 않을까 기대합니다. 굉장히 더디겠지요. 절망할 수는 없지 않아요? 하지만 인류가 이제까지 이렇게 되어 온 것을 본다면, 앞으로 몇천, 몇만 년의 반복과정을 거쳐야 하리라고 봅니다. 그리고 자본과 이윤 추구와 상업주의의 자연적·필연적 결과인 그 같은 '인간 불행'을 예방하고 적어도 무한 진전을 억제하거나, 그 재앙을 경감·완화하는 철학·이론·이념·정열·열망 그리고 행동력이 바로 사회주의가 아니겠어요?

이수강 선생님께서 말씀하신 자본주의와 사회주의의 관계는 세계사적인 문제인 동시에, 한반도에서 보면 앞으로 통일시대를 앞두고 구체적으로 이 남·북한 체제가 어떻게 바람직하게 나아갈 것인가 하는 문제가 될 텐데요.

리영희 나는 북한의 민족사회주의의 역사적 경험과 남한의 예속자본주의의 역사적 경험에는 상대방의 단점들과 장점들이 있다고 생각합니다. 그래서 나는 남한의 우월한 자본주의적 물질적 생산력과 북한의 협동적 인간관계의 도덕성이 높은 정치적 지도이념으로 상호수렴된 어떤 사회상을 이상적으로 생각해 봐요. 바로 자본주의적 사회주의의 서독과 서구적 가치지향적 동독 사회주의가 큰 파국 없이 통합될 수 있었던 까닭이라고 생각해. 한국의 식자들은 남한은 현재의 남한대로 북한을 통합한다는 생각인데, 남한은 남한대로 사회주의적 가치와 정책을 도입해서 서독만큼 변해야 평화적이고 남·북의 동포에게 무리없이 수락될 통일이 가능하다고 나는 확신하고 있어.

이수강 앞으로 남·북한이 통합이 되는 쪽으로 나아갔을 때, 그런 과정에서 아까 말씀하신 것처럼 기존보다는 좀더 나은 인간형들이 형성될 수 있는 가능성을 어느 정도로 보시는 건지요?

리영희 지금으로서는 낙관하기 어렵구만. "그래야 한다"는 당위가 강하기 때문에, 더디지만 그 방향으로 남·북이 자기수정을 하리라고 기대는 하지만. 앞으로 몇십 년 후에 통일이 될지 모르지만, 분단 반 세기가 된 지금 상태만 보더라도 양쪽이 많이 달라졌잖아요? 별개의 역사적 경험을 해 온 두 개의 개체가 플러스되어 하나가 될 때에는, 그 결합된 상태가 기존의 두 개체가 경험해 온 역사적 축적 어느 쪽보다도 우월한 것이어야 하지 않겠나? 북한의 현실—이라면 두 가지 현실을 말하는데, 하나는 현재 있는 그대로의 현실, 그 다음엔 그 밑으로 지난 날 해방 이후 축적된 경험으로서의 역사적 현실, 그 두 현실보다 월등히 나은 것이 되어야 하지 않겠어? 동시에 남쪽의 현실과 그 역사적 체험보다 또한 월등 나은 것이 되어야 하지 않겠어요? 예를 들어 우리 정치만 하나 예로 보더라도, 대통령제하에서 정치생활의 총체적이고 집약적인 인간으로서의 표현이자 공적인 상징이 대통령 아니겠나? 남한에 대통령이라는 사람이 일곱 명 있었는데, 어느 하나 제대로 된 대통령이 있었어요? 폭정으로 쫓겨나고, 총 맞아 죽고, 국민을 대량학살하고, 대형금고에 돈 챙겨 넣고, 나라 재정상태를 망쳐 놓고…… 이게 남한의 정치적 역사와 현실이에요. 이건 범죄 국가죠. 정치적 부도덕과 패륜이라고요. 이것이 남한적 현실과 역사적 체험이죠. 그걸 가지고 북한을 아우를 수 있어요? 또 북한의 일당독재와 일인 신격화를 우리가 받아들일 수 있나요? 두 쪽이 다 자기혁명을 해서, 현재의 자기가 아닌 것으로 바뀌어야 통일이 가능하겠지요. 물론 그게 바로 된다고 생각하진 않아. 그래서 '당위'라고 말한 것이지만, 참 어려운 문제지요.

사회문제만 하더라도 한국은 범죄적 사회가 아니에요? 전부 소외된 인간들 아니에요? 각기가 범죄자이고 각기가 피해자죠. 직접적인 육체적인 범죄는 두말 할 것도 없고, 속임당해야 하고 빼앗김당해야 하고, 빈부격차에서 오는 타락이 말할 수도 없고. 수없이 많은 그런 사실들 중에서 하나의 예로, 우리 나라에서 성을 팔아 살아가는 여성이 200만 명이나 돼요. 전체 여성 인구의 9%이고, 20대에서 50대 여성 중 거의 30%라고, 통계로 나와 있어요. 이런 비인간화된 현실을 가지고서 어떻게 통일의 사회적 규범으로 삼을 수 있겠어요? 남한과 북한이 전면적으로 지금의 자기가 아닌 것이 되어야 합니다. 남한의 이기주의적 동기로 인한 자본주의적·물질적 생산력과 그것에서 필연적으로 발생하는 비인간화를 어떻게 떨칠 수 있느냐가 문제인데, 그것을 북한의 인간주의적인, 전체의 이익과 개인의 가치를 수렴하는 것—단순화하면 이런 것이라고 생각 가능할까? 자기변혁적 수렴으로서 통일이 되어야 하는데……(잠시 침묵) 모든 난관을 무릅쓰고라도 많은 교류를 하고, 쌍방이 실질적인 상호 군비(軍費)·군사력 감축을 해야 합니다. 미국과 일본이 북한을 국가로서 승인하고 외교관계를 수립하면 미국·일본·남한에 대한 북한의 공포감이 줄어들겠지요. 미국·일본·남한이 해야 할 일이 더 많습니다.

아직도 반성과 변화가 없는 한국의 '보도기관'

김동운 선생님은 남북관계, 한미관계, 제3세계 문제 이외에도, 언론사에도 계셨고, 언론과 지식인에 대해서도 많은 말씀을 해 오셨는데요. 최근 언론에 대해서는 어떤 생각을 가지고 계신지요?

리영희 신문·방송과 그 종사자들이 자기혁명적이 되어야 해. 해방 이후 오랜 세월 동안 반민중적이고 부패·타락한 통치집단이 민주주의란 허울을 쓰고 지배를 하기 위해서는 자기들을 변론해 주고 추악한 몸뚱어리를 아첨으로 미화해 주는 소위 '언론'이 존재해야 한단 말야. 신문·방송을 하는 자들은 그 대가로 범죄적 권력자들로부터 떡고물이든 부스러기든 얻어 먹는 거고. 그러한 부패의 공생관계 속에서 무한정의 부패·타락이 심화되어 왔지. 국민생활의 다른 모든 분야가 그래도 자율적·타율적으로 변화하고 있어요. 주로 타율적이지만. 그런데 유일하게 변하지 않고 남아 있는 권력이 소위 '언론기관'(언론인)이라는 것은 주지의 사실입니다. 내가 보기에는 민족간의 화해와 평화적 통일을 지향하는 길에서 끝까지 남을 장애요소가 소위 '언론기관'이라고 생각해요. 군대도 반공 경찰도 그래도 상황이 달라지고 바뀌고 있는데, 머리 속에 잘못된 생각을 그대로 지니고 있는 신문·방송은 달라지지가 않고 있어. 전부를 매도할 생각은 없지만, 지배하는 세력들이 그렇고, 그 밑의 사람들도 내부적인 개혁을 할 의지와 역량을 갖지 않고 있는 것 같아서 가슴 아파요.

김동운 지금 김대중 대통령이 취임한 지 1년이 다 되어 가고 있는데요, 전체적으로 김대중 정부에 대해서 평가를 내린다면 어떻습니까?

리영희 외교는 팔십 점, 내치(內治)는 한 육십 점. 이질적인 정당과의 연립정부에다가, 지난 날의 유제와 유산인 구태의연한 기득권자들의 야당을 상대로 해서, 그 약한 정치기반에서 그 정도 했으면 잘한다고 보지. 문제가 많지. 앞으로 어떻게 될지 두고 봐야겠지만 한국 정치의 고질병이 심해서 불안하구만.

김동운 평소 궁금한 것이 있었는데요. 보통 1980년대, 1990년대에 보면 학생이나 지식인이 의식화되는 계기란 게 있는데요. 그 계기가 선생님의 책이었기도 하구요. 보통 서클 활동이나 선후배와의 교감, 정치적 사건과의 관련, 이런 계기가 있곤 한데, 선생님이 1960년대, 1970년대 그런 힘든 싸움을 해 오신 데 있어 계기라든가 하는 것이 있었는지요? 또 그런 일로 인해 닥쳐올 위험과 어려움을 생각하면 특별한 결의가 필요했을 것도 같고요.

리영희 계기는 별로 없었어. 잡혀갈 때마다 겁났고.(웃음) 나라와 사회가 되어 가는 꼴을 보면서 그 국면마다 도저히 참을 수가 없어서 쓴 거지 뭐. 굳이 이유와 동기를 말하자면 야만적 소수 집단이 국민에게 힘으로 거짓을 강요하는 그 허위가 싫었지. 거짓을 강요하는 것은 인간을 부정하는 거거든. 반공주의 사상과 그 권력, 해방 후에도 이어진 친일파 정권, 잘못 들어온 미국식 사고방식과 미국 숭배자와 사상 등, 이 모든 것들이 진실을 인식할 권리와 자유가 있는 인간에게 '거짓'을 진실로 강요하는 것은 인간성을 부정하는 거란 말야. 그게 인간 부정이야. 내가 왜 부정을 당해야 해? 동물적인 인간만이 보장되고 정신적·도덕적·문화적 주체로서의 인간은 부정 당하고 있는데, 그렇게 당하고 있는 것을 (사람들이) 모른단 말야. 그걸 알고 있는 나로선, 자기만이 아는 것으로써 도피할 수는 없는 일 아니겠어?

나의 어느 책 서문에서 썼듯이, 내가 글을 쓰는 행위는 진실을 추구하는 오직 그것에서 시작되고 그것에서 그쳐요. 진실은 한 사람의 소유물일 수 없고, 이웃과 나눠져야 할 생명인 까닭에, 그것을 알고 있는 나는 글을 써야 했어요. 그렇게 해서 중국의 사상가 노신(魯迅)이 말했듯이, 쇠로 만든

밀폐된 방 속에 갇혀서, 빛도 공기도 없이 질식해 죽음으로 가고 있는, 그러나 의식이 마비되어 죽음의 고통도 모르고 죽어가고 있는 사람들을, 소리쳐 깨워 보려는 것과 같은 무모한 행위였지. 나는 소수의 지식인의 그 무모함이 없이는 인간의 해방과 사회의 진보는 있을 수 없다고 확신했어요.

김동운 선생님이 잡혀 가셨을 때, 선생님 댁에서 압수된 마르크스주의적 진보적 관련 책들이 공안 검찰이 그때까지 개인에게서 압수한 것 중 제일 많았었다는 글을 본 적이 있습니다만, 그런 책들을 읽으시면서 의식이 발전해 간 거라고 할 수 있는 건가요?

리영희 그것으로 지(知)적·이론적 수평이 확 트인 것이 사실이지. 나는 해방 후 남한 사회의 추악한 모습을 보면서 그 이론적 해명에 강한 지(知)적 충동을 느꼈어요. 그리고 이런 비인간적 사회는 안 된다, 그러면 어떻게 고쳐야 할 것인가를 모색하는 과정에서 마르크스주의적 책들 또는 진보적 사회과학 도서들을 많이 보게 된 거지. 왜냐하면 우리 사회가 자본주의 중에서도 극악한 상태이고 독재인데, 그것을 해부하고 비판하는 지식과 철학은 그 당시는 마르크스 사상밖에 없잖아요. 혁신세력은 전멸했고, 기독교도 있을 순 있지만 권력과 야합한 교회가 되어 버렸으니까. 사실 기독교가 제대로 되었으면 그러한 힘이 되어야 하는 거지. 사랑과 사회정의와 만인의 평등이 본래적으로는 혁명의 사상인데. 결국 사회과학의 일부인 마르크스주의가 눈을 깨쳐 준 거지.

지금은 고양된 시기를 지나 새로운 변동을 준비할 때

김동운 저희가 서울대 앞에서 인문사회과학 서점을 하고 있고, 이용하는 학생들도 주로 대학생들인데요. 요새 1990년대 이후로 대학이 많은 변화를 겪었고 침체가 되었다는 이야기가 많습니다만.

리영희 세상의 일이라는 것은, 동양적인 말로 해서 '기'(機)라는 게 있다고 봐요. '모멘트'라고 할까? 때에는 시의 '기'(時機)가 있고, 사람에게는 인(人)의 '기'가 있고요. 많은 요소가 다양하게 결합되면서 어떤 국면이 생겨나는 거고, 그 국면에 따라 사회현상이 진전된다고 생각합니다. 에너지라고 해도 좋겠지. 꼭 파도의 기하학적인 곡선처럼 정확한 형태는 아니지만, 그 몇 가지 요소의 결합에 따라, 즉 기의 조합에 따라 고양이 될 때도 있고 하강하고 침체하고, 심지어 소멸할 때도 있지요. 계속해서 올라가기만 한다면 그건 우주원리에 위반하는 거잖아? 반대도 마찬가지고. 내려가다가 또 새로운 큰 기를 형성하게 되면, 인간이 그에 상응하는 행동을 하게 되는 거지. 지금 우리는 지난 한 30여 년, 아시아뿐만 아니라 전지구상에서도 유례없이 장기적으로 계속되었던 고양의 시기를 지나온 거야. 유럽에서는 1960년대에 한 5~6년 혁명이 있었던 거고. 너무 짧았지. 우리는 지속적으로, 4·19부터 본다면 엄청난 고양된 시기를 지나온 거지. 인간과 자연의 에너지라는 것은 그렇게 무한정 있는 게 아니야. 잠시 쉬어야 할 때도 있고, 새로운 에너지의 발동을 기다려야 할 때도 있고. 지금은 그럴 때야. 그렇게 크게 문제시할 일이 아니야. 그런 시기와 상황에서도 깨어 있는 인간들의 꾸준한 선도적 역할은 필수적이지. 나 같은 사람이 희망이란 전혀 없어 보였던 1960~80년대에 그랬듯이, 깨어 있는 소수 의식분자 집단의 일치된 노력이 기의 전환을 촉진할 수 있는 것이지요.

김동춘 지금의 대학도 그렇게 볼 수 있다는 것이지요? 그런데 한국에서 서울대가 차지하는 위치는 또 매우 특별한 것 같습니다. 예전에 선생님의 자전적인 글에 보면, 선생님을 '의식화의 원흉'으로 몰아붙이는, 무지하고 끔찍한 서울 법대 출신의 공안검사가 등장합니다. 서울대 출신들은 사회

곳곳에 중요한 자리를 차지하고 있고, 또 지금 서울대생도 졸업하면 상대적으로 그렇게 진출을 하는 경우가 많을 텐데요. 서울대생이 갖기 쉽고 빠지기 쉬운 함정이랄까 극복해야 할 점에 대해서 해주고 싶은 말씀이 있다면요?

리영희 글쎄 뭐, 나는 특별히 서울대생이라고 해서 다르게 생각하고 다른 대학이 또 어떻고 그렇게 생각해 본 적이 없다 보니까…… 특수한가?(웃음) 나는 그저 그런가 싶은데. 다만 결과적으로 지배층에 들어간 법과 출신이라든가 따위들은 문제가 없지 않아요. 서울대생이기 때문에 문제가 있는 것이 아니라, 법과 사회가 연결되는 과정이 문제인 것 같은데. 아닌 게 아니라 (개인에게도) 문제가 없지도 않겠지. 법률책 몇 권 들여다보고, 달달 외우고, 머리가 조금 좋아서 점수 많이 받은 걸 가지고, 마치 천성이 우월한 것인 양 착각하는 소위 '법대 출신'이 꽤 있겠지. 하지만 한때 어려울 때 행동하는 것을 보니까 늦게 가동하고 끝까지 상당히 고양된, 그러한 현상도 볼 수 있지 않았나 싶은데?

이수강 대학 분위기가, 아까 말씀하신 것처럼 하강하다 보니까, 그러한 부정적인 현상이 더 심하게 나타나는 것 같은데요. 선생님이 말씀하신 것처럼 '개인적인 착각'일 수도 있지만, 그러한 착각이 사회에서 통용될 수 있게 만드는 연고주의랄까 학벌주의가……

리영희 그러한 병폐도, 나는 머지않아 변동이 생길 것이라고 봐요. 해방 이후에는 친일파들의 기운이 승했거든. 그게 꺾이잖아요. 자연 인물들의 생명이 다해서 그런 것이기도 하지만, 그에 대한 의식이 살아났으니까. 그 뒤로 그 2세대라고 할 수 있는, 학벌이니 동문이니 등장을 해서, 한 30년간 계속되어 왔는데요. 우연인지 필연인지 알 수 없지만 하여간 김대중이란 어떤 새로운 인간이 정치적인 지도자로서 나왔는데, 기존의 흐름에 대한

안티테제가 하나의 정치적 기운으로 일어났다고 봐. 그 동안의 조류를 어느 정도나 해소하고 극복하고 새로운 방향으로 길을 바로잡아 줄 수 있을지 그건 모르지만, 계기가 마련된다는 것은 중요하니까. 나는 항상 길게 보려고 하니까. 어느 정도는 대중적 인식의 변화와 정부 정책의 수정이 초보적인 움직임을 보이고 있어서 나는 환영하고 있는데.

'사상적 방황'? '모색'은 늘 해야 하는 것

김동운 선생님은 계속해서, 길게 볼 것을 강조하시는 거군요.

리영희 젊을 때에는, 나도 그랬듯이, 시간단위를 아주 짧게 생각하지. 자기의 노력의 대가가 단시간 내에 열매를 맺지 않으면 곧잘 의미를 상실하게 되고 좌절하게 되지. 그런데 지나고 보면, 단기간에 이뤄진 것은 길게 지속되기가 어렵다는 진리를 알게 되더라고요. 이를테면 러시아 10월혁명이 좋은 예인데, 결과적으로는 사회 변화(또는 진보)의 역사적 단계랄까, 과정을 폭력으로 뛰어넘을 수 있다고 믿은 것이 스탈린주의가 아니겠어? 모택동의 '대약진'이나 홍위병식 '문화대혁명'도 결국 너무 성급하게 몇 개 단계를 뛰어넘으려 했던 과오로 봐야겠지. 질적인 발전을 가져 오진 못했단 말이야. 연속 가능한 질적인 변화를 해야 하는데…… 인간이란 동물이기 때문에, 일정한 과정과 단계를 대체로 거쳐야 진화할 수 있는 것이지요. 가끔 돌연변이가 있기는 하지만 그것은 어디까지나 예외로서 오래 가지 않고, 또 어느 시기가 되면 원점으로 돌아와. 인간의 이성을 과대평가하지 말고 기본적으로 동물이란 점을 인정해야 할 것 같아요. 물론 인간이 동물과는 달리 상반신적인 이상과 의지를 가지고 자기가 원하는 방식으로 개조해 나아갈 수는 있지만, 하반신적인 요소를 싹 무시하고서 오늘의 인간과 사회를 완전한 것으로, 지금 사회의 제도와 관습을 단시간에 이상향으로 변혁하고자 하는 것은 좀 무리인 것 같아…… 많은 사람들이 희구를 했지만. 그건 고귀한 경험이고 절대로 헛된 것은 아니지요. '역사적 유전자'를 변화시켜 나아갈 것이니까. 그렇게 보면 과거의 계급적 혁명방식보다는 톤을 좀 낮춰야 하고, 앞으로는 의식화된 시민(市民)집단의 역량과 그 횡적 연대의 확대·강화를 통한 더디지만 착실하고 성실한 개혁운동이 가장 효과적일 것 같아요. 그러기 위해서는 착실해지고 단단해지고 지적인 단련이 되어야 하죠. 지금 대학생에게 필요한 것이라면, 우선 제일 중요한 것이 젊은 생명을 만끽하면서도 사회에 대해서 비판적 의식을 견지하는 것이고, 그러기 위해선 일정한 기초적인 지(知)적 훈련을 해야 됩니다. 책을 많이 읽어야죠. 여기서 서점의 중요성이 나와.(웃음) 의식을 다져야 해. 사실 지금까지는 다진 의식 없이 바람처럼 휘말려서 준비 없이 뛰어나가는 경우가 적지 않았지. 문제는 역사적 변화의 유전자들을, 역사 속에 숨어 있는 힘을 인식하고, 1960년대·1970년대·1980년대 역사적 경험을 통해 지식과 교훈을 높여 나아가는 것, 공부라고 하면 학교공부같이 들리니까…… 사회와 인간의 생존원리에 대한 인식을 바탕으로 한 지적 훈련을 할 필요가 있다는 것이지요. 그냥 먹고 놀고 연애하고―물론 연애하는 것도 중요한 생명의 발현이니까(웃음) 그것을 부정하는 것은 아니지만―그렇게만 하지 말고, 자기 주변의 구체적인 문제에 대해서 인식하고 행동하고, 보다 더 큰 문제에 대해서는 우선 지적 준비를 해야 한다고 봐. 자기 주변과 관련된 문제에 우선은 1의 비중을 두고, 0.5를 사회 전체·국가·인간의 존재에 관련된 문제를 준비하는 게 어떨까 해요, 1.5 중에서. 과거하고는 순서가 반대야.

김동운 치열하게 하면서 동시에 길게 해 나갈 수는 없는 걸까요?

리영희 그건 훌륭하고 바람직한 것이긴 하지. 한데 그게 쉽게 되지 않지. 질적으로 정반대되는 것을 동시적으로 잘 해 나갈 수 있다고 하는 것은 좀 과욕이라고 봐. 그 누구야, 이해찬 교육부장관은, 대학생들에게 보낸 장관 훈시(?)에서 사상적 방황을 하지 말라고 했다는데, '방황' 이 아니라 '모색' 이지. 방황이란 것은 방향감각도 없고 목표도 없는 상태이고, 모색은 지적 훈련을 하면서 목적의식을 가지고 길을 찾는 것인데, 모색은 계속해서 해야 하는 거지. 다만 지나치게 당장에 그것을 써 먹고 행동화하고 단급하게 성과를 요구할 것이 아니라, 다지는 시기를 갖자는 거지.

이수강 선생님께서 정권교체 직후에 『한겨레』에 지역차별과 지역감정 문제에 관해 쓰신 글을 본 적이 있습니다. 그런데 서울대 도서관 근처에 보면 대자보 같은 게 많이 붙는 긴 통로가 있는데, 거기에 누군가 선생님의 그 글을 오려 붙여 놓았더라고요. 아마도 어느 학생이 다른 사람과 공유하고 싶어서 그랬던 거겠지요. 그걸 보면서 저는 선생님이 5년 동안 글을 안 쓰셨다고 했지만, 여전히 젊은 학생들에게 공감을 불러일으키는 바가 있구나 하는 생각이 한편 들었고, 한편으로는 전북대 강준만 교수가 『레드 콤플렉스』라는 책에 실은 '리영희론'에서 비판하기를, 선생님이 그 동안 지역 문제에 대해서는 별로 언급도 없고 소홀한 측면이 있다고 이야기를 했는데, 선생님이 그 글을 보고서 신문에 글을 쓰신 게 아닐까 그런 생각도 했었거든요.(웃음) 지역 문제에 대해서는 어떤 생각을 가지고 계신지요?

"내 깅상도 말 하는 거 안 들리나?"

리영희 음…… 지역문제란 게…… 뭔가 끈적하고…… 개입하고 싶지가 않은 성격의 것이야. 일부러 피하고 안 썼다기보다는…… 좀 언짢아. 사실은 강준만 씨가 그런 문제를 가지고서 용감하게 들고 나온 것을 나도 흐뭇한 생각으로 보고 있어요. 저런 인물들이 으레 있어야 하는 것으로 생각하고. 어쩌면 나와 같은 사람이 적극적으로 안 쓰니까 강준만 씨 같은 사람이 들고 일어났는지도 모르지만.(웃음) 내가 지난 날 여러 가지 이슈(문제점)에 대해서 누구도 하지 않으니까 들고 일어났던 것처럼 말이야. 나도 그것을 평소에 생각하지 않은 것이 아니니까 글을 쓸 수도 있었을 주제이지. 많은 피해자들을 봐 왔고…… 그렇게 많이 쓰지 않았던 것에 대해서는…… 사실 다시 억세스(access)해 볼 필요가 있는 주제이기도 하지. 하나의 에피소드를 이야기하면요, 1970년대 초에 영문으로 아마 『코리아헤럴드』지에 그 문제에 대해 기고한 적이 있는데, 최근에 그 신문을 찾아보니까 없더라고요. 무슨 이야기냐 하면, 내가 밤에 무교동에서 택시를 타고 가다 신설동 근처에서 목격한 일인데, 뒤늦게 합승을 한 허름한 풍모의 30대 후반쯤 되는 친구가 운전수와 실랑이가 붙었어. 그때에는 택시정차장 제도가 있었는데, 정차장이 아닌 데서 내려달라는 거야. 운전사가 조금만 가면 정차장이 있다니까 하는 말이, "니, 내 깅상도말 하는 거 안 들리나?" 그러는 거야.(웃음) 그때가 벌써 1972년 경인데 그때 이미 그랬다고. 그 뒤로도 많은 사태가 있었던 거고. 강준만 씨처럼 실제로 그 지역의 지식인일 때에는, 아닌 게 아니라 누군가 해 주어야 하는 것이라고 생각을 했겠지…… 직접 자신의 문제이기 때문에 더 절실하겠지만, 그런 점에서라면 나도 책임을 느끼는 바가 없지 않구만……

이수강 마지막으로, 앞으로 쓰고 싶은 글은 어떤 게 있으신가요?

리영희 앞으로 쓰고자 한다면 사회문제보다는, 내가 사유하는 것, 살아온 동안에 생각한 것, 내면적인 나에 관해서 다루고 싶어. 나는 문예·예술적인 것에 아주 둔감하기 때문에 참 어려울 것 같아.(웃음) 욕심이 그렇다는 거지. 꼭 예술적인 것만은 아니지만. 내가 요새 아주 좋아하고 늘 갖고 다니는 책이 『괴테와 액커만의 대화』라는 일어판 문고책이에요. 괴테와 그의 애제자 액커만이 다양한 주제에 관해 대화를 나누는 내용이지요. 예컨대 나폴레옹 군대가 보불전쟁 때 독일에 쳐들어왔는데, 괴테는 다른 소위 '애국적 시인'들처럼 불란서(군)에 대해 적개심을 고취하는 시를 안 썼단 말야. 그걸 가지고 다른 사람들이 운명의 방관자라고 비난한 데 대해서, "나는 나의 생활을 국경이나 군주나 국가의 단위로 살지 않아. 나에게 중요한 것은 문명이냐 야만이냐 하는 것뿐이다.…… 일반적으로 국민적 증오감이라는 것은 문화의 수준이 낮을수록 강하게 표출되고 요구되는 것을 자네는 알 거야." 그런 이야기들이 나와요. 괴테란 인간이 다다른 교양과 지성의 경지에 보태어 구체적인 생활의 경험이 녹아 들어가서 흘러나오는, 투명하기도 하면서 따뜻하기도 한 내용들인데, 굉장히 좋아요. 내가 그런 그릇도 못 되고 능력도 없지만, 그런 주제들을 놓고 써 보고 싶어요. 그러려면 생활이 번잡하지가 않아야 되는데, 지난 날의 지적·실천적 활동과 관련된 이곳저곳에서 이런 일 저런 일로 관련된 일들이 자꾸 생기는구만.(웃음)

김동운·이수강 괜히 우리도 그러한 번잡한 일에 하나를 더한 것은 아닌지 싶네요.(웃음) 많은 시간을 내주셔서 고맙습니다. 올 한 해 건강하시기 바랍니다.

선생의 저서를 쌓아 놓고 사진을 찍기 위해서 서점에서 선생의 책들을 가지고 갔었다. 그런데 없는 책이 있었다. "이제 『역정』과 『분단을 넘어서』는 안 나오는 것 같습니다. 서점에도 없고요." 그러자 선생은 "이제 내 책 그렇게 되어야지. 내가 나의 어느 책에 쓴 것처럼, 내 말들이 일반 상식처럼 되어서 굳이 사 보지 않아도 될 때, 그래서 내 인세가 제로가 될 때가 내가 제일 행복한 순간이 될 거야"라고 말하였다. 그렇게 말하는 선생의 표정은 매우 담담하고 평온하였다. 인터뷰 내내 그러하였다. 우리가 댁을 나올 무렵, 선생이 단둘이 같이 사는 아내에게 "오늘 오후에도 저기 등산 같이 가자고"라고 건네는 모습 역시 매우 평온하였다. 어느 글에서는, 선생의 이러한 모습을 두고 "자신에게 주어진 역할을 수행한 자만이 누릴 수 있는 노년의 여유를 그는 기꺼이 누리며 향유하고 있는 것이다"라고 썼다.(정범구, 『말』, 1998년 12월호) 그 노년이란 '이성(理性)칠십고래희'라 이름 붙일 만 할 것이다.

선생의 '기론'(機論)을 빌어 말하자면, 선생의 현재는 시대적인 하강기와 자연 인생으로서의 하강기(만년)가 겹쳐진 것이라 할 수 있을 것이다. 과거에 비하면 시대가 하강기인 것은 분명해 보이는데, 이러한 시대에 인생 주기에서 '플러스' 시절을 맞이하는 것은 행일까 불행일까? 선생은 1994년에 이렇게 말한 바 있다. "(지금의) 대학에서 공부할 수 있는 젊은 이들은 우리들 기성세대들이 하고 싶으면서도 하지 못한 모든 것을 다 할 수 있는 특권을 누리고 있는 것이다. 2000년대의 세계는 그대들의 것이다.(……) 아무리 평안한 축복 속에서 젊음의 기쁨을 만끽하더라도 사회와 국가를 또다시 불순한 세력이나 집단이 탐내려는 기색이 있을 때는 지난 날의 선배들처럼 일어서야 하는 것이다. 그러기에 나는 현실에 대한 문제의식을 대학생들에게 기대하고 있다."

휴머니즘으로서 이데올로기 비판

박병기 (전남대 강사, 철학)

머리말

해방 이후 한국 사회의 근대화는 시민계급의 미성숙으로 말미암아 반민족적 세력과 일부 군부세력에 의해 비정상적 방식으로 추진되었다. 한편으로는 물리적 폭력을 통한 억압과, 다른 한편으로는 반공·반북 이데올로기를 이용한 억압 속에서 한국 사회는 비로소 근대사회로 발전할 수 있었다. 억압이 있는 곳에 저항이 있듯이, 이에 항거하는 대항세력이 없을 수 없었다. 한편으로는 물리적 폭력에 맞서 직접 물리적 폭력으로 대항하는 세력이 있었고, 또 한편으로는 이데올로기적 허위를 벗기고 실체적 진실을 폭로함으로써 민중을 계몽하고자 하는 세력이 있었다. 우리는 후자를 '비판적 지식인들'이라고 부를 수 있을 것이다. 그들의 스펙트럼은 다양하지만, 대체로 그들은 한국 사회의 지배 이데올로기인 반공주의와 반북한주의 그리고 군사력 숭배주의를 비판함으로써 권력의 한 축을 약화시키고 민중을 각성시켰다. 그럼으로써 그들은 민중들이 반독재 투쟁의 대열에 동참할 수

이 글은 1996년 11월 30일 한국방송대에서 개최된 한국철학사상연구회 제11회 학술발표회에서 발표된 것으로, 『시대와 철학』 제13호 (1996년 12월)에 실렸다.

있도록 했다. 물리적 폭력으로 독재세력에 맞선 세력이 해방공간에서의 격렬한 투쟁과 연결되어 있다면, 비판적 지식인들의 이데올로기 투쟁은 시민사회의 성장과 맞물려 있다. 시민사회의 성장이 시기상 늦고 미약한 관계로 이들 비판적 지식인들의 활동도 1970년대에 이르러 비로소 시작되었다.

필자는 이들을 대표하고 있는 사람으로 리영희를 꼽을 수 있다고 본다. 리영희는 1970년대 초부터 1990년대 초에 이르기까지 반반공주의, 반미주의, 반군사력주의의 입장에서 제3세계 문제를 해석하고, 한반도를 둘러싼 냉전적 국제 정치질서의 변화를 폭로하였으며, 핵에 대한 일반의 무지를 통타하고 '북한 군사력 우위론'의 허구를 날카롭게 지적하였다. 그것을 통해 그는 1970, 1980년대의 민주화운동의 문제의식을 끌어올려 반제투쟁의 필요성과 반전·반핵 평화운동의 중요성으로까지 그 지평을 넓혀 주었다. 그런 관점에서 필자는 이 글에서 1970년대부터 활발하게 이루어진 리영희의 이데올로기 비판을 살펴보고, 그것이 갖는 휴머니즘적 성격을 밝히고자 한다.

리영희가 1970, 1980년대 한국 사회의 지배 이데올로기를 어떻게 비판하였으며, 그것이 어떤 성격을 지니고 있는가를 고찰하는 것은, 리영희 개인의 사상을 검토하는 차원을 넘어 1970, 1980년대 한국 비판적 지식인들의 일반적 성격을 규명하는 작업이 될 것이다. 그러므로 리영희의 사상을 전면적으로 밝히기 위해서는 당시 비판적 지식인 그룹에 속하는 다른 사람들과의 사상적 연관을 고려하지 않을 수 없을 것이다. 그러나 이 글에서는 오로지 리영희 개인에만 연구를 한정했다.

리영희 개인의 사상에 한정한다 하더라도, 그의 사회주의관과 그 변모, 그리고 통일관을 검토하는 것이 매우 중요한 일이지만, 이 문제들을 살펴보지는 못했다. 리영희는 1991년 동구 사회주의 몰락 이후 사상적인 변모를 보여 준다. 특히 사회주의에 대한 이해와 인간관에서 패러다임이 크게 달라진 것으로 보인다. 따라서 그의 사상을 전체적으로 이해하기 위해서는 이 부분에 대한 고려가 필수적이라고 여겨진다. 그러나 이 글에서는 연구 범위를 그 이전까지로 한정했다. 왜냐하면 그렇게 하는 것이 '이데올로기 비판'에 초점을 맞추어 그 휴머니즘적 성격을 드러내고자 하는 이 글의 목적에 보다 적합하다고 생각되기 때문이다.

필자는 우선 리영희의 생애를 연대기적으로 정리하면서, 그의 휴머니즘이 어떤 배경에서 형성되었으며 어떻게 실천되었는지를 검토하고자 한다. 그리고 이데올로기를 비판할 수 있는 인간의 능력에 대해 리영희가 어떻게 생각하고 있는지를 살펴보고자 한다. 이어서 그가 이데올로기를 어떻게 이해하고 있는지, 그리고 우리 사회의 지배 이데올로기를 무엇으로 보고 있으며, 그것들을 어떻게 비판하고 있는지를 살펴보고자 한다. 그런 다음 결론적으로 이데올로기 비판이 갖는 휴머니즘적 성격을 밝히고, 그의 휴머니즘을 계몽주의적 휴머니즘이라고 규정하고자 한다.

생애와 휴머니즘의 형성과정

리영희의 생애는 대략 네 시기로 나누어 볼 수 있다. 첫 시기는 태어나서부터 한국해양대학을 졸업하고 군에 입대하여 제대하기까지의 성장기이다. 두 번째 시기는 언론사에서 주로 외신기자로 활약한 1971년까지의 이론의 형성기이다. 세 번째 시기는 언론사에서 해직당하고 한양대학으로 자리를 옮겨 왕성하게 이론적 활동을 하면서 권력에 직접 저항하는 이론적 실천기이다. 그리고 마지막 시기는 동구 사회주의가 무너진 이후 자신의 사상을 재점검·반성하고 심화시키는 완숙기이다. 이하에서 각 시기별로 나누어 구체적인 사상 형성의 과정을 살펴보도록 한다. 우리는 이러한 검토를 통해 그의 휴머니즘 사상이 어떤 배경에서, 어떻게 형성되었으며, 어떻게 실천되었고, 어떤 내용을 갖는지를 알게 될 것이다.

먼저 성장기이다. 1929년 12월 2일 평안북도 운산군 북진면에서 태어난 리영희는, 14세 때에 경성공립공업학교에 입학하여 1946년 중학을 졸업하고, 그해 여름 국립해양대학에 입학한다. 대학 재학중, 리영희는 식민지에서 갓 해방된 신생독립국에 사는 다른 평범한 젊은이와 마찬가지로 애국적 정의감에 충만해 있었다. 그는 1947년 전국적으로 거세게 일어났던 반탁운동에 참여하기도 하고, 여순사건을 직접 목격하기도 한다. 그리고 중국 공산당의 권력 장악 소식을 듣고 충격을 받기도 한다.

대학을 졸업하고 잠시 안동중학교 영어교사로 있던 리영희는 6·25를 만나 육군 유엔군 연락장교단의 연락장교로 7년간 복무한다. 그의 군생활은 애국적 정의감에 충만된 열성적 국군장교로 출발하여, 점차 그러한 애국심을 회의하는 사색적인 청년으로 마무리된다. 군에서의 여러 경험은 자연스럽게 리영희로 하여금 "해방의 기쁨, 민족의 분단, 단독정부 수립, 나라의 모든 권력을 잡은 과거의 친일반역자들, 통일을 위한 여러 가지 제안 및 거부, 형제끼리의 전쟁, 외국 군대의 가세"[1] 등에 대해 고민하게 했고, 평생 그 문제와 씨름하게 만들었다.

다음은 이론의 형성기이다. 7년 동안의 군복무를 마치고 1957년 여름 민간인으로 돌아온 리영희는 통신사와 신문사 외신부 기자 및 외신부장으로 활약한다. 그러다 1971년 10월 15일 고려대에 무장군인들이 난입한 후 서울 일원에 위수령이 발동되자, 다른 지식인들과 함께「긴급선언문」에 서

---

1) 리영희,『역정』(창작과비평사, 1988), 225쪽. 이하『역정』으로 약함.

명한 것이 계기가 되어 그는 15년간의 언론인 생활을 청산하게 된다. 이 시기는 장차의 이론적 실천을 위한 여러 요인들이 마련된 시기이다. 인식의 틀이 마련되었으며, 1970, 1980년대의 실천활동을 위한 인간관계의 기틀이 다져졌다.

 인식의 틀은 무엇보다도 그의 직업적 환경과 연관되어 형성된다. 1950년대 말부터 1960년까지는 세계사적으로 격동의 시대이다. 세계적으로 일기 시작한 피식민지 민족의 해방·독립운동은 리영희를 열광하게 하였다. 외신을 담당했던 리영희는 국제관계를 반체제적으로 보는 관점에서 전후 미·소 강대국의 지배체제에 대한 거부감을 갖고 외신기사 전반을 다룬다. 그는 그에 필요한 지식의 습득을 위해 다양한 서적을 구해 읽어야 했다. 이 시기의 독서는 그의 사상 형성에 큰 역할을 한 것으로 보인다. 우선 그는 스탈린 사망 후의 중·소 분쟁을 목격하면서 마르크스 이론과 모택동 이론에 접근한다.[2] 그가 주로 읽은 것은 『경제학·철학 초고』나 『독일 이데올로기』 등 초기 저작들이다. 그 저작들을 통해 그는 초기 마르크스의 휴머니즘에 공감하게 된다. 그리고 그는 20대 청년들의 혁명가적인 삶에 대해서 존경과 경탄의 눈으로 모택동의 저작을 읽는다. 독서를 통해 인식의 틀을 잡게 된 리영희는 자본주의적 가치관·윤리도덕·세계관들과 함께 사회주의적 그것들에 대한 인식도 갖게 된다. 그리하여 맹목적 애국주의에서 벗어나 '이데올로기적 수정'을 통해 '대한민국적 반공주의의 비이성·색맹질환'[3]을 극복했다고 한다. 이 시기 리영희에게 많은 영향을 준 또 다른 인물은 근대 중국의 사상가인 노신이다. 리영희는 노신으로부터 민중

---

2) 그가 마르크스주의 문헌을 접한 것은 이 때가 처음은 아니다. 이미 군 복무중 레닌의 『국가와 혁명』을 영어판으로 읽었지만, 목적 의식을 가지고 읽었던 것은 이 시기에서의 일이다.(1996년 10월 19일 필자와의 인터뷰)

에 대한 사랑, 글을 쓰는 조건, 실천하는 지식인적 삶, 인간에 대한 사랑 등을 배운다.

세 번째로 이론적 실천기이다. 언론사에서 해직된 리영희는 44세 때인 1972년 1월 한양대학교에서 교편생활을 시작한다. 그 이후 그는 조직적 반유신활동에 활발하게 참여한다. 그리고 대학재직중 그는 전문학자로서 전공분야에 깊게 들어가느냐, 아니면 더 많은 대중에게 우선 당면한 상황에서 필요한 영향을 줄 것이냐의 기로에서 후자를 택한다.[4] 냉전시대의 우상에 메스를 가하여 그것들을 파괴함으로써 민중을 계몽시키기로 작정한 것이다. 그래서 "맹목적이고 광신적이며 비이성적인 반공주의에 마취되어 있는 사람들을 잠에서 깨어나게 하여 의식을 바로잡아 주는 일",[5] 즉 이데올로기 비판을 평생의 과업으로 삼는다. 그러한 의도에서 나온 첫 작품이 1974년 출간된 『전환시대의 논리』이다. 이어서 그는 해직된 다음 해인 1977년 중국에 관한 견문기를 모아 번역한 『8억인과의 대화』와 『전환시대의 논리』의 후속편이라 할 수 있는 『우상과 이성』을 출간한다. 그 저서들에서 그가 특히 비중 있게 다룬 주제는 중국문제이고, 그 중에서도 문화혁명에 관한 휴머니즘적 해석이다. 리영희가 특히 중국문제에 관심을 가지고 연구한 까닭은 다음 세 가지다. 첫째는 해방 이후 우리 사회의 현실을 직접적으로 비판할 수 없어서이고, 둘째로 우리와는 전혀 다른 사회형태가 있다는 것을 가르쳐 주기 위해서이다.[6] 그리고 마지막으로 "중국혁명 1세대들의 도덕주의, 순수한 인간주의적인 것에 매혹"[7]되어서이다.

---

3) 『역정』, 391쪽.
4) 김동춘 대담, 「리영희─냉전 이데올로기의 우상에 맞선 이성의 필봉」, 『역사비평』(1995년 여름), 209쪽 참조. 이하 「필봉」으로 약함.
5) 리영희, 『自由人 자유인』(범우사, 1990), 355쪽. 이하 『자유인』으로 약함.

리영희는 1977년 11월 적성국가인 중국 공산당을 찬양·고무하고 모택동식 농민혁명을 선동했다는 죄목으로 구속·기소된다. 그는 2년형이 확정되어 광주교도소 특사에서 징역살이를 한다.[8] 2년 복역 후 만기출소한 리영희는 1980년 3월 소위 '서울의 봄'에 한양대학에 복직한다. 그러나 캠퍼스 분위기에 익숙해지기도 전인 그해 5월 17일 이른바 '김대중 내란음모사건'에 연루되어 연행당한다. 별 혐의점을 찾을 수 없어 60일 만의 불법구금 끝에 풀려 나오지만, 한양대학에서 강제로 해직당한 상태였다. 해직상태에서 그는 1982년 『중국백서』와 1983년 『10억인의 나라』를 잇따라 번역·출간한다. 이 후 주로 한반도의 평화문제, 군사문제, 핵, 통일문제, 그리고 일본의 재침략 문제 등에 관심을 갖게 된다.[9] 마침내 그의 관심사가 우리의 현실로 돌아온 것이다.

그러한 관심의 전회는 왜 일어났을까? 그에 대해 리영희 자신은 다음 두 가지로 설명한다. 첫째로 해직으로 인해 한양대 중국문제연구소와의 관계가 소원해짐으로써 자료가 부족해졌고, 둘째로 1980년대 들어 중국문제 전문가들이 다수 등장함으로 인해 중국문제가 더 이상 자신의 흥미를 끌지 못하게 되었다[10]고 한다. 그러나 근본적으로는 1980년 광주민중항쟁의 충

---

6) 리영희, 『새는 좌·우의 날개로 난다』(두레, 1994), 227~228쪽 참조. 이하 『새는』으로 약함.
7) 백영서·정민 대담, 「전환시대의 이성 이영희 선생의 삶과 사상」, 『한국 민족민중운동 연구』(두레, 1989), 429쪽. 이하 「사상」으로 약함.
8) 광주 교도소에서 그는 빨치산 활동을 하던 사람들과 북한에서 내려온 공작원들, 그리고 인혁당 관계자들과 함께 생활한다. 아마도 리영희는 중국 혁명가들에게서 느꼈던 순수한 휴머니즘적인 것을 그들에게서도 느꼈을지 모른다. 그리고 해방공간에서 그가 체험했던 좌익과 우익의 인간적 성향을 재확인했는지도 모른다. 그는 "그들에게서 사상적 신념이 얼마나 인간을 강하게 만드는지를 확인했다"(1996년 10월 19일, 필자와의 인터뷰)고 한다.
9) 1983년 「한반도는 핵 전쟁의 볼모가 되려는가」라는 논문을 발표한 데 이어, 1984년에는 『분단을 넘어서』와 『80년대의 국제 정세와 한반도』를 출간한다.

휴머니즘으로서 이데올로기 비판 385

격이 컸던 것 같고, 그로 인한 민주화운동 및 통일운동 역량의 성장과 맞물려 있는 것으로 보인다.

  1984년 1월 리영희는 반공법 위반으로 또다시 연행·구속된다. 기독교 사회문제연구소에서 '분단의 국제정세'를 강의한 것이 뒤늦게 문제가 되었기 때문이다. 이 때 고려대의 강만길과 함께 구속·기소되었으나, 공소 보류로 35일 만에 석방된다. 같은 해 7월 한양대학교 신문방송학과에 복직하였으며, 다음 해에는 9개월 정도를 일본과 독일에서 체류하면서 한국 문제 세미나를 주도하기도 한다. 그는 1987년 『역설의 변증』을 출간하고, 같은 해 8월부터 이듬해 3월까지 미국 버클리대학 아시아학과의 초빙으로 「한민족 현대정치운동사」를 강의한다. 1988년 봄 귀국한 리영희는 자신의 청년시절을 회상한 『역정』을 출간하는 한편, 『사회와 사상』에 「남북한 전쟁능력 비교 연구」라는 논문을 발표한다. 그리고 1989년, 그는 그의 다섯 번째 영어(囹圄) 생활을 경험하게 된다. 『한겨레신문』 창간기념 북한취재기자단 방북 계획에 참여했다가 국가보안법 위반혐의로 연행, 구속·기소된 것이다. 이 사건으로 결국 징역 1년 6월, 자격정지 1년에 집행유예 2년을 선고받고 160일 만에 석방된다. 1990년 리영희는 『自由人 자유인』을 출간한다. 이 책 말미에 실린 「30년 집필생활의 회상」에서 그는 정암과 퇴계를 대비하여 "이퇴계의 긍정적인 면을 배우고 실천하는 지혜가 필요하다"[10]는 친구의 충고를 받아들여 절필을 선언한다.

  이 시기 리영희의 활동을 관통하고 있는 사상은 무엇이었을까? 그는 이 시기의 자신의 사상을 회고하여, 자신이 "『전환시대의 논리』 등에서 말하고자 한 것은 휴머니즘이었지 마르크스나 레닌주의는 아니었다"[12]고 한다.

---

10) 「사상」, 418쪽 참조.

이를테면 중국을 분석하는 데 있어서도 "마르크스·레닌주의에 입각해서가 아니라, 중국에서의 혁명기의 인간형, 사회와 인간의 사는 모습, 정신을 사랑하면서 바르고 평등하게 살 수 있을 것을 기대했다"[13]는 것이다. 리영희의 말에서 알 수 있듯이, 그가 현실을 비판하고 감춰진 진실을 밝혀 내는 것은 어디까지나 휴머니즘의 발로이고 휴머니즘의 실현을 위한 것이라고 할 수 있겠다. 최소한 이 시기에 그는 비록 인간적 현실이 어둡고 인간의 이기욕이 인간 자신을 괴롭히더라도, 인간은 이성의 행위주체로서 그 이성을 올바르게 운용함으로써 인간다운 사회를 건설하여 진정한 자유인으로서 살아갈 수 있다고 믿고 있다. 그리고 그는 현실을 분석하는 틀로서 마르크스주의적 방법을 제한적으로나마 사용하고 있다. 이미 이론의 형성기에

---

11) 리영희는 1990년 초 요양차 백제 왕인 박사의 고향 마을인 전남 영암 구림면에서 머물게 된다. 그곳에서 그는 최준기라는 한학자를 만나 친교를 맺고, 그로부터 충고를 듣는다. 최준기는, 퇴계 이황과 정암 조광조가 모두 희대의 경세가였지만, 두 사람의 행동방식은 대조적이었다고 하면서, 퇴계가 장수와 명성과 관직 등 현세에서 누릴 수 있는 복은 다 누렸지만, 정암은 세상사를 지나치게 선악으로 대치시켜 타협을 용납치 않고, 현실적으로 불가능한 이상사회를 자신의 당대에 실현하려 하다 화를 입었다고 하였다. 이러한 비교 끝에 최준기는 리영희에게 "이 선생의 붓이 너무 곧습니다. 많은 사화도 겪었으니 앞으로는 이퇴계의 긍정적인 면을 배우고 실천하는 지혜가 필요할까 합니다"라고 충고한다. 리영희는 이러한 충고를 "지식인의 앙가주망 자세를 현대에 비추어 본 교훈적 가치가 있다"고 평가하고, 자신의 "삶을 성찰하는" 계기로 삼았던 것이다.(『자유인』, 402~403쪽 참조) 최준기의 비유는 주로 이데올로기 '비판'을 통해 휴머니즘을 실현하려 한, 그러다가 숱한 고초를 겪은 리영희의 삶을 매우 적절히 표현해 주고 있다. 그러나 그 비유는 '더 이상 막강한 세력을 적으로 돌려 파란만장한 삶을 살지 말고, 이제 현세에서 누릴 수 있는 복도 함께 고려하라'는 단순히 처세적인 충고를 넘어 한결 깊은 뜻을 지니고 있는 것 같다. 정암이 당시 사회에 대한 비판과 실천을 통해 현실의 부정을 척결하고자 하였다면, 퇴계는 조선의 국가이념과 이데올로기를 창출했다고 볼 수 있다. 그래서 최준기의 충고는 더 이상 이데올로기 비판을 통해 '부정의 부정'에 머물 것이 아니라, 이제 냉전 이데올로기를 대치할 수 있는 새로운 전망과 창조를 통해 '긍정'에 종사할 것을 권고하는 것으로 해석할 수 있다는 것이다.
12) 『새는』, 171쪽.
13) 같은 책, 224쪽.

형성된 세계 인식의 틀을 구체적으로 적용하고 있는 것이다.

마지막으로 완숙기이다. 1991년 1월 동구 사회주의의 몰락을 보면서 리영희는 사회주의의 실패를 담담하게 받아들인다. 그는 사회주의 실패의 원인을 인간에 대한 지나친 낙관 때문이 아닌가 생각했다고 한다. 그는 그러한 심정을 한 공개토론회에서 밝힌다.[14] 그는 그 강연에서 이성적 인간관의 거부, 사회주의적 인간형 창출 실패, 인간의 근본속성으로서의 소유욕 등을 주장하여 과거 자신의 인간관과는 다른 인간 이해에 기초하여 무언가 새로운 전환을 하고 있음을 시사했다. 이에 대한 소장학자들의 반론에 일체 대응하지 않고 지내던 리영희는, 1992년 북한 핵사찰 문제로 남·북한 간에 긴장이 고조되자 다시 펜을 들어 남·북 긴장상태의 본질적 구조를 날카롭게 해부하기도 한다.[15]

리영희는 1995년 2월 한양대에서 정년퇴임한다. 퇴임 후 그는 오랫동안 살아오던 화양동에서 산본 아파트로 집을 옮기고 여유있는 생활을 즐기고 있다. 리영희는 아홉 번 연행되고, 다섯 번을 구치소에 가고, 세 번을 재판을 받아 총 1,012일의 감옥 생활을 경험하고, 언론계 직장에서 두 번 퇴직당하고, 교수직에서 두 번 해직되는 등 파란이 중첩되는 자신의 삶에 대해서 후회는 없다고 한다. 자신의 표현을 빌면 그는 순간순간에 자신의 생존을 선택하면서 살아왔다고 자위한다.[16]

---

14) 1991년 1월 26일 연세대 장기원기념관에서 열린 한국정치연구회의 월례토론회에서 「변혁시대 한국 지식인의 사상적 좌표」라는 제목으로 행한 강연. 후에 리영희 자신이 그날의 강연 내용을 다시 정리하여 「사회주의 실패를 보는 한 지식인의 고민과 갈등―사회주의는 이기적 인간성을 변화시킬 수 없는 것인가」라는 제목으로 『신동아』에 게재한다.
15) 리영희는 『사회평론』 1992년 5월호에 「미국-북한 핵 문제의 P.T.S.D.적 특성」을, 6월호에 「1953년 한미상호방위조약」을, 1993년 9월에는 「한반도의 비핵화·군축·그리고 통일」을, 1994년 7월에는 「극우 냉전론자들이 전쟁 위기를 부추긴다」라는 글을 각각 발표한다.

'이성의 행위주체'로서의 '자유인'

1. 지식인과 지성인

리영희는 진리란 한 마디로 자유의 사상이고, 지식인은 바로 그 자유의 사상을 추구하는 사람이라고 한다. 지식인은 오로지 이성에 대한 충성심으로 사는 정신이고, 각종 권위와 권력에 대해서 그 허위의 껍질을 벗기려는 정신이라는 것이다. 반면에 허위는 인간성의 억압이면서 부정이라고 한다. 부정된 인간성은 노예이다. 왜냐하면 진리는 자유의 사상이며, 자유는 인간존재의 전부이고 그 본질이기 때문이다. 그리고 본질을 부정당했거나 박탈당한 상태는 자유가 아닐 뿐만 아니라, 인간 자체가 아니기 때문이다. 리영희에게 진리와 허위는 단순히 인식론적 개념이 아니다. 그것은 존재론적이고 인간학적이다. 그 때문에 진실이 가려진다는 것은 단순히 "어떤 사태를 인식하지 못함"을 의미하는 것이 아니라, 인간이 "인간 아닌 것으로 됨"을 의미하고, 따라서 인간의 부정, 즉 인간 파괴를 의미한다. 그런 의미에서 리영희가 생각하기로는 "진리와 함께하는 '자유인'만이 진정한 의미에서의 인간"[17]이고 이성의 행위주체이다.

리영희에 있어 '자유인'은 우선 무지와 몽매와 미신의 굴레에서 자유로워진 인간을 말한다. 무지로 말미암은 미신에서의 자유가 곧 과학이다. 리영희가 볼 때 '자유인'은 우선 자연과학적 지식으로 무장하고 자연의 구속으로부터 해방된 인간을 말한다. 그래서 코페르니쿠스 또는 갈릴레오 갈릴레이 등은 스스로 '자유인'이었고, 자신의 생명을 바쳐서 동시대의 동포들과 후세의 인류를 '자유인'으로 한 단계 높여 준 사람들이었다고 한다. 다

---

16) 「사상」, 451쪽 참조.
17) 『자유인』, 18쪽.

음으로 '자유인'은 사회적 억압으로부터 자유로워진 인간이라고 한다. 장 자크 루소와 같은 사람은 역사적 사회조직의 무게에 억눌린 중세 대중에게도 인간적 자유와 권리가 있다는 것을 깨우쳐 주었다. 리영희의 표현으로 그는 사회적 '자유인'을 창출한 것이다. 따라서 '자유인'이 되기 위해서는 자연과학적 지식뿐만 아니라 사회과학적 지식이 필요하며, 사회적 억압의 구조와 그 극복에 대한 전망을 제시하지 않으면 안 된다. 그런 의미에서 대표적 '자유인'은 리영희가 볼 때는 마르크스이다. 마르크스의 사상과 저서들은 '계급적 자유'의 문을 열어 주었다고 한다. 요컨대 '자유인'은 그것이 지적·과학적 '자유인'이건 종교·윤리적 억압으로부터의 인간적 '자유인'이건 사회적 '자유인'이건 어느 것이나 인간 능력을 해방한 결과이다. 그런데 리영희는 자유인을 지식인으로서 '자유인'과 지성인으로서 '자유인'으로 구분한다.

지식인으로서 자유인은 자연과학이 되었든 사회과학이 되었든 자신의 전문분야의 좁은 범위와 한계선에 머무는 전문가이다. 말하자면 기술자, 즉 기능인인 셈이다. 이에 비해 진정한 교양인은 자기 전공영역 이외에 인접 학문분야에 대한 폭 넓은 교양적 관심과 이해가 있어야 한다. 이러한 교양인이 리영희가 말하는 지성인이다. 자유는 곧 지성이다. 그래서 리영희는 원숙한 지성이 진정한 '자유인'을 만든다고 한다. 지성인은 이상적인 지성적 삶을 살아가는 사람이기도 한다. 이상적인 지성적 삶을 살아가기 위해서는 현실적이고 구체적인 삶에서 특정한 전문적 기능을 획득·발휘하면서, 동시에 높은 수준의 인류 보편의 공통적 문화 창조에 참여하거나 문화적 결과를 향유할 수 있어야 한다. 이러한 대표적 지성인들은 아인슈타인, 슈바이처, 피카소, 사하로프와 같은 사람들이다.[18] 이와 같이 리영희는 우선 지식인과 지성인은 그 지식의 폭과 넓이에서 구별된다고 한다.

리영희는 또한 두 범주를 그들의 사회적 삶에서의 기능에 따라 구별한다. 이를테면 『제민일보』와의 인터뷰에서 리영희는 지식인의 역할에 대해 말하면서, "지식인은 그들의 경제적 소유의 증대와 사회계층적 상향의지로 말미암아, 그들의 생존을 받쳐 주고 있는 하부대중과는 언제나 상반되게 마련"[19]이라고 한다. 지식인은 그들의 사회계층적 지위로 보아 사회적 역기능을 하기 쉽다는 것을 지적한 것이다. 그러나 지식인이 사회에서 그러한 역기능만을 하는 것은 아니다. 리영희가 볼 때 동시에 사회적 모순관계를 인식, 진정한 역사 발전에 힘이 되는 소수의 지식인 집단이 있다. 그들이야말로 보다 나은 내일을 꾸려 나가는 진정한 지식인의 모습이라고 한다. 이러한 진정한 지식인은 다름 아니라 앞에서 우리가 살펴본 지성인을 의미한다. 그렇게 본다면 지식인은 자신의 사적 자유의 추구를 위해 사회적 역기능을 하는 사람이고, 지성인은 보편적 자유의 추구를 위해 사회적 순기능을 하는 사람이다. 이러한 사회적 순기능은 사회현실을 냉철한 이성의 눈으로 비판하고, 그러한 인식을 실천과 결부시킴으로써 비로소 얻어질 것이다. 이렇게 본다면 리영희가 생각하는 진정한 지식인은 인식과 실천을 통일한 사람, 지행합일을 이룬 사람이다. 리영희에 있어 지성은 지식만이 아니다. 그것은 이념과 결부되어야 한다. 그렇다고 하더라도 단지 이념에 머물러서는 안 된다. 그것은 실천을 통해 표현되지 않으면 안 된다. 그런 점에서 진정한 지성인은 실천적 지성인이다. 그리고 리영희가 '자유인'만이 진정한 의미에서의 인간이라고 했을 때의 '자유인'은 바로 방금 살펴본 의미에서의 실천적 지성인을 의미한다.

---

18) 『새는』, 353~374쪽 참조.
19) 『자유인』, 97쪽.

실천적 지성인에 대한 이러한 이해를 아카데미즘과 저널리즘의 개념 구분과 연관하여 설명할 수도 있다. 리영희가 보았을 때 아카데미즘은 전문 학자로서 깊게 들어가는 것인 데 비해, 저널리즘은 더 많은 대중에게 우선 당면한 상황에서 필요한 영향을 주는 것이다. 저널리즘은 공허한 사변적 이론을 만들어 내는 것이 아니라, "살아서 꿈틀거리는 자료와 문서를 그것들이 식기 전에, 뛰기를 멈추기 전에, 뜨거운 상태에서 그리고 뛰는 상태대로 포착"[20]해야 한다. 그리고 그는 저널리즘은 행동이라고 한다. 현실 속에 들어가서 행동으로 현실을 해석하는 것이 저널리즘이라는 것이다. 그러기 위해서는 사회 속에 사상의 자유가 전제되어야 한다. 그런데 현실사회는 사상의 자유가 없다. 그래서 자유를 얻기 위한 싸움이 벌어지지 않을 수 없다. 그런 점에서 볼 때 실천적 지성인은 저널리즘을 지향한다는 것이 리영희의 생각인 듯하다. 여기서 우리는 마르크스의 포이어바흐에 관한 마지막 테제를 연상하게 된다. 반면에 아카데미즘은 헤겔이 『법철학』 서문에서 밝히고 있는 미네르바의 올빼미와 같은 태도를 연상하게 한다. 아카데미즘은 사태에 대한 관조적 태도를, 저널리즘은 사태에 대한 실천적 태도를 의미한다고 한다.

2. 이론적 태도와 실천적 태도

앞에서 살펴본 대로 리영희는 지식인과 지성인을 명백히 구별하고 있다. 그러나 두 개념은 서로 다른 것을 지칭하는 개념이 아니라, 동일한 사람의 두 가지 상태를 말한다. 지식인은 사태에 대해 관조적이고 이론적인 태도를 보이는 것을 의미하고, 지성인은 실천적 태도를 보이는 것을 의미한다.

---

20) 리영희, 『역설의 변증』(두레, 1987), 278쪽. 이하 『역설』로 약함.

리영희는 진리를 몰가치적·절대 객관적으로 인식하는 태도를 이론적·관조적 태도를 취하는 것이라고 한다. 지식인은 바로 그러한 태도를 가장 잘 보여 주는 사람이다. 과학자 또는 지식인은 사실을 객관적으로 기술하고 인식하려는 사람이다.[21] 그러나 그러한 인식은 과연 가능할까? 리영희가 보기로는 불가능하다. 왜냐하면 누구나 "인식 과정에서 약간의 자기 주관이 내포되고 방향 지어지고 조건 지어지는 것이 자연과학적인 것을 제외한다면 불가피한 것"[22]이기 때문이다. 루즈벨트 대통령 시절에 미국 농무성에서 사회과학 여러 분야를 망라한 지도급 학자들의 회의가 열렸다고 한다. 미국 농민생활의 목표를 설정하는 문제를 토의하라는 것이었다. 그런데 미국의 지도적 학자들은 며칠 동안의 토의 끝에 그 문제를 무시하는 데 합의했다는 것이다. 그 까닭은 과학자라는 것은 오직 '사실'의 문제에만 관심이 있을 뿐이지, '목표'라든가 '바람직한 것'의 문제는 '가치'에 속하는 문제로서 철학이나 종교의 지도자들이 할 일이라는 견해 때문이었다.[23] 그러나 리영희가 보기로는 그 과학자들은 잘못을 범했다. 그가 볼 때 과학자의 사실과 가치의 문제는 결국 정치와의 관계를 형성하게 되는데, 과학자 역시 정치를 떠나서 초연한 존재일 수 없다는 것이다.

리영희에 따르면 과학과 정치의 그러한 결착을 잘 보여 주고 있는 사건이 수소폭탄 개발 여부를 둘러싸고 일어난 오펜하이머 대 텔러 논쟁이다. 오펜하이머 등 당대 최고의 물리학자들은 대부분 수폭 제조 계획에 반대했다. 그들은 그와 같은 중대한 문제의 결정은 정치가나 군 전략가들만의 일이 아니라 민주적 결정이 필요하다고 주장했다고 한다. 그와 같은 견해에

---

21) 리영희, 『전환시대의 논리』(창작과비평사, 1974), 183쪽 참조. 이하 『전논』으로 약함.
22) 「사상」, 439쪽.
23) 『전논』, 183~184쪽 참조.

대해 보수적 정치가, 군부 여론의 일부가 그들을 '비애국자'라고 정치적으로 공격했을 것은 당연하다. 오펜하이머는 그 입장으로 인하여 미국 사회에서 정치적으로 완전히 매장되었다. 이에 비해 텔러는 "과학자의 유일한 직분은 자연의 제법칙을 연구하는 것뿐이지, 그것이 인간의 뜻에 도움이 되느냐 도움이 되지 않느냐 하는 문제나 그것이 어떤 목적에 어떻게 사용될 것이냐를 결정하는 것은 과학자가 관여할 바가 아니다"라고 주장했다고 한다. 결국 수폭은 만들어지고 텔러는 수소폭탄의 아버지로 불리게 된다. 이 예에서 찬·반 어느 쪽이 옳은가가 중요한 것이 아니다. 찬·반 어느 쪽이 옳건 지식의 결과물을 사용하는 자는 권력자이고, 그 정치적 행위라는 점에서 과학자는 몰정치적일 수 없다는 것이 중요하다. 그런 점에서 리영희는 정치와 분리된 과학, 가치와 분리된 사실 인식은 불가능하다고 한다.

  리영희는 「다시 이상주의자가 되자」라는 글[24]에서 현실에 대한 리얼리스트적 자세와 아이디얼리스트적 자세를 구분한다. 그가 보았을 때 리얼리스트적 자세는 이른바 객관성을 중시하는 관찰과 분석적 자질을 중요시하는 태도이다. 그에 비해 아이디얼리스트적 자세는 근본적으로 현실을 부정하고 현실 대신에 자기의 이상적 현실관을 실현시키려고 하는 태도이다. 그리고 아이디얼리스트적으로 현실을 대한다는 것은 현실을 저항할 수 없는 필연적 존재로 보지 않고 의지의 작용으로 변혁할 수 있는 것으로 믿고 인식한다는 것을 의미한다. 리영희가 말하는 리얼리스트적 자세는 현실을 몰가치적·몰사상적·몰이념적으로 파악하는 태도, 즉 이론적 태도이다. 앞에서 살펴보았듯이 가치와 결부되어 있지 않는 객관적 사실은 없다. 따라서 리얼리스트적으로 현실을 대해서는 현실의 실상, 현실의 모순을 올바로

---

24) 같은 책, 370~374쪽.

인식하지 못한다. 현실의 모순을 파악하지 못하므로 그 모순을 없애려는 노력도 하지 못할 것이다. 그러므로 리얼리스트적 자세는 현행의 질서를 지키고 압력을 감수함으로써 변혁을 배격하는 순응주의를 낳을 수밖에 없다. 그래서 리영희는 그러한 태도를 관료적 태도라고 부르기도 한다. 그리고 리영희가 보았을 때 그러한 관료적 태도를 은근히 조장하는 것은 우리의 도덕적 가치관과 정치의식을 무장 해제하려는 권력의 의도가 숨어 있다고 한다. 이에 비해 아이디얼리스트적 태도는 지식인적 자각에 입각한 실천적 행동을 하는 태도를 말한다.

그렇다면 현실 개혁적인 아이디얼리스트적 자세를 취하려면 어떻게 해야 할까? 리영희가 생각할 때는 아무런 가치의식도 없이 현실에 접근해서는 안 된다. 아니 우리는 오히려 아무런 가치의식도 없이 현실을 대할 수는 없다. 누구나 일정한 가치의식을 가지고 현실에 접근할 수밖에 없다. 중요한 것은 올바른 가치의식을 가지고 현실에 접근하느냐 아니면 바르지 못한 가치의식을 가지고 접근하느냐이다. 리영희가 볼 때 오늘날 우리가 가져야 할 올바른 가치의식은 우리 시대에 가장 긴급한 시대적 과제와 연관되어 있다. 그렇다면 오늘날 우리 시대에 가장 긴급한 시대적 과제는 무엇일까? 리영희는 모든 것이 통일을 지향하는 가치에 맞추어져야 한다고 생각한다. 우리로 하여금 통일을 지향하는 가치의식을 갖지 못하도록 허위의 장막을 씌우는 것이 다름 아닌 이데올로기라고 한다. 따라서 이데올로기의 장막을 거두어 내고 올바른 가치의식을 갖는 것만이 현실을 올바로 인식하여 진리에 접근할 수 있는 유일한 길인 것이다.

이데올로기 비판

1. 이데올로기의 '존재 피구속성'

1965년 경 중국 당산시에서 중국 역사상 최대 규모의 지진이 발생했다. 그리고 얼마 뒤 미국 뉴욕시에서 12시간의 정전 사고가 있었다. 리영희는 각기 다른 두 체제하에서 일어난 두 사건에서 보여 준 사람들의 행동양식이 극도로 대조적이었다는 사실을 중시한다. 그에 따르면 중국 당산 시민들은 공동체 속에서 자기희생적으로 남을 위하고 전체를 위해 행동했던 데 비해, 뉴욕 시민들은 약탈과 파괴를 일삼았다. 무엇이 그 차이를 만든 것일까? 리영희는 그것은 동양과 서양의 차이도 아니고, 미국과 중국의 차이도 아니며, 당산시와 뉴욕시의 시민들에 국한된 차이도 아니라고 한다. 그는 그것을 상부구조인 종교 · 법률 · 교육 · 가치관의 체계는 하부구조인 물적 생산과 분배관계의 반영일 수밖에 없다는 것을 보여 주는 한 예에 불과하다고 생각한다. 다시 말하면 당산 시민들의 경우 비록 소유의 양은 적지만 모든 사람이 필요한 만큼 재화를 고루 소유하고 있다는 현실조건이 사회적 인간애의 조건이 되었다는 것이다.[25] 인간은 누구나 사회생활을 해 나가는 과정에서 사회적 조건을 그의 생활 목적 · 가치관 · 사고방식 · 행동형태로 무의식중에 체현하게 마련이다. 리영희는 인간의 이러한 측면을 '인간의 존재 피구속성'[26]이라고 부른다. 당산 시민과 뉴욕 시민이 재난을 만나서 보여 주었던 행동양식의 차이는 결국 리영희에 따르면 인간의 존재 피구속성을 보여 주는 한 예에 불과하다. 그리고 리영희는 인간의 의식이나 도덕 규범 · 문화 · 법률 등 이데올로기는 그가 살고 있는 사회적 존재에 구속당

---

25) 리영희, 『우상과 이성』 제2개정판(한길사, 1994), 67쪽 참조. 이하 『우상』으로 약함.
26) 리영희, 『우상』, 315쪽.

해 있는 것으로 본다. 우리는 이것을 '이데올로기의 존재 피구속성'이라고 부르기로 한다.

  이를테면 '효'(孝)라는 도덕규범에 대해서도 마찬가지이다. 흔히 도덕규범의 문란 때문에 사회기강이 퇴폐해졌다고들 하지만, 리영희가 보았을 때 이 주장은 원인과 결과를 뒤집은 논리적 오류이다. 본래 어느 사회의 도덕률이건 그것은 그 사회의 경제적·사회구조적 형태에 대응하는 인간관계의 규범이라고 보아야 한다. 효 사상도 예외일 수가 없다. 그래서 리영희는 효 사상을 집단적 생존단위의 경제적 구조를 반영하면서 그것을 유지하는 이데올로기 체제의 일부로 본다. 만약에 그렇지 않고 거꾸로 생각한다면, 어째서 인류사의 진전 과정의 어느 단계에서나 그 단계의 경제적 생활양식이 같은 곳에서는 같은 윤리체계가 형성되는지를 해석할 수가 없게 된다. 리영희가 보기로는 공자는 봉건 시대의 사상가·경세가이므로 그가 제창한 도덕은 봉건 시대의 도덕일 수밖에 없다. 봉건 시대의 도덕은 그것이 어디 있든 간에 소수의 군주나 귀족의 권리와 명예의 범위를 넘지 않으며 다수 대중의 그것을 위한 것은 아니었다. 그런데 불평등한 인격관계는 불평등한 도덕관계를 낳고 그것으로 그 바탕인 불평등한 소유관계는 합리화되고 정당화되게 마련이다. 따라서 그와 같은 물적 소유관계의 사회에서는 효 사상과 도덕은 강제력의 행사 없이도 발생되는 것이며 사회질서의 기본 원리로서 모순 없이 기능할 수 있다.

  그런데 자본주의 체제에서는 개개인이 소유·생산·분배의 주체가 되었다. 더욱이 화폐경제의 현단계 사회에서는, 개개인은 자연적 소속인 가족에 속하면서도 소유관계에서 독립적 주체가 되고, 그 물적 주체성은 사회적 인격의 주체로 분화·발전하였다. 이와 같은 소유관계는 현대적 용어로는 '경제적 수입'의 관계가 된다. 리영희는 그런데도 불구하고 많은 사람들이 이 '소유관계'의 변화를 보지 못하고 충효 사상을 불변의 도덕원리로 생각한다고 비판한다. 그가 보기로는 효라는 도덕률이 지배하는 좋은 사회를 원하거든, 봉건주의적 소유관계의 시대로 되돌아가든가, 그것이 싫으면 불평등적 소유관계가 아닌 다른 게마인샤프트적 관계의 사회를 건설하는 수밖에 없다. 리영희는 게마인샤프트와 게젤샤프트가 통일되는 경제·사회구조에서, 효는 강요하지 않아도 효보다 더 높고 큰 보편적 인간애·형제애가 도덕체계의 일부로서 자연히 실현될 수 있다고 주장한다.[27] 왜냐하면 리영희가 보았을 때 인간의 도덕규범은 이데올로기의 하나이고, 인간의 이데올로기는 사회적 존재에 구속되어 있으며, 따라서 사회적 존재가 그러한 이데올로기의 실현을 구속하고 있기 때문이다.

리영희가 보았을 때 이데올로기는 사회적 존재를 올바르게 반영할 수도 있고 올바르게 반영하지 못할 수도 있다. 사회적 존재를 올바르게 반영하지 못하고 인간의 생명을 억압하는 이데올로기는 '허위의식'이고, 그러한 이데올로기가 지배하는 사회는 '허위구조'이다. 그런데 자유인으로서 인간, 즉 이성의 행위주체로서 인간은 그러한 허위의식과 허위구조의 껍질을 벗겨 내야만 한다. 그것이 바로 이데올로기 비판이다.

2. 이데올로기 비판의 실제

냉전·반공 이데올로기 비판 리영희는 한 사회를 지배하는 사상과 제도는 그 사회 지배세력의 이해관계를 주로 나타내는 것이라고 본다. 따라서 지배권력은 그 신념체계와 제도의 전부 또는 일부에 대해서 이의를 제기하는 자에게 언제나 물리적인 복종을 강요할 수 있는 권력체계를 장악하고 있

---

27) 『우상』, 70쪽 참조.

다. 진정한 민주주의적 절차가 허용되지 않는 사회에서는 권력체계는 언제나 소수자의 권력이게 마련이다. 따라서 리영희에 의하면 그 소수권력의 이익을 위한 '특수주의 이데올로기'에 대항하는 다수를 위한 '보편주의 이데올로기'를 갖는 자는 언제나 물리적 형벌을 각오하지 않고서는 사고도 행동도 할 수 없다고 한다.[28] 이러한 특수주의 이데올로기를 리영희는 '우상' 혹은 '반휴머니즘의 우상'[29]이라고 부른다. 많은 우상이 우리 사회에 버티고 있다. 냉전주의 사상과 비이성적·비과학적인 편협한 반공 이데올로기가 그 가운데 가장 전형적인 것이다.

   냉전의식은 리영희가 보았을 때 우선 냉전용어로부터 생긴다. 예로 '중공'이라는 용어는 즉각적으로 '기아', '괴뢰', '피골상접', '야만', '무과학', '반란', '정권 타도', '침략', '호전' 등 냉전용어와 그것이 담고 있는 냉전적 관념을 우리에게 일으켜 왔다고 한다. 인식은 관념을, 관념은 개념을, 그리고 그 개념을 담은 용어가 커뮤니케이션의 형태로 상대방에게 관념표상의 작용을 일으켜 다시 그 과정을 반복한다고 한다. 이 과정에서 어떤 사상을 표현·전달하려는 용어가 그 사상의 내용이나 성격의 정확한 반영이 아닐 때에는 전달된 뜻이 더욱 왜곡·변형되거나 혼란이 생기게 된다. 일그러진 유리를 통해 보는 사상은 일그러질 것이고, 그것으로 형성된 개념은 일그러질 수밖에 없다는 것이다. 이 모든 용어에 기성관념, 고정관념, 감성적 친화감 또는 저항감 같은 심리적 작용이 병행할 때 세계의 모든 사상은 흑과 백, 천사와 악마, 올 오어 나싱(all or nothing), 죽일 놈 살릴 놈 등의 양가치적 사고 형태를 결과한다. 그리고 이런 양가치적 사고방식은 무엇보다도 인간과 사회와 국가의 기본 목적인 '진리를 구현하는 끊임

---

28) 『역설』, 360쪽.
29) 『자유인』, 96쪽.

없는 노력'을 방해하게 마련이다. 이런 사고방식으로 굳어져 버린 사람이나 세력은 국내의 모든 '사실이 사실대로' 보도·전달되기를 바라지 않는다. 이런 진실 또는 진리에 반대하는 힘 또는 세력은 대중이 진리를 배우도록 훈련·교육하기를 거부한다. 그들은 가르치는 대로 믿을 것을 강요하고 가르치는 것은 흑백뿐이다. 리영희는 바로 여기에서 냉전의식과 반공 이데올로기가 생긴다고 한다.

이러한 냉전 이데올로기에서 벗어나기 위해서는 우선 용어가 정치성을 가져서는 안 된다. 그렇다면 어떠한 용어로 대치해야 할 것인가? 그에 대해 리영희는 용어에서 '정치성'을 빼고 '학문성'으로 대치해야 한다고 대답한다.[30] 여기서 '학문성'은 '객관성'을 의미한다. 말하자면 그 용어를 사용하는 사람의 주관적 의도에 의존하지 않는 언어 그 자체가 가지고 있는 의미에 합당한 용어를 사용하자는 것이다. 리영희는 공자의 정명론을 끌어들여 이를 설명하고 있다.[31] 그는 공자의 정명론에서 말하는 '정명'(正名)은 '바른 말'을 의미하는데, '바른 말'은 '관념을 정확하게 표현하는 말'이라고 한다. 리영희는 인식수단으로서 언어의 중요성을 강조하고 있다고 볼 수 있다. 인식수단으로서 언어가 왜곡되면 우리는 세계의 실상을 올바르게 볼 수 없고, 세계에 대한 올바른 의식을 가질 수 없는 것이다.

이렇게 오도된 의식이 냉전시대의 '부정적 가치관'이다.[32] 이러한 부정적 가치관의 하나가 바로 반공주의적 이데올로기다. 리영희가 보았을 때 민주주의는 자체가 '적극적 개념'이며 창조적 상상력이다. 반면에 반공주

---

30) 『전논』, 132쪽 참조.
31) 같은 책, 31쪽 참조. 그 외에도 『전논』, 39쪽 등 여러 곳에서 공자의 정명론에 대해 언급한다.
32) 같은 책, 283쪽 참조.

의는 부정 개념이며, 그것 자체로서 소모적이며 파괴적 이데올로기이다. 리영희는 반공은 조건이고, 민주주의가 목적이자 이상이라고 본다. 논리적으로 생각한다면 공산주의가 없어진다면, 그에 반대하는 것으로 존재가 조건 지어진 반공주의도 같이 사라져야 한다. 부정적인 가치관이나 태도에서는 건설적인 것은 아무것도 생겨날 수 없다. 남의 가치나 이념을 부정하기 위해서는 국가적으로는 바깥 세계와 절연하는 장벽을 쌓아 둘러야 하고 국내에서도 모든 종류의 장벽을 겹겹이 쌓아 둘러야 한다. 이러한 비창조적인 사고방식이 극단에 이르면 그 국민 한 사람 한 사람 주위에 온갖 명분의 높은 장벽을 쌓고, 이에 이의를 제기하는 시민은 법적으로, 사회적으로, 때로는 생물학적으로 배제해 버리는 공포사회가 되어 버린다. 이것은 바로 부정하려는 제도나 사고방식에 자기가 변질해 버린다는 것을 보여 준다. 결국 부정적 사고방식은 자기부정을 결과하고 마는 것이다.

'유일 합법정부론' 비판 리영희는 반공주의를 이념적으로 비판할 뿐만 아니라, 우리 사회에서 반공주의 이데올로기를 법적으로 보장하고 있는 반공법과 국가보안법을 정면으로 반박한다. 반공법에 대한 그의 비판은 반공법이 지식의 사회적 본성을 가로막는다는 점에 초점이 맞추어져 있다.[33] 그리고 국가보안법에 대한 비판은 '유일 합법정부론' 비판과 연관되어 있다.

대한민국 헌법 제3조 "대한민국의 영토는 한반도와 그 부속도서로 한다"와 그를 전제로 한 국가보안법 전문 "북한 공산집단은 정부를 참칭하고 국가를 변란할 목적으로 불법 조직된 반국가단체"라는 조항은, 일반적으로 그렇게 믿고 있듯이, 이른바 '유엔 총회 결의에 의한 한반도에서의 유일 합

---

[33] 『역설』, 348~389쪽 참조. 이 글은 1977년 반공법 위반으로 재판을 받으면서 제출한 상고 이유서다.

법정부론'에 근거하고 있다. 그러나 리영희는 '유엔 총회 결의에 의한 한반도에서의 유일 합법정부론'은 사실과 다르다고 한다.[34] 여기서 말하는 유엔 총회 결의는 유엔 총회 결의 제195호 III을 말하는데, 그것은 정식명칭이 '대한민국의 승인 및 외국 군대의 철수에 관한 결의'이다. 리영희에 따르면 유엔 총회의 결의 III 제2항의 전문은 이렇다.

"임시위원단이 협의하고 관찰할 수 있었고, KOREA[35] 인민의 대부분이 거주하고 있는 KOREA의 한 부분 위에 효과적인 통치와 관할권을 갖는 합법적인 정부가 수립되었다는 것, 이 정부가 KOREA의 그 지역 유권자의 자유 의사의 유효한 표현이며, 임시위원단이 관찰한 선거에 기초하고 있다는 것, 그리고 이 정부는 KOREA의 그 지역에서의 그와 같은 유일 합법정부임을 선언한다."[36]

그 내용을 풀어 보면 이렇다. 이 제2항에서 규정하고 있는 대상은 1947년 11월 14일 총회 결의에 의거해서 한반도에서 통일정부를 수립하기 위한 유엔 감시하에 선거를 실시키로 한 결의에 따라 1948년 5월 10일 선거가 실제로 실시된 그 지역이다. 유엔감시위원단은 결의에 따라서 KOREA에 왔으나, 위임사항인 독립정부 수립을 위한 정치 단체 지도자들과의 협의는 북위 38도선 이남에서만 이루어졌다. 그에 따르는 선거도 북위 38도선 이남에서만 실시되었다. 그 결과로 탄생한 정부는 그 같은 지역에서의 유일한 합법정부가 되었다. 그리고 선거가 실시되지 않은 38도선 이북 지

---

34) 리영희, 「변하는 상황 논리, 낡은 의식, 제도」, 『계간 사상』(1991년 가을호), 137쪽 이하 참조. 이하 「상황」으로 약함. 또한 『자유인』, 77쪽 이하 참조.
35) 리영희는 유엔 결의 195호 제2항에서 말하는 KOREA는 한국도 조선도 아닌 하나의 지역으로서의 코리아를 의미한다고 한다.
36) 「상황」, 137쪽에서 재인용.

역은 유엔 결의에 관한 한 공백지대로 남겨진 것이다.

리영희에 따르면 유엔 총회 결의 제195호 III에 대한 이러한 해석은 같은 제195호 III의 제9항에서도 확인된다. 또한 그것은 6·25 당시 이승만 대통령이 북위 38도선을 넘어 북진하여 이북 지역을 점령하고 민정장관을 파견하자, 유엔이 그 조치에 대해 항의하고 직접 그 지역에 대한 행정을 임시로 담당했던 사실에서도 재확인된다. 따라서 "대한민국은 한반도의 유일 합법정부라는 주장은 단지 선언적일 뿐 역사적·법적 근거는 없다"[37]는 것이 리영희의 주장이다.

'핵에 대한 미신적 신뢰' 비판 리영희는 한반도에서 미국의 핵전략을 폭로하고 핵무기에 대한 관심을 촉구한 바 있다.[38] 그가 보기로는 대한민국에는 하나의 위대한 미신이 있다고 한다. 전국민이 그것을 믿고 있다는 점에서 가히 국민 미신이라고 할 수도 있고, 국가가 이를 보증하고 있다는 점에서 국가적 미신이라고 할 수도 있는데, 그것은 다름 아닌 핵무기와 핵에너지에 대한 맹목적 신앙심이다. 리영희는 이 나라에는 핵 종교가 어떤 다른 종교보다 광범위한 신자를 확보하고 있다고 한다. 그 광신적 핵 신자들은 자기의 생명과 전체 국민, 한반도 남북의 전체 민족의 생존을 송두리째 바치게 될지도 모르는 미신적 사고와 행동을 서슴지 않고 있다. 리영희가 보았을 때, 이러한 광신은 국가의 이념적·정책적 보호를 받고 있다는 점에서 그 어떤 사교보다 더욱 위험하다.

핵이야말로 인간의 생명을 절대적으로 말살할 수 있는 반인간·반생명의 극치이다. 그런데도 우리 국민은 핵에 대한 사무(四無)·삼과(三過)에

---

37) 같은 글, 138쪽.
38) 『역설』, 74쪽 참조.

빠져 있다고 한다. 사무란 핵에 대해서 무지(無知)하고 무관심(無關心)하고 무감각(無感覺)하고 무민족적(無民族的)이라는 것이고, 삼과란 핵에 대해서 인간 이성을 과신(過信)하고 기계의 정밀성을 과신하고 군사력을 과신한다는 것이다.[39]

핵에 대한 무지는 핵에 대한 지식이 없다는 말이 아니고, 자기 나라 땅에 남의 나라 핵무기가 들어와 있으면 자기가 안전할 것이라고 착각하는 무지를 말한다고 한다. 다시 말하면 외국의 핵무기가 많이 들어와 있을수록 그만큼 자기가 안전하다고 착각하며 살고 있는 무지이다. 무감각하다는 것은 핵무기의 두려움에 대해서 길들어져 버린 것을 말한다고 한다. 메가톤이라고 해도 공기총알만큼에 대한 감각도 없어 보인다는 것이다. 리영희는 그런 이유로 핵전쟁에 대한 관심이 있을 까닭이 없다고 한다. 그가 보았을 때는 철저한 무관심이다. 예를 들면 구소련의 고르바초프가 핵실험의 일방적 중단을 발표했을 때 우리 나라 신문들은 이를 거의 묵살했다. 핵무기 관계 일반에 무관심해져 버린 증거이다. 그러나 그보다 더욱 심한 것은 자기 민족이 남의 나라 핵무기·핵전략·정치논리·국가 이기주의의 볼모가 되고 노리개가 되어 있는데도 아무런 민족적 자각도 저항도 느끼지 않는 것이라고 한다. 광신적 반공주의 교육과 선전 탓에 핵문제에 관한 한 모두 무민족주의자들이 되어 버렸다는 것이다.

또한 리영희가 보았을 때 우리 국민은 핵에 관한 한 인간 이성, 그 중에서도 미국의 이성과 호의를 지나치게 과신하고 있다. 미국의 북한 공격은 주한미군 사령관의 명령으로 되고, 국회의 동의가 필요없으며, 미국 군대가 전투할 때는 핵무기 사용이 자동적으로 기정사실화됨에도 불구하고, 그

---

[39] 리영희, 「핵무기 신앙에서의 해방」, 리영희·임재경 편, 『반핵—핵위기의 구조와 한반도』(창작과비평사, 1988), 272쪽 참조.

는 우리 국민들은 핵무기를 쥐고 있는 남의 나라 지도자들의 호의와 이성을 끝까지 믿고 있다고 비꼬고 있다. 다음으로 군사기계를 과학기술의 정수라고 생각하는 사람들은 최고의 과학과 기술이 응용된 전쟁무기와 그 사용 관리 체제는 거짓이 있을 수 없는 것이라고 착각하고 있다고 한다. 컴퓨터의 정수로 제어되는 무기체제를 가장 정확한 것으로 믿고 있다는 것이다. 그러나 그것은 리영희가 보았을 때는 위험한 신념이다.

삼과병의 마지막은 군사력 과신이다. 그것은 어떤 잘못된 사상 이념의 교육과 세뇌를 받았는지, 모든 갈등은 무기와 군사력으로 해결해야 한다는 믿음이 그것이다. 리영희는 이 군사력 과신병이 남·북간의 가능한 평화를 방해했으며 또 지연시키고 있다고 본다. 군사력 강화는 신성불가침의 국민 이데올로기이다. 그래서 군사력 강화를 위해서 핵무기를 끌어들이게 되었다는 것이다.

리영희가 보기로는 핵무기야말로 대립 이데올로기적 군사이론의 핵심적 존재이다. 남한에 존재하는 핵무기의 수량은 확인되지 않고 있으나, 그 존재는 간접적으로 확인되고 있다고 한다. 문제는 그 존재에 못지않게 미국 핵무기에 대해서 일체의 협의권도 관리권도 없다는 굴욕적 지위이다. 리영희는 북대서양조약 국가들이나 일본에 비할 때, 이런 상태는 국가주권의 이양이라고 본다.[40]

'북한 군사력 우위론' 비판 　리영희는 또한 우리 사회에서 국가적 이데올로기로 고정관념화하고 사회신념처럼 일반화되어 버린 '북한의 전쟁 감행론', 즉 '북한 군사력 우위론'을 실증적 방법으로 비판적으로 검토한다. 그

---

40) 앞의 글, 278쪽 참조.

의 논문 「남북한 전쟁능력 비교 연구」[41]가 그것이다. 리영희는 북한이 남침전쟁을 구상하거나 준비하거나 계획한다면, 적어도 다음 여섯 가지 조건을 검토하여 그것들이 모두 남한에 우월하다는 확신이 있어야 할 것이라고 전제한다.

1. 개전의 시점에서 보유하고 있는 군사력이 남한의 그것에 비해 우세해야 한다.
2. 속전 방식으로 승리하려면 공격군은 종합 전력이 수비군에 비해서 최저 2배 내지 3배가 되어야 한다.
3. 장기전을 계획하려면 국가의 총자원이 남한의 그것보다 월등 우월해야 한다.
4. 전쟁 기간중의 국제적 조건과 환경이 북한에 유리하다는 확신이 있어야 한다.
5. 전쟁행위의 결과로 예상되는 전쟁피해를 상쇄할 만한 전쟁의 목적과 가치가 우월해야 한다.
6. 위의 다섯 가지 조건을 무릅쓸 각오와 의지가 있어야 한다.

리영희는 이 여섯 가지 조건을 단기 공격작전을 위한 현재의 군사력 비교, 남북의 군사비, 군사행동 사전탐지·공격 억제체제, 장기·종합 전쟁 수행능력 비교, 민간부문 자원의 군용 전환능력, 국제적 조건과 환경의 구조로 나누어 상세히 고찰한다. 그의 고찰 결과는 이렇다. 그가 보기로 1970년대 중반까지는 통상적 개념의 군사력에서 북한이 남한보다 우월했다. 대체로 1975년을 분수령으로 하여 쌍방의 군사력은 균형을 이룬 것으로 평가된다고 한다. 그 뒤 1970년대 말과 1980년대에 들어서면서 남북한의 현격한 격차를 그대로 반영하여 남한이 북한에 비해서 훨씬 우세한 지위를

---

41) 『자유인』, 102~133쪽.

확보하게 되었다.[42] 이러한 열세를 보완하는 유일한 조건은 국제적 환경이 압도적으로 유리할 경우이지만, 북한의 국제적 환경은 남한에 비해 압도적으로 유리하지는 않다고 보아야 한다. 따라서 리영희는 아무리 의지가 있더라도 북한이 전쟁을 감행하려거나 승리를 기대할 수 있는 종합적 조건이 존재하지 않는다고 판단한다. 리영희에 의하면 이제 무력통일이라는 방식은 남·북 모두의 여러 가지 통일 방법에서 탈락했음이 분명하다고 한다. 그는 이제 남북에 요청되는 과제는 무의미하고 낭비적인 군사대결 정책에 종지부를 찍고 군사력의 감축을 서두르는 일이라고 결론을 내린다.

결론

이상에서 살펴본 것처럼 리영희의 생애를 꿰뚫는 사상이 있다면, 그것은 휴머니즘 정신이다. 그에게 휴머니즘 정신은 비교적 이른 시기에 '애국적 정의감'의 형태로 자리 잡는다. 그것이 군복무 경험을 통해 인간에 대한 사랑과 비인간적 현실에 대한 비판의식으로 발전해 간 것으로 보인다.

리영희에게 인간은 이성의 행위주체로서 자연 및 사회를 인식하고 그를 통해 자유를 얻는 존재이다. 그러나 그가 보았을 때 인간은 언제 어디에서나 무조건적이고 절대적으로 자유로운 것은 아니다. 오히려 인간은 현실적으로 구속되어 있으며, 자유롭지 못하다. 인간이 인간으로서 존재하지 못하는 것이다. 인간을 그와 같이 '비인간'으로 살게 하는 것은, 리영희가 보았을 때, 무엇보다도 이데올로기이다. 그는 이데올로기는 그 어느 것이건 "가변적이고 상대적일 수밖에 없고, 반면에 인간의 생명은 절대적"[43]이라

---

42) 같은 책, 147쪽 참조.
43) 『역설』, 96쪽 참조.

고 한다. 그런데 그가 보기에 우리 사회는 상대적인 것을 절대적인 것보다, 역사적인 것을 본질적인 것보다 더 숭상하게끔 되어 있다. 여기에서 그의 이데올로기 비판이 이루어진다. 물론 이데올로기는 인간이 살아가는 사회적 존재를 반영하고 있다. 따라서 리영희에 있어 가장 중요하고도 절실한 문제는 이데올로기라는 우상을 깨뜨림으로써 사회적 존재를 인간화하고 인간성을 회복하는 일이다. 그렇게 본다면 이데올로기 비판은 리영희에게 있어 단순히 이데올로기를 비판한다는 것에 머무르지 않고 이데올로기에 의해 왜곡된 인간의 생명을 회복하는 작업이다. 리영희의 휴머니즘의 핵심은 바로 이데올로기 비판이며, 그의 이데올로기 비판의 성격이 휴머니즘이라고 하는 측면이 바로 여기에 있다.

리영희는 '부정의 부정'을 자주 언급한다. 그의 이데올로기 비판도 부정의 부정으로 설명할 수 있다. 이데올로기는 허위의식이고, 허위는 진리의 부정이다. 따라서 그 부정을 다시 부정하여 본래의 것을 회복하지 않으면 안 된다. 이것이 그에 있어서 '비판'이다. 비판은 부정을 통하여 본래의 것을 회복함으로써 있어야 할 것을 실현하는 작업이다. 리영희의 이데올로기 비판은 이 점에서 1960년대 서구의 비판이론가들과 그 사상적 맥을 같이한다. 1960년대 서구의 청년문화가 비판이론을 바탕에 두고 싹텄던 것처럼, 1970, 1980년대 한국의 저항문화는 리영희의 이러한 비판정신을 밑거름으로 하여 꽃피웠다고 볼 수 있다.

그러나 리영희가 서구의 비판이론가들로부터는 어떤 사상적 영향을 받았다는 징후는 없다. 이 사실은 그가 그의 저작들 안에서 비판이론가들의 저서를 한 번도 언급하지 않는다는 점으로도 확인된다. 그런 점에서 리영희의 비판정신이 비판이론가들의 그것과 직접 연결되어 있다고 단정하기는 어렵다. 더구나 리영희의 비판이성과 비판이론에서의 그것은 본질적으로 다르다. 리영희에 있어 이데올로기적 왜곡에 맞서 인간성을 회복할 수 있는 것은 인간의 이성이다. 그런 의미에서 인간은 이성의 행위주체로서 자유인이다. 그는 적어도 1991년까지는 일관되게 인간 이성에 대한 무한한 신뢰를 가지고 있었던 것으로 판단된다. 그리고 그는 그러한 이성으로 현실을 비판함으로써 합리적 사회를 만들어 갈 수 있다고 전제하고 비합리적 사회현실을 비판하는 것을 주된 과제로 삼았던 것이다. 그러나 비판이론은 그러한 '이성'을 근대적 이성 혹은 계몽이성이라 부르고 또 그것을 도구적 이성이라 하여 그 기능주의적 측면을 비판하고 있다. 리영희가 인간 이성을 무조건적으로 신뢰한 데 비해, 비판이론가들은 이성을 제한적으로 밖에 신뢰하지 않는다. 이러한 차이는 1970, 1980년대 한국 사회와 1960년대 말의 서구 사회가 갖는 사회 성격의 차이로 설명될 수 있을 것이다. 한국의 1970, 1980년대는 이제 막 근대적 산업사회로 진입하던 시기이다. 서구 사상사에 비교한다면 계몽주의 시기인 것이다. 이에 비해 서구의 1960년대는 후기산업사회적 문제들이 드러나기 시작했던 시기이다. 이 점에서 필자는 리영희의 이데올로기 비판에서 나타나는 휴머니즘은 비판 이론적 휴머니즘이라기보다는 '계몽주의적 휴머니즘'이라고 규정할 수 있다고 본다.

그러나 그러한 규정은 불충분한 것으로 보인다. 왜냐하면 그는 1991년 이후 인간 이성에 대한 신뢰의 포기를 공공연히 밝히고 있기 때문이다. 최근 리영희의 사상적 특징이 어디에 있는가를 단적으로 규정하기는 어렵다. 다만 그의 인간관은 크게 변해서 더 이상 인간의 이성을 신뢰하지 않고 인간의 원초적 생존본능에 기대어 문제 해결의 가능성을 찾고자 하는 것 같다.[44] 이런 점에서 그가 휴머니즘을 포기하지는 않았지만,[45] 그 실현 방법을 과거와는 다른 것에서 찾고 있음이 분명하다. 이제 '비판적 부정'이 아닌 '생명의 긍정'에서 희망을 보고 있는 것으로 보인다. 그러나 이에 대한 평가는 차후의 과제로 넘길 수밖에 없다. 리영희 자신에 있어 이러한 사상은 아직 태동중이기 때문이다.

---

44) 「필봉」, 212쪽 참조. 리영희는 생명을 모든 것을 태워버릴 수 있는 '불꽃'으로 본다고 말하기도 했다.(1996년 10월 19일, 필자와의 인터뷰)
45) 『새는』, 225쪽 참조.